憲法Ⅰ

基本権

渡辺康行・宍戸常寿・松本和彦・工藤達朗 著

第2版

日本評論社

第２版 はしがき

本書は、基本権＝憲法上の権利に関する全く新しい構想の体系書を世に問う試みだった。そこには当然に大きな不安と多少の自信があったのだが、本書は幸いにして多くの読者を得るとともに、学界にも一石を投ずることができた。本書初版公刊後今日までの７年の間に、社会では新型コロナウイルス感染症の流行のような、予想もしなかった出来事が起こった。またこの間、重要な新法令の制定や改正があり、新たな判例・裁判例も多数現れた。さらに2020年には、本書の続編である『憲法Ⅱ　総論・統治』を公刊できたため、同書との関連について記載する必要も生じた。憲法学の発展は目覚ましく、われわれの学問も、わずかではあれ深まってきた。こうした諸事情を考慮して、この度初版の叙述を全面的に見直し、第２版として公刊することとした。

改版にあたっては約１年の間に数回の検討会をもち、お互いの執筆部分について綿密な意見交換を行ってきた。この過程を通じて、執筆者各自の学問的な個性と本書全体の統一性とのバランスが、最適化されてきたように思われる。またその際には、読者の方々からいただいたご意見なども参考にさせていただいた。本書のさらなる改善に向けて、今後ともご指摘を賜りたい。日本評論社第一編集部の室橋真利子さんからは、編集会議の設営から原稿の整理に至るまで、大変に献身的なご支援をいただいた。深く感謝申し上げたい。

2023年２月

著 者 一 同

はしがき

日本国憲法に関する概説書・体系書は、枚挙に暇がないほど存在する。そのなかで新たな著作を公刊するには、屋上屋を架すことにならないような配慮を必要とする。本書は、それなりの準備の産物であり、基本権＝憲法上の権利に関する現在の憲法学の状況を、国家試験などの受験を意識する学生をはじめとして、憲法に関心をもつ広い読者にわかりやすい形で伝え、確実な知識と知的刺激を与えることができるものとなっているはずである。

本書の第１の特色は、判例を重視していることである。これまでの概説書は、どちらかといえば学説の解説に比重を置いていた。しかし、最高裁70年の歴史のなかで、憲法判例は既に相当程度蓄積され、その内容もずいぶんと深化している。また、法科大学院設立後の憲法学は、研究・教育の両面において、判例動向の正確な把握を重視するようになってきている。そこで本書は、そうした成果を踏まえつつ、判例を詳しく紹介して丁寧に読み解き、憲法が裁判上どのように解釈・適用されてきたのかを示そうと努めている。

現在の憲法学では、判例を整理・分析する手法についても新しい発想が登場している。憲法上の権利に関して、保護領域該当性・制限の有無・制限の正当化という、三つの段階を踏んで合憲性審査を行うべきだという提言である。本書の第２の特色は、この三段階審査の手法を全面的に活用して基本権に関する判例を位置づけた上で、批判すべきは批判し、評価すべきは評価しようとしていることにある。

三段階審査は基本的に防御権に関わる合憲性審査に用いられるものであるが、日本国憲法には、防御権以外にも、政教分離規定のような客観的法規範や、被疑者・被告人の権利のような手続的権利、あるいは財産権・生存権・選挙権・裁判を受ける権利など、その具体的内容や行使方法が立法者による制度形成に依存する権利が含まれる。そうした規定に関わる合憲性審査の手法は、極めて重要な課題であるにもかかわらず、学説上も未だ確立されていない。本書は、萌芽を示す判例を手がかりとしながら、そのような領域における審査手法を開拓しようとしている。これが本書の第3の特色であり、他書よりもこの領域に関する叙述が手厚いのは、このための苦心の現れである。

以上のような特色をもつ本格的な教科書を出版する機が熟した、という共通の問題意識を抱いていた執筆者が集まり本書の企画が始まったのは、2009年3月のことだった。それから20数回の編集会議を重ね、お互いの草稿を立ち入って検討し合ってきた。この過程は大変有益なものだった。もちろん各章は最終的には執筆者の責任で書かれているため、分担は明記している。

本書の第1章から第4章までが基本権総論に当たり、第5章から第20章までが各論である。総論と各論を一体化して読むことができるように、クロスリファレンスを充実させた。とりわけ第3章と第4章は、他書にはない叙述であるため、難解に感じる読者もいるかもしれない。関係する各論の記述と往復しながら読んでいただきたい。なお本書で扱う法令・判例は、原則として2015年末を基準としている。

本書が完成するまでには、執筆者が勤務する各大学法学部・法科大学院などの学生との授業内外での対話から、多くの示唆を得ている。また日本評論社第一編集部の田中早苗さんには、万事について大変お世話になった。感謝を申し上げたい。憲法学は、基本権と総論・統治とが両輪である。姉妹編の『憲法Ⅱ』では後者を扱う。

2016年3月

著者一同

目　次

II 基本権各論

第9章　学問の自由

第10章　表現の自由

凡　例

▽判例集

民（刑）集＝最高裁判所民事（刑事）判例集
高民（刑）集＝高等裁判所民事（刑事）判例集
行集＝行政事件裁判例集
下民集＝下級裁判所民事裁判例集
判時＝判例時報
判タ＝判例タイムズ
判例自治＝判例地方自治
労判＝労働判例
訟月＝訟務月報
家月＝家庭裁判所月報
裁判集民（刑）＝最高裁判所裁判集民事（刑事）
裁時＝裁判所時報
高検速報＝高等裁判所刑事裁判速報集
裁判所ウェブサイト＝裁判所ウェブサイト　裁判例情報
LEX/DB ＝ TKC 情報データベース

▽法令

条数のみは日本国憲法を指す。その他の略語は基本的に有斐閣『六法全書』による。ただし、下記について別途略記を設けたので参照されたい。

空家等対策推進特措法＝空家等対策の推進に関する特別措置法
一般法人法＝一般社団法人及び一般財団法人に関する法律
医療観察法＝心神喪失等の状態で重大な他害行為を行った者の医療及び観察等に関する法律
感染症法＝感染症の予防及び感染症の患者に対する医療に関する法律
教基法＝教育基本法
クローン技術等規制法＝ヒトに関するクローン技術等の規制に関する法律
経済安全保障推進法＝経済施策を一体的に講ずることによる安全保障の確保の推進に関する法律
景品表示法＝不当景品類及び不当表示防止法
公選法＝公職選挙法
公文書管理法＝公文書等の管理に関する法律
国際卓越研究大学法＝国際卓越研究大学の研究及び研究成果の活用のための体制の強化に関する法律
個人情報保護法＝個人情報の保護に関する法律
国公法＝国家公務員法

雇用機会均等法＝雇用の分野における男女の均等な機会及び待遇の確保等に関する法律
裁判員法＝裁判員の参加する刑事裁判に関する法律
出入国管理法＝出入国管理及び難民認定法
所有者不明土地利用特措法＝所有者不明土地の利用の円滑化等に関する特別措置法
青少年インターネット利用環境整備法＝青少年が安全に安心してインターネットを利用できる環境の整備等に関する法律
精神保健福祉法＝精神保健及び精神障害者福祉に関する法律
性同一性障害者特例法＝性同一性障害者の性別の取扱いの特例に関する法律
船主責任制限法＝船舶の所有者等の責任の制限に関する法律
建物区分所有法＝建物の区分所有等に関する法律
地自法＝地方自治法
通信傍受法＝犯罪捜査のための通信傍受に関する法律
道交法＝道路交通法
成田新法＝成田国際空港の安全確保に関する緊急措置法
（旧：新東京国際空港の安全確保に関する緊急措置法）
風適法＝風俗営業等の規制及び業務の適正化等に関する法律
プロバイダ責任制限法＝特定電気通信役務提供者の損害賠償責任の制限及び発信者情報の開示に関する法律
ヘイトスピーチ解消法＝本邦外出身者に対する不当な差別的言動の解消に向けた取組の推進に関する法律
民訴費用法＝民事訴訟費用等に関する法律
リベンジポルノ防止法＝私事性的画像記録の提供等による被害の防止に関する法律
労基法＝労働基準法
労組法＝労働組合法
労働施策総合推進法＝労働施策の総合的な推進並びに労働者の雇用の安定及び職業生活の充実等に関する法律

▽その他

・引用においては、学習上の便宜を図るため、旧字を新字にし、漢数字をアラビア数字にし、促音便は現代仮名遣いで表記している。また、引用中に著者の注記を入れる場合は、〔　〕を付している。

・刑法等の一部を改正する法律（令和４年法律67号）により、「拘禁刑」が導入されることとなった。本書中、関連記述については本改正に対応した形で記述を改めているが、現段階では、未施行であることについて注意されたい。

主要参考図書一覧

・芦部信喜／高橋和之補訂『憲法（第７版）』（岩波書店、2019年）
・芦部信喜『憲法学２（人権総論）』（有斐閣、1994年）
・芦部信喜『憲法学Ⅲ 人権各論⑴（増補版）』（有斐閣、2000年）
・新井誠＝曽我部真裕＝佐々木くみ＝横大道聡
『憲法２（第２版）〔NBS〕』（日本評論社、2021年）
・市川正人『憲法（第２版）〔ライブラリ法学基本講義〕』（新世社、2022年）
・大石眞『憲法概論２』（有斐閣、2021年）
・小嶋和司『憲法概説』（良書普及会、1987年〔復刊：信山社、2004年〕）
・小山剛『「憲法上の権利」の作法（第３版）』（尚学社、2016年）
・佐藤幸治『日本国憲法論（第２版）〔法学叢書〕』（成文堂、2020年）
・渋谷秀樹『憲法（第３版）』（有斐閣、2017年）
・初宿正典『憲法２（基本権）（第３版）』（成文堂、2010年）
・高橋和之『立憲主義と日本国憲法（第５版）』（有斐閣、2020年）
・辻村みよ子『憲法（第７版）』（日本評論社、2021年）
・戸松秀典『憲法』（弘文堂、2015年）
・野中俊彦＝中村睦男＝高橋和之＝高見勝利『憲法１（第５版）』（有斐閣、2012年）
・長谷部恭男『憲法講話（第２版）』（有斐閣、2022年）
・長谷部恭男『憲法（第８版）』（新世社、2022年）
・樋口陽一『憲法（第４版）』（勁草書房、2021年）
・松井茂記『日本国憲法（第４版）』（有斐閣、2022年）
・毛利透＝小泉良幸＝淺野博宣＝松本哲治
『憲法２（人権）（第３版）〔LEGAL QUEST〕』（有斐閣、2022年）
・安西文雄＝巻美矢紀＝宍戸常寿『憲法学読本（第３版）』（有斐閣、2018年）

執筆者紹介

渡辺康行（わたなべ・やすゆき）

大阪経済法科大学教授・一橋大学名誉教授

第４章、第６章〜第８章、第18章、第19章

宍戸常寿（ししど・じょうじ）

東京大学教授

第２章、第10章、第13章、第14章、第20章

松本和彦（まつもと・かずひこ）

大阪大学教授

第３章、第５章、第９章、第12章

工藤達朗（くどう・たつろう）

中央大学教授

第１章、第11章、第15章〜第17章

第1部
基本権総論

第１章　人権と基本権

第１節　「基本権」と「基本的人権」

１　実定法と自然法

本書は、日本国憲法が国民に保障するすべての権利を「基本権」と呼ぶ。したがって、「基本権」=「憲法上の権利」である。憲法98条１項は「この憲法は、国の最高法規であって、その条規に反する法律、命令、詔勅及び国務に関するその他の行為の全部又は一部は、その効力を有しない」と自ら宣言しているから、この憲法が定める基本権も当然に最高法規であり、法律その他の国家行為が基本権を侵害することは許されない（違憲無効である）。その意味で、基本権は法律によっても侵すことのできない最高の権利である。

けれども、絶対無制限の権利というわけではない。国民は「この憲法が国民に保障する自由及び権利」を単に（消極的に）濫用してはならないだけでなく、常に（積極的に）公共の福祉のために利用する責任を負うからである（12条）。

また、基本権の効力には時間的・空間的な限界がある。日本国憲法は1947年５月３日に施行されたから、基本権が効力を有するのもそれ以後である。それ以前には大日本帝国憲法（以下「明治憲法」という）の定める「臣民の権利」が妥当していた。また、日本国憲法の効力が及ぶのは、日本国内（日本国の領土内）に限られる。他国には他国の憲法が存在し、それらの憲法上の権利が妥当するから、日本国憲法の基本権の効力は日本国内限りなのである。したがって、基本権の効力は限定されており、その意味で相対的である（→憲法Ⅱ第１章第４節）。

＊　「領土」は、国家の構成要素であるとともに、憲法の効力が及ぶ空間的・地理的範囲である（→憲法Ⅱ第1章第4節1）。領土は、狭義の領土（領陸ともいう）のほか、領海、領空を含む。狭義の領土が定まって初めて領海や領空も定まるから、狭義の領土が広義の領土の基準である。そこで、憲法学では領土を広義で用いる用語法が一般的であるが（佐藤功、小林直樹、橋本公亘、伊藤正己など）、国際法では領土を専ら狭義で用い、広義の領土には「領域」の語を用いるという違いがある。

このことは、日本国憲法とその基本権が実定法であることを意味している。実定法とは、人間が意識的に創り出した、現実に効力を有する法のことである。実定法は人間の意思作用によって生成変化し、時間的・空間的に限定された相対的内容を有するにとどまる。時代や地域が異なれば、異なる実定法秩序が存在するのである。

このような実定法に対置される概念が、自然法である。自然法は、時間と空間を超えて妥当する普遍的な法であり、実定法に優越する効力を有する。自然法に根拠を有する権利を自然権という。日本国憲法のいう「基本的人権」（11条・97条）は、この自然権である。基本的人権は、国家によって承認される以前から、人間が人間であるという理由だけで当然に有する権利であって、「侵すことのできない永久の権利」なのである。

したがって、「基本権」は実定法に、「基本的人権」は自然法に属する。そして、日本国憲法の基本権は、自然権である基本的人権を実定化したものである。言い換えれば、実定憲法上の権利となった基本的人権が、基本権である。その結果、同じく憲法上の権利であっても、例えば、日本国憲法の基本権と明治憲法の臣民の権利とでは、その内容と効力は大きく異なっている。それは、権利規定を設ける際に前提とした思想が異なるからである。日本国憲法の基本権は、基本的人権の存在を承認し、それを実定法の中に取り入れた点に特徴があるのである。

＊　日本国憲法が「基本的人権」という言葉を用いているのは、ポツダム宣言10項が「言論、宗教、及思想ノ自由並ニ基本的人権ノ尊重ハ確立セラルベシ」と述べていることに由来する。「基本的人権」を単に「人権」といっても同じ意味である。なぜなら、人権はどれも、人間が人間らしく生きていく上で不可欠の（その意味で基本的な）権利だから、人権はすべて基本的

であり、基本的人権と基本的でない人権の区別があるわけではないからである。本書でも両者を互換的に用いる。

2　日本国憲法と「基本的人権」

日本国憲法は、「基本的人権」という言葉を二つの条文（11条・97条）で用いている。

①　基本的人権は、「侵すことのできない永久の権利」（永久不可侵の権利）である（11条後段・97条）。人権は国家以前に存在する権利であるから、国家が人権を創り出したのではなく、国家は人権を承認し保護することができるにすぎない。国家が人権を侵害することは永久に禁じられる。したがって、基本的人権は、日本国憲法が制定された時から未来永劫、「現在及び将来の国民」に対して保障されなければならない（11条後段・97条）。基本的人権が「国民に与へられる」（11条後段）とは、主権者である日本国民が、人権の存在と普遍的効力を承認し、この憲法を制定することによって「現在及び将来の国民」に人権を保障する（＝与える）ことだと解すべきであろう。超越的存在（神・天・造物主・自然など）によって与えられたと解することは、歴史的・思想的背景からするとありうる一つの解釈であるが、日本国憲法を特定の宗教的観念と結びつけるもので、妥当とはいえない。

②「国民は、すべての基本的人権の享有を妨げられない」（11条前段）。国家が、特定の国民に対し、一つまたはそれ以上の人権の享有を否定することは許されない。また、人権が人間であるという理由だけで保障される権利なら、国籍の如何を問わず、すべての人間に保障される権利でなければならない。外国人も基本的人権の享有を妨げられない。

③「この憲法が日本国民に保障する基本的人権は、人類の多年にわたる自由獲得の努力の成果」であり、「過去幾多の試練に堪へ」てきたものである（97条）。けれども、日本において基本的人権の存在を承認した憲法は日本国憲法が初めてである。明治憲法が保障した「臣民の権利」は基本的人権ではなかった。そうだとすると、多年にわたり自由獲得の努力を続けてきた「人類」に日本国民は含まれないはずである。日本国民は、日

本国憲法によって初めてこの「人類」の一員となり、未来に向けてその歴史を共有することになったのである。基本的人権が国民に「信託されたものである」（97条）とは、人権は人類の歴史の中で獲得されたもので、日本国民が自由に処分してよいものではないこと、したがって、日本国民は人権を尊重する責任を負うことを意味する。日本国民は、そのような責任の伴う人権を自らの意思で（主体的に）選択したと解すべきであろう。ここでも人間を超越した存在から信託されたものと（受動的に）解すべきではない。

＊　ここでの作業は、いわば憲法内在的に、日本国憲法が語っていることの意味を明らかにすることであって、語られた内容が事実と一致するかどうかを問題とするものではない。憲法が常に真実を語るとは限らない。なぜなら、憲法は、国民が共有すべき「物語」を描こうとするものだからである（佐藤幸治）。現実の憲法制定過程について、憲法Ⅱ第２章第３節。

３　基本的人権の誕生

日本国憲法が前国家的自然権としての基本的人権の存在を確信するに至ったのは、人類の自由獲得の努力の歴史に鑑みてのことだとしている。

(1)　実は、人類が実際に基本的人権を獲得したのは、人類の長い歴史の中では比較的最近のことである。人類の自由を求める思想や運動は、古代や中世から世界中至る所に存在したであろうが、人間が生まれながらに有する権利という基本的人権の観念が世界で最初に登場したのは、18世紀末のアメリカとフランスにおいてであった。

アメリカ独立宣言（1776年７月４日）の前後、アメリカ諸州は憲法を制定し、その中に一連の権利規定を設けた。最も早く、内容的にも典型的だとされるのが、ヴァージニア憲法の権利章典（1776年６月12日）である。その１条は、「すべての人は、生来ひとしく自由かつ独立しており、一定の生来の権利を有する。これらの権利は、人民が社会を組織するにあたり、いかなる契約によっても、人民の子孫からこれを奪うことはできない。かかる権利とは、すなわち、財産を取得所有し、幸福と安寧とを追求する手段を伴って、生命と自由とを享受する権利である」と定めた。人類史上初めて、前国家的な自然権（奪うことのできない生来の権利）の存在が宣言されたのである。

フランスがこれに続く。1789年のフランス人権宣言（人と市民の権利宣言）は、「人は、自由かつ権利において平等なものとして出生し、かつ生存する」（１条）、「あらゆる政治的団結の目的は、人の消滅することのない自然権を保全することである。これらの権利は、自由、財産、安全および圧政への抵抗である」（２条）と規定し、自然権の存在と、それを保護する国家の義務を宣言したのである。

＊　これらのはるか以前、イギリスには、マグナ・カルタ（1215年）、権利請願（1628年）、人身保護法（1679年）、権利章典（1689年）など、国王に対して国民の権利を認めさせた多数の法的文書が存在した。マグナ・カルタの次の一節は特に有名である。

「すべて自由人は、その同輩の合法的裁判により、または国法によるのでなければ、逮捕、監禁、差押、法外放置、もしくは追放を受け、またはその他の方法によって侵害されることはない」（39条）。

しかしながら、これらを「人権」宣言とはいわない。例えば、マグナ・カルタにおいて「自由」とは、封建貴族（バロン）達が自己の支配下にある人々を国王の干渉を排除して支配する権利であるにすぎず、「自由」を享有する人々の範囲が歴史上漸次拡大されていったとはいえ、名誉革命の成果を文書化した権利章典も、イギリス人の「古来の自由と権利」、すなわち歴史的な既得権を宣言したのであって、人であるがゆえに有する権利の宣言ではなかったからである。

＊＊　アメリカ諸州の権利宣言とフランス人権宣言の関係については、従来から論争がある。もともとフランスでは、人権宣言の思想的淵源はルソー（J-J. Rousseau）の『社会契約論』であると考えられていた。これに対して、イェリネク（G. Jellinek）は、その『人権宣言論』において、フランス人権宣言のルーツはアメリカ諸州の権利宣言であるとした。なぜなら、①ルソーの思想と人権宣言の思想は相容れない、②思想の内容と表現方法がアメリカ諸州の憲法と極めて類似している、③当時のフランス人はアメリカ独立戦争に深い関心を有し、義勇兵としてアメリカに渡った人もいた（人権宣言の起草者とされるラファイエットもその１人である）からである。イェリネクのこの主張は、当時フランスのブトミー（E. Boutmy）との論争を惹起したが、今日では大筋で認められている。

＊＊＊　イェリネクの『人権宣言論』が提起したもう一つの問題は、最初の人権（人権の原型）は何か、である。イェリネクは、アメリカにおける信教

の自由がすべての人権の起源であると考えた。故国での宗教的な迫害を逃れてアメリカに渡った人々は、当初、自分たちと異なる宗教に対して不寛容な態度で臨んだが、ロジャー・ウィリアムズ（R. Williams）が絶対的な信仰の自由と国家と宗教の分離を唱えたことにより、信教の自由が不可侵の人権と認められるようになったというのである。基本権の体系からみれば、個人の内心の保障が最初の人権であるというのは説得力があるように思われるが、最近の研究では、イェリネクの見解には十分な根拠がなく、不当な逮捕監禁からの自由（人身の自由）こそが最初の人権であるとの意見が有力である。

(2)　アメリカやフランスの人権宣言に大きな影響を与えたのが、社会契約論、特にジョン・ロック（J. Lock）の理論である。ロックによれば、①自然状態において、人間は自然法に基づき生命・自由・財産という人間固有の自然権（Property）を有している。②しかし、自然権の確保を個々人の実力に委ねていたのでは、紛争と混乱を生じることは避けられない。そこで、このような不都合を回避し、自然権をより確実に保障するために、人々は契約によって政治社会を形成し、信託によって政府を設ける。③政府は、自然権を保障するという目的のために設立されたのであるから、その目的に反して自然権を侵害する場合には、各人は政府の権力に抵抗する権利をもつ。人々は、国家を形成する以前の自然状態で既に一定の権利を有しているのだから、それは前国家的自然権である。国家はそれを承認し保護することができるだけで、侵害することは許されない。

＊　ロックにおける「政治社会」と「政府」の区別は、ヘーゲル（G. W. F. Hegel）以降の、政治的なものを独占した「国家」と非政治的・経済的な「社会」の区別とは異なる。「政治社会」は「市民社会」や「国家ないし政治的共同体（Commonwealth）」と言い換えられ、ラテン語の civitas であるとされるように、「国家」と「社会」が分離する以前の、人々の生活総体を包括する団体を意味する。政府はこの団体の道具なのである。今日でも、憲法が国家の基本法なのか、政治的共同体の基本法なのかという議論がある（→憲法Ⅱ第１章第１節**３**・**４**）。

(3)　基本的人権は、18世紀末にアメリカとフランスで誕生した。その意味では、西洋近代に特有の思想である。なぜ、この時代、この地域に、基本的人権の観念が生まれたのか。それは、この時代、この地域に、近代国家が成立したからである。

基本的人権は、人間が人間であるという理由だけで有する権利である。ここで人権の享有主体たる人間とは、国籍・身分・人種・性別・信仰など、さまざまな属性をすべて捨象した抽象的な存在である。このような抽象的人間（人一般）の観念が成立するには、「個人」が存在しなければならない。個人は、いつでもどこにでも存在するわけではない。近代以前、人々はさまざまな封建的・身分制的な共同体に組み込まれ、身分ごとに異なる自由と権利を与えられていた。政治権力を独占した中央集権国家（近代主権国家）が、伝統的な中間団体を破壊して、自由・平等・独立の個人を創り出したのである。近代国家が形成されたところで初めて、個人が誕生し、基本的人権の観念が成立する前提が築かれる。このような国家が最初に成立したのが、西洋近代だったのである。したがって、うまれからみる限り、基本的人権は西洋近代に特有のものであるが、世界中に近代主権国家が生成するとともに、その観念も世界中に普及することになる。

＊　基本的人権が人であることを理由とする権利であるから、国籍・身分・人種・性別・信仰など、特定の属性を有する集団に帰属していることを理由とする権利は基本的人権ではない。それゆえ、人権宣言に掲げられたすべての権利が人権であるわけではない。例えば、フランス人権宣言は――その正式名称「人と市民の権利宣言」が示すように――「人の権利＝人権」と「市民の権利＝市民権」を区別している。国家の構成員にのみ認められる権利（例えば、選挙権）は、人権ではなく市民権である。

＊＊　初期の人権宣言に掲げられた権利は、現在の憲法でもおなじみの自由がほとんどであるが、フランス人権宣言が「安全」を自然権の一つとしていることが目を引く。安全は、国家の基本目的である。自然権の確保が私人の実力に委ねられていたのでは、私的権力者間の内乱状態になりかねない。国家が物理的暴力行使の権利を独占し、私人の実力行使の権利を否定することによって、国内の安全が達成され、人々は国家の法秩序に従うことになる。安全は、憲法や基本権が実効性をもつ前提なのである。国家が中間団体から政治権力を奪う過程ではなお安全が強調されるが、国家の権力独占が完了した後は、安全は（既に達成されたものとして）自由の陰に隠れるようになる。安全が私人による侵害からの権利保護を意味する限りでは、安全は自由の前提であるが、現代社会において、治安・テロ対策として安全が強調される場合、自由と安全は対立関係にある場合が多い。

4 基本的人権の伝播と国家化

(1) フランス人権宣言は、1791年憲法の一部として取り入れられ、他のヨーロッパ諸国の憲法に大きな影響を与えた。それは同時に、権利宣言から自然権の性格が失われ、人の権利から国民の権利となる過程であった。例えば、ベルギー憲法（1831年）は、自由主義的な立憲君主制の憲法であるが、その権利宣言の表題は、「ベルギー国民およびその権利」であった。ドイツにおいても、フランクフルト憲法（1849年）は「ドイツ国民の基本権」を保障し、プロイセン憲法（1850年）は「プロイセン人の権利」を定めたのである。

＊ ドイツでは、1848年の３月革命において、市民が市街戦で王の軍隊を破り、統一ドイツの新しい憲法を制定すべく、フランクフルトのパウル教会で憲法制定会議を開催した。しかし、憲法で保障されるべき権利が、前国家的自然権なのか、国家によって承認され保障されて初めて存在する権利なのか、決着がつかない。同年末に制定された「ドイツ国民の基本権に関する法律」は、どちらの立場でも解釈可能な「基本権」という言葉を選択し、「ドイツ国民」に対して保障される権利とされた。この法律は、翌1849年３月にようやく成立したフランクフルト憲法に組み入れられたが、この憲法は結局一度も効力を発することなく終わった。議会がプロイセン国王をドイツ皇帝に選出したにもかかわらず、国王に拒否されたからである。それでも、同憲法は、ドイツ憲法史上極めて重要な意義を有している。

(2) 1882年、このプロイセンに、日本から憲法取調べのために派遣されたのが伊藤博文である。明治政府は、1881年の「国会開設の詔」において1890年に国会を開設すると約束したため、その前に憲法を制定しておかなければならなかった。伊藤は、ベルリンのグナイスト（R. Gneist）やウィーンのシュタイン（L. Stein）の下で学び、1883年に帰国、翌年に制度取調局を設置して、井上毅、伊東巳代治、金子堅太郎らとともに、ロエスレル（H. Roesler）やモッセ（A. Mosse）らのお雇い外国人の助言を得て、憲法草案を作成する。憲法草案は、枢密院において、天皇臨席の下、非公開で審議され、1889年、「大日本帝国憲法」（明治憲法）として制定された（→憲法Ⅱ第２章第２節**１**）。

＊　枢密院の審議において有名な論争が交わされた。1888年、文部大臣森有礼は、明治憲法草案第2章「臣民権利義務」について「臣民の分際」と修正すべきとの意見を述べた。臣民は天皇に対してただ分限と責任を有するのみで、権利を有することはありえないというのである。これに対して伊藤は次のように述べて森の意見を退けた。憲法を制定する精神は、第1に君権を制限し、第2に臣民の権利を保護することにある。憲法に国民の権利を規定せず、ただ責任のみを記載するのであれば、憲法を制定する意味はない。森の意見は字句の修正ではなく、憲法の制定そのものに反対するものであってとりえない、と。なお、森の発言は一見反動的なようだが、森を自然権論者とみてその先進性を説く者もいる（樋口陽一など）。

明治憲法は、天皇主権に基づく憲法であり、その第2章「臣民権利義務」に定められた権利は、①日本臣民に対して国家と憲法が与えた権利であって、前国家的な自然権ではなかった。また、②権利の保障には「法律の留保」が付されていたため、法律の形式によればいかなる制限も可能であるとされ、憲法上の権利ではあったが、法律上の権利と変わらない効力しか有しなかった。さらに、③権利の保障には、戒厳（明憲14条）や非常大権（明憲31条）など、広い範囲の例外が存在した（→憲法Ⅱ第2章第2節**2**(**5**)）。

＊　明治憲法の権利規定で例外的に法律の留保が付されていなかったのが「信教ノ自由」（明憲28条）である。けれども、そのことが逆に、法律によらなくても行政権の命令で制限できるものと解され、結果的にその保障は効力を失ってしまった（→第8章第1節）。

＊＊　二つの「法律の留保」：　国民の権利義務を定めるのは、議会の法律によらなければならない。行政権が国民の権利を制限し、国民に義務を課すためには、法律の根拠が必要である。これを「法律の留保（Vorbehalt des Gesetzes）」という。それゆえ、法律は、行政権による権利侵害に対する防波堤であり、基本権は法律によって守られる。しかし、憲法の基本権規定に、「法律の定めるところにより」とか、「法律の範囲内において」という文言が付されている場合がある。これも「法律の留保（Gesetzesvorbehalt）」と呼ばれるが、これは、基本権の具体的保障内容は法律次第であること、法律による基本権制限には限界がないことを意味する。これでは基本権は憲法上の権利から法律上の権利に格下げされてしまう。そこで、法律による基本権制限に憲法上の限界を設け、法律がその限界を超えていないかど

うかを審査する制度が必要になる。それが裁判所の違憲審査権である。これにより、基本権は法律からも保障されるのである（→第3章第3節1）。

5　基本的人権の社会化——社会権の登場

(1)　18・19世紀の憲法で宣言された権利は、主として、国家からの自由を内容とする自由権であった。20世紀、ここに新しい類型が付け加わる。それが社会権である。

第1次世界大戦の敗戦を契機として勃発した革命は、ドイツ帝国を崩壊させた。皇帝が退位し、ワイマール共和国が成立する。ワイマール憲法（1919年）は、その第2編「ドイツ人の基本権及び基本義務」において、フランクフルト憲法の基本権規定を受け継いだ伝統的な自由権を定めただけでなく、その第5章「経済生活」では、経済的自由を強く制限するとともに、いくつもの社会権規定を取り入れた。これらはいずれも、これまで自由に放任されてきた市民社会に国家が積極的に介入し、人々に人間らしい生活を保障しようとするものであった。

＊　ワイマール憲法には、国民の生存を保障する国家の義務を定めた151条1項（「経済生活の秩序は、すべての者に人間たるに値する生活を保障する目的をもつ正義の原則に適合しなければならない」）や、それまで神聖不可侵とされた財産権の社会的被拘束性を述べた153条3項（「所有権は義務を伴う。その行使は、同時に、公共の福祉に役立つべきである」）のほか、労働力の保護（157条）、団結の自由（159条）、労働者の公民権行使（160条）、社会保険（161条）、労働の義務と権利（163条）、共同決定権（165条）などが定められていた。

(2)　自由権と社会権には、次のような違いがある。

①　まず、その歴史的背景が異なる。自由権は、封建的な共同体を破壊して権力を独占した国家に対して、個人の国家から自由な活動領域を要求する権利であった。しかし、この自由は、貧しく隷属的な状態に置かれた大量の人々を生み出した。これらの人々にとって、形式的な自由と平等の保障だけでは、人間らしい生活を送ることはできない。社会権は、国家の力によって、形式的な自由と平等がもたらした現実の不自由と不平等を緩

和し、すべての人に人間らしい生活を可能にしようとするものである。

②　したがって、自由権と社会権は、国家観が異なる。自由権が前提とする国家は、自由国家・消極国家である。自由権は、国家以前に既に個人は自由であることから出発する。国家の存在と活動は自由の制限であり、国家が小さければ小さいほど自由は大きくなる。自由権にとって、国家は自由の敵であり、せいぜい必要悪であるにとどまる。それゆえ、国家は市民社会のルールに違反する犯罪者を取り締まっていれば十分である、とされる（夜警国家観）。これに対して、社会権は、国家の積極的な活動がなければ実現することができない。国家は、これまで個人の自由に委ねられた領域に介入し、人権の実現に配慮する保護者の役割を果たすのであり、社会国家・福祉国家・積極国家を前提とする。

③　権利主体にも違いがある。自由権の権利主体が人間の属性（国籍、性別、信仰など）を捨象した抽象的な人一般であったのに対して、社会権の権利主体はより具体的で、一定の属性を備えた人間にのみその保障が及ぶ（例えば、労働者の権利）。抽象的な人一般の権利だけが人権であると捉える立場からは、社会権は人権ではないことになる。

④　国家に対する（主要な）作用が異なる。自由権が公権力の介入に対する防御権であり、国家に対する不作為請求権であるのに対して、社会権は、国家の積極的な活動によって人間らしい生存を確保するものであるから、国家に対する作為請求権である。自由権は、公権力の過剰な介入を禁止すれば実現されるが、社会権の実現は国の立法による具体的な制度の構築と、法律に基づく行政の具体的措置をまたなければならない（基本権の多元的機能については後述）。

⑤　自由権は、自由を制限する法律が裁判で無効とされれば、それで実現される。これに対して社会権は、裁判所が違憲と判断しても、立法府や行政の積極的活動がなければ実現されない。そのため、自由権が裁判で救済可能な具体的権利であるのに対して、社会権は、国家（立法府や行政府）に対する抽象的な義務づけにとどまり、個々の国民に裁判で救済可能な具体的請求権を保障したものではなく、法的拘束力をもたない政治的プログラムであるか、せいぜいのところ抽象的権利であると解されることが多い。

⑥　自由権と社会権では、違憲審査の方法も異なる。自由権を制限する立法は、三段階審査に基づいて合憲性が審査される（→第３章参照）。これに対して、社会権（給付請求権）の侵害が問題となる場合には、三段階審査を用いることはできない。というのは、自由権の場合には、権利保障が論理的に立法に先行し、立法は後からその自由を制限するという構成になるから、保護領域への介入（基本権の制約）が観念できるのであるが、社会権は、権利の内容が立法によって初めて現実に存在することになるからである。したがって、既に存在する社会権の保護領域に対して立法が介入しているのではなく、存在すべきものが未だ存在していないこと、社会権が立法によって十分具体化されていないことが問題なのである。とすると、社会権が要求する内容または水準が何であり、現実の立法がそれを充足しているかが審査されなければならない。そのため、審査方法には、自由権とは異なる手法が用いられるのである（→第４章参照）。

6　基本的人権の国際化

(1)　国際的人権保障

人権が国際的に保障されるようになったのは、第２次世界大戦後である。国際連合憲章にも「基本的人権と人間の尊厳」（前文）や「人権及び基本的自由」（１条）への言及はみられたが、具体的な法規定にまで高められたのは、世界人権宣言（1948年）においてである。この宣言は、「人類社会のすべての構成員の固有の尊厳と平等で譲ることのできない権利とを承認することは、世界における自由、正義及び平和の基礎である」に始まる前文に続けて、伝統的な自由権や参政権のほか、いくつかの社会権について規定していた。ただし、この宣言は、各国が達成に向けて努力すべき基準であって、各国を法的に拘束する力をもたなかった。

保障の実効性という点で重要なのは、国際人権規約（1966年）である。これは、「経済的、社会的及び文化的権利に関する国際規約」（Ａ規約）と「市民的及び政治的権利に関する国際規約」（Ｂ規約）を指す。Ａ規約は、そこに定められた「権利の完全な実現を漸進的に達成する」ことを約束するにとどまるが（２条１項）、実施措置の報告義務を定めることで、実現を促進しようとしている（16条）。Ｂ規約は、直ちに必要な措置をとる義務を課すとともに、Ａ規約と同様の報告義務（40条）のほか、国家通報制度を定めた（41条・42条）。そして、Ｂ規約の選択議定書は、締約国によって権利を侵害されたと主張する個人が人権委員会に通報する制度（個人通報制度）を定めた。日本は1979年にＡ・Ｂ両規約を批准したが、選択議定書は批准していない。

国際人権規約の規定の仕方は日本国憲法よりもかなり詳細であり、また日本国憲法が明文で規定していない権利も明文で保障しているので、国際人権規約を直接国内適用できれば有意義であるように思われる。しかし、日本の裁判所は、国際人権規約に定められた権利は日本国憲法上も保障されているとして、憲法解釈で事件を解決する傾向がある。事件に条約を適用することもなければ、法律を条約に適合するよう解釈することもない。また、条約違反を理由に最高裁判所に上告する権利も今のところ認められていない（→憲法Ⅱ第６章第３節**1**(**1**)(ｲ)）。

＊　国際人権規約の規定する「国際人権」は、憲法上の「人権」と異質な権利も含んでいることに注意が必要である。例えば、Ａ・Ｂ両規約とも、その１条で人民の自決の権利を「人権」として保障している。また、自由権規約27条は、少数民族に属する者の文化享有権等を保障しており、これは個人の権利であるが、同時に「その集団の他の構成員とともに」権利を享有することも保障しているため、言語等集団で行使するすることが前提とされている権利は少数民族等の集団自体が権利主体となる。このような「集団」の人権は、集団からも解放された個人を出発点とする憲法上の人権（→本節**3**(**3**)）とは相当に異質である。そのため、集団の権利の不可欠性を肯定した上で、その権利を人権と呼ぶことに懐疑的な学説も主張されている（横田耕一）。

＊＊　一国内の保障を超えた地域的な人権保障としては、ヨーロッパ人権条約（人権及び基本的自由の保護のための条約）（1950年）がある。特に1998年には、ヨーロッパ人権裁判所が設置され（19条）、国家が他の国家の条約違反を付託することができるだけでなく（33条）、「個人、非政府団体または個人の集団」が権利侵害の申立てを行うことができることになった（34条）ため、その実効性が格段に強化されている。

(2) 国際人権条約の「適用」と「参照」

最高裁判決の調査官解説を読むと、必ずといってよいほど、外国の立法例や裁判例への言及がみられる。日本国憲法を解釈するにあたって外国法等が「参照」されているわけである。もちろん、外国法等は日本国内で効力を有しないし、国内裁判所を拘束するわけではない。裁判所は外国法を事件に「適用」することはできないし、してはならないのである。外国法は日本法の法源ではなく（法源について→憲法Ⅱ第1章第3節**2**・**3**）、裁判所が拘束される「この憲法及び法律」（76条3項）に外国法は含まれない。裁判所が国内法の解釈に外国法等を「参照」する義務はないが、それらを参照することで、国際的にも説得力のある（少なくとも非常識ではない）法解釈が可能になるのである。

外国法とは異なり、日本国が締結した条約は、条約のままで国内法としての効力を有するのが原則であるから、条約は国内裁判所を拘束する。そして、条約の効力は法律に優位するから、裁判所は条約を適用して、条約に違反する法律は無効であるとすることができるはずである。しかし、最高裁は条約違反の法律を無効であると宣言したことはない。しかし、最近では、国籍法違憲判決（最大判平成20・6・4民集62巻6号1367頁→第6章第5節**2**）や婚外子法定相続分平成25年決定（最大決平成25・9・4民集67巻6号1320頁→第6章第5節**4**(2)）など、最高裁が違憲判断に至る過程で条約に明示的に言及していることが注目されている。これらの判決も、判決の論理や結論を補強するものとして条約を用いているのであって、ここでも条約を「適用」したのではなく「参照」しているにとどまるようにも思われる。けれども、条約は国内的効力を有するのであるから、裁判所が国内法を解釈するにあたって参照してもしなくてもよいのではなく、必ず参照しなければならない。裁判所は法律が条約に違反しないように、法律を条約に適合するように解釈する義務がある。国内法を国際法に適合するように解釈することを「間接適用」という。

＊ 夫婦同氏規定令和3年決定（最大決令和3・6・23判時2501号3頁→第20章第2節**2**(2)）の宮崎裕子・宇賀克也裁判官の反対意見は、女子差別撤廃条

約ついて、国民に対して直接権利を付与するものではないので、国民に対する直接適用可能性はないが、国内的効力を有することは否定されないとした。言い換えれば、同条約は個々の国民に直接主観的権利を付与するものではないが、客観法として日本国を拘束するのである。したがって、日本国が女子差別撤廃条約に基づき夫婦同氏制の法改正を要請する三度目の正式勧告を2016（平成28）年に受けたことは、夫婦同氏制を放置した立法不作為を憲法24条２項違反とする理由の一つとなる、とした。この反対意見もたしかに、立法不作為を条約違反としたわけではないから、条約を直接「適用」したものではないが、裁判所の憲法解釈を法的に拘束する効力を条約に認めたもので、条約を単に「参照」するのではなく、「間接適用」したものといえる。この点、条約の国内的効力は憲法に基づいており、国内法としての形式的効力も憲法が条約に優位するため、憲法を条約に適合するように解釈するのは論理矛盾であるようにみえるが、憲法自身が条約の誠実遵守を宣言している（98条２項）以上、憲法解釈に条約を参照することは、裁判所に対する憲法上の義務となりうる。このような解釈は、日本が締結している国際人権条約を裁判的救済につなげるために進むべき方向性を指示しているようにも思われる。

7　日本国憲法における「人権」と「基本権」

日本国憲法において、基本的人権は、前国家的な自然権であり、「侵すことのできない永久の権利」（11条）、すなわち、制限の許されない永久不可侵の権利である。これに対して、「この憲法が国民に保障する自由及び権利」は、濫用が禁止され、公共の福祉のために利用する責任を負う（12条）。そして、憲法13条において、公共の福祉によって制限されることが一般的に述べられている。この「自由及び権利」が基本権である。すなわち、実定憲法上の権利であり、制限が認められる権利である。基本的人権も、日本国憲法に取り入れられて、基本権となったのである。そして、日本国憲法の中には、基本的人権を実定化した基本権だけではなく、憲法によって初めて保障される基本権も含まれている。どちらの基本権であるかによって、保障に差が生じるわけではない。日本国憲法では「この憲法が国民に保障する自由及び権利」（12条）がすべての基本権を指す言葉であり、この「自由及び権利」は、濫用が禁じられるだけではなく、公共の福祉のために利用する責任を負わされている。本書が扱うのは、このような基本権である。

＊　日本国憲法の保障する基本権と人権を区別せず、人権は不可侵であるが、絶対無制限ではない、と説明する学説も有力である（芦部信喜）。けれども、この説明は日本語として理解が困難である。人権と基本権を区別して、不可侵なのは人権であり、憲法の保障する基本権は絶対無制限ではない、とすべきだろう。

同じく実定憲法上の権利でも、その憲法が人権の存在を前提とするかしないかで、基本権の審査方法が違ってくる。日本国憲法は人権の存在を確信するから、人権が前国家的であるように、基本権も国家に先行するものと捉えられる。そうすると、基本権の制限は例外であり、憲法上正当化できる場合にのみ、その制限は許される。本書における三段階審査の手法（→第３章）は、このような考え方に基づいている。

＊　基本権の国家に対する先行性をカール・シュミット（C. Schmitt）は「配分原理」と呼んだ。配分原理は、個人の自由の領域は原理的に無限定で、国家の権能は原理的に限定されていることを意味する。シュミットは、近代の市民的法治国家はこの原理に立脚しているとした（→第３章第１節**3**）。

＊＊　日本国憲法が国民に保障する権利が「基本権」であるから、第３章「国民の権利及び義務」に含まれない最高裁判所裁判官の国民審査権（79条）や憲法改正国民投票権（96条）も基本権である（→第18章第２節**3**(4)、憲法Ⅱ第11章第４節**2**(2)、第６章第２節**2**(2)）。

第２節　基本権と基本権規範

1　基本権規範の内容

憲法第３章の諸規定は、国民の国家に対する基本権（主権的権利）を定める規範であると同時に、客観的法規範である（→本節**3**(1)）。それらの規定の中には、基本権以外のものが、単独で、あるいは基本権とともに規定されていることがある。本節では、まず、個人の権利としての基本権を分類（→本節**2**）し、次に基本権規範のもう一つの内容である客観的法規範について説明する（→本節**3**）。そして、基本権とは別個の客観的法規範の例として制度的保障（→本節4）を、さらに基本義務（→本節5）を論じる（最後の二つは本来「基本権」規範と呼ぶことはできないが、便宜上ここで扱う）。

2　基本権の分類

(1)　イェリネクの分類

憲法の規定する基本権が豊富かつ多様になるに従って、これらの基本権をどのように分類すべきか、問題となる。歴史的に最も大きな影響力を有するのが、イェリネクの分類である。イェリネクは、国家に対する国民の地位（身分）を、①受動的地位、②消極的地位、③積極的地位、④能動的地位の四つに分類し、その地位に①' 義務、②' 自由権、③' 受益権（国務請求権）、④' 参政権を対応させた。この4分類はその後の学説に大きな影響を及ぼし、現在の日本の学説もこれを出発点としている。

＊　イェリネクによれば、個々の国民は、国家との関係において、複数の地位を有する。①まず、国民は国家の支配に服する。国民は、国家がその統治権に基づき制定した法令に従わなければならない。これが「受動的地位」である。国民がこの地位において有するのは、権利ではなく「義務」である。②しかし、国民も法的人格として承認される以上、国家の権力は万能ではない。国民は、国家の支配から自由な地位を有する。これが「消極的地位」であり、これには国家の不作為を求める「自由権」が対応する。③さらに、国民は、自己の利益のために国家の活動を要求することができる。この地位が「積極的地位」である。ここから、国家の作為を請求し、それによって利益を享受する「受益権（国務請求権）」が生じる。そして最後に、④国民は、国家の機関となって国家のために活動することができる。これが「能動的地位」である。国民は、この地位において、国家の機関として国家の政治的意思形成に参加する権利、つまり、「参政権」を有する。

(2)　イェリネクの分類における欠落

日本国憲法からみると、この分類には明らかな二つの欠落がある。

第1に、この分類には「社会権」が欠けている。社会権が憲法上の権利となったのは、イェリネクの死後だから当然である。だからといって、イェリネクの分類に5番目の地位を付け加えて、そこに社会権を位置づけることはできない。なぜなら、受益権は個人の利益のために国家の積極的活動を要求する権利であり、社会権は、国家の積極的な活動によって人間らしい生活の実現を求める権利であって、どちらも「積極的地位」に対応する権利であるため、イェリネクの地位理論では社会権は受益権の一部とみるべきことになるからである。

けれども、日本の学説は、社会権と受益権（国務請求権）を別の権利類型と位置づけている。たしかに、社会権と受益権は国家による制度構築を前提とする権利であることは共通するが、受益権が自由権とともに19世紀から認められた古典的権利であるのに対して、社会権は自由権（経済的自由）がもたらした弊害を是正するために20世紀になって初めて認められた新しい権利であり、社会権は自由権と性格が異なるのはもちろん（→本章第１節５(2)）、受益権とも同一に論じるべきではないと考えるからである。本書でも両者は異なる類型に分類している。

第２に、イェリネクの分類には「平等」が含まれていない。近代市民革命は自由とともに平等をスローガンとしていたから、平等が挙げられていないのは不思議である。おそらく、近代国家においてそれまでの身分制が否定され、国民としての平等が達成されてしまえば、平等は法の反射であって権利ではないと考えられたのであろう。これに対して、現在の学説は平等に権利性を認める。従来は、自由権が不当に支配されない権利であるのに対して、平等権は不当に差別されない権利であるから、ともに消極的地位に対応する権利と考えられることが多かった。けれども、平等は自由権以外の場面でも問題になるため、独立した項目を立てる必要が生じる。そこで、現在の日本の学説は、包括的基本権（13条）とともに、法の下の平等（14条）を基本権の総則的規定と位置づけている。また、平等は権利ではなく客観的法原則（平等原則）であるとの学説も唱えられている（→第６章第２節）。

(3)　本書の分類

基本的人権が誕生した段階で、既に「人の権利」と「市民の権利」が区別されていた（→本章第１節３(3)＊）。前者が自由権で、イェリネクの消極的地位に対応し、後者が参政権で、能動的地位に対応する。20世紀になると社会権が登場してきた。イェリネクの分類では積極的地位に対応する

（はずの）権利であり、自由権とは異なる特質を有する（→本章第１節**5**(2)）。そして、イェリネクの積極的地位には、もともと受益権（国務請求権）が対応していたのであった。そうすると、日本国憲法の保障する基本権は、自由権、社会権、国務請求権（受益権）、参政権の四つに大別できることになる。

このうち自由権は、前国家的権利であり、国家の存在と活動を前提としない。人間は国家以前に自由であり、この「国家からの自由」を守るのが自由権の役割であるから、自由権は国家の介入に対する防御権である。これに対して、社会権、国務請求権、参政権は、憲法で権利が宣言されてもそれだけでは国民は権利を行使することはできない。国家による制度構築と給付活動が不可欠である。その意味で、後国家的権利である。社会権・国務請求権は、国家の構築した制度によって給付請求権が具体化され、参政権は制度を通して国民が国政に参加する権利が具体化されるのである。このような権利の性質の違いは、違憲審査の手法の違いと結びつく。防御権である自由権については、その制限の合憲性は三段階審査の手法（→第３章）で判断されるのに対して、制度構築を前提とする権利に対してはそれ以外の審査手法（→第４章）が用いられることになる。

＊　ここでは国家による制度構築を必要とするか否かで自由権とそれ以外の権利を区別したが、契約の自由（→第５章第３節**7**）や財産権（→第14章）については、実定法秩序がなければ存在できないとの学説もある（長谷部恭男）。その学説によれば、自由権とそれ以外の権利には本質的な違いはないから、権利に応じて違憲審査の積極・消極を区別する理由もないとされる。

自由権はさらに、精神的自由と経済的自由に分けられる。両者は審査密度も異なると解されている（→第３章第３節**4**）。また、憲法31条以下は人身の自由など実体的権利を保障するための手続的権利を規定している（→第12章第１節**1**）。手続的権利の解釈には自由の制約原理である公共の福祉は登場しない。これらの規定は、個人の自由と公共の福祉を憲法制定者が衡量した結果だから、解釈の段階でもう一度公共の福祉を持ち出すことはできないからである。比例原則や違憲審査基準も不要である。通常の法律解釈の手法で足りることになる。

＊　本書各論は、日本国憲法の規定する基本権（義務を除く）を次のように分類している。

①包括的基本権（13条→第５章）、法の下の平等（14条→第６章）

②自由権（→第７～14章）：　(a)思想・良心の自由（19条）、信教の自由（20条）、学問の自由（23条）、表現の自由（21条）、集会・結社の自由（21条）の精神的自由、(b)職業選択の自由（22条）、財産権（29条）の経済的自由、(c)奴隷的拘束からの自由（18条）、適正手続の保障（31条）、不当な逮捕からの自由（33条）などの人身の自由（手続的権利）の三つに大別される。

③社会権（→第15～17章）：　生存権（25条）、教育を受ける権利（26条）、労働権（27条）・労働基本権（28条）

④参政権（→第18章）：　選挙権・被選挙権（15条）、請願権（16条）、選挙運動の自由（21条）

⑤国務請求権（→第19章）：　裁判を受ける権利（32条）、国家賠償請求権（17条）、刑事補償請求権（40条）

⑥家族（→第20章）：　婚姻の自由と家族生活における両性の平等（24条）

本書では、（従来参政権に含まれると解されてきた）公務就任権は職業選択の自由で、（通常は経済的自由に分類される）居住・移転の自由、外国移住の自由、国籍離脱の自由（22条）は人身の自由の箇所で説明される。また、（国務請求権に分類されることの多い）請願権（16条）や（表現の自由の一部である）選挙運動の自由（21条）は参政権の章で扱われている。

なお、憲法上の義務、すなわち勤労の義務（27条）、教育の義務（26条）、納税の義務（30条）については、本章第２節**５**(3)参照。

基本権の機能からみると、自由権は国家に対する防御機能が中心である。この機能は包括的基本権も共通であるが、個別的基本権である自由権と区別するため独立の項目とされた。社会権・国務請求権・参政権は、国家による制度構築を前提とする点で共通であるが、社会権・国務請求権は国から利益を受ける給付請求機能が中心であるのに対して、参政権は国政への参加機能が第一次的な機能である。そして、イェリネクの分類に存在しなかった平等についても、他と等しい取扱いを求める相関機能（他との相関関係で内容が定まる）を対応させることができよう。

ただし、個々の基本権は複数の機能を有する。基本権の機能が多元的である以上、機能による分類も第一次的な機能を基準とした相対的分類にとどまらざるをえないのである。

＊　例えば、表現の自由（21条１項）から導き出される「知る権利」は、（情報に接することを不当に制限されることはないという）自由権としての側面のほかに、（国の保有する情報の公開を求める）請求権としての側面、（公開された情報に基づき、政治のあり方について適切な決定を下す）参政権的側面を有する。

また、集会の自由（21条１項）は、正当な理由なく公共施設の利用を拒否されない自由であるから、自由権の側面のほかに、許可請求権の側面をもち、反対派の妨害からの保護を警察に対して求める権利ともなる。

社会権も同様であって、生存権（25条１項）には、国家の保護と給付を請求する権利のほかに、国家の不当な介入に対する防御権（自由権）としての側面が認められている。この二面性は他の社会権にもあてはまる。例えば、教育を受ける権利（26条１項）から教師の「教育の自由」が、団結権（28条）から「団結の自由」が引き出される。

裁判を受ける権利（32条）は、裁判請求権であると同時に、裁判手続の利用を妨害されない権利でもある。国家の設置した組織や手続を利用する権利はすべてこのような二側面を有する。参政権は、国民が国家の意思形成に能動的に参加する権利であるが、選挙制度の構築を前提とし、そこに参加する資格の請求権や、権利行使を妨害されない権利が生じる。そして、その権利の中心は、国家意思の共同決定に参加する機能である。

そして、平等（14条１項）は——平等原則から派生する権利か、本来的な平等権かはひとまずおいて——他との比較において等しい取扱いを求める権利であるから、その状況によって、差別的不利益を受けない防御機能が生じるときもあれば、積極的に他と同じ取扱いを求める給付請求機能が生じることもある。

3　客観的法規範

(1)　主観的権利と客観法

基本権規範は、個人からみると主観的権利を保障する規範であるが、国家からみると、その活動を拘束する客観的法規範である。例えば、自由権規範は、国家に対する個人の防御権であると同時に、国家の権限を限定する消極的権限規範である。社会権規範は、国家に対する給付請求権を基礎づけるだけでなく、積極的作為義務を国家に課す規範である。この場合、基本権の主観的権利としての側面と客観的法規範としての側面は表裏の関係にある。

＊　ドイツ語のRechtには、権利と法の二重の意味がある。両者を区別するために、主観的Recht＝権利、客観的Recht＝法という。基本権に、主観的権利の側面と客観的法規範の側面があるのもこの意味である（同様の用語法として主観訴訟と客観訴訟がある→憲法Ⅱ第11章第２節**３**・**４**）。

これに対して、基本権の客観法的側面という概念が、幾分異なる意味で使われる場合がある。憲法は基本権の章において客観的価値秩序を樹立したのであって、この価値秩序は法のあらゆる領域で妥当しなければならないとされたり、あるいは、他の私人の侵害から基本権を守るための国家の積極的作為義務があるとされる場合がそれである。これらの機能は基本権の主観的内容を国家からみたものというよりも、主観的権利から独立した客観的法規範としての基本権から導き出されているのである。

(2)　基本権適合的解釈

憲法は国の最高法規であるから、下位の法規範はすべて憲法に適合するように解釈されなければならない。「法律の規定は、可能なかぎり、憲法の精神にそくし、これと調和しうるよう、合理的に解釈されるべき」である（東京都教組事件判決：最大判昭和44・４・２刑集23巻５号305頁）。したがって、法律その他の法規範は、「基本権に」適合するように解釈されなければならない。基本権を制限する刑罰法規や行政法規は、文言だけを見れば制限の範囲が広すぎて違憲と判断すべき場合でも、文言に限定解釈を加えることでその違憲性が解消されうる。最高裁が、多くの事件で採用したこの手法は、一般に合憲限定解釈・憲法適合的解釈と呼ばれるが（→憲法Ⅱ第12章第６節**３**・**４**）、その実質は基本権適合的解釈である。

基本権適合的解釈は、私法規定に対しても要求される。基本権は本来国家に対する権利であるが、基本権に照らして私法規定を解釈することにより、基本権の効力を私人間に及ぼすことができるのである（→第２章第２節**３**）。私人間に及ぶのは、基本権の主観的権利としての効力ではなく、客観的法規範としての効力である。

(3)　基本権保護義務

基本権規範の客観法的内容の中心に国家の基本権保護義務を置く学説が

次第に有力になっている（小山剛）。それによれば、ある私人Ａの基本権が他の私人Ｂによって侵害されているとき、国家には、Ａの基本権をＢの侵害から保護するために積極的な作為をなす義務が課されている。基本権の私人間効力も、この保護義務の一面である。Ａの基本権がＢの基本権行使によって侵害されている場合、国家機関たる裁判所は、私法規定を適切に解釈してＡの基本権を保護しなければならない（同時に、Ｂの基本権を制限しすぎることは許されない）。また、保護義務を課されているのは、立法や行政も同様であるから、基本権を保護するための立法や措置をなす義務も生じる。さらには、国家の客観的保護義務から、それに対応した個人の主観的保護請求権を導き出すことができるかが議論されている。これに対して、国家の基本権保護義務を肯定すると、私人の基本権の制限が正当化されることになるため、この義務そのものを疑問視する見解もある（→第２章第２節**３**）。

＊　国家の基本権保護義務を、基本権からではなく、国家目的としての安全から導く学説もある。この見解では、国内の安全は基本権保障の前提であって、それを実現する義務は基本権規範から生じるのではなく、それに先行する国家任務なのである（→本章第１節**３**(3)＊＊）。

４　制度的保障

憲法の規定の中には、個人の基本権を直接保障するのではなく、一定の既存の制度そのものについて、その本質内容を客観的に保障するものがある。それを「制度的保障」という。何が制度的保障の対象たる「制度」なのか、学説は一致していないが、政教分離（20条）、大学の自治（23条）、私有財産制度（29条）、地方自治の保障（92条）を挙げるものが多い。

＊　最高裁も、政教分離は制度的保障であると明言する（津地鎮祭判決：最大判昭和52・７・13民集31巻４号533頁）ほか、大学の自治（東大ポポロ事件判決：最大判昭和38・５・22刑集17巻４号370頁）、私有財産制度（森林法事件判決：最大判昭和62・４・22民集41巻３号408頁）について言及し、憲法第３章に含まれない裁判の公開も制度として保障されているとする（法廷メモ事件判決：最大判平成元・３・８民集43巻２号89頁）。

制度的保障は次のような性質を有する。①保障の対象は、制度それ自体（客観法）であって、基本権（主観的権利）ではない。そのため、②制度的保障の規定に違反する国家行為は、違憲ではあるが、権利侵害ではない。③基本権侵害の場合は裁判所で救済を求めることができるが、制度的保障の侵害の場合は、（法律に特別の規定が存在しない限り）その是正を求めて裁判所に出訴することはできない（→憲法Ⅱ第11章第２節**4**）。

＊　最高裁は、「政教分離規定は、いわゆる制度的保障の規定であって、信教の自由そのものを直接保障するものではなく、国家と宗教との分離を制度として保障することにより、間接的に信教の自由を確保しようとするものである」（前掲津地鎮祭判決）とし、政教分離「規定に違反する国又はその機関の宗教的活動も……憲法が保障している信教の自由を直接侵害するに至らない限り、私人に対する関係で当然には違法と評価されるものではない」（自衛官合祀判決：最大判昭和63・６・１民集42巻５号277頁）とする。

さらに、④制度の核心部分の保障であって、現状を固定するものではない。制度の核心部分は憲法改正によらなければ変更することはできないが、制度の周辺部分は、そのときどきの状況に適合させるため、法律による柔軟な修正や改変が許される。もちろん、核心部分を侵害しない限り、周辺部分についてはいかなる制限も可能であるというわけではないが、両者の区別は曖昧で、制度そのものを廃止するような極端な場合でない限り、制度の核心部分の侵害と認められることは稀である。そこで、制度の周辺部分の制限に対して、基本権制限と同じく比例原則を適用することが考えられるが、これには反対も強い。というのは、基本権は配分原理に基づくが、制度はそうではないからである（→第３章第１節**3**）。政教分離について、最高裁は基本権制限の場合よりも緩やかな判断方法を採用している（→第８章第４節）。

近年は、日本国憲法の解釈上、制度的保障の概念は不要であるとする学説が有力になりつつある。制度的保障の名で呼ばれているものに共通性は希薄で、憲法により積極的に創設された制度と憲法が忌避した制度が区別されず、公法上の制度と私法上の制度も区別されていない。制度的保障の①〜④は客観的法規範の内容に解消することが可能だろう。客観的法規範の中には、同時に基本権規範であるものと、基本権とは別個に規定された規範があることになる。検閲禁止（21条２項）や義務教育の無償（26条２項）、拷問禁止（36条）などもどちらなのか問題となりうる。

＊「制度的保障」の理論は、カール・シュミットの学説に由来するものであるが、現在日本の判例・学説で論じられているのは、シュミットとは全く異なっていることが指摘されている。シュミットは、公法上の制度体保障（Institutionelle Garantie）と私法上の法制度の保障（Institutsgarantie）を区別する。近代憲法（シュミットのいう市民的法治国の憲法）において、国家は、封建的な中間団体を破壊して、純然たる個人と向かい合うはずであるが、ワイマール憲法には、地方自治体の自治権、職業官僚制、大学の自治など、既得権を備えた中間団体に関する規定が存在する。本来ならばあるべきではない中間的な組織体＝制度体に、憲法上の保護を与えるのがシュミットの制度体保障論であって、日本国憲法上その対象たりうるのは、第１章の天皇制だけだとされる（石川健治）。

5　基本義務

(1)　基本権と基本義務

憲法第３章「国民の権利及び義務」は、国民の「権利」だけではなく、「義務」も定めている。この憲法上の義務は――「憲法上の権利＝基本権」に対応して――「基本義務」と呼ぶことができる。第３章31カ条のうち「義務」の語が用いられているのは、「その保護する子女に普通教育を受けさせる義務」（26条２項）、「勤労の義務」（27条１項）、「納税の義務」（30条）の三つだけである。人権規定の数と比べてバランスを失しているようにもみえる。けれども、明治憲法にも、兵役の義務（明憲20条）と納税の義務（明憲21条）の二つしか義務規定は存在しなかった。実は、憲法に権利規定はどうしても必要であるが、義務規定はなくても足りるのである。

国家が存在する限り、国民は国家の支配に服さなければならない。国家の支配に服従する国民の状態が、イェリネクのいう「受動的地位」である（→本節 **2 (1)**）。「義務」はこの受動的地位に対応する。国家はその主権（＝統治権、ここでは立法権）に基づき法律を制定することで国民にさまざまな義務を課すことができる。国民には法律に従う義務がある以上、国民の義務は憲法典に明文で規定されているものに限られるものではない。国民の義務が憲法上の義務に限られないことは、明治憲法下ではもちろん、日本国憲法になっても変わらない。

しかし、法律で無制限に義務が作り出されるならば、国民の自由は失われてしまう。そうならないために憲法に基本権規定が必要なのである。明治憲法の権利は法律の範囲内で認められる臣民の権利であったから、法律で義務が定められれば、憲法上の権利も制限されてしまったのに対して、日本国憲法の基本権は法律に優越するから（98条1項）、法律で無制限に義務を課すことは禁じられている。法律が基本権を侵害する場合は違憲無効であり、国民の義務づけは許されない。

(2)　憲法上の義務と法律上の義務

また、憲法上の義務規定から直接具体的な義務を国民に課すことはできない。法律によって具体化されて初めて、具体的義務が生じるのである。憲法に「法律の定めるところにより」と書かれているか否かにかかわらず、また憲法にない義務を課す場合とも異なるところはない。国民の権利を制限し国民に義務を課す場合は必ず国会の制定する法律によらなければならないからである（41条）。

それでは、法律で規定すれば十分であるはずの義務をなぜ憲法で規定しなければならないのか、という疑問が生じる。おそらく、国民が強制されて嫌々義務を果たすのではなく、その必要性を理解して自発的に義務を果たすことが期待されているのであろう。その意味で、象徴的な効果を目指すもので、法的効果とは関係がない。

(3)　日本国憲法の基本義務

(ア)　勤労の義務

「すべて国民は、勤労の……義務を負ふ」（27条1項）。

この義務は体制の違いによってその法的性格を異にする。1936年のソビエト憲法12条1項は、「労働は、『働かざる者は食うべからず』の原則によって、労働能力あるすべての市民の義務であり、また名誉である」と定めていた。この義務は法的義務である。社会的に有用な労働を回避することは社会主義の原則と両立しないとされた。

これに対して、日本国憲法における「勤労の義務」の規定から直接具体的な労働義務を引き出すことができないのは当然であるが、法律によって具体化されれば労働義務も強制可能な具体的義務になるか問題となりうる。しかし、「勤労の自由」が憲法22条の職業選択の自由として保障されているなら、「勤労しない自由」もまた保障されていると考えなければならない。法律による労働の強制は、この自由の侵害であるだけでなく、「意に反する苦役」として憲法18条にも違反する。勤労の義務を法的に強制することはできない。不労所得による生活を禁じることは、日本国憲法上不可能である。したがって、勤労の義務の法的性格は、ソビエト憲法とはもちろん納税の義務（30条）とも全く異なっているのである。

＊　けれども、勤労の義務は全くの道徳的・訓示的規定にとどまるわけではない。労働の能力と機会がありながら働く意思のない者に対しては、勤労権に根拠をもつ法律上の制度の利益を与えないことができる。例えば、雇用保険法が、失業等給付を受給するには公共職業安定所を通じた求職活動を要件とし、働く意思のない者には受給資格を認めていない（同法４条３項）のは、勤労の義務の効果である（同法32条１項も参照）。

⑷　教育の義務

「すべて国民は、法律の定めるところにより、その保護する子女に普通教育を受けさせる義務を負ふ」（26条２項）。

ここに「普通教育」とは、専門教育や職業教育と異なり、一般的・基礎的な教育を意味する。現行法では、「９年の普通教育」とされ、これが「義務教育」である（教基法５条１項、学教法16条）。教育を受けさせる義務は、親（親権者）が保護する子どもに普通教育を受けさせる義務である。親の義務であって、子どもの義務ではない。親はこの義務を誰に対して負うのか。子どもに対してか、国に対してか、学説上争いがある。ある学説は、親が子どもに対して負う義務であって、国に対して負う義務ではないとする。国に対する義務を認めると、国に教育権があることも認めなければならないから、国民の教育権説（→第16章第２節**３(1)**）の立場では、子どもに対する義務と解する傾向がある。これに対して、親子関係を権利義務で説明することがどのような法的効果をもちうるのか不明であるとして、就学義務の猶予・免除制度などを根拠に、現行法上は国に対する義務であるとする学説もある。後者が妥当だろう。

＊　親は、その自然的関係により、子どもに対して教育する権利（親の教育の自由）を有する。けれども、親の教育が恣意に流れ、子どもに対して十分な教育を行わないとき、国家の責任で最低限度の教育を子どもに対して確保するために、国家が親の教育の自由を制限したのが教育の義務の趣旨であると解される。したがって、親が自分自身で子どもの教育に対する義務を果たすことができると認められるのであれば、子どもを就学させる義務は必須のものではない（→第16章第２節**3**(**2**)）。

⑺　納税の義務

「国民は、法律の定めるところにより、納税の義務を負ふ」(30条)。

国民に義務を課す場合、必ず法律によらなければならない（41条）。憲法は、刑罰と租税という国民に負担を課す二つの典型的場合について、別に規定を設けて詳細な保護を与えている（31条・84条）。それゆえ、納税の義務を課すには法律によらなければならないとする憲法30条は、84条の租税法律主義を国民の義務の観点から眺めたものである（→憲法Ⅱ第13章第３節）。

＊　「国民は」という文言にもかかわらず、日本に滞在するすべての人は納税の義務を負う。外国人もこの義務の主体である。他方では、国民であっても、日本を離れて外国で暮らす者は日本国内において納税義務を負わない。

⑴　憲法第３章が「義務」の語を用いるのは、以上⑺～⑺の三つだけである。けれども、憲法12条は、自由や権利を保持し、それを濫用せず、公共の福祉のために利用する「責任」を述べているため、学説にはこれも「義務」として説明するものがある。通説は、12条の義務を法的拘束力をもたない政治道徳的な指針または心構えと解しているが、本条を根拠に実定法上の抵抗権を認める学説もある（→憲法Ⅱ第６章第３節**4**）。

＊　抵抗権とは、国家権力の不正な行使に対して、人民が実力をもって抵抗

する権利である。「合法的に成立している法律上の義務を、それ以外の何らかの義務を根拠として否認することを正当とする主張」（宮沢俊義）と定義する学説が有名であるが、信仰上の義務に基づき一般的法義務を拒否することも（→第８章第３節）、新聞記者が取材源を秘匿する（記者としての）義務に基づいて証言義務を拒否することも（→第10章第４節 **2 (4)**）、すべて抵抗権の問題となって広すぎる。ただし、抵抗権が実定法の義務に違反する権利であることは重要な点である。

抵抗権は自然権であると考えるのが一般的であった。ロックが、自然権の保全という信託に反する政府に抵抗する権利を認め、ヴァージニア憲法の権利章典３条は「政府を改良し、変改し、あるいは廃止する権利」を、フランス人権宣言２条は「圧政への抵抗」を自然権の一つに挙げている。この権利は、実定法秩序が既に自然権を保障しており、それを政府による侵害から守るために行使される場合には、狭義の抵抗権であるが、自然権を保障する実定法秩序が未だ存在せず、その樹立を目指して行使される場合には、革命権として現れる。

ドイツ基本法は、1968年の改正で、その20条に、「この秩序〔憲法的秩序〕を排除することを企てる何人に対しても、すべてのドイツ人は、他の救済手段が可能でない場合には、抵抗する権利を有する」とする第４項を付加した。これは、国家権力による憲法の不法な排除に抵抗する権利であることはもちろん、革命勢力が国家権力を奪取して憲法を排除しようとする試みに抵抗する権利でもある。いずれにせよ、現行憲法秩序を防衛する現状維持的・保守的な権利である。これが実定法上の抵抗権である。

日本国憲法上、抵抗権の存在を肯定する学説の中にも、憲法が自然権思想に基づくことは明らかだから、憲法上明文の規定がなくとも、抵抗権は自然権として憲法に内在しているとする学説と、実定憲法の条文（12条や97条）を根拠に、実定法上の権利として抵抗権を認める学説がある。

㈺　第３章以外では、公務員の憲法尊重擁護義務（99条）がある。明文で挙げられている義務の主体は、国政を担当する立場にある者（広い意味の公務員）であって、国民ではない。初期の学説（宮沢俊義、佐藤功）は、憲法制定者である国民が憲法を尊重し擁護するのはあまりにも当然であるがゆえに明文では規定されなかったのだと説いた。これに対して最近の学説は、国民が憲法尊重擁護義務を負わないのは近代立憲主義の帰結であるとする。国民の自由を守るために国家権力を拘束するのが憲法の役割だから、憲法尊重擁護義務を負うのは国家の側に限られるというのである。たしかに、憲法99条の重点は、公務員による憲法の遵守を国民が監視することにあるが、国民が憲法保障の最後の担い手であり、抵抗権が認められるのもそのためだとするならば、国民が同条の義務と無縁であるとはいえないだろう（→憲法Ⅱ第6章第3節1(2)）。

〈参考文献〉

新井誠「日本の国内裁判における国際人権法・比較憲法の参照」公法研究78号（2016年）212～223頁
岩沢雄司『国際法』（東京大学出版会、2020年）第6章第1節、第10章、第14章
石川健治『自由と特権の距離（増補版）』（日本評論社、2007年）
石川健治「公法における『人』の属性」公法研究75号（2013年）47～65頁
西原博史編『岩波講座 憲法2　人権論の新展開』（岩波書店、2007年）
工藤達朗「第3章　国民の権利及び義務［総論］」辻村みよ子＝山元一編『概説憲法コンメンタール』（信山社、2018年）55～73頁
小山剛「第3章 国民の権利及び義務」芹沢斉ほか編『新基本法コンメンタール 憲法』（日本評論社、2011年）69～89頁
齊藤正彰『憲法と国際規律』（信山社、2012年）第2～6章
初宿正典編訳『イェリネック対ブトミー 人権宣言論争』（みすず書房、1995年）
宍戸常寿「11条」「12条」長谷部恭男編『注釈日本国憲法(2)』（有斐閣、2017年）51～62頁
深田三徳『現代人権論』（弘文堂、1999年）
樋口陽一『国法学 人権原論（補訂版）』（有斐閣、2007年）
横田耕一「『集団』の『人権』」公法研究61号（1999年）46～69頁
渡辺康行「人権理論の変容」『岩波講座 現代の法1　現代国家と法』（岩波書店、1997年）

第２章　基本権の主体と範囲

第１節　基本権の主体

１　総　説

(1)　基本権の主体の概念

従来、誰がどのような基本権を有するかという問題は、「人権の享有主体」の問題として論じられてきた。しかし、憲法が保障するのは「人権」そのものではなく、人権理念を踏まえて実定化された権利（基本権）であることからすれば（→第１章第１節７）、「人権の享有主体」という問題設定は不適切である。

そこで以下では、基本権の主体は誰か、基本権の保障について当該主体ごとにどのような問題が生じるかについて、順にみていくことにする。

(2)　基本権の主体と憲法の規定

誰がどのような基本権を有するかを考える際に、憲法の文言をそのまま出発点にはできない。日本国憲法は、例えば内国法人の基本権を肯定するドイツ基本法19条３項のような、基本権の主体に関する一義的な規定をもたないからである。

なるほど憲法第３章は「国民の権利及び義務」と題されており、また同11条が「国民は、すべての基本的人権の享有を妨げられない。この憲法が国民に保障する基本的人権は、侵すことのできない永久の権利として、現在及び将来の国民に与へられる」と述べ、さらに97条が「この憲法が日本国民に保障する基本的人権」に言及することからすれば、「国民」が基本権主体であることは確かであろう。しかし後述するように、誰が基本権主体の意味での「国民」であるかは、憲法上明確に定められていない。さらに、このような一般的条文は、「国民」と並んでそれ以外の者もまた基本権の主体たりうることを、論理的に排除するものではない。

次に、個別の基本権規定においても、基本権の主体に関する一貫性はみられない。「国民」を主体とする基本権規定としては、幸福追求権（13条）、法の下の平等（14条１項）、公務員の選定・罷免権（15条１項、ここでは「国民固有の権利」とされている）、生存権（25条１項）、教育を受ける権利（26条１項）、労働権（27条）がある。これに対して「何人も」を主体とするものとしては、請願権（16条）、国家賠償請求権（17条）、奴隷的拘束の禁止（18条）、信教の自由（20条）、居住移転および職業選択の自由（22条１項）、外国移住・国籍離脱の自由（22条２項）、適正手続に関する権利（31～35条および38～40条）がある。「国民」と規定する基本権の主体は国民に限られるが、「何人も」と規定する基本権は誰にでも保障されるという類の解釈（文言説）が当を得ないことは、日本国が外国人に国籍の離脱の自由を認めても意味をなさないという一事からも明らかであろう。さらに思想・良心の自由（19条）、表現の自由（21条１項）、学問の自由（23条）、財産権（29条）の各規定はその主体についての言及を欠いている。

このように考えると、基本権の主体および内容については、憲法が当該基本権を保障するのはなぜかという各規定の趣旨、憲法の全体的精神、さらには世界人権宣言等の国際的人権保障の発展をも参照しながら、当該規定の援用により、誰が国家に対してどのような自由・利益の保護・実現を求めうるかを、解釈により決するべきであろう。

2　国民個人

(1)　国籍の概念

既に述べたとおり、「国民」は本来的な基本権の主体である。では、誰が基本権の主体としての「国民」なのか。この点、憲法10条は「日本国民たる要件は、法律でこれを定める」と規定する。国籍法違憲判決（最大判平成20・６・４民集62巻６号1367頁）は、同条が「国籍の得喪に関する要件」を「どのように定めるかについて、立法府の裁量判断にゆだねる趣旨」と解する反面、「日本国籍は、我が国の構成員としての資格であるとともに、我が国において基本的人権の保障、公的資格の付与、公的給付等を受ける上で意味を持つ重要な法的地位」であるとして、立法裁量が平等原則（14条1項）による統制に服するものとした（→第6章第5節**2**）。

このように国籍の付与が立法裁量に属するとしても、ひとたび国籍を取得した者から、公権力が、恣意的に国籍を剥奪することは憲法上禁止されていると解すべきである。また日本国民には国籍を変更する権利が保障される（→第12章第3節**3(3)**）。

憲法の委託を受け、現在の国籍法は、両系血統主義を原則とする。すなわち法律上の父母いずれかが日本国籍を有する場合の子は出生により当然に日本国籍を取得し（同法2条）、日本国籍を有する父母による認知を受けた子は届出により国籍を取得しうる（同法3条）。さらに一定の条件を満たした外国人は、法務大臣の許可により日本国籍を取得しうる（同法4～9条）。

＊　上記の見解に対して、「憲法上の国民」は国籍取得権を有すると解する説がある（高橋和之）。この見解に立つならば、前掲国籍法違憲判決は、立法裁量の統制という枠組みではなく、日本国籍を有する父と外国籍を有する母の間に出生し、父から認知を受けたが準正ではない子が「憲法上の国民」に含まれるか、仮にそうだとすれば、そのような子について国籍を認めないことが国籍取得権の制限として正当化されるかという、三段階審査の枠組み（→第3章）に載せて判断されるべきであったことになる。国籍留保制度（出生により外国籍を取得した日本国民で国外で出生した者は、父母等により生後3カ月以内に日本国籍を留保する意思表示をしない限り、出生時に遡って日本国籍を失う。国籍法12条）について、判例は立法府の合理的な裁量判断の範囲を超えるものではないとして憲法14条に反しないと判断したが（最判平成27・3・10民集69巻2号265頁）、むしろこのような事例は、国籍取得者に対する既得の地位の侵害として検討すべきではないかと思われる。

(2)　出生前・死亡後の基本権主体性

一般に権利の享有は出生により始まるが（民法3条参照）、基本権についても同様に観念すべきであろう。これに対して、死亡後の基本権については、人格権とりわけ「死者の名誉」が問題になる場合がある。裁判例は、故人の社会的評価を低下させる表現行為に対して不法行為の責任が追及される事例について、死者の名誉権を独立の保護法益とせず、遺族の追悼敬慕の情の侵害が受忍限度の範囲内かという形で問題を処理している（「落日燃ゆ」事件判決：東京高判昭和54・３・14判時918号21頁）。

＊　堕胎の合憲性については、出生前の胎児もまた基本権の主体であり、堕胎を合法とする国の措置が「生命権」の侵害となるという構成も考えられないではないが、そのように解しなくても、胎児の生命の保護が母の自己決定権を制限する事由として正当かどうかという形でも議論しうることに注意する必要がある（→第５章第３節１参照）。

(3)　基本権行使の資格

民法上の権利能力と行為能力の区別と同様に、基本権の主体についても、当該基本権により保護される自由・利益（基本権法益）が帰属する面と、当該基本権を国に対して行使する資格の面を区別して考えることができる。後者は個人としての自律的な判断能力やその行使のための現実的環境を前提とする。

㈠　未成年者

従来、個人は私法上の成年である20歳をもって、完全な基本権主体となるという想定がとられてきた（基本権成年）。しかし、日本国憲法の改正手続に関する法律は、国民投票の投票権者を18歳以上の者と定めた（同法３条）。選挙権についても「成年者による普通選挙」と定められているが（15条３項）、2015年の公職選挙法改正により、ここでいう成年とは「年齢満18年以上の者」とされた（公選法９条１項）。また年齢満18年未満の者は、選挙運動の自由にも制限が課されている（同法137条の２）。

私法上の成年を18歳に引き下げる民法改正が2018年に成立し、2022年から施行されたが、そもそも私法上の成年制度は取引の安全という観点および親権制度による補完を前提に設計されたものであり、それと基本権成年を同一のものとして考える必然性はない。個別の基本権規定および憲法の全体的趣旨から、私法上の「未成年者」についても、個別に基本権の行使を認めるべき場合があると解される。自律的な個人への成長過程にある未成年者にとって、教育を受ける権利は重要な権利であるが（→第16章）、その教育分野においては、未成年者の自己決定権の制限が広汎に容認される傾向があった。丸刈り訴訟判決（熊本地判昭和60・11・13行集36巻11・12

号1875頁)、修徳高校パーマ退学訴訟判決（最判平成８・７・18判時1599号53頁)、「バイク三ない原則」事件判決（最判平成３・９・３判時1401号56頁）はいずれも、子どもの自己決定権の制限の問題を憲法論として丁寧に検討することなく、各々学校側の規制を適法としている（→第５章第３節**6**）。しかし心身の成長とともに未成年者の自律能力も拡張し、成年に至って完全な個人となるものと考えれば、要は程度の問題であり、遅くとも義務教育終了後の未成年者については自己決定権を一定の範囲で承認し、その制限の合憲性を慎重に判断すべきであろう。

＊　他方、自律的判断能力が備わっていない段階での未成年者に対しては、大人からのさまざまな危害から、公権力によって保護される現実の必要があることを認めざるをえず、青少年の保護は成人の基本権を制限する事由となりうる（→第10章第２節**1** **(3)**(イ)）。

(イ)　障害者等

社会的差別や身体的・精神的理由等により、基本権の行使が現実に困難な国民の部分ないし集団を、例えば「女性の人権」「障害者の人権」等のように、特別の基本権主体として観念し、基本権保障の充実を図る試みがある。しかし日本国憲法では、国民について一定の状況ないし属性に着目した個別の基本権規定は、「勤労者」(28条）や「刑事被告人」(37条）のように数少ない。国民の部分ないし集団についての差別の是正は法の下の平等として、さらには個人としての一般的な処遇の問題は個人の尊厳や社会権の問題として、立法・行政・司法による解決が可能である（例えば障害者基本法、アイヌの人々の誇りが尊重される社会を実現するための施策の推進に関する法律)。さらに個別の基本権の行使における現実的困難については、まさに当該基本権規定の解釈において問題となりうる（例えば、精神障害者による選挙権行使の問題について→第18章第２節**4**）。そうだとすると、現在の憲法の規定の解釈として、さまざまな国民の部分ないし集団ごとに基本権主体性を観念する必要はさほど強くない。

＊　脳死状態にある者や幼児等、自律的判断能力を欠くかそれが十分でない者の基本権を、保護者等が代理的に行使する場合がありうる（例えば、親が

子の平等な取扱いを公権力に求める場合等）。ただし、教育分野について、保護者が子の教育を受ける権利を代理行使しているのではなく、親自身の教育の自由を行使しているとみるべき場合等、固有の基本権行使として構成すべき場合も多い。さらに個人の人格に直結する基本権については、例えば保護者が自己の信仰に基づき子の輸血治療を拒否する場合等、保護者とはいえ本人の基本権を代理行使できると考えてよいかどうか、問題は多い。当該代理行使の内容が、本人の意思として合理的に推定できるかどうか等の状況を踏まえて、慎重に代理行使の適否を判断すべきであろう。

(4)　天皇・皇族の基本権主体性

天皇・皇族は選挙権の行使が認められず、また天皇と皇族男子は婚姻に皇室会議の同意を必要とする（皇室典範10条）等、その自由・行為には国民一般とは異なる制限がある。多数説は、天皇・皇族もまた「人権の享有主体」であることを認めた上で、「皇位の世襲と公務の特殊性」から特別の制限が正当化されると説いてきた。これに対して、「人権」の観念が身分制の否定により成立した個人を前提にするところ、天皇制は憲法第１章が創設した身分制の「飛び地」であり、その身分特有の論理に従うべき天皇・皇族を「人権」の主体として認めることはできないとする否定説も有力である（奥平康弘）。さらに、この否定説から出発して、天皇・皇族の身分に属する限りで基本権の主体としての「国民」にはなりえないが、天皇・皇族も個人として一般の国民に戻るための身分放棄の自由を認めるべきである、と説く見解もある（高橋和之）。最後の見解に立つならば、退位および皇籍離脱の自由という特殊な内容の基本権が、天皇・皇族に承認されることになろう。天皇・皇族の基本権主体性は、結局のところ、日本国憲法における象徴天皇制のあり方という根本的な問題に帰着する（→憲法Ⅱ第３章第３節**6**(1)）。

3　外国人

(1)　外国人の基本権主体性

外国人の基本権主体性については、かつては否定説や文言説（憲法の規定の文言が「国民」か、「何人も」かを重視する）も説かれたが、現在の通説は、人権が人であることに由来する権利であり後国家的な国籍の有無によるものではないこと、さらに国際協調主義（98条２項）と人権保障の国際化傾向を根拠として、基本権の性質によって外国人がその主体たりうることを認める（権利性質説）。

この論点については、マクリーン事件判決（最大判昭和53・10・４民集32巻７号1223頁）がリーディングケースとされてきた。同事件は、在留中の政治活動を理由に、外国人に対してなされた在留期間更新の不許可処分の違法性が争われたものである。同判決はまず、外国人に入国の自由および在留の権利が保障されず、したがって更新許可処分について法務大臣の広汎な裁量権を認めた上で、「憲法第３章の諸規定による基本的人権の保障は、権利の性質上日本国民のみをその対象としていると解されるものを除き、わが国に在留する外国人に対しても等しく及ぶ」とした。同判決は、学説と同じく権利性質説を採用したものと理解されるが、あくまで「外国人在留制度のわく内」で基本権の主体性を承認したものであることに注意を要する。この点、出入国管理法は、在留資格により外国人の活動範囲を規定しているが（同法別表第１）、同法の規定により外国人の基本権が不当に限定されていないかは、問題とする余地がある。

これに対して、出入国管理法上、活動範囲が限定されていない「永住者」等（別表第２）および入管特例法上の「特別永住者」（いわゆる定住外国人）については、その在留資格がみだりに奪われないことが法令上規定されているため、「権利の性質上」保障が及ぶとされた基本権の行使を理由に在留資格を奪うことは許されないと解される。実際に裁判で争われた多くの事例は、定住外国人の基本権保障に関わるものである。

＊　難民条約（1951年採択）は、難民を「人種、宗教、国籍もしくは特定の社会的集団の構成員であることまたは政治的意見を理由に迫害を受けるおそれがあるという十分に理由のある恐怖を有するために、国籍国の外にいる者であって、その国籍国の保護を受けることができない者またはそのような恐怖を有するためにその国籍国の保護を受けることを望まない者」と定義している。日本は1981年に難民条約に加入し、出入国管理法に難民の認定と庇護に関する規定を定めたが、現実の難民認定は年数十人にとどまり、認定が厳格にすぎるとの批判を受けている。この点に関連して、入管職員が退去強制令書の執行による強制送還の直前まで、難民不認定処分に対す

る異議申立てを棄却する決定の告知を遅らせる等したまま外国人を強制送還した事案について、司法審査の機会を実質的に奪い裁判を受ける権利を侵害したと判断した裁判例（東京高判令和３・９・22判タ1502号55頁）が注目される。

(2)　問題になる個別の基本権

基本的な考え方としては、人権思想を前提とする基本権については、原則的に外国人もその主体たりうることを前提とすべきであろう。そして法の下の平等が外国人にも当然に及ぶことをも踏まえれば（最大判昭和39・11・18刑集18巻９号579頁）、国籍の有無によって、国民と異なる取扱いを認めるだけの事情があるかによって、基本権保障の有無および内容・程度を検討することになる。この点、自由権や手続的権利については、外国人もその主体となることが広く認められている。もっとも、経済的自由については一定の制限があるが（電波法５条等）、その合憲性については、基本権制限の正当化という一般的枠組みの中で検討すれば足りる（→第13章）。

判例の全体的傾向は、個別の基本権規定ごとに、当該基本権保障の趣旨から、保障の有無およびその内容・程度を決しており、こうした傾向それ自体は妥当なものと考えられる。例えば指紋押捺事件判決（最判平成７・12・15刑集49巻10号842頁）は、「みだりに指紋の押なつを強制されない自由」が憲法13条により保障されることを述べ、それは当然に外国人にも及ぶとしている。指紋押捺の合憲性を安易に肯定した点で同判決には批判が強いが、それは外国人の基本権主体性というよりは、概してプライバシー権の制限の正当化判断が緩やかであることに由来するものである（→第５章第３節**4** **(2)**）。

(ｱ)　出入国に関する権利

マクリーン事件判決も述べるとおり、入国の自由は今日の国際慣習法上外国人に保障されず（最大判昭和32・６・19刑集11巻６号1663頁）、また出入国管理のため、出国の自由の制限も許される（最大判昭和32・12・25刑集11巻14号3377頁）。判例はまた、定住外国人の再入国の権利を基本権として認めない（最判平成４・11・16集民166号575頁、最判平成10・４・10民集52巻３号776頁）。しかし、日本に生活の拠点を有する特別永住者等について再入国の権利を認めないことは、実質的には海外渡航の自由の制限に当たることから、批判が強い。

＊　現在の出入国管理法は在留カードを所持する在留外国人で、出国後1年以内に再入国する見込みがある者について原則として再入国許可を不要とするみなし再入国許可制度を設けている。

⑷　社会権

かつては社会権の保障は国民に限られるとする説も有力であったが、塩見訴訟判決（最判平成元・3・2判時1363号68頁）は、外国人が社会権の主体たりうるかについて明示的に検討せず、生存権の実現に関して広汎な立法裁量があることを前提に、国が外交関係、国際情勢や国内諸事情に照らしながら、「政治的判断」により外国人の社会保障上の処遇を決定できるものとしている。なお、現在では社会保障に関する国籍条項は廃止されている。また、判例は、外国人は通達等に基づく行政措置により事実上の保護の対象となりうるにとどまり、生活保護法に基づく保護の対象となる者ではなく、同法に基づく受給権を有しないとしている（最判平成26・7・18判例自治386号78頁。→第15章第2節1(1)）。

⑸　参政権

公選法および地方自治法は外国人の選挙権を認めていない。最判平成7・2・28民集49巻2号639頁は、選挙権は国民主権の原理（前文・1条）に基づくものであり、そこでいう「国民」とは日本国籍を有する者であるから、選挙権の保障は権利の性質上外国人に及ばず、また憲法93条2項にいう「住民」も「地方公共団体の区域内に住所を有する日本国民」を意味するから、地方選挙権は外国人に保障されないとした。ただし地方自治の趣旨を踏まえて、「我が国に在留する外国人のうちでも永住者等であってその居住する区域の地方公共団体と特段に緊密な関係を持つに至ったと認められるもの」に地方選挙権を付与する立法措置を講ずることは、憲法上禁止されていないとした（許容説）。

⑹　政治活動の自由

マクリーン事件判決は、「わが国の政治的意思決定又はその実施に影響を及ぼす活動等外国人の地位にかんがみ……相当でない」ものを除き政治活動の自由にも憲法の保障が及ぶが、先述のとおり外国人の基本権保障が在留制度の枠内で認められるという見地から、在留期間の更新時に当該活動を行ったことを斟酌しても憲法に反しない、とした。

㈹　公務就任に関する平等

政府は、外国人の公務就任に関して、「公権力の行使又は国家意思の形成への参画にたずさわる公務員となるためには、日本国籍を必要とする」という見解（「当然の法理」）をとっていた。この問題に関しては、東京都の保健師として採用された特別永住者が、管理職への選考を拒否されたことの合憲性が争われた事件が重要である。第２審（東京高判平成９・11・26判時1639号30頁）は、職務の内容・権限と統治作用との関わり・程度によって外国人の任用が許される管理職については、職業選択の自由および法の下の平等により、外国人に公務就任権を認めた。これに対して最高裁（東京都管理職選考事件判決：最大判平成17・１・26民集59巻１号128頁）は、専ら法の下の平等の観点から、管理職昇任についての外国人差別に合理的な理由があるかどうかを問題とした。そして国民主権の原理から、原則として日本国籍保有者が公権力行使等地方公務員（「地方公務員のうち、住民の権利義務を直接形成し、その範囲を確定するなどの公権力の行使に当たる行為を行い、若しくは普通地方公共団体の重要な施策に関する決定を行い、又はこれらに参画することを職務とするもの」）に就任することが想定されており、外国人の就任は「本来我が国の法体系の想定するところではない」と述べた。そして東京都が、公権力行使等地方公務員の職を含む一体的な管理職の任用制度を構築することも可能である以上、本件措置は合理的理由によるものであり憲法に反しないとした（→第13章第２節**１**(**2**)）。

＊　同判決は、「当然の法理」を採用したものではなく、また外国人の公務就任権を否定したものでもない（藤田宙靖裁判官の補足意見参照）。また泉徳治裁判官の反対意見は、第２審同様に特別永住者に職業選択の自由、法の下の平等の保障が及ぶことを出発点とした上で、「自己統治の過程に密接に関係する職員」以外の職員となることの制限の合憲性は厳格な合理性の基準により判断されるべきだと述べて、本件措置を違憲としている。

4　法人および団体

(1)　「法人の人権」

自然人である外国人と異なり、団体（とりわけ国内法人）もまた基本権の主体たりうるかという問題は、「法人の人権」として論じられてきた。そして多数説は、法人の活動が自然人を通じて行われその効果が自然人に帰属すること、また法人が現代社会において一個の社会的実体として重要な活動を行っていることを理由に、「法人の人権」を肯定してきた。八幡製鉄事件判決（最大判昭和45・６・24民集24巻６号625頁）も、「憲法第３章に定める国民の権利および義務の各条項は、性質上可能なかぎり、内国の法人にも適用される」と述べている。

＊　ただし同事件の争点は、企業の政治献金が株式会社の目的の範囲内に含まれるかどうかという点にあった。この点を含め、法人の政治献金の自由を憲法上の権利として肯定したことには、批判が強い。

これに対して近時、法人・団体は、個人と対等な「人権」の主体となりえないと説く見解も有力となっている。それは、①人権は本来自然人の権利であるべきこと、②近代的人権思想は個人の身分制や中間団体からの解放によって成立したこと（樋口陽一）、③現代社会において法人・団体は、内部および外部の自然人の人権を侵害する主体（社会的権力）でもあること、等による。さらに、団体は構成員の人権を代表して主張することができるとの見解（高橋和之）、切り札としての人権と公共の福祉に基づく権利を区別した上で、団体は専ら後者の主体たりうるとする見解（長谷部恭男）等も主張されている。

こうした近時の学説動向を踏まえれば、個別の基本権規定の解釈として構成員たる自然人から独立した団体固有の利益が保障されている場合に限り、団体が本来的意味での基本権の主体であることを認め、それ以外の場合には、団体の意義、団体と構成員の関係等から、団体が構成員の基本権を代表的に行使できる場合があるものと解すべきであろう。

なお、ここでは、団体が本来的な意味での基本権の主体たりうるか、つまり国家との関係で基本権規定を援用して自己（ないし構成員）の自由・

利益を主張しうるかが問題である。団体と個人の関係については、第2節3で扱う。

(2)　問題となる団体および基本権

(ア)　団体による構成員の基本権の代位主張

まず一般に団体（非営利法人）は、個人の結社の自由（21条）の行使によって成立することから、団体の目的の範囲で団体が構成員の基本権を代表的に主張しうる場合がある。これは、宗教団体については宗教的結社の自由、労働組合については団結権の問題である。とりわけ団体それ自体の禁止等、団体活動の制限に対しては、団体が構成員の結社の自由それ自体を代表的に主張できると考えるべきであろう。

＊　なお宗教法人オウム真理教解散命令事件の抗告審（東京高決平成7・12・19判時1548号26頁）は、宗教法人に対する解散命令の裁判において、信者の信教の自由を宗教法人が援用することを、第三者の憲法上の権利主張として明示的に認めている。

(イ)　団体固有の基本権

個別の基本権規定の内容が、特定の性格の団体が社会的に実在し活動することを前提としていると解される場合には、団体の固有の基本権が認められる。例えば政党は、構成員による結社の自由の産物にとどまらず、複数政党制が自由で民主的な憲法秩序の構成要素であることから、その存立と自治的運営が政党の基本権として保障されていると解すべきであろう。さらに、報道機関の報道の自由および取材の自由も、報道機関に属するジャーナリストの表現の自由を報道機関が代表的に行使しているのではなく、民主政原理の観点から、報道機関固有の基本権であることを認めるべきであろう。憲法23条は学問の自由と並んで大学の自治を保障していると解されるが、公権力との関係で、大学は構成員たる研究者の学問の自由の代表的主張と並んで、大学固有の自治権を主張できるものと解される。

＊　ここで承認される団体の基本権は、人権思想に基づく個人の基本権とは異なり、いわば「特権」ないし「公共の福祉に基づく憲法上の権利」としての性質を有することに注意しなければならない。したがって、当該団体の基本権は、それが憲法上保障される理由によって、個人の基本権と異な

る内容を有し、また異なる制限事由に服する。

(ウ)　営利企業・法人の「基本権」

営利的な企業ないし法人の基本権は、経済的自由ないし財産権によって保障される「営業の自由」として観念すべきであろう（→第13章第１節**２**）。

(エ)　団体の法人格を取得する権利？

団体が法人格を取得する権利については、団体活動に法人格が常に必要でもないことからすれば、団体の基本権に含まれないと解される。もっとも、法人格を有する団体を結成する自由が、個人（構成員）の結社の自由の保護領域に含まれるかどうかは、争いがある（→第11章第４節**１**(2))。前掲宗教法人オウム真理教解散命令事件の最高裁決定（最決平成８・１・30民集50巻１号199頁）は、宗教法人の解散命令が、当該教団の構成員の信教の自由を法的に制約するものではなく、また間接的で事実上の制約としても正当化されると判示している。

第２節　基本権の範囲

１　一般的な基本権関係

私法上の法関係が法的に対等な「私人相互の関係」であり「私的自治」を原則とするのに対して、公法上の法関係は「国や公共団体の統治行動に対する関係」つまり「国または公共団体の支配」の関係である（後掲三菱樹脂事件判決)。憲法上の基本権規定もまた、この公法上の法関係を規律する点で公法法規一般と共通する。しかし、公法法規の多くが立法権によって創設され、国民の権利・自由を制限しあるいは利益を与える公権力の発動の要件・内容を規律するのに対して、基本権規定は立法権を含む公権力を名宛人とし、その活動を制限する点に特徴がある（→第３章第１節**１**)。すなわち立法権を含む公権力は、基本権主体の利益のために、当該規定の定める作為・不作為等の行態を義務づけられ、また基本権主体は自らの意思により、公権力に対して当該作為・不作為を請求する力を認められる。これが基本権関係である。

このような基本権関係は、公権力とそれに服する者との間で一般的に成立するが、従来、①基本権が妥当しない権力関係がありうるのではないか、②私人相互間および私法上の主体としての国家・公共団体と私人の間でも基本権が妥当しうるのではないか、が議論されてきた。以下ではそれらを順次、検討していくことにする。

2　特別の公法上の法関係

(1)　特別権力関係論とその克服

かつて公法上の法関係のうち、法律上の原因または本人の同意という特別の原因によって成立する特別の関係は「特別権力関係」と呼ばれた。具体的には法律上の原因によるものとしては在監関係等があり、本人の同意によるものとしては公務員関係、国立大学の学生関係が挙げられた。そして特別権力関係理論によれば、公務員や在監者等に対して、①公権力は包括的な支配権を有し法治主義が排除される、②公権力は人権を法律の根拠なく制限できる、③公権力の行為は原則として司法審査に服しない、とされた。この理論は、明治憲法の下で、形式的法治主義の妥当範囲に関わる議論であったことに注意を要する。とりわけ憲法の人権保障はもともと「法律からの保障」ではなく、「法律による保障」を意味するものと解されていたことからすれば（法律の留保）、②は①からの自然な帰結でもあった。

これに対して、日本国憲法は「法の支配」の原理ないし実質的法治主義を採用しているため（国会の立法権独占〔41条〕、一切の法律上の争訟の司法裁判所による裁決〔76条〕）、公法学は伝統的・包括的な特別権力関係論を否定し、公務員関係、在監関係等について、個別具体的にその関係の特質を論じるようになった。さらに憲法学においては、憲法自身が公務員関係、在監関係等の特別の法関係の存在とその自律性を「憲法的秩序の構成要素」として認めているとして、一般の基本権制限とは異なる制限がありうることを容認するとともに、それらの関係における基本権制限を合理的かつ必要最小限度の範囲内に限定しようとする見解が有力となった（芦部信喜）。

判例も、「特別権力関係」という概念によって事案を構成するのではなく、特別の公法上の関係についても憲法上の基本権保障が及ぶことを当然の前提とするようになっており、またそこでの行政権の行使に対して、裁判所の審査も及ぶようになっている。しかし判例は、特別の公法上の関係において、一般の公法上の関係とは異なる事由により、立法による基本権の制限を認めてきた。以下ではこの点に関する判例の傾向を概観する。

(2)　公務員関係

この関係ではとりわけ、公務員等の労働基本権の制限（国公法98条２項、地公法37条、行政執行法人の労働関係に関する法律17条等）と政治活動の制限（国公法102条、人事院規則14－７、裁判所法52条１号、地公法36条等）が、問題となる。

(ア)　初期の判例

最高裁は当初、公務員等の労働基本権の制限を公共の福祉（13条）および「全体の奉仕者」（15条２項）であることを根拠に認めていた（最大判昭和28・４・８刑集７巻４号775頁）。また国家公務員の政治活動の制限も、公務員が全体の奉仕者であることを理由として認められていた（最大判昭和33・３・12刑集12巻３号501頁）。学説はこうした判例を厳しく批判していた。

(イ)　労働基本権の制限

学説の批判を受けて、全逓東京中郵事件判決（最大判昭和41・10・26刑集20巻８号901頁）は、公務員も「憲法28条にいう勤労者にほかならない以上、原則的には、その保障を受けるべき」であり、全体の奉仕者性を根拠として「労働基本権をすべて否定するようなことは許されない」との立場を明らかにした。それとともに、労働基本権は一般に「国民生活全体の利益の保障という見地からの制約を当然の内在的制約として内包している」との前提の範囲内で、いわゆる５現業３公社の公務員の労働基本権について、「その担当する職務の内容に応じて、私企業における労働者と異なる制約を内包している」という観点から、争議行為の禁止を正当化するとともに、禁止に違反した者についての処罰範囲を限定する解釈を示した。

最高裁はさらに東京都教組事件判決（最大判昭和44・４・２刑集23巻５号305頁）等で、正当化される争議行為の制限の範囲を限定する方向を示したが、全農林警職法事件判決（最大判昭和48・４・25刑集27巻４号547頁）において判例を変更した。すなわち「憲法28条の労働基本権の保障は公務員に対しても及ぶ」が、「勤労者を含めた国民全体の共同利益の見地からする制約を免れない」という全逓東京中郵事件判決以来の大前提を維持しながら、その制約を「公共の福祉」（13条）と呼び替えた上で、「憲法15条の示すとおり、実質的には、その〔公務員の〕使用者は国民全体であり」「公務員の地位の特殊性と職務の公共性にかんがみ……公務員の労働基本権に対し必要やむをえない限度の制限を加えることは、十分合理的な理由がある」等として、職務内容の区別にかかわらず、公務員の争議行為を一律に禁止することは憲法に違反しないと判断した（→第17章第２節**7**）。

＊　その後、行政サービスの民営化が進むに従い、鉄道・電信電話・郵便等の事業が次々と民営化され、一般の公務員と私企業における労働者の境界は、ますます曖昧となっている。

⑺　政治活動の制限

猿払事件判決（最大判昭和49・11・６刑集28巻９号393頁）は、公務員が全体の奉仕者であること、「行政の中立的運営が確保され、これに対する国民の信頼が維持されることは、憲法の要請にかなうものであり、公務員の政治的中立性が維持されることは、国民全体の重要な利益にほかならない」ことを理由に、「公務員の政治的中立性を損うおそれのある公務員の政治的行為」の一律禁止および処罰も憲法に反しない、とした。さらに寺西判事補事件決定（最大決平成10・12・１民集52巻９号1761頁）は、表現の自由の保障が裁判官にも及ぶことを認めながらも、「裁判官の独立及び中立・公正を確保し、裁判に対する国民の信頼を維持するとともに、三権分立主義の下における司法と立法、行政とのあるべき関係を規律する」という目的から、裁判官の積極的政治運動の禁止（裁判所法52条１号）を合憲として、判事補に対してなされた戒告処分を適法としている。

しかし、このような判例の傾向に、学説は総じて批判的である。公務員にも基本権の保障が及ぶ以上、その制限の正当化は慎重に判断されなければならない。議会制民主主義を前提とする日本国憲法の統治構造の下では、公務員制度が国民全体への奉仕を旨として、中立公正なものとして運営されるべきことは確かであり、学説もそのことを「憲法秩序の構成要素」として認めている。しかし、公務員の個々の職務内容（とりわけ政治的決定に参画する公務員と機械的業務に従事する公務員の区別）や勤務時間の内外の別等を個別具体的に検討することなく、抽象的かつ一律に広汎な基本権の制限を正当化した点は問題である。また公務員には国民一般とは異なる制限事由が妥当するとしても、その制限は比例原則の範囲内にとどまる必要があるにもかかわらず、比例原則を緩やかに適用して合憲の結論を導いた点にも問題がある。

これに対して、堀越事件判決（最判平成24・12・７刑集66巻12号1337頁）は、政治的行為の制限の目的が、従来の「公務員の政治的中立性」ではなく「公務員の職務の遂行の政治的中立性」の確保にあると限定的に捉え、その制限は「国民としての政治活動の自由に対する必要やむを得ない限度にその範囲が画されるべき」とした。そして、禁止の対象となる「政治的行為」を「公務員の職務の遂行の政治的中立性を損なうおそれが、観念的なものにとどまらず、現実的に起こり得るものとして実質的に認められるもの」と限定的に解釈し、個別の行為がそれに該当するかどうかは「当該公務員の地位、その職務の内容や権限等、当該公務員がした行為の性質、態様、目的、内容等の諸般の事情を総合して判断」すべきと述べた上で、管理職的地位になく、職務に裁量の余地のない公務員が、勤務時間外に、公務員であると認識されない態様で政党のビラを配布した行為を、無罪とした。同判決は、猿払事件判決を正面から覆すものではないが、実質的には学説の批判を一部受け容れたものといえる（→第10章第２節 **3** **(2)**(エ)）。

(3)　刑事収容施設における関係

刑事収容施設における被収容者には、受刑者、未決拘禁者、死刑確定者等が含まれる。被収容者は、身体の移動はもちろん、喫煙の制限、信書の発受・接見の制限、図書・新聞紙の閲読等、広汎な活動の制限の下に服している。被収容者の基本権制限は、拘禁と戒護（逃亡および罪証の隠滅の防止、収容施設の規律・秩序の維持等）、加えて受刑者については矯正教化、死刑確定者については心情の安定といった収容の諸目的からみて、当該制限が個別具体的に正当化されるかという観点から判断されるべきものと解される。

＊　以下でみるとおり、従来の監獄法の規律密度は低く、基本権の制限に関しても広く行政立法へ委任していた。これに対して2005（平成17）年には刑事収容施設及び被収容者等の処遇に関する法律が制定され、監獄法は廃止されている。

(ア)　喫煙の制限

禁煙処分事件判決（最大判昭和45・９・16民集24巻10号1410頁）は、在監者の喫煙を禁止した旧監獄法施行規則96条の合憲性が争われた事件において、「逃走または罪証隠滅の防止」および監獄の秩序維持の目的から、被拘禁者の身体の自由その他の自由を必要かつ合理的な範囲で制限することは許されるとし、さらにその必要性・合理性は「制限の必要性の程度と制限される基本的人権の内容、これに加えられる具体的制限の態様との較量」によって判断されるべきものとした。この判決は、喫煙の自由が基本権に含まれるかという問題については留保を付しつつも、刑事施設被収容関係においても基本権が及び、その制限が司法審査に服することを認めたものである。他方、基本権制限の形式として、法律の根拠は必要ではないことを前提にしている。

(イ)　新聞閲読の制限

よど号ハイジャック記事抹消事件判決（最大判昭和58・６・22民集37巻５号793頁）は、旧監獄法31条２項等による新聞閲読の制限について、前掲禁煙処分事件判決における利益衡量による判断枠組みを採用した上で、未決拘禁者の閲読の自由の制限は、監獄内の規律および秩序の維持のために「真に必要と認められる限度にとどめられるべき」とした。そして閲読許可により「監獄内の規律及び秩序の維持上放置することのできない程度の障害が生ずる相当の蓋然性」があると認められる場合に限って閲読の自由の制限は許され、かつその制限の程度は「障害発生の防止のために必要かつ合理的な範囲にとどまる」ものでなければならないと述べて、その観点から関連する法令を憲法適合的に解釈した。

相当の蓋然性の基準は、一般的・抽象的な法益侵害のおそれを理由に基本権の制限に足りるとする立場に比べると、厳格な基準ということができる。もっとも学説では、より厳格なLRAの基準によるべきとの批判もある。またこの判決が、具体的な記事抹消処分における相当の蓋然性の有無について監獄の長の裁量的判断を尊重し、それが合理的判断といえるかどうかに裁判所の司法審査の範囲を限定している点には、批判が強い（→第10章第３節１）。

㈦　信書の発受の制限

最判平成６・10・27判時1513号91頁は、詳しい理由を述べないまま、信書の発受を制限する旧監獄法50条、同法施行規則130条は検閲に当たらず、また表現の自由を侵害しないと判断した。また、最判平成18・３・23判時1929号37頁は受刑者と親族以外の者の信書の発受の制限について定める旧監獄法46条２項について、当該信書の発受は「監獄内の規律及び秩序の維持、受刑者の身柄の確保、受刑者の改善、更生の点において放置することのできない程度の障害が生ずる相当のがい然性があると認められる場合」に限って制限が許されるとした上で、受刑者が新聞社に対して刑務所の改善に関する取材報道を求めた信書の発信を不許可とした刑務所の長の判断が、裁量権の逸脱に当たると判断した。

３　私人間における基本権の効力

既に述べたとおり、憲法の基本権規定は、公権力と国民の関係を規律するものと考えられてきた。しかし、人権理念や社会契約論的発想からすれば、人権は私人の間でも尊重されるべきであるとの考えが生じるのはむしろ自然なことである。また現代社会においては、大企業等の国家類似の権力が個人の基本的な生存や利益を侵害する事例もままみられるが、公権力と同じく「社会的権力」もまた基本権規定に服すると解すべきでないか。こうした問題関心から、基本権規定は私人間にも効力を有するか、仮にそうだとすればどの程度の効力を有するかが、「人権の私人間効力」論として論じられてきた。

＊　2011年に国連が策定した「ビジネスと人権に関する指導原則」は、人権を保護する国家の義務、人権を尊重する企業の責任、救済へのアクセスを

柱として、あらゆる国家・企業に人権の保護・尊重への取組みを促している。日本政府も2020年に「『ビジネスと人権』に関する行動計画」を公表し、人権デュー・ディリジェンスの導入等への期待を表明している。

(1)　学説の状況

(ア)　従来の学説

従来の学説は、①無効力説、②直接効力説、③間接効力説に大別される。①は伝統的な見解であり、「人権は、第一次的には対国家的な防御権である」という自由主義的な憲法観により、憲法の基本権は私人間に何らの効力ももたない、と説いた。これに対して②は、とりわけ雇用者と被用者の労働関係を念頭に置きながら、私人もまた国家権力と同じく人権規定による拘束の対象であると考える立場である。しかし①はその前提とする国家と社会の区別、公法私法二分論等の妥当性が疑問視される今日の社会における人権状況に対応できないと批判され、逆に②は市民社会を支える私的自治の原則を破壊するという難点が指摘されていた。

そこで有力となったのが③である。この説は、憲法の基本権規定は「社会生活の基本的な価値秩序、したがって公法・私法を包括した全法秩序の基本原則」であって、基本権は何らかの形で私人間にも効力をもつべきである。他方、現在でもなお、第一次的な基本権の侵害者は国家権力であるから、労働基本権（28条）や投票の秘密（15条４項）等の私人間に当然に直接効力を有する規定は除き、それ以外の基本権規定については、その趣旨を取り込んだ形で公序良俗（民法90条）等の私法の一般規定を解釈・適用することにより、間接的に私人間の行為を規律すべきである、とする。この立場によると、私人間における人権の効力（水平的効力）は対公権力の関係（垂直的効力）と比べて相対化されることになるが、このような価値充填の相対化により、私人間の紛争に関する柔軟な解決が可能になる、と③は説いた（芦部信喜）。そして後述の三菱樹脂事件判決をはじめ、判例も同様の立場をとっていると解されたことにより、この説は憲法学の通説的見解となった。

(イ)　近時の学説

これに対して最近では、間接効力説の問題点を再検討し、新たな理論構成を試みる見解が説かれている。まず、④基本権の私人間効力の問題を、私人相互の二面関係（水平的効力）ではなく、国家、基本権法益を侵害する私人（侵害者）と侵害された私人（被侵害者）の間の「法的三極関係」として捉える見解が有力化している。この見解は基本権保護義務論を採用し（→第１章第２節 **3** **(3)**）、侵害者による基本権法益の侵害から保護すべき作為義務を、国家は被侵害者に対して負うものと考える（過少保護の禁止）。他方、基本権の垂直的効力により、国家は侵害者の基本権を侵害してはならない不作為義務を負う（過剰侵害の禁止）。この保護義務と基本権の調整は第一次的には立法者の任務であるが、裁判所もまた具体的事件の解決に際して、両者の比例的調整を図らねばならない。民法90条等の一般規定は裁判所に与えられた、この作為義務を履行するための手段と観念される（小山剛）。この見解は、間接効力説を否定するのではなく、それに理論的な基礎づけを与えるものである。

これに対して、⑤基本権保護義務を肯定する立場を自由主義的な憲法観を否定するものと批判し、基本権規定の名宛人はあくまで公権力であるとして間接効力説をも批判する見解も唱えられている。この見解によると、私人間で侵害されているのは「憲法上の人権」ではなく「理念としての人権」ないし自然権であると考えることで、基本権が私人間で効力を有しないとしても、私人間の人権侵害の救済は可能であると説く。なぜならば、私人間の関係では、自然権は法律を通じて「法律上の人権」の形で保護されるものであり、法律による調整が不十分である場合には裁判官が私法の一般規定によって自然権の衝突を調整することが許されるからである（高橋和之）。この見解は新無効力説と呼ばれるが、その具体的帰結は間接効力説とほとんど変わらなくなる。

さらに⑥憲法の最高法規性と、私法もまた違憲審査の対象となることから、基本権の私人間効力とは、裁判所が私法の一般規定を憲法適合的に解釈しているだけのことであるとして、そもそも「基本権の私人間効力」という問題設定を否定する見解もある（君塚正臣）。

以上のように近時の学説では、基本権の私人間効力という問題設定は、市民相互間の自由・利益の調整を公権力がいかなる形式でどのような方向で行うべきか、というより広汎な問題状況の一局面にすぎないことが認識されるようになっている。今後は、各説が前提とする憲法観の当否とともに、どのように判例の整合的説明と具体的な解決の方向性を提示するかが、学説の課題である。そのためには、総論的な問題設定よりも、個別の基本権規定が私人間の法関係において妥当するのか、またいかなる規範内容を意味するのかについて、判例を素材として具体的に議論を行うことが有益であろう。

(2)　判　例

そこで判例の傾向を、問題となる法関係ごとに整理してみることにする。

(ア)　契約関係

三菱樹脂事件判決（最大判昭和48・12・12民集27巻11号1536頁）は、元学生が、入社試験の際に学生運動歴を隠していたことを理由に、使用期間満了直前に本採用拒否の告知を会社から受けたため、思想・良心の自由の侵害等を理由に、採用拒否告知の無効を裁判で主張したという事案に関するものである。

最高裁は、「自由権的基本権の保障規定」は「もっぱら国または公共団体と個人との関係を規律するものであり、私人相互の関係を直接規律することを予定するものではない」、私人間では「各人の有する自由と平等の権利自体が具体的場合に相互に矛盾、対立する可能性があり、このような場合におけるその対立の調整は、近代自由社会においては、原則として私的自治に委ねられ、ただ、一方の他方に対する侵害の態様、程度が社会的に許容しうる一定の限界を超える場合にのみ、法がこれに介入しその間の調整をはかるという建前がとられている」ため、人権規定の「適用ないしは類推適用」はできず、それは私人間における「事実上の支配関係」であっても同様である、との立場を示した。そして、「私的支配関係においては、個人の基本的な自由や平等に対する具体的な侵害またはそのおそれがあり、その態様、程度が社会的に許容しうる限度を超えるときは、これに対する立法措置によってその是正を図ることが可能であるし、また、場合によっては、私的自治に対する一般的制限規定である民法１条、90条や不法行為に関する諸規定等の適切な運用によって、一面で私的自治の原則を尊重しながら、他面で社会的許容性の限度を超える侵害に対し基本的な自由や平等の利益を保護し、その間の適切な調整を図る方途も存する」と述べた。

＊　間接効力説は、この最後の説示に力点を置いて、判例が同じ立場に立つものと理解した。これに対して新無効力説は、基本権規定が私人間に適用ないし類推適用できないとしたことを重視し、そこから「個人の基本的な自由や平等」とは基本権そのものではなく、私人間に妥当する自然権のことを指しているものと理解する。

本件で最高裁は、憲法22条・29条等が経済活動の自由を保障することから、企業者は雇用の自由を有し、企業者が、労働者の採否決定にあたり、思想・信条について申告を求めることも、「法律上禁止された違法行為」ではない、と述べている。

他方、日産自動車事件判決（最判昭和56・３・24民集35巻２号300頁）では、女性の定年年齢を男性よりも低く定める就業規則について、「専ら女子であることのみを理由として差別したことに帰着するものであり、性別のみによる不合理な差別を定めたものとして民法90条の規定により無効であると解するのが相当である（憲法14条１項、民法１条ノ２参照）」と述べている。この判決は、公序良俗規定を適用する際にかっこ書で憲法14条に言及したところから、間接効力説を採用したものと理解されている。

また、昭和女子大事件判決（最判昭和49・７・19民集28巻５号790頁）は、三菱樹脂事件判決を引用した上で、私立女子大学の校則が憲法19条・21条等に違反するかを論じる余地はないとする。

以上の判例からは、契約関係においては、私的自治ないし契約自由の原則が憲法上の根拠に基づき妥当していることを前提に（→第５章第３節**７**）、当該契約関係の特質をも踏まえて、その原則を覆すだけの事情が基本権規定の解釈として要請されるかという観点から、事案の解決がなされているものと捉えることができよう。また特に問題となる労働法関係については、憲法27条の委託を受けた労働基準法をはじめ、労働者を保護する立法および判例法理が形成され、それにより解決が図られていることに注意すべきである。

＊　なお百里基地事件判決（最判平成元・６・20民集43巻６号385頁）は、国が行う私法上の行為は「国務に関するその他の行為」（98条１項）には当たらず、また自衛隊基地設置のために国が私人と売買契約を締結することは社会的許容性の限度を超えるものではないから、同契約は公序良俗に反しないとする（→憲法Ⅱ第12章第３節**4**）。

⑷　不法行為

判例は、人格権の侵害に対して不法行為責任を追及し、救済を求める訴訟においては、三菱樹脂事件判決のような問題設定をそもそも採用していない。

例えば、非表現行為によるプライバシーの侵害が問題になった早稲田大学江沢民事件判決（最判平成15・９・12民集57巻８号973頁）は、憲法13条に依拠することなく、私人間におけるプライバシーの利益が法的保護に値するものとしている。

また、名誉毀損的表現の事前差止めが争われる場面は、一見すると表現の自由と名誉権という二つの基本権の私人間効力が問題となるようにみえる。これに対して北方ジャーナル事件判決（最大判昭和61・６・11民集40巻４号872頁）は、端的に「人格権としての個人の名誉の保護（憲法13条）と表現の自由の保障（同21条）とが衝突し、その調整を要する」として、直接的に基本権法益の衡量を行っている。他方で、反論権が認められるかどうかが争われたサンケイ新聞事件判決（最判昭和62・４・24民集41巻３号490頁）は、三菱樹脂事件判決を援用して憲法21条に基づく反論文請求権を否定する一方、条理に基づく反論文請求権の成否や名誉毀損の成否については、北方ジャーナル事件判決に依拠しながら、表現の自由の内容について、相対化を介さずに論じている。

こうした不法行為の事例においては、個人の尊厳（13条）が、私法上の人格権という形で具体化されているものとみることができる。他方、民主主義社会における意義から、表現の自由（21条）が私法の解釈・適用においても考慮されるべき価値とされていることがわかる。

＊　不法行為による基本権侵害については、基本権の間接効力による救済は不十分であるとの前提から、アメリカのステイト・アクションの法理を援用する見解が説かれていた（芦部信喜）。この見解によれば、例えば、公権力と密接な関係のある企業による差別は、公権力自身による差別と同視できるとして、基本権規定を直接的に適用すべきことになる。もっとも、現在の不法行為法および民事保全法等による救済の実効性を考慮すると、この法理を改めて採用する意義は乏しい。なお、朝鮮学校に対する示威活動について、人種差別撤廃条約に適合するように不法行為の規定を解釈し、高額の損害賠償および学校周辺での示威活動の差止めを認めた裁判例がある（大阪高判平成26・７・８判時2232号34頁→第10章第２節１(5)）。

(ウ)　団体と個人

団体とその外部の構成員との法関係は、前掲の契約関係か不法行為関係のいずれかに当たることになる。とりわけ企業と消費者の関係については消費者契約法があり、さらに私人間における個人情報に関して個人情報保護法が制定される等、立法により私人間の法関係が原則的に規律され、さらに行政により具体的な調整が図られることが多い。

むしろ問題となることが多いのは団体とその構成員の間の内部的紛争であるが、ここでも最高裁は三菱樹脂事件判決の枠組みを採用していない。例えば、前掲八幡製鉄事件判決は、株式会社が政治献金の自由を有するとした上で、「会社の構成員が政治的信条を同じくするものでないとしても、会社による政治資金の寄附が、特定の構成員の利益を図りまたその政治的志向を満足させるためでなく、社会の一構成単位たる立場にある会社に対し期待ないし要請されるかぎりにおいてなされるものである以上、会社にそのような政治資金の寄附をする能力がないとはいえない」として、取締役による企業献金が株主の思想・信条の自由を侵害するとの見方を斥けている。

これに対して国労広島地本事件判決（最判昭和50・11・28民集29巻10号1698頁）は、組合員の労働組合に対する協力義務はその「目的達成のために必要な団体活動の範囲に限られる」として、その範囲に政治活動が含まれるとしながらも、「具体的な組合活動の内容・性質、これについて組合員に求められる協力の内容・程度・態様等を比較考量し、多数決原理に基づく組合活動の実効性と組合員個人の基本的利益の調和という観点から、組合の統制力とその反面としての組合員の協力義務の範囲に合理的な限定を加えることが必要である」との判断枠組みを提示した。その上で、「選挙においてどの政党又はどの候補者を支持するかは、投票の自由と表裏をなすものとして、組合員各人が市民としての個人的な政治的思想、見解、判断ないしは感情等に基づいて自主的に決定すべき事柄である」として、労働組合が構成員に政治献金を強制することは許されないと判断している（→第17章第２節４(2)）。

上記２判例が団体の活動範囲と構成員の協力義務とを二元的に判断していたのに対して、南九州税理士会事件判決（最判平成８・３・19民集50巻３号615頁）は両者を一元的に判断する点が注目される。同判決は、税理士会の目的の範囲を広範に解した場合には「税理士の義務の遵守及び税理士業務の改善進歩」といった「法の要請する公的な目的の達成を阻害して法の趣旨を没却する結果となる」とした上で、税理士会が強制加入団体である点にも触れて、「会員の思想・信条の自由との関係」で「その構成員である会員には、様々の思想・信条及び主義・主張を有する者が存在することが当然に予定されている」から、税理士会の活動にも協力義務にも限界があると説いた。その結果、特別会費を収めなかった構成員に対する処分を違法と判断するだけでなく、政治献金そのものを税理士会の目的の範囲外としたのである。

その反面、群馬司法書士会事件判決（最判平成14・４・25判時1785号31頁）は、同じく強制加入団体である司法書士会の目的の範囲内に、他の司法書士会の救援のための寄附も含まれるとして、構成員に対する特別会費の徴収も適法と判断した。

このように、団体と構成員の関係においては、まず団体の性格、団体と構成員の関係の特質、具体的な団体の活動と目的の関係等の総合判断の中で、基本権の効力を考慮するという枠組みが判例上採用されている。なお、団体が法的または実質的に強制加入団体であるかどうかは一つの重要な判断要素であるが、問題となる思想・良心の具体的内容にも注意すべきであろう。

＊　地域自治会が構成員から「赤い羽根」共同募金等を一般会費増額の決議により強制的に徴収した事例について、大阪高裁は、「憲法19条は、私人間の問題に当然適用されるものとは解されないが、上記事実上の強制の態様等からして、これが社会的に許容される限度を超えるときには、思想、信条の自由を侵害するものとして、民法90条の公序良俗違反としてその効力を否定される場合があり得る」として、本件決議を無効とした（大阪高判平成19・８・24判時1992号72頁）。

上記のような、団体による構成員の思想・良心の侵害が争われた事例とは別に、最高裁は、入会権者の資格を部落民の男子孫に限定する入会団体の慣習が「男女の本質的平等を定める日本国憲法の基本的理念に照らし」公序良俗に反する、とした（最判平成18・３・17民集60巻３号773頁）。この判決は間接効力説を前提にしたものと解されている。

〈参考文献〉

蟻川恒正「日本国憲法における公と私の境界」法律時報80巻６号（2008年）27頁以下
安念潤司「公務員の人権(1)(2)」法学教室213号65頁以下、214号52頁以下（以上、1998年）
木下智史『人権総論の再検討』（日本評論社、2007年）
君塚正臣『憲法の私人間効力論』（悠々社、2008年）
宍戸常寿「私人間効力論の現在と未来」長谷部恭男編『人権の射程』（法律文化社、2010年）25頁以下
曽我部真裕「外国人の基本権保障のあり方」法学教室483号（2020年）71頁以下
ドイツ憲法判例研究会編『講座 憲法の規範力 第３巻　憲法の規範力と市民法』（信山社、2020年）
中村睦男『アイヌ民族法制と憲法』（北海道大学出版会、2018年）
日比野勤「外国人の人権(1)〜(3)」法学教室210号35頁以下、217号43頁以下、218号65頁以下（以上、1998年）
松本和彦「特別な法律関係における人権保障」小山剛＝駒村圭吾編『論点探究 憲法（第２版）』（弘文堂、2013年）79頁以下
室井力『特別権力関係論』（勁草書房、1968年）
米沢広一「未成年者の自己決定権」法学教室177号（1995年）49頁以下
渡辺康行『「内心の自由」の法理』（岩波書店、2019年）206頁以下（第２部第６章）

第3章　三段階審査の手法

第1節　総　説

1　基本権の名宛人としての国家

基本権の重要な特質は、保護されるべき内実が自由であれ平等であれ財産であれ何であれ、国家（公権力）を名宛人とするところにある。基本権が憲法の一部であり、憲法が国家を名宛人としている以上、基本権もまた国家を名宛人とする。国家を名宛人とするということは、国会、内閣、行政各部、裁判所、地方公共団体等を相手にするという意味である。国家といっても憲法によって統制されない外国の政府は対象外である。また私人は、たとえ国家に匹敵するほど大きな実力を有していたとしても、基本権の直接の名宛人にはならない。基本権に私人を縛る効力はないのかという問題（私人間効力論）も提起されているが、この問いは基本権の名宛人を国家であると言い切ってよいのかという反問であることに注意すべきである。その意味で基本権の私人間効力論は特殊な議論である（→第2章第2節3）。

2　原則・例外図式

憲法は国家と基本権の関係を規律する。基本権保障のあり方も国家との関係において決まる。基本権と国家が関わり合う場面はさまざまであるが、国家が個人の基本権を侵害しているのではないかと疑われる典型的場面として想定されているのが、基本権によって保障された個人の自由が国家の行為によって制限される場面である。

国家による基本権的自由の制限の場面とは、国家による介入行為があり、それが個人の基本権的自由を縮減したとみなしうる場面である。例えば、近隣住民の迷惑も顧みず、真夜中に異常に大きな音を出して楽器を演奏する者に対して、警察がそのような行為を制止し、さらにその制止を無視する行為を、裁判所が処罰する場合が考えられる。軽犯罪法１条14号は実際にそのような場面を想定して制定されている。この場面では、一方において、警察による制止行為、裁判所による処罰行為、それらを承認し、警察や裁判所に制止・処罰の権限を与える国会の立法行為があり、他方において、警察や裁判所（さらには国会）によって制約される個人の自由、すなわち真夜中に異常に大きな音を出して楽器を演奏する自由があって、両者（国家の行為と個人の自由）が対置されている。

もちろん、そもそも真夜中に異常に大きな音を出して楽器を演奏する自由などない、そのような自由は最初から憲法上認められていない、と主張することもできないわけではない。もしそのようにいえるのであれば、警察や裁判所（さらには国会）の行為が個人の自由を縮減したとみなす必要自体がなくなる。そのような自由など最初からなかったのだから、国家の行為も近隣にとってはた迷惑な行為を単にやめさせただけで、それを基本権的自由の制限とみなすこともない。

しかしそうなると、検討されるべきは個人の行為のあり方だということになろう。個人が非常識で不合理な振舞いをしたのかどうかが問題にされてしまう。逆に、国家の権力行使が不適切ではなかったのか、行きすぎたものではなかったのか、といった検討は省略されてしまいかねない。

そこで、個人の自由が原則であって、国家の介入は例外とみなすべきとする主張が唱えられることになる。個人の自由が原則で国家の介入が例外だということの意味は、個人の自由の行使はそれ自体が正当とみなされ、一見、奇妙な行使の仕方だと思われても改めて正当化される必要はないのに対し、国家の介入行為は、たとえ権威のある国家機関から出たものであっても、それだけでは正当とみなされず、改めて正当化されなければ憲法上許容されないということである。先の例でいえば、真夜中に異常に大きな音を出して楽器を演奏する個人の行為の奇妙さに着目するのではなく、それを規制する国家行為の正当性の方に焦点を合わそうというのである。

3　三段階審査（保護領域・制限・正当化）

ここに、個人の自由と国家の介入を対置し、個人の自由のあり方は問わないが、国家の介入については正当化できない限り一切認めない、という捉え方が生まれる。個人の自由は原理的に無限定であるが、国家の介入は原理的に限定されている、という原則・例外図式をシュミット（C. Schmitt）は法治国家的配分原理（→第1章第1節**7**）と呼んだ。これを論証の手続という点からみると、個人の自由はもともと正当だから、あえて正当化しなくてもよいのに対し、国家の介入はそもそも許されないので、いちいち正当化しなければならない、とする論証の手法として構成できる。

この論証の手法は一般に三段階審査と呼ばれる。それはこの手法が以下の三つの段階を踏んで審査していく手法だからである。すなわち、第1に、基本権によって保護された行為・状態の領域を画定する段階（基本権の保護領域）、第2に、基本権の保護領域に介入し、基本権を制限する国家行為を確認する段階（基本権制限）、第3に、その基本権制限を憲法上の要件に照らして正当化できるかどうかを問う段階（基本権制限の憲法的正当化）である。基本権制限は正当化できないと、その存立自体が許されない、すなわち基本権侵害として退けられる。逆にいえば、基本権制限は正当化される限りにおいて、その存立が憲法上承認される。このような論証の手法は、もともとドイツの憲法裁判で用いられてきたものであるが、発想そのものは普遍性を有しており、日本においても、基本権制限の合憲性を判断する手法として十分参考にできる。

三段階審査の詳細は節を改めて論じることにして、ここでは三段階審査が、主として、基本権によって保護された行為・状態が国家の行為によって制限される場面を念頭に置いて構成された論証の手法であること、それゆえ、これとは異なる場面での国家・基本権の関係には異なる手法を用いて対処せざるをえないと思われること（→第4章）、またこの手法の特色が、基本権の保護領域と国家による基本権制限を対置し、保護領域はそれだけで正当とみなされ、基本権制限についてだけ正当化の論証責任が課されるところにあること、その限りにおいて、基本権制限に対する基本権の保護領域の優位性を認める結果になるということを確認しておきたい。

第2節　基本権の保護領域と基本権制限

1　基本権の保護領域

(1)　保護領域の意義

基本権は個人の行為・自由・利益を法的に保護している。例えば、憲法21条1項は表現の自由を保護しており、憲法22条1項は職業選択の自由を保護している。これらは個人の自己決定の自由（主観的法益）を保護しようとするものである。あるいは、憲法13条は生命を保護しており、憲法35条1項は住居の不可侵を保護している。これらは個人の支配下にある状態（客観的法益）を保護しようとするものである。基本権によって保護される個人の主観的・客観的法益の集合体を、ここでは基本権の保護領域と呼んでおく。

もし個人の行為・自由・利益が基本権の保護領域に該当すると論証できるのであれば、それはすなわち憲法上正当とみなされたことを意味する。保護領域該当性の論証だけで当該行為等は憲法上正当とみなされるのである。当該行為等が保護領域に該当するか否かは、憲法に列挙された個別の基本権規定の解釈によって明らかにされる。先の例の真夜中に異常に大きな音を出して楽器を演奏する行為は、異論はあるかもしれないが、おそらく憲法21条1項の表現の自由の行使とみなされよう（あるいは、13条の幸福追求権に含まれる一般的行為自由の行使であると主張されるかもしれない）。その場合、行為そのものがいかに奇妙なものであっても、憲法上は正当なのであり、その規制が特に正当化されない限り、その自由を妨げることはできない。

(2)　保護領域の画定

保護領域該当性の論証は、個別の基本権規定の解釈を通じて行われる。ある行為等が保護領域に該当していないようにみえて、実際は該当しているという場合もあれば、該当しているようにみえて、実際は該当していないという場合もあるため、その判別を基本権解釈によって明らかにするのは、現実には大きな困難を伴う。

例えば、新聞記者による取材行為は表現行為そのものではないので、表現の自由の保障は受けないようにも思われる。しかし、取材は報道のために行われるのであるから、事実の報道の自由が表現の自由（21条１項）に含まれるのなら、取材の自由も同じく表現の自由の保障の下にあるといってよさそうである。学説ではそのように解する立場も多い。が、最高裁は「憲法21条の精神に照らし、十分尊重に値いする」（博多駅事件決定：最大決昭和44・11・26刑集23巻11号1490頁）と述べて、憲法21条の保障の下にあるのか、そうでないのか不明瞭な歯切れの悪い説示に終始している（→第10章第４節**2**）。保護領域該当性は認められるが、制限の正当化の際に要求される水準は高くないという意味なのかもしれない。

＊　最高裁は、法廷メモ事件判決（最大判平成元・３・８民集43巻２号89頁）において、傍聴人が法廷でメモを取る行為を「筆記行為の自由」と理解した上で、「憲法21条１項の規定の精神に照らして尊重されるべきである」としつつも、「筆記行為の自由は、憲法21条１項の規定によって直接保障されている表現の自由そのものとは異なるものであるから、その制限又は禁止には、表現の自由に制約を加える場合に一般に必要とされる厳格な基準が要求されるものではないというべきである」と判示した。ここでは保護領域段階での不明瞭な該当性判断に加えて、制限の正当化段階での別扱いが示唆されている（→第10章第３節**1**（2））。なお、「婚姻をするについての自由は、憲法24条１項の規定の趣旨に照らし、十分尊重に値する」とした再婚禁止期間違憲判決（最大判平成27・12・16民集69巻８号2427頁）の判示も、理解が難しいが、立法裁量の余地が大きい制度的自由としての保護領域が観念されているのかもしれない（→第６章第５節**4**（3）、第20章第２節**2**）。

いわゆるわいせつ表現については、一見、表現の自由の保護領域に該当すると思われるが、その価値の低さゆえに保護領域の外に括り出され、表現の自由の保障は与えられないといわれることがある。低価値表現は表現の自由の対象とみなさないということであろう。もっとも、最高裁は必ずしも低価値表現を保護領域から全面的に排除しているわけではなく、わいせつ表現にも保護領域該当性を認めた上で、「最少限度の性道徳を維持する」ため、「公共の福祉によって制限されるもの」とし（チャタレイ事件判決：最大判昭和32・３・13刑集11巻３号997頁）、さらにわいせつの概念を絞って、制約されざるをえないわいせつ表現と制約されない非わいせつ表現を区別しようとしている（「悪徳の栄え」事件判決：最大判昭和44・10・15刑集23巻10号1239頁、「四畳半襖の下張」事件判決：最判昭和55・11・28刑集34巻６号433頁。以上につき、→第10章第２節１(3)参照）。

(3)　保護領域外の自由？

仮にわいせつ表現が表現の自由の保護領域に該当しないと解釈された場合、それが他の基本権規定によって拾い上げられない限り、どの基本権の保護領域にも該当しないとみなされる可能性が高い。そうなると、当該行為にはそもそも基本権保障が及ばないということになるのか。もちろん、その場合も、わいせつ表現の処罰にあたっては、憲法31条以下の手続的権利の保障はある（例えば、法律なしに刑罰が科せられることはない）。しかし、実体的権利の保障はどうなのか。

この問いに対する解答は、憲法13条の包括的基本権の保護領域をいかに解するかによって左右される。例えば、包括的基本権の保護領域を広く解して、個別的基本権の保護領域からこぼれた行為等をそこで拾い上げるという方法が考えられる。しかし、包括的基本権の保護領域を無限に広いものと解しない限り、そこにすら該当しないという判断に至る可能性もある。その場合、どの基本権の保護領域にも該当しない個人の行為に対して、何らかの憲法上の保護を与えることができるかどうかの検討が必要になろう。この点の検討は後述する（→第５章）。

(4)　基本権の競合

ある行為・自由・利益が一つの基本権の保護領域のみならず、別の基本権の保護領域にも該当すると考えられる場合、すなわち、複数の基本権の保護領域に該当すると考えられる場合がある。そのような並立状態を基本権の競合という。基本権の競合は基本権規定が憲法上細分化されている場合に起きやすい。一見、競合関係にあるようにみえる基本権同士でも、それが一般法と特別法の関係にある場合は、もちろん、特別法が適用される。例えば、憲法20条の宗教的結社の自由と憲法21条の結社の自由が競合する場合は、前者が適用される。

もっとも、基本権の競合が発生していると判定するのは難しいことも多い。例えば、営利的表現（営利広告）は、表現の自由の行使に当たるのか、職業の自由の行使に当たるのか、それとも両方だろうか。営利的表現はたしかに営業行為の一環として行われるものだが、その善し悪しは原則として言論市場で判断されるべきものだとすると、制限される可能性があることは否定できないとしても、職業の自由の行使というより、表現の自由の行使とみなさなければならないだろう（→第10章第２節**1(6)**）。もっとも、最高裁はこの点について態度を明確にしていない（最大判昭和36・２・15刑集15巻２号347頁、最判平成28・12・15判時2328号24頁、最判令和４・３・８判時2537号５頁）。

＊　営利的表現の保護領域の問題は、後述する二重の基準の適用と関わっている（→本章第３節**5**）。すなわち、それが表現の自由の行使とみなされるのか、職業の自由の行使とみなされるのかという二者択一問題は、厳格な審査に付されるべきか、緩やかな審査に付されるべきかの二者択一問題を提起すると考えられている。両方の保護領域に該当するとされた場合は、結局、厳格な審査に付されるべきとの判断が下されたものとみなせる。

基本権の競合があるとみなさざるをえない場合は、それぞれの基本権に照らして基本権制限の合憲性が判断されることになる。例えば、外国人に対してだけ指紋押捺を強制する場合、それは憲法13条が保障する「みだりに指紋の押捺を強制されない自由」と憲法14条が保障する法の下の平等の両方が関わっていると考えざるをえない。それゆえ、どちらの基本権制限に対しても、合憲性の判断をしなければならない（最判平成７・12・15刑集49巻10号842頁）。

2　基本権制限

(1)　基本権制限とみなされる国家行為

基本権の保護領域に対する国家の介入行為が基本権制限である。ある国家行為が基本権制限であるとみなされると、それは正当化の対象になる。三段階審査の論証作法においては、ある国家行為が基本権の保護領域に関わるようにみえても、基本権制限とみなせなければ正当化を試みるまでもなく、基本権侵害ではないとされる。だから、ある国家行為が基本権制限に当たるか否かの判断は、当該国家行為に基本権侵害の疑いなしとして放免するか、それともそれを正当化の論証手続にかけてさらなる審査に付すか、の二者択一を迫ることになる。

基本権制限とみなされる国家行為は、伝統的に、次の四つの属性を備えているものとされる。すなわち、①基本権の制限を意図し、②直接的で、③一方的強制的に、④法律・命令などの法形式をもって、基本権の保護領域に関わる国家行為である。現在でも、この四つの属性を備えた国家行為が基本権の保護領域に関わると、基本権制限があったとされることに異論はない。しかし、制限を意図しない、間接的で、非強制的な、事実行為であっても、基本権制限に当たる場合はあると考えられている。例えば、警察による公道上での写真撮影は非強制的な事実行為にすぎず、伝統的な理解からすると、基本権制限ではないとみなされてきた。しかし最高裁はこれを憲法13条によって保障される「みだりにその容ぼう・姿態……を撮影されない自由」の制限であると判示した（京都府学連事件判決：最大判昭和44・12・24刑集23巻12号1625頁。→第５章第３節**4 (1)**）。

(2)　保護領域と制限の関係

結局、いかなる国家行為が基本権制限とみなされるのかについては、基本権の保護領域との具体的な関わり合いを見据えながら、それに対する制約的な効果も考慮に入れて、個別的に判断していくほかない。制約的効果のある国家行為をすべて基本権制限と捉えてしまうと、正当化されなければならない範囲が広がりすぎるし（それは正当化手続を弛緩させかねない）、かといって、伝統的な理解にこだわりすぎると、新しいタイプの基本権制限を見逃してしまうおそれがある。その判別にあたっては、基本権制限の手法が多様化している現実を前提に、慎重な対応が求められる。

その際、着目すべきは基本権の保護領域である。ある国家行為が保護領域にどのような作用を及ぼしているのか、具体的に検討することによって初めて、その国家行為を基本権制限とみなしてよいかの判断ができるからである。

＊　最高裁は、小学校の入学式で音楽教師に「君が代」のピアノ伴奏を命じた校長の職務命令を憲法19条の思想・良心の自由を侵害するものではないと判示したが、その主たる理由は、ピアノ伴奏命令が音楽教師の世界観を否定するわけでもなければ、特定の世界観を押しつけるわけでもなく、また特定の思想の有無を告白するよう強要するものでも、それを子どもに教え込むよう強制するものでもないから、音楽教師の思想・良心の自由に制限はないとするところにあった（「君が代」ピアノ伴奏事件判決：最判平成19・２・27民集61巻１号291頁）。

他方、高校の卒業式で「日の丸」に向かって起立し「君が代」を斉唱するよう命じた校長の職務命令が思想・良心の自由を侵害しないとした事件では、起立斉唱行為が「国旗及び国歌に対する敬意の表明の要素を含む行為」とみなさざるをえず、その限りにおいて、当該職務命令には、そのような敬意の表明を拒否したい者の思想・良心の自由に対し「間接的な制約となる面があることは否定し難い」とし、基本権制限があること自体は認めた上で、制限の正当化を試みている（「君が代」起立斉唱職務命令事件判決：最判平成23・５・30民集65巻４号1780頁）。

「君が代」ピアノ伴奏事件判決では、国家行為が基本権の保護領域と関わり合いをもたない（関わり合いが極めて小さい）とみなされ、基本権制限はないと判断された。これは保護領域の画定の場面で、保護領域を狭く解釈することで決着を図ったものである。他方、「君が代」起立斉唱職務命令事件判決では、国家行為が保護領域に介入したとみなされ、それゆえ基本権制限はあると判断されながら、その規制態様は間接的なものにすぎないと評価された。これは基本権制限の存在自体は肯定しつつも、基本権制限の正当化の場面で、規制態様の間接性を斟酌して決着を図ろうとしたものであると解される（→第７章第３節**２**・**３**）。

(3)　間接的制約と付随的制約

最高裁が猿払事件判決（最大判昭和49・11・６刑集28巻９号393頁）において公務員の政治的行為の禁止を合憲と判断したときに言及した間接的・付随的制約については、学説上強い批判がある。最高裁によると、国家公務員の政治的行為の禁止が意見表明の自由を制約するとしても、それは「意見表明そのものの制約」を狙いとしたものではなく、「その行動のもたらす弊害の防止」を狙った結果、行動の禁止に伴う限度で意見表明の自由が間接的・付随的に制約されたにすぎないのだという。それゆえ禁止によって失われる利益も比較的小さいと評価されている（なお、戸別訪問禁止事件判決：最判昭和56・６・15刑集35巻４号205頁も参照）。しかし、意見表明には行動がつきものであり（例えば、ポスターを貼るという行動）、行動の部分も含めて意見表明を観念しなければならないはずで、両者を分離するのは不自然である。したがって、行動のもたらす弊害を防止するための政治的行為の禁止は、意見表明の自由の直接的・意図的制約であるといわざるをえない。

＊　ただし最高裁は、堀越事件判決（最判平成24・12・７刑集66巻12号1337頁）および世田谷事件判決（最判平成24・12・７刑集66巻12号1722頁）において、国家公務員の政治的行為の禁止に再び焦点を合わせ、その合憲性を改めて検討したにもかかわらず、猿払事件判決で展開した間接的・付随的制約論にはもはや言及しなかった（→第10章第２節**３**(2)(エ)）。

猿払事件判決での間接的・付随的規制の捉え方には問題があるが、基本権の間接的・付随的制約という類型自体は認めざるをえない。例えば、青少年保護育成条例による有害図書規制は当該図書の流通を幾分制約するがゆえに、成人の憲法21条１項の権利を制約する効果を生むが、それは「青少年の健全な育成を阻害する有害環境を浄化するための規制に伴う必要やむをえない制約」とされている（岐阜県青少年保護育成条例事件判決：最判平成元・９・19刑集43巻８号785頁）。青少年保護のための有害図書の販売規制は、成人の権利との関係においては、間接的・付随的制約に当たる。

間接的制約（直接的でない制約）と付随的制約（意図的でない制約）の区別は、理論上は可能であろうが、実際上は区別困難であるし、そうした区別を意識しなければならない実益があるのかどうかも不明である。問題は、間接的であろうと、付随的であろうと、そのような制約が基本権制限とみなされ、正当化の論証手続に付されなければならない場合があるということである。制約の間接性・付随性が基本権制限を否定する方向に作用することもありうるが、基本権制限があるということが否定できないのなら、正当化の場面において、制約の間接性・付随性をどのように斟酌すべきか、検討しなければならないだろう。その場合は、間接的・付随的制約だからといって、基本権制限が容易に正当化できると思われてはならない（→第７章第３節**3**、第８章第２節**2**(3)、第10章第２節**2**(2)、第13章第３節**3**）。

(4)　本人の同意

基本権が制限されることを、制限を受ける当の本人が同意している場合は、そもそも基本権制限が存在しないというべきか、それともその場合でも基本権制限自体は存在するとみなして、正当化を図ることになるのか。後者の場合は、本人の同意があることが基本権制限の正当化理由になるのか。この問題に対しては、場合を分けて考える必要があろう。

①まず、本人の同意によって保護領域該当性が否定される場合がある。例えば、本人の同意があれば苦役に従事させても、通常、その意に反する苦役からの自由（18条）は問題視されない。これは基本権が本人の同意を構成要件に取り込んでいるからである。

②次に、本人の同意によって基本権制限が否定される場合がある。例えば、本人の同意の下での秘匿性の高い私事の公開は、プライバシー権（13条）の制限ではない。私事を公開するかどうかを決めることは、むしろプライバシー権の行使に当たる。

③さらに、本人の同意によって基本権制限が正当化される場合がある。ただしそれは、本人の同意が自発的意思に基づくもので、かつ、基本権制限が同意の範囲内に収まっている場合に限られる。例えば、身体の不可侵性（13条）や不利益供述拒否権（38条１項）については、本人の同意の範囲内で自己に有利な利益を放棄してもよいと考えられるため、その限りにおいて、当該基本権の制限が正当化される。

④最後に、本人の同意によっても基本権制限が正当化できない場合がある。例えば、奴隷的拘束の禁止（18条）や拷問および残虐な刑罰の禁止（36条）については、個人の尊厳に関わる重大事項のため、絶対的禁止とされているのであり、たとえ本人の同意があっても制限は正当化しえない。

(5)　基本権の具体化（内容形成）

表現の自由や職業選択の自由のように、基本権の保護領域は、通常、国家による（法律による）具体化（内容形成）がなくても、基本権規定の解釈だけで、一応その内容を明らかにすることができる。しかし、財産権（29条）、選挙権（15条）、国賠請求権（17条）、裁判を受ける権利（32条）、生存権（25条）をはじめとする社会権のような基本権は、国家が法律を通じて具体的な制度を構築しない限り、基本権規定の解釈だけだと、実際に権利として通用しうるだけの内容は得られない。

それゆえ、国家はこれらの基本権の具体化（内容形成）に務めなければならないのであるが、ここでいう具体化（内容形成）は基本権制限とは異なる作用である。ひょっとして、国家による不十分な具体化（内容形成）が基本権侵害とみなされる場合もあるだろうが、それは基本権の保護領域に対する国家の介入（＝基本権制限）ではない。ただし、法律によって一旦具体化（内容形成）されたものを事後的に不利益変更する場合（制度後退とみなせる場合）は、基本権制限と同一の取扱いができることもあろう。この点は、個別の基本権ごとに検討する必要がある（→第4章第2節**6**）。

第3節　制限の正当化

基本権制限は原則として許されない。しかし、それは例外的に正当化される限りにおいて許容される。逆にいえば、基本権制限は憲法上正当化できないと基本権侵害とみなされ、排除されなければならなくなる。基本権制限の正当化の論証手続は、大きく分けて、形式的正当化と実質的正当化の手続である。形式的正当化とは、基本権制限が憲法の要求する形式を備えているかどうかの論証を行うことであり、その典型は、基本権制限が法律の根拠を有するかどうかの審査、すなわち法律の留保原則に適っているかどうかの審査である。これに対して実質的正当化とは、基本権制限が内容の点で憲法の要求を満たしているかどうかの論証を行うことであり、その典型は、基本権制限が正当な目的を達成するのに適合的かつ必要最小限度で、しかも目的に比して均衡のとれた手段になっているかどうかの審査、すなわち比例原則に適っているかどうかの審査である。

1　法律の留保原則

(1)　法律による制約と法律に基づく制約

基本権の制限は立法者に対してのみ与えられた権限である。だから基本権制限は法律に根拠をもたなければならない。法律によりさえすれば基本権の制限が常に許されるというわけではないものの、法律によらずして基本権の制限が許されることはない。法律の根拠は基本権制限の十分条件ではないが、必要条件ではある。

基本権制限が法律に根拠を有する場合は、さらに「法律による」制約である場合と「法律に基づく」制約である場合に区分される。前者は立法者が法律によって直接に基本権を制限する場合をいい、後者は法律に基づき、法律の執行者が命令・処分の形式でもって基本権を制限する場合をいう。どちらの場合も基本権制限の根拠が法律にあることは変わらないのであるが、法律による制約の場合は、法律が何らの媒介なく直接に基本権を制限するのに対して、法律に基づく制約の場合は、法律の執行者が基本権制限に携わるため、多かれ少なかれ執行者の裁量が働く余地が生まれる。それゆえ、法律に基づく制約の場合、執行者が法律の趣旨に沿った基本権制限を遂行しているのかどうかの検討が必要となる一方で、立法者が基本権制限の要件を法律に明確に定めて、執行者の裁量を統制できているかどうかの検討も必要になる。

(2)　委任立法

法律に基づく制約では、立法者が法律を通じて執行者に基本権制限を委任する形になっている。委任は、政省令のような一般的抽象的法規範である行政立法（命令）に対してなされる場合と、許可や下命のような個別的具体的法規範である行政処分に対してなされる場合の２種類ある。執行者への委任というと行政立法を想定することが多かったが（73条６号参照）、行政処分の場合も、法律を通じて行政に基本権制限の権限が与えられていることに変わりはない。法律から基本権制限の権限を与えられた側（通常は行政）は、法律の趣旨に従って基本権制限を行うよう義務づけられる。

それゆえ、法律の趣旨から外れた基本権制限が行われると、それは委任の範囲を逸脱した違憲な執行とみなされる。例えば、最高裁は児童扶養手当事件判決において、「母が婚姻によらないで懐胎した児童」のうち「父から認知された児童」を児童扶養手当の支給対象から除外する児童扶養手当法施行令旧1条の2第3号かっこ書は、「法の委任の範囲を逸脱した違法な規定として無効と解すべきである」と判示している（最判平成14・1・31民集56巻1号246頁）。

＊　旧薬事法施行規則によって第1類・第2類の一般用医薬品を店舗内で対面販売・授与するよう義務づけ、さらにインターネット等を通じた販売（郵便等販売）を禁止することが「薬事法の委任の範囲を逸脱した違法なものとして無効というべきである」とした判決において、最高裁は、「立法過程における議論」を斟酌しても、旧薬事法の諸規定からは「郵便等販売を規制する内容の省令の制定を委任する授権の趣旨」が明確に読み取れないことを問題視した（最判平成25・1・11民集67巻1号1頁→第13章第4節**1**）。

法律の執行者が委任の範囲を逸脱した執行を行えば違憲であるというだけでなく、法律の定立を行う立法者が、委任できない事項まで執行者に委任すれば、やはり違憲である。基本権を制限する権限は立法者に留保されている（議会留保といわれる）のだから、立法者が自らの判断を差し控え、それを執行者に丸投げするようなことをすれば、自己に与えられた権限の放棄といわざるをえない。基本権制限に関しては、少なくともその本質に関わる部分の規律は立法者が自ら判断して行わなければならない（重要事項留保説）。白紙委任が許されないのは当然であるが、立法者自身の判断が読み取ることのできない包括的な委任も違憲の疑いがある。

(3)　条例の留保

法律の形式が基本権制限の根拠になるのなら、地方公共団体の条例の形式も基本権制限の根拠になるのか。この点、地方公共団体が独立の統治団体であって、自ら公権力を行使し、個人の権利を制限する権限があると解されること（憲法94条の「行政を執行する権能」に、そのような権限が含まれると解されること）、および公選議員によって組織される地方議会の議決を経て制定される条例は、法律と同様に民主的正統性を有していること、を理由に、法律の授権がなくても、それ自体が基本権制限の根拠になると考えられる（地自法14条2項も参照）。

ただし、条例は「法律の範囲内で」しか制定できない（94条）。すなわち、条例は「法令に違反しない限りにおいて」制定可能とされている（地自法14条１項）。それゆえ、条例は法律の授権なしに独立に基本権を制限できるが、法律と抵触しないことが条件になっている。

さらに、憲法上、明文で法律に留保された事項については、法律の授権が一切ないまま、条例だけで基本権を制限することはできないといわれる。ここでは財産権の制限（29条２項）、課税（30条）、科罰（31条）が問題になる。最高裁は、条例違反に対して罰則を設けることができるかについて、大阪市売春取締条例事件判決（最大判昭和37・５・30刑集16巻５号577頁）において、科罰には条例の委任が必要との立場をとりつつも、条例が公選の議会によって制定された準法律の性格をもつことを重視し、「法律の授権が相当な程度に具体的であり、限定されておればたりる」とし、旧地自法14条５項（現３項）のような包括的な委任規定も憲法31条には違反しないと判示した。この判示を一般化すると、かなり包括的であってもよいとはいえ、科罰のみならず、財産権の制限や課税の場合も、何らかの法律の授権が必要とされよう。しかし、条例が法律の範囲内にとどまっているのなら、それ以上に法律の授権まで要求することには意義が乏しい。包括的な授権でもよいとされるのなら、なおのこと、そこに意義を見出すのは困難となろう。「法律の留保」の明文規定は「条例の留保」に読み替えて差し支えないと思われる。

(4)　規範の明確性

基本権の制限に対して、法律の根拠を要求し、かつその法律に立法者の判断を盛り込むよう義務づける以上、その法律は明確でなければならない。そもそも何を規律しているのか全くわからない意味不明の法律は、法律として存立しているのかさえ疑わしいのであるから、それは憲法41条違反というべきであろう。むしろ問題になるのは、意味不明というより、多義的で複数の意味を読み取ることができるがゆえに、何を狙って規律しようとしたのか、特定できないような法律である。

ある法律の規定が明確か否かは「通常の判断能力を有する一般人の理解において、具体的場合に当該行為がその適用を受けるものかどうかの判断を可能ならしめるような基準が読みとれるかどうかによって」決まるという（徳島市公安条例事件判決：最大判昭和50・9・10刑集29巻8号489頁。→第12章第2節**9**(1)）。上記の判断基準は、刑罰法規の定める犯罪構成要件が曖昧不明確ゆえに憲法31条に反すると問題視された事件で打ち立てられた。具体的には「交通秩序を維持すること」という規定の明確性が問題になった。最高裁はこれを「通常の判断能力を有する一般人」にとって曖昧不明確ではないとした。

刑罰法規が明確であることは、処罰される行為の類型を事前に告知し、個人の自由の領域をはっきりさせようとする罪刑法定主義の要請でもある。ほかにも、言論市場での表現を挫折させる萎縮効果をできる限り排除しようとする表現の自由の要請（税関検査事件判決：最大判昭和59・12・12民集38巻12号1308頁）や、課税要件および租税の賦課徴収手続を画定し、税務当局の裁量を絞り込もうとする課税要件明確主義の要請（旭川市国民健康保険料事件判決：最大判平成18・3・1民集60巻2号587頁）も、高い水準の明確性を求めている。

2　公共の福祉

基本権制限の実質的正当化を検討する際、最初にみておかなければならないのは、基本権制限の正当化理由として規定されたと考えられる「公共の福祉」である。憲法12条に「この憲法が国民に保障する自由及び権利……を濫用してはならないのであって、常に公共の福祉のためにこれを利用する責任を負ふ」と定められたのを手始めに、憲法は「公共の福祉」という言葉を4ヶ所（12条以外に、13条・22条1項・29条2項）で用いている。いずれも基本権制限を正当化する理由とみなされる。

この点、最高裁もチャタレイ事件判決において「憲法の保障する各種の基本的人権についてそれぞれに関する各条文に制限の可能性を明示していると否とにかかわりなく、憲法12条、13条の規定からしてその濫用が禁止せられ、公共の福祉の制限の下に立つものであり、絶対無制限のものでないことは、当裁判所がしばしば判示したところである」と述べている（最大判昭和32・3・13刑集11巻3号997頁）。

「公共の福祉」という抽象的で包括的な概念をもって、基本権制限の一般的な正当化理由とすることに批判的な立場をとる者は、「公共の福祉」を訓示的概念としたり、その守備範囲を限定した上で、基本権制限の根拠を基本権そのものに求めている。すなわち、基本権には他者の権利を侵害してはならないという内在的制約がビルトインされており、それが基本権の限界を示すというのである。しかし、基本権にもともとビルトインされているという内在的制約が、他者加害の禁止に限定されると解しなければならない必然性はないと思われる。ほかにも基本権の行使を限界づける理由が基本権に内在している（正確にいうと、憲法によって基本権規定に組み込まれている）可能性は否定できない。実際、基本権の制限事由を他者加害に限定できるという見解は貫徹されなかった。内在的制約とみなしうる制限事由を一義的に明らかにできない以上、内在的制約が基本権の限界を示すという考え方と抽象的で包括的な「公共の福祉」を持ち出すときとの違いは、それほど大きなものではないといえよう。

＊　「公共の福祉」の法的意味については、従来、一元的外在制約説、内在・外在二元的制約説、一元的内在制約説の３説があるとされてきた。しかし、いずれの説をとっても、基本権が制限可能とされている点に変わりはないし、制限事由に具体性が乏しい点も変わりない。

そこで、「公共の福祉」を基本権制限の一般的な正当化理由とみなすとしても、それを持ち出せば直ちに具体的な基本権制限が正当化されるというのではなくて、正当化理由は個々の基本権の性質に応じて具体的に引き出されなければならない、といわれることになる（佐藤幸治）。結局のところ、「公共の福祉」の概念は、基本権を制限する国家に対して、正当化の論証を強いる場（トポス）を提供したにすぎない。それが何を意味するのかについては、基本権ごとに、具体的に検討した上で明らかにするほかない。この点は、憲法上、「公共の福祉」が明示された憲法22条１項（→第13章第４節**2**）および憲法29条２項（→第14章第２節**2**）のところで、特に重点的に検討する。

3　比較衡量の手法と目的・手段の図式

基本権制限が内容の点で憲法の要求を満たしているかどうかの論証は、基本権制限が公共の福祉に適っているかどうかの論証に解消できないとすると、基本権制限の正当化の論証手法は別の側面から分析されなければならない。最高裁の諸判決においては、基本権制限によって保護しようとする利益と基本権制限によって犠牲にされる利益のバランスをとろうとする姿勢が認められる（比較衡量の手法）。また、基本権制限は特定の目的を達成するために設定された手段とみなされている（目的・手段の図式）。比較衡量と目的・手段の図式という二つが、基本権制限の正当化の論証の枠組みとして用いられているようにみえる。そのため以下では、目的・手段の図式の中に比較衡量の手法を位置づけながら、基本権制限の実質的正当化の過程を分析したい。

ただし、目的・手段の図式にせよ、比較衡量の手法にせよ、それは基本権制限の実質的正当化の一つの論証手法にすぎないことに留意すべきである。正当化理由は個々の基本権の性質に応じて具体的に引き出されなければならない以上、一つの論証手法だけですべての問題が扱えるわけがないのは自明だからである。ここで目的・手段の図式や比較衡量に言及するのは、それが比較的汎用性の高い手法であるからにすぎない。

(1)　目的審査

基本権制限は正当な規制目的を前提にしている。本来、許されるべきでない基本権の制限をあえて行おうというのだから、そのことをやむをえないと思わせるような何か正当な目的があるはずだし、またそのような正当な目的が追求されていなければならない。言い換えると、正当とみなせる目的が認められない基本権制限は実質的に正当化できない。正当な規制目的があるといえるかどうかを審査するだけでなく、不当な規制目的がないといえるかどうかを審査することも重要である。特に、裏に隠された不当な真の目的がないのかどうかの審査が求められる。

規制の目的が、基本権行使によってもたらされる弊害の防止にあるというケースは少なくないが、その場合、弊害といわれるものが本当に発生するのか、発生するとしたら、どの程度の蓋然性でもって発生すると考えられるのか、問われなければならない。自由な基本権行使を認めても、そもそも弊害など生じない、あるいは弊害の発生確率は低いという場合は、弊害の防止という規制目的も杞憂の産物にすぎなくなるからである。基本権行使と弊害発生の間の因果関係がない、あるいは乏しいという場合は、規制目的の正当性に疑問が呈されよう。

＊　先端科学技術規制の場合のように、規制の対象とされる行為と弊害発生の因果関係が科学的に十分に解明されていないときは、注意を要する（例えば、学問の自由制限としての遺伝子組換え実験の規制）。基本権行使と弊害発生の間の因果関係が科学的に証明されない限り、規制は許されないということになると、万一、回復困難な重大な弊害が発生したとき、取り返しのつかないことになる。それゆえ、弊害発生の蓋然性については、経験則が通用する場合と通用しない場合を区別して判断する必要がある。万一の場合の予防原則に基づく事前規制も考慮に値する（→第9章第2節**2**(1)）。

(2)　手段審査

目的・手段の図式においては、基本権制限が一定の目的達成のために設定された手段として理解される。仮に規制目的が正当であっても、目的が手段まで正当化するわけではないから、目的を達成するための手段についても、同じく正当性が認められなければならない。基本権制限の手段としての正当性も、それとして審査されなければならないのである。

まず、手段それ自体の正当性が審査される。基本権によっては、それが制限されざるをえない場合であっても、特定の手段に依拠することだけはあらかじめ排除しているものがある。例えば、表現の自由に対する検閲の禁止（21条2項）、人身の自由に対する奴隷的拘束の禁止（18条）と拷問・残虐な刑罰の禁止（36条）がそれである。これらについては、当該手段を用いること自体が不当として憲法上忌避されている。したがって、これらの手段によって基本権を制限することは、他の観点からの評価がどうであろうと、決して許されない。

(3)　比例原則（適合性・必要性・狭義の比例性）

最初から不当とみなされる特定の手段を除くと、それ以外の手段の正当性は、比例原則に適っているかどうかによって判断するのが便宜である。比例原則とは手段が目的と適切な関係にあるかどうかを評価する基準である。それは三つの部分原則から構成されている。すなわち、第１に、規制手段が規制目的と合理的に関連すること（適合性）、第２に、規制手段が規制目的の達成にとって必要最小限度であること（必要性）、第３に、規制手段の投入によって得られる利益と失われる利益のバランスが均衡を保っていること（狭義の比例性）である。目的の達成のために役に立たない手段は排除されるし（適合性の不充足）、目的を達成するのに、より緩やかで侵害度の小さい手段があれば、それ以外の手段は排除される（必要性の不充足）。そして、当該手段によっていかに大きな利益が得られたとしても、それによって失われる利益が得られる利益を上回るようであれば、当該手段は排除される（狭義の比例性の不充足）。

＊　以上のように構成された比例原則が、実際の憲法裁判において用いられるとどのようになるのか。薬事法事件判決（最大判昭和50・４・30民集29巻４号572頁）における最高裁は、薬局の適正配置規制を「不良医薬品の供給の防止等の目的のために必要かつ合理的な規制を定めたものということができない」と述べて違憲とした。その際、比例原則に従った審査を行っている（→第13章第４節**5**(2)）。そこで問われたのは、薬局間に距離制限を設けてその偏在を防止すれば、本当に不良医薬品の供給を防止し、国民の生命・健康に対する危険防止の役に立つのか（適合性）、仮に役に立つとしても、不良医薬品の供給防止のためには、薬局の開設を制限しなくてもすむ、より緩やかな手段、例えば、行政上の監督体制の強化等の手段がとりえたのではないか（必要性）、適正配置規制がないと、医薬品の乱売が激化して生じると懸念される国民の生命・健康に対する危険の大きさは、適正配置規制によって強力に制限されてしまう職業の自由の大きさと均衡を失することはないのか（狭義の比例性）、といった点であった。最高裁はいずれについても否定的に解した。

＊＊　医薬品のもたらす危害の防止を規制目的としているという点で、薬事法事件判決と共通性を有する要指導医薬品販売規制事件判決（最判令和３・３・18民集75巻３号552頁）において、最高裁は、要指導医薬品の市場規模の小ささや規制期間の限定性を考慮し、かつ、「職業活動の内容及び態様に対する規制にとどまる」ことを理由に、薬事法事件判決のときのような、比例原則の厳格な適用を行わなかった。他方、「予防原則の観点から、リスクの原因となる要素をできる限り除去する措置を講じるべきである」と判示した原審（東京高判平成31・２・６判時2456号３頁）の見解も採用しなかった。

比例原則の部分原則のうち一つでもクリアできないと、手段の実質的正当化は図れない。薬事法事件判決では「競争の激化－経営の不安定－法規違反という因果関係に立つ不良医薬品の供給の危険が、薬局の段階において、相当程度の規模で発生する可能性があるとすることは、単なる観念上の想定にすぎず、確実な根拠に基づく合理的な判断とは認めがたい」とされているところから、薬局の適正配置規制が適合性を満たしていないことが決め手になったものと思われる。理屈の上では、適合性をクリアすることが必要性をチェックするための前提であり、必要性をクリアすることが狭義の比例性をチェックするための前提である。それゆえ、適合性を欠く手段は、必要性や狭義の比例性を審査するまでもなく、その正当性が否定される。薬事法事件判決でも、そのような処理は可能であったが、最高裁はあえて念押しをしたのであろう。

＊　学説上は、狭義の比例性に対して批判が多い。狭義の比例性は法益間の比較衡量を求めるので、衡量する人の主観に左右される致命的欠陥があるというのである（高橋和之）。ここで衡量をする側に公益重視の偏見があれば、比較衡量といっても、基本権制限に正当のお墨付きを与えるだけの役割しか果たさなくなる。たしかに、裁判実務に公益重視の偏見があるとの疑念は一部に根強く存在しているものの、比較衡量が必然的に公益重視と結びつくと決めつけることはできないし、むしろ基本権が偏重され、公益の方がないがしろにされるといった事態も全くありえないわけではない。しかし、それが衡量する人の主観に依存しているという事実は厳然として残る。狭義の比例性が比例原則の核心であるとは必ずしもいえないが（比例原則から狭義の比例性を抜き取り、適合性と必要性だけでよいとする見解もある）、比較衡量のもつ法益間比較の視点の有用性に鑑みると、狭義の比例性を比例原則から消去することにも躊躇があろう。一つの対処法としては、表現の自由の領域でみられる定義づけ衡量（→第10章第２節１(1)(エ)）のように、比較衡量の客観化が試みられるべきである。さらに、比較になじまない法益もあるという点を十分に考慮した上で、個別の基本権ごとに準則化の可能性がないのか、精査する必要があろう。

4　審査基準と審査密度

従来、基本権制限の合憲性を判断しようとする場合は、審査基準を引合いに出すのが通例であった。審査基準とは、裁判所が目的・手段の図式をあてはめて基本権制限の合憲性を判断する際に用いられる、審査の厳格度が区別された基準をいう。ここで審査の厳格度とは、裁判所が立法者の判断を尊重すべき程度のことであり、言い換えると、裁判所が立法者の判断に踏み込むべき度合いを意味している。

審査基準は、厳しい順に並べると、厳格審査基準、中間審査基準（厳格な合理性基準といわれることもある）、緩やかな審査基準（合理性基準ともいわれる）の三つであるとされる。厳格審査基準は、真にやむをえない利益の保護を目的とし、その利益を保護するための手段が必要不可欠であるとみなされた規制しか許容しない。中間審査基準は、重要な利益の保護を目的とし、その利益を保護するための手段がより制限的でないとみなされる規制だけを許容する。緩やかな審査基準は、正当な利益の保護を目的とし、その利益を保護するための手段が目的と合理的に関連していると評価される限り、当該規制を直ちに許容する。いずれの審査基準も、目的審査の厳格度と手段審査の厳格度を連動させているところに特色がある。

裁判所が立法者の判断に対して疑念を抱く状況であれば、厳格審査基準を適用し、目的・手段の双方において、立法者の判断の根拠を厳しく問い直すことになるし、逆に立法者の判断をとりあえず信用してよいと思われる状況であれば、緩やかな審査基準を適用し、目的・手段の双方において、一見明白に不合理であるといえない限り、合憲とみなすことになる。中間審査基準は、その間の状況において適用される。

三つの審査基準の適用状況はアドホックに決まるわけではない。むしろ基本権の性質や規制のあり方によって客観的に決まるという（後述**5**の「二重の基準」参照）。適用状況が客観的に決まることが審査基準の要諦である。さもなければ、ここでも審査の主観性が問題になるだろう。ただし、中間審査基準の適用状況だけは、それ単独で決めることができない。この基準は厳格審査基準と緩やかな審査基準が適用されない状況において初めて適用をみるからである。両基準が適用できるのか否かがわからないグレーゾーンを引き受けているのである。

厳格審査基準と緩やかな審査基準は守備範囲が比較的明確であるように思われるが、ここにも問題がある。厳格審査基準を適用すると、裁判所は、目的・手段の双方において、立法者の判断に踏み込み、その根拠を厳しく問い直すことになるため、結局のところ、基本権制限を違憲と評価せざるをえない。他方、緩やかな審査基準を適用すると、裁判所は、目的・手段の双方において、立法者の判断を尊重し、よほど不合理なことが見当たらない限り、基本権制限を合憲と評価しなければならない。つまり、審査基準が決まれば、事実上、結果も決まってしまうのである。

審査基準は、適用状況の客観化によって、審査の主観性を免れようとするものであったが、今度は基準の硬直化という問題を抱え込んでしまっている。中間審査基準は、比較的柔軟な基準であるといってよいものの、この基準に頼りすぎることは、審査の主観性をできるだけ小さくしようとした審査基準の当初の発想と合わない。これは厳格審査基準と緩やかな審査基準の柔軟化を図ろうとする試みにもいえることである。

先の比例原則も、審査密度を深めると厳格審査基準と同様の働きをし、審査密度を薄めると緩やかな審査基準と同様の働きをする。その意味で、比例原則と審査基準は相互に排他的ではない。しかし、もともと柔軟化を志向する比例原則と硬直化の傾向を示す審査基準がうまく接合するのかについては異論も多い。

5　二重の基準

審査基準の厳格度の問題は、もとはといえば、精神的自由の規制の合憲性審査と経済的自由の規制の合憲性審査に、異なる審査基準、すなわち、前者には厳格な審査基準、後者には緩やかな審査基準が適用されるべきであるという主張から生まれた。この主張を二重の基準（double standard）という。二重の基準を受け入れると、審査基準の選択が客観的に決まる。審査基準の適用状況が客観化できるのである。最高裁も「表現の自由に制約を加える場合に一般に必要とされる厳格な基準が要求される」（前掲法廷メモ事件判決）と述べ、「職業の自由は、それ以外の憲法の保障する自由、殊にいわゆる精神的自由に比較して、公権力による規制の要請がつよく」（前掲薬事法事件判決）と述べているところから、二重の基準を承認しているといわれている。しかし、二重の基準を採用した結果として、精神的自由を規制した法律を違憲無効と判断した最高裁判決は未だ現れていない。

＊　判例は二重の基準の根拠を特に示してはいないが、学説が二重の基準を擁護する根拠は三つある。第１に、精神的自由の価値の方が経済的自由の価値に優位していること（実体的価値論）、第２に、経済的自由に対する規制、とりわけ社会経済政策上の規制が適切か否かについては、裁判所に判断能力が欠けており、反面で政治部門の判断能力の方が優れているとみなせること（裁判所能力限界論）、第３に、経済的自由に対する侵害は民主的政治過程において修復可能であるが、精神的自由に対する侵害は民主的政治過程そのものを傷つけ、自己回復不可能に陥らせるので、裁判所が積極的に介入しなければならないこと（民主的政治過程論）、である。

上記三つのいずれの論拠に対しても異論はあり、二重の基準はそのままでは維持できないとする見解も多い。他方、二重の基準の原則は堅持しつつ、そこに修正を加える形で、なお擁護しようとする見解も有力である。今のところ、二重の基準を全面的に破棄しようとする見解は有力ではない。しかし、二重の基準に修正を加えれば加えるほど、状況に応じた柔軟な処理が可能になる反面、審査の主観化が進行するというジレンマがある。

〈参考文献〉

青井未帆「三段階審査・審査の基準・審査基準論」ジュリスト1400号（2010年）68頁
青柳幸一「三段階審査論の問題性」明治大学法科大学院論集12号（2013年）27頁
青柳幸一「審査基準と比例原則」戸松秀典＝野坂泰司編『憲法訴訟の現状分析』（有斐閣、2012年）117頁
石川健治＝駒村圭吾＝亘理格「憲法の解釈」法学教室2007年４月号～2009年３月号
石川健治＝山本龍彦＝泉徳治編『憲法訴訟の十字路』（弘文堂、2019年）
伊藤健『違憲審査基準論の構造分析』（成文堂、2021年）
駒村圭吾『憲法訴訟の現代的転回』（日本評論社、2013年）
阪口正二郎「比較の中の三段階審査・比例原則」樋口陽一ほか編著『国家と自由・再論』（日本評論社、2012年）235頁
高橋和之「違憲審査方法に関する学説・判例の動向」法曹時報61巻12号（2009年）１頁
松本和彦『基本権保障の憲法理論』（大阪大学出版会、2001年）
松本和彦「基本的人権の『保護領域』」小山剛＝駒村圭吾編『論点探究 憲法（第２版）』（弘文堂、2013年）103頁
「特集／違憲審査手法の展望」法律時報2011年５月号
渡辺康行「憲法訴訟の現状」法政研究76巻１＝２号（2009年）33頁

第４章　三段階審査以外の審査手法

第１節　総　説

第３章で扱われた三段階審査の手法は、防御権または防御権的に構成できる権利に対する制約の正当化審査に際して用いられる。そのため、それ以外の憲法上の権利や客観的法規範（→第１章第２節**3**）に関わる法律の憲法適合性審査については、三段階審査以外の手法を用意する必要がある。とりわけ立法者による制度構築に依存する権利に関して、立法裁量統制の手法の開拓が求められている。また、行政処分の適法性審査においても、憲法上の権利が一定の役割を果たしうる。さらに、個別の国家行為の憲法適合性審査や基本権法益（→第２章第１節**2**(3)）が衝突する場面における比較衡量審査についても、再検討する必要がある。これらの領域における審査の手法については、学説上の議論が未成熟であり、判例も流動的である。本章では、上記した三つの場面における審査のあり方を取り上げて、現時点で可能な範囲での概説を試みる。

＊　本章が、行政裁量審査や私人間における基本権法益相互の衡量を扱っているのは、それらが憲法適合的解釈の例であり、憲法論の枠内にあるという整理に基づいている（→憲法Ⅱ第12章第６節**3**）。

第２節　立法裁量に関するさまざまな審査手法

１　概　説

憲法上保障された権利の中には、選挙権や裁判を受ける権利などのように、その具体的な内容や行使方法が立法者による制度構築に依存するものがある。例えば憲法で選挙権が保障されていても、立法者によって選挙制度が構築されなければ、国民は選挙権を行使することができない。立法者による制度構築の仕方は、基本的には立法者の裁量に委ねられている。そのため、この種の権利に関わる係争においては、問題を権利制限と構成すべきか、制度構築と構成すべきかが、最初の分岐点となる。在外日本人に国政選挙における選挙権を認めていなかった公選法の合憲性が争われた事件があった。在外日本人選挙権判決（最大判平成17・9・14民集59巻7号2087頁）は、これを権利制限、しかも選挙権という重要な権利の行使自体の制限だとして捉えることによって、密度の高い審査を行い、公選法にかかる当該立法不作為を違憲と判断した（→第18章第2節**2(2)**）。これに対して、ある問題が立法者の制度構築に委ねられていると構成されると立法裁量は広く認められるが、その場合でも立法者による制度構築が常に憲法に適合しているとは限らない。そこでこの場面を、裁判所はいかに審査することができるのかが、重要な問題となる。そのために現在の判例・学説はさまざまな工夫を試みつつある。本節ではその状況を解説する。

2　法の下の平等

(1)　意　義

立法者による制度構築に関する裁量を統制する代表的手法が、平等原則による枠づけである。法の下の平等は憲法に規定があるため、本来は最も強力であり、かつ汎用性が高いはずである。しかし、次に典型例を挙げるとおり、立法裁量を平等原則によりいわば外側から枠づけしようとする試みは、裁判上は認められないことが多かった。そこで、**3**以下で扱うような、立法裁量をいわば内側から統制しようとする手法が模索されることになる。

(2)　選挙運動の規制と平等

例えば、選挙運動に関する立法について、平等原則による枠づけ可能性が争われることがある。1994年の公選法改正によって、候補者届出政党に所属する候補者とこれに所属しない候補者との間に、選挙運動の上で差異が生じた。この差異が平等原則に反しないかどうかについて、最高裁は、

「衆議院議員の選挙制度の仕組みの具体的決定は、国会の広い裁量にゆだねられている」ことを前提とした上で、「選挙運動をいかなる者にいかなる態様で認めるかは、選挙制度の仕組みの一部を成す」としつつ、当該差異を「国会の裁量の範囲」内だと判断した（最大判平成11・11・10民集53巻８号1704頁→第18章第４節**３**(3)）。

(3)　生存権と平等

生存権は、その実現が立法者による社会保障制度の構築に依存する典型的な権利である。ここでも、制度構築に関する立法裁量が平等原則によって枠づけられるか、が争われうる。その代表的事例は、学生無年金訴訟である。この訴訟の一つの争点は、国民年金法（平成元年法律86号による改正前のもの）が、学生等について国民年金の強制加入被保険者とせず、任意加入のみを認めることとし、これに伴い強制加入被保険者との間で加入および保険料免除規定の適用に関し区別したこと、および立法府が上記改正前に学生等を強制加入被保険者とするなどの立法措置を講じなかったことが憲法25条・14条１項に反しないか、であった。学生無年金訴訟判決（最判平成19・９・28民集61巻６号2345頁）は、社会保障上の措置に関する立法者の広汎な裁量を承認した上で、区別が「著しく合理性を欠く」とはいえない、と判断している（→第６章第４節**２**(2)）。

３　時の経過（事情の変化）

(1)　意　義

立法者による当初の制度構築の合理性を認めた上で、その合理性を支える事実（立法事実）などが「時の経過」によって失われていないかどうかを審査するという手法は、近年注目されているものである。この手法を下級審が採用する場合は、最高裁によって既になされた合憲判断の射程から逃れる意図があることが多く、最高裁が用いる場合は、過去の合憲判断を明示的に判例変更することなしに、異なった結論を出そうという意図があることが多い。そうでない場合でも、制定時の立法者の判断とは正面から衝突しない形で、それとは異なった結論を導きうるという実際上の利点がある。この判断手法は立法者による制度構築の審査に特有のものではないが、最高裁が用いているのはこの場面が多い。

(2)　国籍法違憲判決

このような手法を用いた代表例である国籍法違憲判決は、以下のように述べている。「国籍法３条１項の規定が設けられた当時の社会通念や社会的状況の下においては」、当該規定には「立法目的との間に一定の合理的関連性があった」。しかし、「その後、我が国における社会的、経済的環境等の変化に伴って」、「家族生活や親子関係に関する意識も一様ではなくな」り、「非嫡出子の割合が増加するなど」、「社会通念及び社会的状況の変化」していることなどを考慮すると、当該規定には、立法目的との間に「合理的関連性」がなくなった（最大判平成20・６・４民集62巻６号1367頁→第６章第５節**2**）。

(3)　「１人別枠方式」違憲状態判決

衆議院小選挙区の区割基準の要素である「１人別枠方式」を違憲状態だと判断した平成23年の最高裁判決も、同様な手法を用いた例である。1994（平成６）年に「新しい選挙制度を導入するに当たり、直ちに人口比例のみに基づいて各都道府県への定数の配分を行った場合には、人口の少ない県における定数が急激かつ大幅に削減されることになる」。「この点への配慮なくしては選挙制度の改革の実現自体が困難」だった。「そうであるとすれば、１人別枠方式は、おのずからその合理性に時間的な限界があ」り、「新しい選挙制度が定着し、安定した運用がされるようになった段階においては、その合理性は失われる」（「１人別枠方式」違憲状態判決：最大判平成23・３・23民集65巻２号755頁）。こうしてこの判決は、累次の合憲判決とは直接抵触しない論理構成により、区割基準と区割りが違憲状態となっていることを理由づけた（→第６章第５節**4**(1)）。

(4)　婚外子法定相続分平成25年決定

嫡出でない子の相続分を嫡出である子の２分の１と定めていた民法900条４号ただし書前段を違憲とした平成25年決定も、「時の経過」の論法を用いている。この決定が、平成７年に出された同規定の合憲判断（婚外子法定相続分平成７年決定：最大決平成７・７・５民集49巻７号1789頁）を実質的に変更したのは、次のような論拠であった。「昭和22年民法改正時から現在に至るまでの間の社会の動向、我が国における家族形態の多様化やこれに伴う国民の意識の変化、諸外国の立法のすう勢及び我が国が批准した条約の内容とこれに基づき設置された委員会からの指摘、嫡出子と嫡出でない子の区別に関わる法制等の変化、更にはこれまでの当審判例における度重なる問題の指摘等を総合的に考察すれば、家族という共同体の中における個人の尊重がより明確に認識されてきた」、というのである（婚外子法定相続分平成25年決定：最大決平成25・９・４民集67巻６号1320頁→第６章第５節４(2)）。

(5)　再婚禁止期間違憲判決

民法733条１項が定めていた女性に関する６カ月の再婚禁止期間について、最高裁は、立法時には合理性があったという。しかし「医療や科学技術が発達した今日においては」、再婚禁止期間に父性の推定の重複を回避するために「一定の期間の幅を設ける」必要はなくなった。加えて、「社会状況及び経済状況の変化に伴い婚姻及び家族の実態が変化し、特に平成期に入った後においては、晩婚化が進む一方で、離婚件数及び再婚件数が増加するなど、再婚をすることについての制約をできる限り少なくするという要請が高まっている」。さらに「世界的には再婚禁止期間を設けない国が多くなっている」ことなどを根拠として、「遅くとも上告人が前婚を解消した日から100日を経過した時点までには」、「本件規定のうち100日超過部分は」違憲となった、と判断した（最大判平成27・12・16民集69巻８号2427頁）。

＊　ここで「時の経過」と括った論理も、より詳しくみると同一ではない。「１人別枠方式」違憲状態判決は、もともと暫定的な措置だったものについてその暫定期間が経過した、とする点で特殊な例である。再婚禁止期間違憲判決がいう「医療や科学技術の発展」が根拠となることには、異論がない。国籍法違憲判決では、法規定を支える社会的・経済的事実の変化だけではなく、「社会通念」の変化までもが考慮されていた。婚外子法定相続分平成25年決定もその点は同様であったが、この決定ではそれによって「個人の尊重」という考え方が確立された、ということを主たる論拠としている。後に挙げた例ほど賛否が分かれる。なお「時の経過」の論理に対しては、例えば、どの程度の変化が起これば違憲となるのか、いつから合憲が

違憲となるのか、という疑問が出されうる。もっとも、裁判所はそれらを確定する必要はなく、判断基準時に違憲となっていたことだけを示せば足りる。上記はすべて平等判例であるが、そこに限定される論理ではない。

**　原告側が「時の経過」の論理を展開したとしても、それが裁判所によって受け入れられるとは限らない。例えば民法750条が定める夫婦同氏制の憲法適合性について、最高裁は、「近年、晩婚化が進み、婚姻前の氏を使用する中で社会的な地位や業績が築かれる期間が長くなっていることから、婚姻に伴い氏を改めることにより不利益を被る者が増加して」いることを認めながらも、社会の変化は国会が法制度のあり方を検討するにあたって考慮すべき事項だ、と位置づけている（夫婦同氏規定平成27年判決：最大判平成27・12・16民集69巻8号2586頁）。たしかに、法律の合理性を支える事実の変化を考慮するための能力や責任は第一次的には立法府にある。しかし、立法過程では救済されにくい少数者に関わる場合などには、裁判所が役割を果たすことが求められる。

4　立法者の首尾一貫性

(1)　意　義

立法者は、どのような基本原則に従って法制度を構築するかについて、広汎な自由の下で決定することができる。しかし、一旦ある法制度の基本原則を選択した場合、そうである以上、その制度の基本原則を首尾一貫させなければならない。これが立法者の首尾一貫性という要請である。その憲法上の根拠は法の下の平等、あるいは法治国原理だとされる。立法者の首尾一貫性の要請には、二つの側面がある。第1は、立法者による基本決定に適合するように、制度の各部分も構築されるべきだという、体系的な首尾一貫性（整合性）の論理である。第2は、立法者の基本決定に（それ自体を変更するのでなければ）後の立法者も従うべきだという、立法者の自己拘束の論理である。

(2)　衆議院議員選挙における「一票の較差」訴訟

最高裁は、立法者の自己拘束の論理を、それと明示することなく活用している。その代表例は、中選挙区制時代の衆議院議員の議員定数不均衡を初めて違憲と判断した昭和51年判決である。この判決は、問題となった定数配分規定は、「議員1人あたりの人口数の開きをほぼ2倍以下にとどめることを目的としたもの」であったにもかかわらず、当該選挙当時には

「その開きは、約５対１の割合に達していた」ことを重要視して、平等の要求に反するという結論を導き出すものである（衆議院議員定数不均衡違憲判決：最大判昭和51・４・14民集30巻３号223頁）。これは、立法者の自己拘束の論理を踏まえた判断の仕方である（→第６章第５節**3**）。

「１人別枠方式」と区割りを違憲状態と判断した平成23年判決（→本節**3**(3)）にも、立法者の自己拘束の論理が伏在する。衆議院議員選挙区画定審議会設置法（以下「区画審設置法」という）３条１項は、人口較差を２倍以上にならないようにすることを定めていた。にもかかわらず、選挙当時には、最大較差が１対2.304に達していた。このことが、判決の論拠となっていたと解しうる（→第６章第５節**4**(1)）。

＊　上で示した立法者の自己拘束の論理による違憲判決も、憲法14条１項違反という形をとる。これは、例えば区画審設置法３条１項は、立法者が憲法14条１項を具体化したものであり、同法に反する区割規定は同法のみならず憲法14条１項にも反すると解された、と説明できる。

＊＊　2013年公選法改正でインターネット等による選挙運動が部分的に認められたが（→第18章第４節**3**(1)）、ファクシミリによる選挙運動は禁止されたままである。新たな通信手段による選挙運動の解禁を立法者の基本決定とみた上で、ここに不整合を指摘するのは（曽我部真裕など）、体系的首尾一貫性の要請を用いた思考の例である。

＊＊＊　立法者の首尾一貫性という要請は、原理的にはすべての法領域で妥当する。法制局による審査の重点は、ここに置かれるのだろう。裁判所がこの審査手法を用いることが有効なのは、比例原則の思考に基づく審査がうまく機能しない、立法者による制度構築の統制という場面である。またその場面においても、要請の強度は法領域や当該制度の位置づけによって異なりうる。しばしば指摘されるように、立法過程では妥協と調整が必要であり、それが法律の条文にも残る場合がある。さらに何が基本決定か明らかでない場合もある。首尾一貫性の論理によって判断を行う場面はさほど多くはないとしても、道具概念としてあるいは説明概念として、立法裁量統制手法のメニューの中に貯蔵しておくことには意味がある。

5　ベースライン論

立法者による制度構築を裁判所が審査する際に利用可能な発想方法として、学説ではベースライン論が説かれることがある。ベースライン論とは、違憲審査の前提となる特定のベースライン（標準的な制度形態）が当該制度について存在するか否かをまず問い、それが存在する場合には、現在の法制度とそのベースラインとの距離を測るとともに、その乖離に合理性･必要性がどの程度あるかを審査する、という思考である（長谷部恭男）。

最高裁がベースライン論の発想を利用したものと解しうる事例としては、郵便法違憲判決が挙げられる。この判決は、郵便法68条・73条の規定のうち、書留郵便物について、郵便業務に従事する者の故意または重大な過失によって損害が生じた場合に、特別送達郵便物について、故意または過失によって損害が生じた場合に、それぞれ国賠法に基づく国の損害賠償責任を免除し、制限している部分を、憲法17条に反する、と判断した（最大判平成14・９・11民集56巻７号1439頁）。この判決は、国賠法というベースラインとなる一般的な法制度からの乖離について、その目的の正当性と、責任免除の必要性・合理性を慎重に審査したもの、と理解されうる。このように、ベースライン論は、基本的には、審査手法というよりは判決を説明するための道具として用いられている（→第19章第３節**４**）。

＊　ベースラインが引けない場合には、立法者の裁量は広く認められる。例えば、民法900条４号ただし書が憲法14条１項には反しないと判断した前掲婚外子法定相続分平成７年決定については、相続制度の形態には歴史的、社会的にみて種々のものがあることからして、裁判所として立法府の裁量を限定しうる確固たるベースラインはないという前提に立っている、と説明されていた。これに対して、それを変更した前掲婚外子法定相続分平成25年決定は、婚内子と婚外子の平等な取扱いという新たなベースラインが形成されたとみたため、そこから乖離する民法規定を違憲とした、という解説がなされる。

＊＊　ベースライン論は、上のように判決を説明するために用いられるだけではなく、戸別訪問禁止のような選挙運動規制については（→第18章第４節**３(2)**）、既に憲法自体が規制のない自由な活動をベースラインとして想定しており、それからの乖離となる規制については、やはり厳格な審査基準が妥当するといった形で、判決を批判するために使用されることもある。なおベースライン論は、体系的首尾一貫性の要請と類似性がある。違いは、ベースラインは「社会の法律家集団の共通理解」が支えとして必要だと構成されるのに対して、体系的首尾一貫性の要請は立法者の基本決定を標準とする点にある。

6　制度後退禁止原則？

制度後退禁止原則とは、立法者は憲法上の権利を実現するためにいかなる制度を構築するかについては広い裁量があるが、一旦一定の制度を構築した以上、それを廃止または後退させる際には構築時と同様の広い裁量は認められず、裁判所に慎重な審査が要請される、という考え方である。この思考は、立法者の制度構築に関わる幅広い領域で使用可能である（→第19章第２節**３**）。しかし実際には、生存権の領域で、生活保護の老齢加算、母子加算が廃止されたことをめぐる訴訟に際して注目を集めた。憲法25条１項に関する抽象的権利説から、「切下げ」の局面に特化した、制度後退禁止原則という客観法原則を読み取り、老齢加算の廃止などの違憲性を論証しようとされたのである（棟居快行）。なお、この原則の憲法上の根拠は、問題となる事例ごとに異なり、この例では25条１項に求められる。

＊　しかし老齢加算の廃止などは、生活保護法自体の改定ではなく、同法の委任に基づいて厚生労働大臣が定めた保護基準の改定によって行われた。そのため、制度後退禁止原則の発想は、固有の意味の憲法論よりも、保護基準の改定が生活保護法３条・８条２項に反しないかという行政裁量審査の中で、活用されうる（→本章第３節**３(4)**、第15章第２節**５**）。

7　違憲審査活性化の端緒としての判断過程審査

判断過程審査は、近年、行政裁量審査において判例上多用されている手法である（→本章第３節**３**）。この判断過程審査の手法を立法裁量審査にも導入しようとする動きは、最高裁内部で生まれた。参議院の議員定数不均衡に関する平成16年判決における、４名の裁判官による補足意見２がそれである（→第６章第５節**５**）。

判断過程審査の手法は、「結論に至るまでの裁量権行使の態様が、果たして適正なものであったかどうか」を問うものである。この補足意見は、「様々の要素を考慮に入れて時宜に適した判断をしなければならないのに、いたずらに旧弊に従った判断を機械的に繰り返しているといったことはないか、当然考慮に入れるべき事項を考慮に入れず、又は考慮すべきでない事項を考慮し、又はさほど重要視すべきではない事項に過大の比重を置いた判断がなされてはいないか」、を審査すべきという（最大判平成16・１・14民集58巻１号56頁）。

＊　この補足意見２は、広く注目された。しかし、平成16年判決では明確な多数意見とはならず、その後は主導者であった藤田宙靖裁判官のみの意見となり、同裁判官退官後は表面には出ていない。またそれらの意見においても、結論は合憲とされており、実際に立法者の裁量を枠づけできたともいえない。さらに、判断過程審査の手法を立法裁量に導入すること自体についても、判断基準の不明確性などの点で異論がある。しかし他面では、参議院選挙における「一票の較差」に関するその後の最高裁の姿勢の厳格化に、実質的な影響を与えていることも間違いない（→第６章第５節**5**）。

＊＊　判断過程審査は作為的行為に適合するのに対して、ここで争われているのは、立法府が「一票の較差」を是正しないという不作為の合憲性である。そのため、その後の最高裁は判断過程審査よりも、立法府は較差是正のためにどの程度努力していたかを審査する手法に重点を移行している（最大判平成18・10・４民集60巻８号2696頁、最大判平成21・９・30民集63巻７号1520頁など→憲法Ⅱ第７章第４節**5**）。

第３節　基本権と行政裁量審査

1　概　説

憲法上の権利が侵害されたという原告側の主張に対して、裁判所が行政裁量審査の枠組みで判断した事例は少なくない。また伝統的には、そうした事例における行政裁量の審査密度は低いものだった。まずは、その状況を知ることが必要である（→本節**2**）。憲法学の観点からは、そうした行政裁量審査への重点移行という審査のあり方自体を疑問とすることができるが、行政裁量審査の枠組みの中で、憲法上の権利が保障されている意義を活用しようとすることも重要である。近年の行政裁量審査は、手続に着目する判断過程審査（→本節**3**）と、結果に着目する比例原則審査（→本節**4**）によって（この二つは排他的ではない）、密度が高まる場合が増えつつある。憲法上の権利は、こうした傾向のために寄与しているし、そうあるべきである。以下では判例状況について概観し、こうした視座も憲法論の守備範囲であることを示したい。

2　憲法事件における行政裁量審査の古典的態度

(1)　行政裁量審査の原型

戦後初期の行政法学においては、行政権行使の要件と効果に関する裁量に踰越や濫用がないかを裁判所による審査の対象とする考え方が支配的であり、それが条文上も採用された（行訴法30条）。最高裁の古典的判決も、公立大学学生に対する懲戒処分に関して、①「決定が全く事実上の根拠に基かない」場合と、②「社会観念上著しく妥当を欠き懲戒権者に任された裁量権の範囲を超える」場合のみを違法としている（京都府立医科大学事件判決：最判昭和29・７・30民集８巻７号1463頁〔①事件〕、同号1501頁〔②事件〕）。憲法上の権利が関わる事例においても、おおよそ1980年代頃までは、このような密度の低い裁量審査しか行われない状況にあった。

(2)　マクリーン事件判決

憲法上の争点を含む事件を主に行政裁量審査の場面で扱い、かつ密度の低い裁量審査を行った代表例が、外国人に対する在留期間更新不許可処分をめぐるマクリーン事件判決（最大判昭和53・10・４民集32巻７号1223頁）である。この判決に関して、憲法学が従来注目していたのは、外国人が憲法上の権利の享有主体となるかに関する判旨だった（→第２章第１節**３**）。しかし、この判決の基本的な枠組みは、法務大臣による在留期間更新不許可処分の適法性審査である。この判決は、憲法上、外国人は、「引き続き在留することを要求しうる権利」を保障されていないことを前提とした上で、旧出入国管理令21条３項に基づく法務大臣の「在留期間の更新を適当と認めるに足りる相当の理由」の存否の判断は、法務大臣の広い裁量に委ねられているとして、極めて密度の低い審査を行い、在留期間更新不許可処分を適法と認めた。

＊　この判決は、さらに、行政庁が裁量権行使の準則（裁量基準）を定めた場合に、「処分が右準則に違背して行われたとしても、原則として当不当の問題を生ずるにとどまり、当然に違法となるものではない」、という。これに対して現在の行政法学は、裁量基準を行政裁量審査の手法として活用しようとしている。下級審でも、例えば在留特別許可の事例に関する東京地判平成15・９・19判時1836号46頁は、マクリーン事件判決の上記判旨を「平

等原則を無視するもの」だと批判して、行政庁の内部的な裁量基準に定められた考慮要素を全く考慮せずになされた退去強制令書発布に、裁量権の逸脱・濫用を認めた。もっともこの東京地裁の試みは、在留特別許可をめぐる裁判例の中では現在のところ唯一の例外である。裁量基準を重視する一つの論拠は「行政の自己拘束」という考え方であり、これが「立法者の自己拘束」論（→本章第2節**4**）に影響を与えたことにも注目できる。

(3)　朝日訴訟判決

生活保護基準の合憲・合法性が争われた朝日訴訟判決（最大判昭和42・5・24民集21巻5号1043頁）に関わり、かつての憲法学は生存権の法的性格について論じていた。ところがこの判決の枠組みは、行政処分ではなく、生活保護基準という行政立法の定立に関して、厚生大臣の広い裁量を認めた上で、争点となった生活扶助基準を是認した大臣の判断を適法としたものだった（→第15章第2節**3 (2)**）。つまり、こうである。①「何が健康で文化的な最低限度の生活であるかの認定判断は、いちおう、厚生大臣の合目的的な裁量に委されて」いるが、「現実の生活条件を無視して著しく低い基準を設定する等憲法および生活保護法の趣旨・目的に反し、法律によって与えられた裁量権の限界をこえた場合または裁量権を濫用した場合には、違法な行為」となる。しかし、②本件において厚生大臣が保護基準の設定について、国民感情や予算配分の事情といった「生活外的要素」を考慮したことは、大臣の裁量に属する。

(4)　昭和女子大事件判決

昭和女子大事件判決（最判昭和49・7・19民集28巻5号790頁）は、私立大学の学生が政治的活動をしたことにより退学処分とされた事案に関わる。憲法学では、「基本権の私人間効力」を消極的に扱う判旨が注目されてきた（→第2章第2節**3 (2)**(ア)）。しかし、この判決が、適切な補導過程を経由せずに行われた退学処分の適法性審査という枠組みをとっていたことも、見落とされるべきではない。判決は、「退学処分を行うにあたっては、その要件の認定につき他の処分の選択に比較して特に慎重な配慮を要する」けれども、「学則等に格別の定めのないかぎり、右補導の過程を経由することが……常に退学処分を行うについての学校当局の法的義務であるとまで」はいえないとして、処分の適法性を認めた。後に述べる比例原則の思考を意識しながらも、それを当該事案では審査密度の厳格化に結びつけなかった判断である。

＊　私立大学による学生の懲戒処分に関する裁量審査の事例であるが、審査枠組みは国公立学校に関する京都府立医科大学事件判決（→本節**2**(1)）に依拠している。またこの判決は、エホバの証人剣道受講拒否事件判決（→本節**3**(2)）で先例として扱われているものである。

(5)　よど号ハイジャック記事抹消事件判決

未決勾留によって拘禁された者に対する新聞紙の閲読制限に関するよど号ハイジャック記事抹消事件では、当該制限を規定する旧監獄法31条２項、監獄法施行規則86条１項の合憲性が争点となった。最高裁はこれを限定解釈しつつ合憲と判断した（最大判昭和58・６・22民集37巻５号793頁→第２章第２節**2**(3)(イ)）。慎重な比較衡量によって合憲性審査を行った先例として貴重であるが、当該事案を解決するために最高裁にとって重要だったのは、その次である。つまり、「前記法令等の適用にあたり、当該新聞紙、図書等の閲読を許すことによって監獄内における規律及び秩序の維持に放置することができない程度の障害が生ずる相当の蓋然性が存するかどうか、及びこれを防止するためにどのような内容、程度の制限措置が必要と認められるかについては、監獄内の実情に通暁し、直接その衝にあたる監獄の長による個個の場合の具体的状況のもとにおける裁量的判断にまつべき点が少なくないから、障害発生の相当の蓋然性があるとした長の認定に合理的な根拠があり、その防止のために当該制限措置が必要であるとした判断に合理性が認められる限り、長の右措置は適法」だ、という判示である。そして、実際にも閲読制限措置をとった拘置所長の判断に裁量権の逸脱・濫用はない、とされた。本判決においても、行政に広い裁量を認め、低い密度で審査を行うという最高裁の態度が確認できる。

＊　よど号ハイジャック記事抹消事件判決の行政裁量審査に対しては、総論部分で合憲限定解釈した意義を掘り崩すものだ、といった批判がなされてきた（芦部信喜など）。また事件当時の特異な状況下においてのみ正当化しうる判決だ、という指摘もある（小山剛、土井真一など）。

3　判断過程審査の導入

(1)　判断過程審査の類型

最高裁は、古典的には行政に広い裁量を認め、低い審査密度で審査するという態度をとってきたのであるが、このような態度は徐々に変化しつつある。行政裁量の審査密度を高めるために寄与した第1の手法は、判断過程審査である。判断過程審査とは、行政法学においては、行政決定にかかる考慮要素を解釈論的に抽出した上で、それらの考慮のされ方に着目しながら、当該決定に至る判断形成過程の合理性につき追行的に審査する手法だ、とされている（橋本博之）。この手法は、さらにいくつかの類型に分類される。まず、「判断過程の合理性ないし過誤・欠落の審査」（「判断過程合理性審査」）を行うものと、「考慮要素に着目した審査」（「考慮要素審査」）が区別される。さらに後者について、「考慮すべき事項を考慮し、考慮すべきでない事項を考慮しなかったか」のみを審査するもの（「形式的考慮要素審査」、あるいは「他事考慮・考慮遺脱」審査）と、「それぞれの考慮要素について『重みづけ』を行い、その評価を誤った場合にも裁量権の逸脱濫用を認める審査」（「実質的考慮要素審査」、あるいは「過大考慮・過小考慮」審査）が区別される（村上裕章、仲野武志など）。判断過程審査は、行政裁量の統制のために汎用性が高い手法である。

＊　純粋な手続的コントロールは、手続のあり方自体を問題とする（例えば、他事考慮をしたと疑われないようにすること）のに対し、判断過程審査は、行政庁の判断した材料およびその判断の仕方、まさに他事考慮をしたかどうかを問題としているので、極めて実体判断に近い（塩野宏）、と評される。

(2)　エホバの証人剣道受講拒否事件判決

憲法に関わる事件において、判断過程審査（「(実質的) 考慮要素審査」）を導入し、行政裁量審査の密度を高めた代表例は、エホバの証人剣道受講拒否事件判決（最判平成8・3・8民集50巻3号469頁）である。この判決は、信教上の理由により剣道実技の履修を拒否した学生に対する退学処分の適法性審査にあたって、校長に「特に慎重な配慮」を要求している。当該事案に関しては、「信仰上の理由による剣道実技の履修拒否を、正当な理由のない履修拒否と区別することなく、代替措置が不可能というわけでもないのに、代替措置について何ら検討することもなく」、退学処分をしたという校長の措置は、「考慮すべき事項を考慮しておらず、又は考慮された事実に対する評価が明白に合理性を欠き、その結果、社会観念上著しく妥当を欠く処分をしたもの」として違法だ、と判断した。

この判決において行政裁量審査の密度が高められた理由は、判決の文言上は、なされた処分が退学処分という重大な不利益を課するものだったことによる。しかし、処分が信仰の自由という重要な憲法上の権利に対する間接的制約になる場合には、行政裁量の審査密度が高まるべきだ、という趣旨をも含むと読むこともできる（→第８章第３節**3**）。

(3)　呉市学校施設目的外使用事件判決

公立学校の職員団体が教育研究集会の会場として学校施設を使用することを不許可とした、市教育委員会の処分の適法性を争った呉市学校施設目的外使用事件も、判断過程審査の利用によって行政裁量審査の密度が高められた事例の一つである。この事件では、行政財産の目的外使用（地自法238条の４第７項）の許否判断の適法性が問題となった。最高裁は、「右翼団体による妨害行動のおそれが具体的なものではなかったにもかかわらず」、市教委が不許可としたことは、「重視すべきでない考慮要素を重視するなど、考慮した事項に対する評価が明らかに合理性を欠いており、他方、当然考慮すべき事項を十分考慮しておらず、その結果、社会通念に照らし著しく妥当性を欠いたもの」である、と述べた（最判平成18・２・７民集60巻２号401頁）。

この判決は、学校施設の目的外使用について、管理者の裁量を認めた上で、判断過程審査の中でも「実質的考慮要素審査」と評される密度の高い審査を行い、当該処分を違法と判断したものである。この判決が行政裁量審査の密度を高める際に、憲法上の権利は明示的には役割を演じていない。しかし泉佐野市民会館事件判決（最判平成７・３・７民集49巻３号687頁→第11章第２節**2**(2)）を意識した判旨からすると、集会の自由の重要性が、（右翼団体による妨害行動のおそれを重視すべきではないとする）考慮要素の重みづけに際して暗黙のうちに一定の役割を果たしていた可能性はある（→第11章第２節**2**(2)）。

＊「大阪市労使関係に関する条例」（2012年7月30日制定）12条は、組合活動に関する便宜供与を禁じている。大阪市教職員組合が教育研究集会の会場として、市立学校の施設の目的外使用許可を申請したところ、校長から不許可処分を受けた。大阪地判平成26・11・26判時2259号114頁は、①条例12条が本件に適用される限り憲法28条に反するとした上で、②前掲呉市学校施設目的外使用事件判決による行政裁量審査の枠組みに依拠して、「考慮すべきでない考慮要素」（条例12条）のみを考慮し、「当然考慮すべき事項」（教研集会の意義など）を考慮していないとして、当該不許可処分を違法とした。また控訴審は、①条例12条は便宜供与を一律に禁止する趣旨ではないと解釈した上で、②上記最高裁判決に依拠しつつ、同様に違法と判断している（大阪高判平成27・10・13判時2296号30頁）。ここでも、考慮要素の重みづけに際し、憲法上の権利が一定の役割を果たしている可能性がある。

(4)　老齢加算廃止訴訟判決

朝日訴訟では、既に決定された生活保護基準の合憲性・合法性が問題となっていたのに対して、保護基準の引下げの合憲性・合法性が争われたのが、老齢加算廃止訴訟である。複数の訴えのうち東京訴訟に関する最高裁判決は、こういう。①生活保護法3条・8条2項にいう「最低限度の生活は、抽象的かつ相対的な概念であって、……これを保護基準において具体化」したり、「改定」したりするに際しては、厚生労働大臣に「専門技術的かつ政策的な見地からの裁量権」がある。②老齢加算の廃止を内容とする保護基準の改定は、(i)「大臣の判断に、最低限度の生活の具体化に係る判断の過程及び手続における過誤、欠落の有無等の観点からみて」、あるいは、(ii)「老齢加算の廃止に際し激変緩和等の措置を採るか否か」などに関する大臣の判断に、「被保護者の期待的利益や生活への影響等の観点からみて」、それぞれ裁量権の範囲の逸脱またはその濫用があると認められる場合に、違法となる。その上でこの判決は、③本件改定は事実関係に照らせば違法ではないとしつつ、そうであれば憲法25条にも反しない、と判断した（最判平成24・2・28民集66巻3号1240頁）。

この判決では生活保護基準という行政立法に関する裁量審査に、②の判旨によって、判断過程審査の手法（判断過程合理性審査）が初めて導入された。また、生存権に関わる保護基準の引下げの事例であることを考慮して、比較的密度の高い審査がなされているようではあるが、結論的には判断過程の合理性が認められている。

＊　老齢加算廃止訴訟では、立法裁量の場面で構想された思考である制度後退禁止原則（→本章第２節**6**）が保護基準の引下げという行政裁量審査にも活用されうるか、も争われていた。しかしこの最高裁判決では、制度後退禁止原則という思考は少なくとも明示的には現れず、裁量審査における考慮要素の一つにとどまっている（→第15章第２節**5**）。

＊＊　その後、2013年から行われた生活保護基準の引き下げ、および公的年金の減額をめぐって、全国各地で訴訟が起こされた。（2022年11月段階では）下級審で多くの判決が出ており、前者については適法・違法と判断が分かれている。その中では、東京地判令和４・６・24判時2543=2544号５頁による違法判断の影響力が注目される。

4　比例原則審査の導入

(1)　比例原則

行政に広い裁量を認め、低い密度で審査を行うという最高裁の態度を変化させる第２の手法は、比例原則審査の導入とその実質化である。比例原則審査は、もともとは警察行政の分野で用いられていたものであるが、現在ではその利用は（侵害）行政の分野一般に拡大しており、さらには違憲審査の場面でも導入されつつある（→第３章第３節**3**(3)）。最高裁も、行政裁量審査に際して、比例原則の思考を比較的早期から意識してはいた（→本節**2**(4)）。この審査手法は、権利を制約する性格をもつ処分に適合的であるが、とりわけ懲戒処分のような、行政がいくつかの種類を選びうる処分に対する審査に際して、典型的に使用されうる。

(2)　「君が代」起立斉唱懲戒処分事件判決

最高裁が、比例原則の思考によって審査密度を実際に高めた代表例として、「君が代」起立斉唱懲戒処分事件判決（最判平成24・１・16判時2147号127頁①②事件）がある。この事件における憲法上の争点は、国歌斉唱時に教職員に対し起立斉唱の職務命令を出すことの合憲性であった。しかし最高裁により当該職務命令の合憲性が承認されたあとであったため（最判平成23・５・30民集65巻４号1780頁など）、この判決では職務命令に反した教職員に対する懲戒処分の適法性が主に争われた。この判決は、「戒告を超えてより重い減給以上の処分を選択することについては、本件事案の性質等を踏まえた慎重な考慮が必要となる」、という思考を採用する。その上で、「戒告を超えて減給の処分を選択することが許容されるのは、過去の非違行為による懲戒処分等の処分歴や不起立行為等の前後における態度等……に鑑み、学校の規律や秩序の保持等の必要性と処分による不利益の内容との権衡の観点から当該処分を選択することの相当性を基礎付ける具体的な事情が認められる場合であることを要する」、という論理を展開する。そして実際にも、減給以上の懲戒処分の一部を違法と判断した。

この判決は、いきすぎた懲戒処分に歯止めをかけるものとなった。その際に、最高裁は、職務命令が思想・良心の自由に対する間接的制約であることを認めた上述の「君が代」起立斉唱職務命令事件判決を前提とした上で、憲法上の権利を2カ所で登場させる。第1は、懲戒処分の適法性に関する総合考慮の要素とされた、「不起立行為等の動機、原因」が「個人の歴史観ないし世界観等に起因する」、というところである。第2は、その「事情によれば」、重い処分を行うについては「慎重な考慮」を必要とする、というくだりである。憲法上の権利は、「不起立行為等の動機、原因」という考慮要素を重みづけし、また審査密度を高めた。この判決は、エホバの証人剣道受講拒否事件判決と並んで、憲法上の権利が行政裁量審査において裁量権の濫用を押しとどめる役割を果たす仕方を示した最高裁判決として、重要な意味をもつはずである（→第7章第5節）。

＊　エホバの証人剣道受講拒否事件判決は、退学という重大な処分であることを考慮して審査密度を高めているため、比例原則の思考が働いた例でもある。

＊＊　憲法上の権利が制約されていることを考慮して、比例原則の思考により審査密度が高められた下級審判決としては、未決拘禁者に対する拘置所長による新聞紙の閲読制限を違法とした、大阪拘置所朝日新聞閲読拒否事件控訴審判決（大阪高判平成21・6・11判時2056号65頁）などがある。この判決は、よど号ハイジャック記事抹消事件判決による憲法論を継承するが（→本節**2(5)**）、新聞選択・閲読の自由を重視することによって、拘置所長の判断に関する裁量審査の密度を高めたものだった。

第4節　比較衡量

1　概　説

憲法制定時、あるいは法律制定時において、憲法制定者や立法者は当然ながら諸利益の衡量に基づいて一定の判断を行っている。他方で、裁判所も事案について判断する際に比較衡量を行う。比較衡量（判例・学説では、比較考量、比較較量、利益衡量、利益考量など複数の用語が使われている）は、法解釈における基本的かつ不可避的な手法である。憲法の分野において、それが作用する局面は少なくとも三つに区別されうる。第1は、法令の憲法適合性審査の場面である。第2は、法令の解釈適用や事実行為としてなされる個別の国家行為の憲法適合性を審査する場面である。この二つの場面では、憲法上保障された権利や自由（基本権法益）と公的な利益（公益）が衡量に付される。両者の違いは、衡量される利益の抽象度に現れる。つまり、第2の場面ではいわゆる司法事実（誰が、何を、いつ、どこで、いかに行ったか）に即して衡量が行われるため、考慮される利益は具体的となる。これに対して第3は、諸個人のもつ基本権法益相互が衝突する際に、その調整が必要となる場面である。第1の場面で用いられる比較衡量については、既に取り扱われているため（→第3章第3節**3**）、本節では第2（→**2**）、第3（→**3**）の場面を扱う。

基本権法益相互の衝突を調整する際には、裁判所は中立的な第三者として判断することができる。これに対して衝突するのが基本権法益と公益である場合は、裁判所も国家機関であるため公益の側を重視しがちとなるおそれがある。おおまかにはこのように対比される状況を前提とした上で、紛争を解決するためには不可避である比較衡量をいかに予測可能で、判断者の恣意を排除したものにできるかが、憲法上の比較衡量の課題である。素材となりうる判例は多いが、その中でも代表的なものを選り出して取り上げたい。

2　基本権法益と公益の衡量

(1)　衡量が行われなかった事例

(ア)　初期の最高裁は、法令の合憲性審査の場面だけではなく、個別の国家行為の合憲性審査、さらには構成要件該当性審査の場面でも、諸法益の衡量という審査手法をとらなかった。例えば、最高裁は、刑法175条の合憲性を「公共の福祉」論によって簡単に肯定しつつ、判示の重点を当該著作の刑法175条構成要件該当性（わいせつ性の有無の判断）に置いた。その上で、わいせつ性の存否を「純客観的に」判断した（チャタレイ事件判決：最大判昭和32・3・13刑集11巻3号997頁、「悪徳の栄え」事件判決：最大判昭和44・10・15刑集23巻10号1239頁）。

(イ)　新聞記者の取材源秘匿に関する初期の最高裁も、比較衡量を否定していた。刑事手続において、記事の出所だけではなく、証人としての宣誓および証言全部を拒絶したため、刑訴法161条により起訴されたという朝日新聞記者事件に関して、最大判昭和27・8・6刑集6巻8号974頁は、おそらくは取材の自由が憲法21条により保護されていないと解した上で、21条は「公の福祉のため最も重大な司法権の公正な発動につき必要欠くべからざる証言の義務をも犠牲にして、証言拒絶の権利までも保障したもの」ではないとして有罪とした。刑訴法161条の「正当な理由」の解釈に際してではあるが、公益と取材源の秘密との衡量を否定した判断である（→第10章第4節**2**(4)）。近年の民事手続に関する類似した事例であるNHK記者事件決定（→(3)(ウ)）とは対照的な判断手法である。

＊　比較衡量なしで判断される例は、初期の最高裁判決に限定されない。現在の判例も、例えば憲法21条2項前段が定める検閲の禁止について、「検閲」を定義した上で、ある制度がその定義に該当するかという形で判断している（税関検査事件判決：最大判昭和59・12・12民集38巻12号1308頁）。このような審査手法は法規定の合憲性についてだけではなく、個別の国家行為（出版物の頒布等の事前差止めを命ずる仮処分）が「検閲」に該当するかを判断する際にも、同様に用いられる（北方ジャーナル事件判決：最大判昭和61・6・11民集40巻4号872頁→第10章第2節**2**(1)(ウ)(b)）。

(2)　個別的衡量（ないし総合衡量）が行われた事例

(ア)　法律の合憲性審査の場面では、全逓東京中郵事件判決（最大判昭和41・10・26刑集20巻８号901頁）などによって採用されていた比較衡量論は、その後、個別の国家行為の合憲性審査の場面にも導入された。その端緒は、付審判請求事件（刑訴法262条以下参照）の審理のために、現場を撮影した報道機関の取材フィルムの提出を地方裁判所が命じたことの合憲性について判断した、博多駅事件決定である（→第10章第４節**2**）。最高裁は、①「報道のための取材の自由も、憲法21条の精神に照らし、十分尊重に値いする」と位置づけた上で、「一面において、審判の対象とされている犯罪の性質、態様、軽重および取材したものの証拠としての価値、ひいては、公正な刑事裁判を実現するにあたっての必要性の有無を考慮するとともに、他面において取材したものを証拠として提出させられることによって報道機関の取材の自由が妨げられる程度およびこれが報道の自由に及ぼす影響の度合その他諸般の事情を比較衡量して決せられるべき」だ、という基本的立場を示した。当該事案については、②フィルムが「被疑者らの罪責の有無を判定するうえに、ほとんど必須」であるのに対し、「報道機関が蒙る不利益は、報道の自由そのものではなく、将来の取材の自由が妨げられるおそれがあるというにとどまる」と解して、提出命令を合憲とした（最大決昭和44・11・26刑集23巻11号1490頁）。初期の最高裁が、公益を重視して比較衡量すら行わずに、自由に対する制約を簡単に合憲としてきたことからすると、この決定による比較衡量という審査手法は高く評価された。

＊　もっとも、この決定で採用された個別的な比較衡量論には、明確な基準がないため、裁判所の判断が予測不可能で、恣意的なものになりかねない、といった批判もついて回る。この回避策として編み出されてきたのが、(3)で扱う判例動向である。さらに、本件に関しては、「報道機関が蒙る不利益」に対する評価が低すぎるのではないか、といった指摘もあった。

(イ)　「四畳半襖の下張」事件判決は、刑法175条の構成要件該当性に関して、「当該文書の性に関する露骨で詳細な描写叙述の程度とその手法、右描写叙述の文書全体に占める比重、文書に表現された思想等と右描写叙述との関連性、文書の構成や展開、さらには芸術性・思想性等による性的刺激の緩和の程度、これらの観点から該文書を全体としてみたときに、主として、読者の好色的興味にうったえるものと認められるか否か」などの「事情を総合し」て「善良な性的道義観念に反するもの」といえるかを判断する、という比較衡量論の立場を示した（最判昭和55・11・28刑集34巻6号433頁）。これは、先に触れたチャタレイ事件判決や「悪徳の栄え」事件判決（→本節**2**(1)）を、小法廷判決ながら、実質的に変更するものだった（→第10章第2節**1**(3)）。

(ウ)　吉祥寺駅構内でビラ配布等をした行為が刑法130条後段などに問われた事件において、最高裁は簡単に、当該行為を処罰することは21条1項に反しないと判断している（吉祥寺駅構内ビラ配布事件判決：最判昭和59・12・18刑集38巻12号3026頁）。この判決において注目されるのは、むしろ伊藤正己裁判官の補足意見である。この補足意見は、ビラ配布の規制について「表現の自由の保障においてそれがもつ価値と、それを規制することによって確保できる他の利益とを具体的状況のもとで較量して、その許容性を判断すべき」だとして、ビラ配布行為を処罰することの21条1項適合性審査に際し、比較衡量論を展開していた。このように、ここでの最高裁および伊藤裁判官は、構成要件該当性ではなく、刑法規定適用の合憲性判断の場面で思考している。また伊藤裁判官の衡量論は、表現の自由の優越的価値を前提としている点で、個別的衡量を超える要素も含む（→第11章第2節**2**(2)）。

＊　伊藤裁判官は、大分県屋外広告物条例事件判決（最判昭和62・3・3刑集41巻2号15頁）でも、条例の適用の場面で比較衡量論による合憲性審査を行う補足意見を書いている（→第10章第2節**3**(2)(ウ)）。

＊＊　立川テント村事件判決は、防衛庁立川宿舎におけるビラ配布行為を刑法130条前段により処罰することが憲法21条1項に反しないか、について判断している。最高裁は、前掲吉祥寺駅構内ビラ配布事件判決を援用しながら、「表現そのものを処罰すること」ではなく、「表現の手段すなわちビラの配布のために『人の看守する邸宅』に管理権者の承諾なく立ち入ったことを処罰することの憲法適合性が問われている」と位置づけた上で、それを処罰することを合憲とした（最判平成20・4・11刑集62巻5号1217頁）。こ

の判決も判決文上は、比較衡量がなされたことは読み取り難い。しかし、類似事件の判決に関して、この判決でも適用の場面での憲法判断の背後で比較衡量がなされている、と解説されている（西野吾一調査官→第10章第2節3(2)(ウ)(b)）。ただし、先の伊藤裁判官の補足意見では表現の自由の優越性が意識されていたのに対して、この判決ではビラ配布という「表現の手段」を処罰するという側面が重視されていることは、見逃すことのできない違いである。

(エ)　国家公務員の政治的行為に対する刑事罰の合憲性が争われた二つの事件に関する、最判平成24・12・7（刑集66巻12号1337頁〔堀越事件判決〕、同号1722頁〔世田谷事件判決〕）は、まず、国公法102条1項が禁止する「政治的行為」を限定解釈した上で、国公法110条1項19号（現111条の2第2号）・102条1項、人事院規則14－7第6項7号・13号による禁止規定の合憲性を、総合衡量の手法によって合憲と判断した（→第10章第2節3(2)(エ)）。両判決は、さらに、国公法102条1項が禁止する「政治的行為」に該当するかどうかも、「当該公務員の地位、その職務の内容や権限等、当該公務員がした行為の性質、態様、目的、内容等の諸般の事情を総合して判断する」ことを述べた。こうして構成要件該当性についても、総合衡量による判断を行った。

(オ)　個別的衡量が行われるのは、表現の自由の領域だけではない。宗教法人オウム真理教解散命令事件決定（最決平成8・1・30民集50巻1号199頁）は、解散命令がオウム真理教の信者の信教の自由に対する間接的制約になることを認めた上で、その正当化審査の際に、諸事情を総合的に考慮する手法を採用した（→第8章第2節3）。また前掲「君が代」起立斉唱職務命令事件判決も、起立斉唱職務命令が思想・良心の自由に対する間接的制約になることを認めた上で、その正当化の際に、総合衡量の手法を導入した（→第7章第4節）。

(3)　原則・例外を組み込んだ衡量・類型的衡量が行われた事例

(ア)　外務省秘密電文漏洩事件決定（最決昭和53・5・31刑集32巻3号457頁）は、新聞記者の取材行為が秘密漏示そそのかし罪（国公法111条・109条12号）に該当するかについて判断している。決定は、「そそのかし」の解釈に関する累次の最高裁判例に従い、当該取材行為の構成要件該当性を認める。その上で「取材の自由もまた、憲法21条の精神に照らし、十分尊重に値する」という立場に基づいて、次のようにいう。「報道機関が取材の目的で公務員に対し秘密を漏示するようにそそのかした」だけで、「直ちに当該行為の違法性が推定される」わけではなく、「それが真に報道の目的からでたものであり、その手段・方法が法秩序全体の精神に照らし相当なものとして社会観念上是認されるものである限りは、実質的に違法性を欠き正当な業務行為というべきである」（結論は有罪）。この決定は、違法性阻却事由の判断に際して、取材の自由に配慮することを原則とする衡量論を用いたものである（→第10章第４節**2** (3)）。

＊　この事件に関する各審級は、それぞれ特色ある判断手法をとっていた。東京地判昭和49・１・31刑集32巻３号531頁は、新聞記者の取材行為が秘密漏示そそのかし罪（国公法111条・109条12号）に該当するかについて、構成要件に該当するとしても、取材行為の目的、手段方法、当該行為によってもたらされる利益と損なわれる利益などを「総合考慮」して、正当行為として違法性阻却されるべきかを判断すべき、という個別的利益衡量論をとった（結論は無罪）。これに対して東京高判昭和51・７・20判時820号26頁は、地裁判決を、「煩瑣で、ともすれば客観性に欠け、恣意的判断に陥りやすい手法」であり、「可罰性についての客観的判定基準の予測が困難となる」と批判する。その上で、国公法上の「そそのかし」の構成要件を限定解釈する手法をとった（結論は有罪）。上述した最高裁の決定は、この二つの手法をともに退ける趣旨のものである。

(イ)　ビニール本販売事件判決（最判昭和58・３・８刑集37巻２号15頁）は、従来の判例、特に「四畳半襖の下張」事件判決（→本節**2** (2)(イ)）に依拠した事例判断である。しかし、この判決に付された伊藤正己裁判官の補足意見は著名である。それは、「ハード・コア・ポルノ」と「それにはあたらないが、『猥褻』的要素のつよい」「準ハード・コア・ポルノ」を区別する。そして前者は、表現の自由の「保護の範囲外」にあり、これを規制しても憲法問題は生じない、という。この見解は、「ハード・コア・ポルノ」の定義に該当すれば他の要素との衡量はせず保護領域から除外する趣旨である。これに対して「準ハード・コア・ポルノ」については、「性表現によってもたらされる害悪の程度と右作品の有する社会的価値との利益衡量が不可欠」であるが、「政治的言論を含んでいたり、学問的・芸術的価値を有する場合には、右の利益衡量がとくに慎重になされるべき」だ、という（→第10章第２節**１**(3)(ア)）。ここでも、適用違憲に関する判断に際して、原則・例外を組み込んだ衡量論が示唆されている。

(ウ)　NHK記者事件決定（最決平成18・10・３民集60巻８号2647頁）は、民事事件において証人となった報道関係者が、民訴法197条１項３号「職業の秘密」の規定に基づいて取材源にかかる証言を拒絶することができるかについて、「秘密の公表によって生ずる不利益と証言の拒絶によって犠牲になる真実発見及び裁判の公正との比較衡量により決せられる」、という立場をとる。その上で、「取材源の秘密は、取材の自由を確保するために必要なものとして、重要な社会的価値を有する」ことを前提としつつ、①「当該報道が公共の利益に関するものであって」、②「その取材の手段、方法が一般の刑罰法令に触れるとか、取材源となった者が取材源の秘密の開示を承諾しているなどの事情がなく」、③「しかも、当該民事事件が社会的意義や影響のある重大な民事事件であるため、当該取材源の秘密の社会的価値を考慮してもなお公正な裁判を実現すべき必要性が高く、そのために当該証言を得ることが必要不可欠であるといった事情が認められない場合には」、当該取材源の秘密は保護に値し証言を拒絶することができる、と判断した。取材源の秘密の社会的価値を重視することにより、民訴法の条項の解釈に際して原則・例外を組み込んだ比較衡量を行ったものである（→第10章第４節**２**(4)）。なおこの判決が刑事手続における取材源の証言拒否に関する朝日新聞記者事件判決（→本節**２**(1)(イ)）を実質的に変更するものかは、未確定である。

(4)　判例法理の課題

個別的国家行為の合憲性審査の場面でも、個別的比較衡量が一般的に採用されている審査手法である。刑事事件においては、構成要件該当性や違法性阻却事由の判断に際して比較衡量審査が行われることもある。そのような手法がとられる場合でも、衡量要素には憲法上の価値が含まれているため、実質的には憲法判断が組み込まれているとみることができる。基本権法益と公益が衡量される場面においては、秤が公益に傾きがちとなることや個別的衡量論のもつ不安定性・予測不可能性を回避するためには、制約される憲法上の権利の重要性を踏まえた上で、原則・例外を組み込んだ衡量という手法が採用されるべきである。権利が重要でない、あるいは制約の程度が低いなどにより、個別的衡量や総合衡量を行う場合でも、少なくともどの要素を重視して衡量したのかは、明示することが望まれる。

3　基本権法益相互の衡量

(1)　個別的衡量（ないし総合衡量）が行われた事例

(ア)　プライバシー侵害の事後規制

プライバシー権は憲法13条によって保障される権利だと考えられる（→第5章第3節4）。そこで、諸個人の間で表現の自由とプライバシーという法益相互が衝突する場合に、それをいかに調整するかが問題となる。ノンフィクション「逆転」事件判決（最判平成6・2・8民集48巻2号149頁）では、ある者の前科等に関わる事実を、実名を使用して著作物で公表したことが不法行為を構成するか否かが争われた。判決は、「その者のその後の生活状況のみならず、事件それ自体の歴史的又は社会的な意義、その当事者の重要性、その者の社会的活動及びその影響力について、その著作物の目的、性格等に照らした実名使用の意義及び必要性をも併せて判断すべきもので、その結果、前科等にかかわる事実を公表されない法的利益が優越するとされる場合」には損害賠償を求めることができる、として総合衡量の立場を示した。

もっともこの事件で問題となった前科は公共的な情報でもあるため、プライバシーで保護されるべきものとは言い切れない。しかしその後、最高裁は、長良川事件判決（最判平成15・3・14民集57巻3号229頁）で、ある記事が名誉毀損とプライバシー侵害となるかの判断枠組みを、対比して示した。後者については、「その事実を公表されない法的利益とこれを公表する理由とを比較衡量し、前者が後者に優越する場合に不法行為が成立する」という（→第10章第2節1(4)(イ)）。そこで先例とされたのが、前掲したノンフィクション「逆転」事件判決だったため、現在では同判決が表現の自由とプライバシーという法益相互の調整を行った先例と位置づけられている。

＊　最高裁は、表現の自由と肖像権の衝突を調整する場面でも総合衡量の手法を用いた（和歌山カレー事件報道訴訟判決：最判平成17・11・10民集59巻9号2428頁→第10章第2節1(4)(イ)）。これに対してパブリシティ権が人格権の一内容を構成することを認めたピンク・レディー事件判決（最判平成24・2・2民集66巻2号89頁）は、「肖像等を無断で使用する行為」について、表現の自由と憲法13条に根拠をもつパブリシティ権が衝突する場面だと位置づけた上で、三つの場合を例示し、「専ら肖像等の有する顧客吸引力の利用を目的とするといえる場合に、パブリシティ権を侵害するものとして、不法行為法上違法となる」として、総合衡量の手法を避けている（→第5章第3節3）。肖像権とパブリシティ権という人格権の一内容とされたという点では類似する権利について、表現の自由との調整に関する判例の判断枠組みが異なっていることは注目できる。

(イ)　プライバシー侵害の事前規制

雑誌に掲載された小説の登場人物のモデルとされた一般女性が、その記述により名誉、プライバシー等が侵害されたとして、将来の出版差止めを求めた。最高裁（「石に泳ぐ魚」事件判決：最判平成14・9・24判時1802号60頁）は、請求を認容した原審判断に違法はないというもので、ここから最高裁の明確な立場を読み取ることは難しい。原審は、「侵害行為の対象となった人物の社会的地位や侵害行為の性質に留意しつつ、予想される侵害行為によって受ける被害者側の不利益と侵害行為を差止めることによって受ける侵害者側の不利益とを比較衡量して決すべき」、という個別的比較衡量の立場を示していた。ただしそれに加えて、「侵害行為が明らかに予想され、その侵害行為によって被害者が重大な損失を受けるおそれがあり、かつ、その回復を事後に図るのが不可能ないし著しく困難になると認められるときは侵害行為の差止めを肯認すべき」という形で、差止めの事案であるため当然ではあるが、原則・例外思考をも加味していた。最高裁判決もこの原審の判断枠組みを暗黙裡に前提にしている、と解することもできる。

＊　この判決は、当該事案について、①被害者が「公的立場にある者ではな

く」、②「表現内容は、公共の利害に関する事項でもない」、③「本件小説の出版等がされれば……精神的苦痛が倍加され」るおそれがある、などとして差止めを認めた。そのため、この判決には「一応の基準が示されている」とする解説がある（判時匿名コメント）。

(ウ)　平穏生活権に基づく表現行為の事前抑制

名誉・プライバシー侵害以外の事由により、表現行為の差止めが認められることもある。その著名な例として、川崎市ヘイトデモ禁止仮処分事件決定がある。この決定はおよそ次のようにいう。①生活の基盤としての「住居において平穏に生活する権利」は、「憲法13条に由来する人格権として、強く保護され」る。②デモなどによって「住居において平穏に生活する人格権を侵害する程度が顕著な場合には、当該権利者は、住居において平穏に生活する人格権に基づく妨害排除請求権として、その差別的言動の差止めを求める権利を有する」。その上で、③「侵害行為を事前に差し止めるためには、その被侵害利益の種類・性質と侵害行為の態様・侵害の強度との相関関係において、違法性の程度を検討するのが相当である」、との基準を示した（横浜地川崎支決平成28・６・２判時2296号14頁）。この決定では相関関係論という柔軟な手法が採用された上で、差止めが認められている。違法性の顕著な差別的言動は、次に扱う名誉毀損判例がいうところの「公共の利益」に関わるものではなく、差止対象の地域が限定されているため完全に表現ができないわけではない、といった事情が作用しているのであろう。

＊　上記は不特定人を対象としたヘイトスピーチの事例であるが、特定法人を対象とするヘイトスピーチに対して損害賠償および差止めを認めた事例としては、大阪高判平成26・７・８判時2232号34頁がある。この事件では、裁判所は名誉毀損の判断枠組みで審査している。

＊＊　私立大学を設置する原告が、同大学の入学試験会場周辺での情報宣伝活動の差止めを求めた事案で、東京地判平成24・12・13判タ1391号176頁は、営業権侵害に基づく表現行為の差止可能性を認めた。この判決は、個別的衡量の手法をとっている。

(2)　原則・例外を組み込んだ衡量・類型的衡量が行われた事例

(ア)　名誉毀損の事後規制

名誉も人格権の一内容として、憲法13条によって保障されると解されている（→第５章第３節**２**）。そこで、表現の自由保障と名誉保護が衝突する場合をいかに調整するかは、基本権法益相互の衡量に関する最も典型的な問題だった。この調整を立法者が行ったのが、刑法230条の２第１項である。この条文は、名誉毀損罪が成立しない特例について、①摘示された事実が「公共の利害に関する事実に係り」、かつ②「その目的が専ら公益を図ることにあ」る場合で、③「真実であることの証明があったとき」だ、と規定している。この調整枠組みは、判例上、民事上の不法行為としての名誉毀損の成否に関しても用いられている（→第10章第２節**１ (4)**(ア)）。これは個別的な衡量を避け、表現の自由の保障を原則とした上での類型的衡量の手法を採用した代表例である。

(イ)　名誉毀損の事前規制

名誉毀損表現を裁判所が事前に差し止めることができる場合の要件を示したのが、北方ジャーナル事件判決（最大判昭和61・６・11民集40巻４号872頁）である。この判決は、(i)「公共の利害に関する事項」についての表現行為（前記(ア)①に対応）の場合には、「事前差止めは、原則として許されない」とする。しかし、(ii)「その表現内容が真実でなく、又はそれが専ら公益を図る目的のものでないことが明白であって」、かつ(iii)「被害者が重大にして著しく回復困難な損害を被る虞があるとき」には、例外的に事前差止めが許される、と述べた。この要件は、上述した(ア)に関する判例法理を前提に、名誉毀損に当たることが明白な場合は差止めが可能だ、とするものである（→第10章第２節**２ (1)**(ウ)(b)）。この判決も、表現の自由の保障を原則とした上で類型的衡量の手法をとった代表例である。

＊　プライバシー侵害に基づく雑誌販売の事前差止めの可否が争われた「週刊文春」事件決定において、東京高決平成16・３・31判時1865号12頁は、北方ジャーナル事件判決を踏まえ、３要件を挙げる類型的衡量の立場を採用した上で、上記判決とは異なり、差止めを認めない判断を行った。この決定は、その際、「名誉権に関するものをプライバシーの権利に関するもの

に直ちに推し及ぼすこと」について「疑問がないわけではない」としつつも、当事者双方がこの要件については異議を唱えず、手続的・時間的制約等に置かれていること等を考えると、3要件の枠組みで判断するのが相当だ、としたものである。

(ウ)　検索結果の削除

検索事業者に対し、自己のプライバシーに属する事実を含む記事等が掲載されたウェブサイトのURLなどを検索結果から削除することを求めた仮処分命令の申立てに関して、最高裁は、検索結果の提供は「検索事業者自身による表現行為という側面を有」し、また「現代社会においてインターネット上の情報流通の基盤として大きな役割を果たしている」ことを述べる。その上で、削除請求を認めるか否かを「当該事実を公表されない法的利益と当該URL等情報を検索結果として提供する理由に関する諸事情を比較衡量して判断すべきもので、その結果、当該事実を公表されない法的利益が優越することが明らかな場合には、検索事業者に対し、当該URL等情報を検索結果から削除することを求めることができる」という立場を示した（Google検索結果削除事件決定：最決平成29・1・31民集71巻1号63頁）。

検索結果の削除は、検索事業者にとっては表現の自由の事後規制であるが、利用者である「公衆」からすると事前抑制という側面を有する。この決定がどのように位置づけているか、先例として挙げている判例も両者にわたるため、定かではない。いずれにしても、この決定は、比較衡量の手法を採用しつつ、原則・例外という観点を明示している。

＊　検索事業者に対し、名誉毀損が成立するとして検索結果の削除を求めた事案もある。東京高判平成30・8・23判時2391号14頁は、事案を表現行為という側面を有する検索結果の提供の「事前抑制」と位置づけ、前記した北方ジャーナル事件判決の3要件により判断している。検索結果の削除請求に限らず、インターネットの普及に伴って、プライバシーや名誉と表現の自由との間の調整法理は再検討を迫られている。

(3)　判例法理の課題

裁判所が第三者としての立場で衡量を行うことができる基本権法益間の

衡量の場面でも、個別的衡量がなされる場面と、原則・例外を組み込んだ衡量や類型的衡量がなされる場面がある。そうした手法の使い分けがどのような理由で行われているのかは、説明が困難である。名誉毀損については刑法の条文で要件が設定されているため、その思考が民事事件の判断枠組みに影響を与えていることは考えられる。これに対してプライバシーについては、概念の内容が必ずしも明確ではないこともあり、判例法理の基本に戻って比較衡量により判断されているのであろうか。判断の明確性、安定性という観点からは、原則・例外を組み込んだ衡量や類型的衡量の手法に優位性がある。裁判所が今後も個別的衡量をとる場面があるのであれば、少なくともどのような要素を重視したかを明示することが必要である。

〈参考文献〉
1　立法裁量の審査
栗島智明「平等取扱いの要請と行政・立法の『自己拘束』」法学セミナー812号（2022年）77頁
「特集／違憲審査手法の展望」法律時報83巻5号（2011年）
宮地基「立法裁量統制の意義と限界」公法研究77号（2015年）184頁
山田哲史「立法事実の変化の検討の仕方と救済の観点」横大道聡編『憲法判例の射程（第2版）』（弘文堂、2020年）394頁
渡辺康行「立法者による制度形成とその限界」法政研究76巻3号（2009年）249頁
2　行政裁量の審査
宍戸常寿「裁量論と人権論」公法研究71号（2009年）100頁
「特集／行政裁量統制論の展望」法律時報85巻2号（2013年）
渡辺康行「憲法上の権利と行政裁量審査」長谷部恭男ほか編『高橋和之先生古稀記念　現代立憲主義の諸相（上）』（有斐閣、2013年）325頁
3　比較衡量
駒村圭吾『ジャーナリズムの法理』（嵯峨野書院、2001年）
田島泰彦ほか『表現の自由とプライバシー』（日本評論社、2006年）
山川洋一郎『報道の自由』（信山社、2010年）183頁
渡辺康行「憲法判例における比較衡量論の諸相」憲法研究10号（2022年）21頁

第2部

基本権各論

第5章　包括的基本権

第1節　総　説

1　明文根拠のない基本権の存在

日本国憲法は比較的豊富な基本権規定を設けて、個人のさまざまな基本権を保障している。しかし、考えられるすべての基本権が網羅されているわけではない。個別の基本権規定で保障されていてもよさそうなのに、現実には個別の基本権規定に根拠づけられない基本権も存在しうる。明文の根拠規定がなく、解釈によっても導出できない以上、当該基本権は日本国憲法上、そもそも保障されていないと割り切らざるをえないのだろうか。

この点、そもそも完全に網羅的な基本権のリストを憲法に定めるという企て自体に無理があると考えられる。憲法の制定時点ですべての基本権を精査して、完璧なリストを作成することが困難であるというだけでなく、憲法の制定時点では未成熟だったが、その後の進展により内実が定まったと評価される基本権の場合は、制定時点では憲法に取り込みようがないからである。一例として、プライバシーの権利が想起されよう。

こうした明文根拠のない基本権への対処法としては、憲法改正（96条）による補充が本筋であるといわれるかもしれない。たしかにそうする方が明快な解決であろう。しかし、明文根拠がなくても、現時点において基本権保障を受けるに値すると一般にいってよい法的利益であれば、憲法改正による補充を待たずに、明文根拠なき基本権とみなし、他の基本権と同様の保障を与えてもよいと考える見解も有力である。憲法改正という政治的手続を経ない方が、基本権保障の全体水準の向上に資すると思われる場合があるからである。それゆえ、憲法解釈と裁判手続だけで明文根拠なき基本権を承認することができ、かつ、承認した方が望ましいと考えられる場合は、むしろそうすべきではないか。そのために日本国憲法は、あらかじめ包括的基本権規定を設け、それを明文根拠なき基本権の受け皿にしたというのである。

包括的基本権規定に該当するといわれるのが憲法13条である。「すべて国民は、個人として尊重される。生命、自由及び幸福追求に対する国民の権利については、公共の福祉に反しない限り、立法その他の国政の上で、最大の尊重を必要とする」と定める憲法13条は、その文言、それが置かれた位置、比較憲法的観点からみて、日本国憲法が明文のない基本権を保障するために設けた包括的基本権規定と解するのが妥当とされる。最高裁も、帆足計事件判決（最大判昭和33・9・10民集12巻13号1969頁）の田中耕太郎・下飯坂潤夫裁判官の補足意見において、こうした解釈に理解を示していたが、その後、京都府学連事件判決（最大判昭和44・12・24刑集23巻12号1625頁）において、全員一致で、この解釈を受け入れている。

2　明文根拠のない基本権の範囲

(1)　漏れのない基本権保障 vs. 権力の民主的正統性

明文根拠のない基本権を日本国憲法上の権利として位置づけ、それに基本権保障の実質を与えることが、憲法13条の存在理由であると解しても、それだけではまだ憲法13条の内容は定まらない。明文根拠のない基本権とは具体的には何なのか。明文根拠のない基本権とみなされたら、それらはすべて憲法13条によって受けとめられるのか。明文根拠のない基本権の範囲には何らの限定もないのか。これらの問いに答えるには、漏れのない基本権保障の要請と権力の民主的正統性の要請という、場合によっては、相反する二つの視点を踏まえて、じっくりと検討する必要がある。

漏れのない基本権保障の要請によれば、基本権とみなしておく方が望ましいと思われる法的利益があるなら、そこにはできる限り基本権としての保障を与えるべきであって、憲法13条の受け皿は最大限に広く開いておくべきであるとされる。これに対して、権力の民主的正統性の要請によると、民主的な憲法改正手続を経ることなく、裁判所が憲法解釈で法創造的な振舞いをすることは謙抑的でなければならないから（司法消極主義)、明文根拠のない基本権を包括的基本権規定から導出する場合も、どうしても憲法13条で受けとめるしかないという場合に限って認めるべきであるとされる。前者が憲法13条の射程を拡大する方向の議論、後者が限定する方向の議論を導くことは明らかだろう。

(2)　人格的利益説 vs. 一般的行為自由説

上記の議論と関連して、人格的利益説と一般的行為自由説の対立が語られることも多い。この両説の対立も、包括的基本権規定の範囲を広く解するか、狭く解するかの射程理解に関わっている。

人格的利益説によると、憲法13条によって保障されるのは、名誉やプライバシーのような、個人の人格的生存に不可欠の利益だけであるという。同説の基本姿勢は、憲法13条の射程を限定し、明文根拠のない基本権の範囲をどうしても認めざるをえないものに絞ろうとするところにある。これに対して、一般的行為自由説によると、散歩や飲酒のような、個人の行動一般が憲法13条の保障対象になるという。同説は考えられる一切の自由に基本権としての位置づけを与える。自由は自由であるというだけの理由で基本権保障を受けるに値すると理解するのである。これにより明文根拠のない基本権の範囲は格段に広くなる。

＊　人格的利益説にいう個人の人格的生存に不可欠の利益とは何か。少なくともそれは個々人のこだわりそのものとは区別される。本人にとって主観的に重要と思われるだけでは、基本権保障を受けることはできない。客観的にみて、すべての人の人格的生存に不可欠とみなしてよい利益しか、基本権保障に与る資格は得られないと同説は考える。すべての人の人格的生存に不可欠の利益の保障に限定して初めて、明文根拠のない基本権の範囲が絞込み可能となると考えるからである。

両説の対立は基本権観の違いに根ざしているため、理論上は容易に和解できないものの、実践上の違いはそれほど大きなものではない。人格的利益説は人格的生存という極めて抽象的な概念を中核に据えて基本権の内実を語るため、保障されるものと保障されないものの区別が困難であると批判されるが、実は一般的行為自由説も人格的生存に不可欠の利益が憲法13

条によって保護されることを否定しない。同説は人格的利益説が承認するものに加えて、さらに人間行動一般を基本権の行使とみるのであり、人格的生存に不可欠の利益にも基本権としての保障を与えることに変わりはない。

他方、一般的行為自由説は取るに足りない些細な行為まで基本権の行使とみなすため、基本権のインフレを招き、その価値を暴落させると批判される。しかし、実は人格的利益説も、個人の行動一般に対して憲法上の保護（法律の留保原則や比例原則の適用）があることを認め、個人の行動一般を基本権とみなした場合と事実上同様の扱いをしている（→本章第４節）。一般的行為自由説によれば、殺人や窃盗のような行為までもが基本権の行使とされてしまうという批判もあるが、何の留保もない全く無限定の一般的行為自由説を唱える者は実際にはほとんどいない。人格的利益説ほどではないものの、一般的行為自由説にも基本権保障を受ける法的利益に一定の枠をはめる発想はある。

そうだとすると、明文根拠のない基本権の範囲は、人格的利益説 vs. 一般的行為自由説の対立図式の中で演繹的に画定されるべきものではなく、個別具体の権利利益に着目し、明文規定のある基本権も比較参照しながら、先例や基本権全体との整合性に配慮して、一つひとつ検討して明らかにするほかないと思われる。

＊　一般的行為自由説の中には、倫理色の強い人格的生存の概念を嫌い、基本権の内実はあくまでも個人の行動一般と解すべきであるという見解もある（阪本昌成）。また、憲法13条の射程は限定されるべきとする立場の中には、不明確な人格的生存の概念よりも司法の民主的正統性の観点を重視し、プロセス的基本権観に立って憲法13条の範囲を画定しようとする見解もある（松井茂記）。

第２節　個人の尊厳

憲法13条は前段と後段から成り立っている。前段は個人の尊重を宣言し、後段は「生命、自由及び幸福追求に対する国民の権利」と規定している。後段が「権利」の規定であるのに対して、前段は一見そうでないようにみえる。これまで前段は個人主義という原理原則を打ち立てたものであって、独自の基本権を保障したものではないとか、後段の「権利」規定と相俟ってようやく独立の基本権になるとされてきた。前段の個人の尊重が、憲法24条２項の「個人の尊厳」やドイツの憲法にみられる「人間の尊厳」と同視できるのか、できないのかをめぐる議論もあって、その位置づけは曖昧なままであり、しかも実践的にはそれほど重視されてこなかった。最高裁も、前段の個人の尊重は「個人の尊厳と人格の尊重を宣言したものであることは勿論である」（最大判昭和23・３・24裁時９号８頁）と述べるのみである。

しかし、前段には後段とは区別可能な特有の意義があると思われる。前段が「すべて国民は、個人として尊重される」と規定するのは、少なくとも国家がすべての国民を、独立で対等な個人として承認し、かつ、そのように処遇しなければならないという意味であろう。それはすべての個人が人格的存在として敬意をもって扱われなければならないということであり、憲法24条２項の「個人の尊厳」と基調を同じくする。個人は尊厳ある存在とみなされるがゆえに、国家からそれにふさわしい処遇が与えられなければならない。したがって、国家が個人を蔑視あるいは嫌悪をもって取り扱おうとしたと理解できる客観的な状況があれば、それは憲法13条前段の侵害とみなすべきであり、また個人は、そうした状況を憲法13条前段の基本権侵害と主張して、救済を求めることができると解される。

つまり憲法13条前段は、尊厳ある存在として処遇を求める個人の権利も保障しているといってよい。国家には、個人に敬意を払わず処遇することは許されるべきではなく、たとえ公共の福祉を引き合いに出そうと、個人の尊厳を汚すことは正当化できない。奴隷的拘束（18条）や拷問（36条）が絶対に禁止されているのも、このような文脈で理解されなければならない（→第12章第３節**２**(1)・第２節**３**(1)）。

＊　なお、個人を独立で対等な尊厳ある存在として扱うことは、法の下の平等（14条１項）の要請でもある。婚外子の相続分を婚内子の相続分の２分の

１と定めた民法規定を違憲と判断した最大決平成25・９・４民集67巻６号1320頁（婚外子法定相続分平成25年決定）が「子を個人として尊重し、その権利を保障すべきであるという考えが確立されてきている」と述べたときも、まさに個人への敬意が焦点となっていたのである（→第６章第５節４(2)）。

第３節　生命・自由および幸福追求に対する国民の権利

憲法13条後段は、前段と密接な関連を有するものの、それとは独立の包括的な基本権を保障するものと解される。それは後段が「公共の福祉に反しない限り、立法その他の国政の上で、最大の尊重を必要とする」と規定しているところに表れる。つまり、「生命、自由及び幸福追求に対する国民の権利」（「幸福追求権」と略称される）は、明文根拠のない基本権を包括的に保障したものというだけでなく、公共の福祉を理由とする制限可能性を留保しているのである。

幸福追求権には、個別的な基本権規定によって明文で保障されていない基本権の受け皿としての役割が想定されている（補充的保障）。したがって、幸福追求権と個別的基本権は一般法と特別法の関係に立つ。幸福追求権は個別の基本権規定の解釈では導き出せない基本権を受けとめるものである。この点、憲法25条を社会権の総則的規定（→第15章第１節１）、憲法31条を手続的権利の総則的規定（→第12章第１節４）と捉えると、幸福追求権の本体は主として自由権であるということになろう。また、参政権が幸福追求権の補充的保障の対象になるかどうかは、個別的な基本権規定ではカバーできない参政権が観念できるかどうかにかかっている。

以下では、幸福追求権の補充的保障の対象になる可能性のある権利利益の候補を検討する。ただし、包括的基本権としての幸福追求権の性質上、以下の検討は網羅的ではありえない。

１　生命・身体の権利

憲法13条は生命に言及していることから、生命の権利が幸福追求権に含まれることに異論はない。憲法31条も生命に言及しているが、この規定は生命という実体的利益そのものの保障より、それを保護する手続的権利の保障を定めたものと解される（→第12章第１節**1**）。身体の権利については、奴隷的拘束からの自由および意に反する苦役からの自由（18条）、あるいは居住・移転の自由（22条１項）、外国移住の自由（同条２項）によって保障されているが、これ以外の身体の権利は幸福追求権の範囲に含まれる。

生命・身体の権利は、個人の生命・身体に対し、犯罪処罰の場合を除いて、国家が侵害を加えることを禁止する。犯罪処罰のために国家が個人の身体を拘束することは許される（18条および31条）が、そのために生命を剥奪すること、すなわち、死刑に処すことも許容されるのだろうか。生命は一度剥奪すると、二度と回復することのできない特殊な法益であるだけに、慎重な考慮が必要になる。この点、最高裁は、憲法13条および31条の文言解釈によって「憲法は……刑罰として死刑の存置を想定し、これを是認したものと解すべきである」（最大判昭和23・３・12刑集２巻３号191頁）とした。この解釈だと、「刑罰としての死刑」は、憲法によって直接正当化されていることになろう。しかし少なくとも現在では、死刑は残虐な刑罰（36条）に当たるがゆえに、憲法上、正当化できないというべきではないか（→第12章第２節**3(2)**）。

＊　なお、国家以外の何者かが個人の生命・身体に対して侵害を加える場合に、国家が個人の生命・身体を保護する義務があるといえるかも問題になる（基本権保護義務）。生命・身体という法益の重要性に鑑み、これを肯定する見解が最近増えてきている（→第１章第２節**3(3)**）。

＊＊　性同一性障害者の性別変更の際の生殖腺除去要件（性同一性障害者特例法３条１項４号）と関わり、同要件の合憲性が問われた事件において、最高裁は「その意思に反して身体への侵襲を受けない自由を制約する面もあることは否定できない」としか判示していない（最決平成31・１・23判時2421号４頁）が、同決定の補足意見では、「その意思に反して身体への侵襲を受けない自由」は「憲法13条により保障される」と明言されている。

生命・身体の権利は、個人が自己の生命・身体を自由に処分する権利を含んでいるのだろうか。自殺、安楽死、尊厳死、輸血拒否といった場面で特に問題になる。これらの行為は、後述する自己決定権が生命・身体との関係で表れたものと解することもできる（→本章第３節**6 (1)**）。他方、本来、生命・身体という重要な法益の不可侵性を守ろうとするところに、生命・身体の権利を保障する理由があっただけに、自己決定とはいえ、その趣旨とは正反対の行為を基本権の行使として認めることには困難が付きまとう。ただし、尊厳死のように、生命の持続だけが生きる目的となった究極の場面で、人としての尊厳を守るために、延命治療を拒否することは、幸福追求権の範囲に含まれるといえる余地がある。

2　人格権

個人の人格価値に関わる権利を総称して人格権と呼ばれることがある。その構成要件は必ずしも明確ではなく、かなり多様な法益がこの権利の名の下で観念されている。それにもかかわらず、人格権という権利自体は、最高裁によって、条文根拠すら明らかにされることなく、当然のように承認されている。

例えば、「人格権としての名誉権」（北方ジャーナル事件判決：最大判昭和61・６・11民集40巻４号872頁）と呼ばれたり、あるいは氏名をもって「個人の人格の象徴であって、人格権の一内容を構成する」（NHK日本語読み事件判決：最判昭和63・２・16民集42巻２号27頁）との説明がなされたり、真摯な輸血拒否は「人格権の一内容として尊重されなければならない」（エホバの証人輸血拒否事件判決：最判平成12・２・29民集54巻２号582頁）と述べられている。以上の人格権はそれぞれ、名誉権、氏名権、輸血拒否権という独立の基本権とみなされることもある。

「静謐な宗教的環境の下で信仰生活を送るべき利益」を宗教的人格権と呼ぶ例もあるが、この権利は今のところ最高裁の少数意見において肯定的に受けとめられているだけで、多数意見の承認するところとはなっていない（自衛官合祀判決：最大判昭和63・６・１民集42巻５号277頁。また、最判平成22・６・29判時2089号74頁）。

最高裁は、氏名に関し、前掲 NHK日本語読み事件判決において、「人は、他人からその氏名を正確に呼称されることについて、不法行為法上の保護を受けうる人格的な利益を有するものというべき」と判示する一方で、夫婦同氏を義務づける民法750条の合憲性が問われた事案（夫婦同氏規定平成27年判決：最大判平成27・12・16民集69巻８号2586頁）において、「婚姻の際に『氏の変更を強制されない自由』が憲法上の権利として保障される人格権の一内容であるとはいえない」と述べつつ、民法750条は「憲法13条に違反するものではない」と判示している。

3　パブリシティの権利

人格権に由来する権利として、最高裁は、人の氏名、肖像等をみだりに利用されない権利を承認している。そして、人の氏名、肖像等が商品の販売等を促進する顧客吸引力を有するところに着目し、「このような顧客吸引力を排他的に利用する権利」をパブリシティの権利と呼んで、「人格権に由来する権利の一内容を構成するもの」と位置づけている（ピンク・レディー事件判決：最判平成24・２・２民集66巻２号89頁）。もっとも、このパブリシティの権利が憲法13条に根拠づけられる幸福追求権の一内容を構成するのかどうかについては、問題となった事案が不法行為法上の事案であったことも関係して、言及されないままになっている。

4　プライバシー権

(1)　プライバシー権の保護領域

プライバシーの権利は、明文根拠のない基本権の中では比較的人口に膾炙した権利である。しかし、その内実は多義的であり、上述の人格権に含まれると理解されることもある。当初は「一人でそっとしておいてもらう権利（right to be let alone）」と定義されていた。もともと秘匿性の高い私生活上の事項の保護が想定されていたと思われる（「宴のあと」事件判決：東京地判昭和39・９・28下民集15巻９号2317頁）が、社会的評価から自由な空間の保護を念頭に置く場合や、個人情報保護一般と関連づけられる場合もあって、権利内容は相変わらず茫漠としており、一個の内実に収れんしていく様子はみられない。最高裁は、長い間プライバシーという言葉に触れることすら控えていた。「石に泳ぐ魚」事件判決（最判平成14・９・24判時1802号60頁）や早稲田大学江沢民事件判決（最判平成15・９・12民集57巻８号973頁）において、ようやくプライバシーの利益に言及したものの、プライバシー権という権利を正面から認めたことはない。

しかし、プライバシー権の実体を認めたといってもよい最高裁判例は少なくない。冒頭に挙げた京都府学連事件判決では、「個人の私生活上の自由の一つとして、何人も、その承諾なしに、みだりにその容ぼう・姿態……を撮影されない自由を有する」とし、「これを肖像権と称するかどうかは別として、少なくとも、警察官が、正当な理由もないのに、個人の容ぼう等を撮影することは、憲法13条の趣旨に反し、許されない」と判示した。その後、指紋押捺事件判決（最判平成７・12・15刑集49巻10号842頁）で「個人の私生活上の自由の一つとして、何人もみだりに指紋の押なつを強制されない自由を有する」とされ、また、住基ネット事件判決（最判平成20・３・６民集62巻３号665頁）でも「個人の私生活上の自由の一つとして、何人も、個人に関する情報をみだりに第三者に開示又は公表されない自由を有する」と判示された。これらはいずれも憲法13条によって保障された「個人の私生活上の自由の一つ」とされているが、ここでいう「個人の私生活上の自由」がいわゆるプライバシー権に該当すると考えて差し支えないだろう。

＊　学説や下級審裁判例の中には、プライバシー権を自己情報コントロール権と読み替え、個人の私生活上の事項を秘匿する権利を超えて、より積極的に、公権力による個人情報の管理システムに対して、個人に開示請求、修正・削除請求、利用停止請求といった権利行使が認められるべきであるとする見解もある。たしかに現代のようなユビキタス社会においては、氏名のようなもともと秘匿性の高くない個人情報であっても、利用の文脈次第で個人の私生活を脅かすきっかけになることもあるため、およそ個人情報一般の開示請求、修正・削除請求、利用停止請求に対して、基本権としての位置づけを与える必要はあろう。しかし、自己情報コントロール権としてのプライバシー権理解では、権利としての包括性の高さゆえに茫漠性を免れず、また、コントロールという比喩的で曖昧な作用を取り込んだがために、法的な要件化が困難という問題も抱え込んでいる。その克服がプライバシー権論の現代的課題である。

＊＊　ほかにも、車内広告放送事件判決（最判昭和63・12・20判時1302号94頁）

における伊藤正己裁判官の補足意見で言及された「個人が他者から自己の欲しない刺戟によって心の静穏を乱されない利益」という意味でのプライバシーの権利（静穏のプライバシー権）も、幸福追求権に含まれるといわれることがある。なお、「前科及び犯罪経歴」を「人の名誉、信用に直接にかかわる事項」であるとした上で、「前科等のある者もこれをみだりに公開されないという法律上の保護に値する利益を有する」と判示した前科照会事件判決（最判昭和56・４・14民集35巻３号620頁）は、当該利益を「個人の私生活上の自由の一つ」と述べてこそいないが、それと異なる位置づけが示されているわけではない。同趣旨と考えてよいだろう。

＊＊＊　適法に収集されたDNA型情報をDNA型データベースに整理保管し、法令の根拠なく、警察が別の事件で自由に利用することの是非について、下級審段階であるが、いくつか判決が出ている（名古屋地判令和４・１・18判時2522号62頁、東京地判平成31・２・28判例自治464号96頁）。この場面でもプライバシー権が扱われてしかるべきところだったが、いずれの判決においても正面からは問われていない。

(2)　プライバシー権の制限と正当化

プライバシー権も、場合によれば、公共の福祉のために制限されざるをえないことがある。先に言及した京都府学連事件判決では、「個人の私生活上の自由の一つ」としての「承諾なしに、みだりにその容ぼう・姿態……を撮影されない自由」も、①現に犯罪が行われもしくは行われたのち間がないと認められる場合であって、しかも、②証拠保全の必要性および緊急性があり、かつ、③その撮影が一般的に許容される限度を超えない相当な方法をもって行われるときは、警察官による写真撮影の対象の中に犯人の容ぼう等のほか、犯人の身辺または被写体とされた物件の近くにいたためこれを除外できない状況にある第三者である個人の容ぼう等を含むことになっても、憲法13条に違反しないと解されている。なお最高裁は、その後、同判決について「警察官による人の容ぼう等の撮影が、現に犯罪が行われ又は行われた後間がないと認められる場合のほかは許されないという趣旨まで判示したものではない」と説いている（最決平成20・４・15判時2006号159頁）。

前掲指紋押捺事件判決でも、指紋押捺制度は、①在留外国人の公正管理目的のため、戸籍制度のない外国人の人物特定につき最も確実な制度として設けられたもので、その立法目的には十分な合理性があり、かつ、②必要性も肯定できるとした上で、③本件当時の制度内容は、押捺義務が３年に一度で、押捺対象指紋も一指のみであり、加えて、④その強制も罰則による間接強制にとどまるものであって、精神的、肉体的に過度の苦痛を伴うものとまではいえず、⑤方法としても、一般的に許容される限度を超えない相当なものであったと認められるとする。

また、前掲住基ネット事件判決でも、①住基ネットは個人の内面に関わるような秘匿性の高い情報を管理、利用等するものではなく、また、②本人確認情報の管理、利用等も法令等の根拠に基づき、住民サービスの向上および行政事務の効率化という正当な行政目的の範囲内で行われており、かつ、③住基ネットのシステム上の欠陥等により外部から不当にアクセスされるなどして本人確認情報が容易に漏えいする具体的な危険はないこと、④受領者による本人確認情報に関する秘密の漏えい等は、懲戒処分または刑罰をもって禁止されていること、⑤住基法は、都道府県に本人確認情報の保護に関する審議会を、指定情報処理機関に本人確認情報保護委員会を設置することとして、本人確認情報の適切な取扱いを担保するための制度的措置を講じていることなどに照らせば、住基ネットにシステム技術上または法制度上の不備があり、そのために本人確認情報が法令等の根拠に基づかずにまたは正当な行政目的の範囲を逸脱して第三者に開示または公表される具体的な危険が生じているということもできないと判示された。

＊　プライバシーの権利と表現の自由の関係については、発達障害症例報告事件判決（最判令和２・10・９民集74巻７号1807頁）、長良川事件判決（最判平成15・３・14民集57巻３号229頁）、ノンフィクション「逆転」事件判決（最判平成６・２・８民集48巻２号149頁）が参照に値する（→第４章第４節**３(1)**）。

５　環境権

環境権は当初、良い環境を享受し、これを支配する権利であると定義されていた。この権利はもともと、公害問題が深刻化した時代に、環境破壊行為を差し止めるための法的根拠として構成された私権であった。それが公権力による環境破壊を排除するための自由権でもあると解され、憲法13

条後段に根拠づけられる基本権とみなされるようになった。にもかかわらず、裁判所は、最高裁のみならず、下級審も含めて、これまで一度も正面から環境権を承認したことはない。環境権は、その内容が明確でなく、保護の対象となる環境自体が広大であり、環境権侵害の主体も客体も画定することが困難だと理解されたからであるといわれる。

しかし、環境権が承認されないのは、そもそも環境というものが、自然環境（山や川）であれ、歴史的・文化的環境（史跡や寺院）であれ、社会的環境（道路や上下水道）であれ、公共の利益であって、それを個人が支配するものと考えることになじまないからである。環境は万人のものであり、万人にそれを保護する義務があるというのならまだしも、個人が自由に処分できると考えることは妥当ではないし、良い環境を個人が支配するというのもしっくりとこない。特定の個人ではなく、多数の市民で共同利用する権利（環境共同利用権）としてであれば、環境の権利を語ることができるという見解もあるが、平等や適正手続の権利を超える独自の内容がその権利に認められるのかどうかは定かではない。環境破壊行為によって個人の人格的利益に侵害が生じないよう、妨害排除を求める人格権として構成するのなら受け容れられる可能性がある（大阪空港訴訟控訴審判決：大阪高判昭和50・11・27判時797号36頁）。しかし、自由権（防御権）として環境権を構成することには無理があると思われる。

さらに環境権を社会権と捉え、積極的に環境保全を図るよう国家に請求する権利と構成する見解もある。環境保全は最低限度の生存保障としての意味も有すると考えれば、社会権構成には存立の見込みがあろう（→第15章第３節）。ただし、その場合も、環境という公共の利益の保護が、個人の利益の保障を内実とする基本権の役割とうまく整合するのかという疑問は残る。いずれにせよ、社会権構成を図るのであれば、それは憲法25条の問題であり、補充的権利である憲法13条後段の幸福追求権の射程からは外れるであろう。

環境利益であっても、個人の利益に還元できるものであれば、それを環境権と呼ぶかどうかはともかく、個人の権利と認めることも不可能ではない。これまで最高裁は、日照・通風利益（日照妨害事件判決：最判昭和47・

６・27民集26巻５号1067頁）や景観利益（国立マンション事件判決：最判平成18・３・30民集60巻３号948頁）を法的保護の対象にできると示唆している。しかし、日照権、通風権、景観権という権利として構成することには、なお躊躇があるようである。

＊　下級審の裁判例においては、平穏生活権という権利を認める例が若干ある。例えば、丸森町廃棄物処分場事件決定（仙台地決平成４・２・28判時1429号109頁）では「人格権の一種としての平穏生活権の一環として、適切な質量の生活用水、一般通常人の感覚に照らして飲用・生活用に供するのを適当とする水を確保する権利があると解される」と判示された。個人の権利として認めるために、ここでも人格権構成をとることで処理しているのがみてとれる。

６　自己決定権

自己決定権とは、自己に関する事柄について、公権力の干渉を受けることなく、自ら決定することのできる権利であるといわれる。自己決定は、明文根拠のある多くの個別的な基本権にとっても本質的な要素である。例えば、表現の自由は、表現する・しないの自己決定の要素を当然に含んでいる。したがって、ここで自己決定権として扱われるのは、明文根拠のある自己決定の権利以外のものである。

＊　最高裁は、前掲エホバの証人輸血拒否事件判決において、「患者が、輸血を受けることは自己の宗教上の信念に反するとして、輸血を伴う医療行為を拒否するとの明確な意思を有している場合、このような意思決定をする権利は、人格権の一内容として尊重されなければならない」と述べている。「このような意思決定をする権利」が「人格権の一内容」とされたのは、当該事案が民事の不法行為法上のものだったからであろう。しかし「このような意思決定をする権利」の規制が問題となる事案であったなら、当該権利は憲法20条１項の信教の自由の一内容とされただろう。

明文根拠のない自己決定権は、大別して、①生命・身体に関わる自己決定権、②リプロダクションや家族の維持形成に関わる自己決定権、③ライフスタイルに関わる自己決定権、に分けて捉えることができる。

(1)　生命・身体に関わる自己決定権

自殺、安楽死・尊厳死、医療拒否（輸血拒否）など、自己の生命・身体の処分に関する自己決定権である。これらについては、既に生命・身体の権利として扱った（→本章第３節**1**）。

(2)　リプロダクションや家族の維持形成に関わる自己決定権

結婚・離婚の自由や性的自己決定の権利（性行為の自由、出産の自由、避妊の自由、妊娠中絶の自由）などが、この範疇で理解される。もっとも、家族の維持形成に関わる自己決定権は、憲法13条よりもむしろ憲法24条の保障の問題であると考えるべきであろう（→第20章）。だとすると、ここで扱われるべきは、主として、性的自己決定権ということになる。

＊　最高裁は再婚禁止期間違憲判決（最大判平成27・12・16民集69巻８号2427頁）において「婚姻をするについての自由が憲法24条１項の規定の趣旨に照らし十分尊重されるべきものである」と述べているが、その後、夫婦同氏制の合憲性が争われた事案（最大決令和３・６・23判時2501号３頁）で、宮崎裕子・宇賀克也反対意見がさらに踏み込んだ判断を行い、「婚姻をするについての当事者の意思決定が自由かつ平等なものでなければならないことは、憲法13条及び14条１項の趣旨から導かれると解されるから、憲法24条１項の規定は、憲法13条の権利の場合と同様に、かかる意思決定に対する不当な国家介入を禁ずる趣旨を含み、国家介入が不当か否かは公共の福祉による制約として正当とされるか否かにより決せられる」と述べた（→第20章第２節**2**）。

＊＊　ハンセン病隔離政策等によって、家族関係の形成が阻害されたのは、「家族関係を形成する権利」の侵害とみなす注目すべき裁判例（ハンセン病家族訴訟判決：熊本地判令和元・６・28判時2439号４頁）がある。

性行為の自由を規制する法としては、売春や買春を禁止する法律・条例があるとはいえ、大人同士（同性の場合も含む）が合意の上で行う性行為そのものを規制する法は見当たらない。ただし、未成年者に対する性行為は刑法177条や児童福祉法34条１項６号などで規制される。また、青少年保護育成条例による淫行禁止規定もある。最高裁は、性行為の自由を正面から認めたわけではないものの、淫行禁止規定は合憲と解している（福岡県青少年保護育成条例事件判決：最大判昭和60・10・23刑集39巻６号413頁）。

出産や避妊に対する規制も見当たらない。しかし、妊娠中絶については、刑法212条・213条により、堕胎の罪が定められている。母体保護法14条が、医師の認定による人工妊娠中絶を認めており、一定の場合に限って、法律上許容している。妊娠中絶の是非は西洋諸国における一大争点であったが、日本の場合、母体保護法14条１項１号の「経済的理由」条項が広く解されてきたこともあって、事実上、自由な妊娠中絶が行われてきた。そのため、妊娠中絶の自由それ自体の憲法上の位置づけが十分に検討されないまま、今日に至っている。

＊　旧優生保護法に基づく不妊手術を強制された被害者が国家賠償を求めた事案で、憲法13条によって保障される「子をもうけるか否かについて意思決定をする自由」と「その意に反して身体への侵襲を受けない自由」が侵害されたと判示する下級審の裁判例がある（東京高判令和４・３・11判時2554号12頁、大阪高判令和４・２・22判時2528号５頁）。

(3)　ライフスタイルに関わる自己決定権

この意味での自己決定権は、個人の容姿や身なりを個人が自由に決め、行動や生活様式も自由に決定し、ひいては生き方を自由に展開できるという権利をいう。個人のライフスタイルの多様性を反映して、ここで主張される権利の内容もさまざまである。個人の自由そのものを憲法上の権利とみなすべきであるというに等しい。人格的利益説の立場からは、その権利性自体を否定するべきであると主張されることも多い。

＊　例えば、制服の着用義務づけなどの服装規制に対して、服装の自由、丸刈り強制や髪型規制に対して、頭髪の自由（丸刈り訴訟判決：最判平成８・２・22判時1560号72頁）、校則等による運転禁止に対して、バイクや自動車を運転する自由（「バイク三ない原則」事件判決：最判平成３・９・３判時1401号56頁）、刑事収容施設被収容者の喫煙禁止に対して、喫煙の自由（禁煙処分事件判決：最大判昭和45・９・16民集24巻10号1410頁）、覚せい剤取締法の規制に対して、覚せい剤譲渡等の自由（最大判昭和31・６・13刑集10巻６号830頁）、大麻取締法の規制に対して、大麻を吸う自由（最決昭和60・９・10判時1165号183頁）、賭場開帳図利行為の処罰に対して、賭博の自由（最大判昭和25・11・22刑集４巻11号2380頁）、酒税法の酒類製造規制に対して、自己消費目的の酒類製造の自由（どぶろく事件判決：最判平成元・12・14刑集43巻13号841頁）などが主張されている。

ただし、これらの主張に対して最高裁は、当該自由に幸福追求権による保障が与えられるのかどうかの判断をしていない。わずかに、喫煙の自由について「憲法13条の保障する基本的人権の一に含まれるとしても」（前掲禁煙処分事件判決）という表現を用い、それを幸福追求権によって受けとめる可能性があることを示唆したことがあるにすぎない。しかも、いずれの事案においても幸福追求権の侵害自体は認められていない。こうした事案の多くが学校や監獄（刑事収容施設）といった特別な法関係の下で扱われたものであるため、最高裁の説示をどこまで一般化して扱えるのか、不明確なところがある。

7　契約の自由

当事者間で互いの意思表示の合致を通じて義務づけ合う法律関係の形成行為を契約と呼ぶが、契約を結ぶのも結ばないのも自由（契約締結の自由）であり、どのような契約を結ぶのも結ばないのも自由（契約内容の自由）であるといわれる。さらに、契約の相手方の選択も締結の方式も自由といわれる。契約の自由は自己決定権の延長線上で語られることが多いが、それは自由な意思に基づく自己決定が自己拘束をも基礎づけると考えられるからである。当事者それぞれの自己決定が契約の拘束力の源である。ただし、自己決定権そのものとは違い、一旦契約を締結して、その拘束に服すると自己決定した以上、原則として、一方的な再度の自己決定だけで当該契約の拘束力から解放されることはない。契約においては、すべての関係者の自己決定が尊重されなければならないことから、法的安定性が求められる。それゆえ契約の自由は契約制度の下で構成された制度的自由となる。

契約は財物に関わる法的拘束を基礎づけるのが通常であるため、憲法22条や29条の経済的自由によって保障されるといわれることが多い（→第14章第2節**3**(2)）。実際、最高裁は、三菱樹脂事件判決（最大判昭和48・12・12民集27巻11号1536頁）において、企業は「経済活動の一環としてする契約締結の自由」を有すると述べていた。しかし、契約は必ずしも経済活動の一環としてしか締結できないものではないため、契約の自由一般の法的根拠は、憲法13条に求めることになろう。

契約の自由に憲法の保障が与えられる以上、国家は私人間の契約締結やその内容に干渉することは原則として許されない。私人相互の法律関係の形成は私的自治に委ねられなければならない。しかし、私的支配関係における当事者間の力の不均衡（情報格差や交渉力格差）に鑑みると、実質的な公平を確保するためには、国家が私人間の契約過程に介入せざるをえない場面もありうる。憲法も、例えば27条２項において、雇用契約上の勤労条件に対して法律が規律することを予定し、また28条において、勤労者の労働基本権を保障することにより、勤労者の団体（労働組合）が雇用契約に関与できるようにしている（→第17章第１節・第２節）。

8　参政権

参政権（政治参加の権利）については、前述のように（→本章第３節）憲法15条等の個別的な基本権規定に尽くされない参政権があるかどうかが問題になる。もしあるとすれば、それらは幸福追求権によって受けとめられることになろう。学説の中には、参政権の行使を「公的幸福」の追求とみて、幸福追求権の補充対象と解すべきとする見解がある（佐藤幸治）。

＊　最高裁の判例において、明文根拠のない参政権が問われた例として、立候補の自由（最大判昭和43・12・４刑集22巻13号1425頁）、公務就任権（東京都管理職選考事件判決：最大判平成17・１・26民集59巻１号128頁）、司法参加権（裁判員制度事件判決：最大判平成23・11・16刑集65巻８号1285頁）、政党への寄付の自由（八幡製鉄事件判決：最大判昭和45・６・24民集24巻６号625頁）といったところが挙げられる。しかし、いずれの判例も当該権利を幸福追求権の内容とは解していない。

9　その他

幸福追求権は、そのときどきの具体的状況の下で、それまで憲法上のものとして主張されることのなかった利益に、基本権としての装いを与えるために、引き合いに出される包括的基本権である。それは常に新しい基本権の受け皿として機能し続ける。しかし、そのときどきの状況下で主張される権利構成に、裁判所がいつも応えてくれるわけではない。郵便貯金目減り訴訟判決において、最高裁は原告のいう「経済生活安定権」の主張を一蹴した（最判昭和57・７・15判時1053号93頁）。

幸福追求権は補充的な権利であるから、他の個別的基本権と競合した場合は、個別的基本権の方が優先的に受け皿になる。例えば、憲法31条が手続的権利の総則規定であると解すれば（そのように解すべきであるが）、手続に関する新しい基本権は、最終的には憲法31条が根拠規定になる（→第12章第１節**４**）。が、仮に憲法31条は刑事手続に関する権利の総則規定であると解すれば、行政手続に関する権利などは、憲法13条後段の幸福追求権を受け皿にするほかなくなる。憲法前文で言及されている「平和のうちに生存する権利」（平和的生存権）も、前文に根拠とすべき規定がある以上、それが単なる理念的権利であると解すべきかどうかはともかく、また、憲法９条と関連づけて解すべきかどうかはともかく、ここで幸福追求権を引き合いに出す必要はないと思われる。

第４節　一般的行為自由保障の意義

散歩や飲酒のような個人の行動一般については、あえて基本権の行使とみなすべきではないとする見解（人格的利益説）が唱えられる一方で、そのような個人の行動もまた国家の不合理な行為によって制約されるおそれがないわけではない。そのような不合理な制約であっても受忍せざるをえないといえば、おそらく違和感が残るであろう。人格的利益説に立つ論者も、そのような場合には、法律の留保原則と比例原則が適用されると主張する。そのように主張するのは国家行為に法治国家的拘束がかかっていると考えるからであろう。あるいは、国家にはそもそも個人の行動に対して、公共の福祉に適合しない不合理な制約を課してはならないとする内在的限界があると解するからであろう（長谷部恭男）。

しかしそうだとすると、「それは一般的行為自由という基本権を認めたのと実質的には何ら変わらない」と一般的行為自由説に立つ論者から反論されよう。この反論にはたしかに理由がある。他方、一般的行為自由という基本権を認めることに法的な意味があるとすれば、人格的生存に不可欠とまではいえない個人の行動であっても、国家がそれを制約する以上、著しく不合理な制約であってはならないことから、国家に法律の留保原則と比例原則を遵守させる必要があるということに尽きている。

＊　いわゆるストーカー規制法の合憲性が問題となった事件（最判平成15・12・11刑集57巻11号1147頁）において、最高裁はストーカー行為が基本権の行使に当たるのかどうかを問わず、ただ、同法の「目的の正当性、規制の内容の合理性、相当性」に鑑みて、規制が合憲であると判示している。

国家による個人の行動制約には法律の留保原則と比例原則が妥当するということさえ確保できればよいのであって、確保のための手段が一般的行為自由という基本権でなければならない必然性はない。ドイツの憲法裁判（憲法異議の訴え）と違って、そもそも日本の司法審査においては、国家行為に対する法治国家的拘束（客観法）を主観法に転換しなければならない必要は差しあたり存在しない。あえて基本権としての構成にこだわらなくてもよい司法制度になっている。不法行為法上の「法律上保護される利益」（民法709条）に引き寄せて、法的救済を試みる事例が頻繁に観察できるのも、基本権構成にこだわる必要がないことの表れである。だからこそ、一般的行為自由を認めようと、認めまいと、実践上の違いはほとんどないとされるのである。ここでは三段階審査の枠組みも不要となる。基本権の保護領域を観念する必要がないからである。

〈参考文献〉

青柳幸一『個人の尊重と人間の尊厳』（尚学社、1996年）
蟻川恒正『尊厳と身分』（岩波書店、2016年）
音無知展『プライバシー権の再構成』（有斐閣、2021年）
阪本昌成「プライヴァシーと自己決定の自由」樋口陽一編『講座憲法学３』（日本評論社、1994年）219頁
佐藤幸治『現代国家と司法権』（有斐閣、1988年）
竹中勲『憲法上の自己決定権』（成文堂、2010年）
戸波江二「幸福追求権の構造」公法研究58号（1996年）１頁
西村枝美「一般的行為の自由」長谷部恭男編『人権の射程』（法律文化社、2010年）222頁
長谷部恭男「国家権力の限界と人権」『憲法の理性（増補新装版）』（東京大学出版会、2016年）63頁

第５章　包括的基本権

マイケル・ローゼン『尊厳』（岩波書店、2021年）
松井茂記「明文根拠を欠く基本的人権の保障」戸松秀典＝野坂泰司編『憲法訴訟の現状分析』（有斐閣、2012年）142頁
松本和彦「環境汚染の自由の保障？」村上武則ほか編『法治国家の展開と現代的構成』（法律文化社、2007年）307頁
山本龍彦『プライバシーの権利を考える』（信山社、2017年）
「特集／『個人の尊重』と家族」憲法研究４号（2019年）

第6章　法の下の平等

第1節　総　説

1　形式的平等と実質的平等・機会の平等と結果の平等

近代市民革命は、自由と並んで平等の観念を旗印とした。ここでの平等の観念は、封建的な身分制を打破するという意味をもっていた。近代の平等観は、個々人の具体的な違いを考慮せず、「人」という資格において等しく取り扱われるべきだという形式的な平等、機会の平等の考え方である。

しかし経済的な自由競争の結果、貧富の差などが拡大するにつれて、形式的な平等、機会の平等を保障するだけでは足らず、貧富の差をはじめとして、社会的な強者と弱者との間の格差を是正することが目指されるようになった。これが実質的平等、結果の平等の観念である。ただし、個人の自由な活動の保障と両立するのは機会の平等であり、結果の平等を重視しすぎると、個人の努力を正当に評価することを否定するおそれもある。日本国憲法も、この二つの意味における平等の保障を含んでいるが、憲法14条1項は第一次的には形式的な平等、機会の平等を保障したものであり、実質的な平等を実現するのは主に社会権条項およびそれを具体化する立法の役割である。その場面において、法の下の平等は、実質的な平等の実現を国の政治的責務とするもの、あるいは実質的な平等を実現するためにとられる別異取扱いを許容するものと位置づけられる。

＊　形式的平等と機会の平等、実質的平等と結果の平等については、おおよそ同一のことを意味するという用語法と、区別する用語法がある。さらに、

機会の実質的平等という観念は、結果の平等と区別される。個々人の具体的な状況を考慮して、同じスタート・ラインに立たせようとする前者は、個人の自由な活動の保障と両立しうると考えられている。

＊＊　機会の実質的平等を保障することからさらに進んで、国家が実質的平等を積極的に実現するために、形式的平等に例外を設ける措置をとることがある。これは人種差別や性差別を是正するために、欧米諸国で実際に行われてきたもので、積極的差別是正措置、優先処遇などと呼ばれる。例えば、アメリカでは大学入試の際に、差別されてきた少数民族に一定の入学枠を与えるという措置をとることがある。しかしこれでは、試験でより高い得点をとった他の受験生が不合格となることがありうるため、「逆差別」とならないかが争われてきた。日本ではそこまで強力な施策がとられることはないが、例えば、障害を理由とする差別の解消の推進に関する法律（平成25年法律65号）は、行政機関等や事業者に障害を理由とする差別を解消する措置等を定めている（→本章第2節3 (1)・(3)(イ)・(4)）。

2　絶対的平等と相対的平等

個々人は事実上さまざまな違いをもっているから、各人を絶対的に同じに扱うことはありえない。平等とは、等しいものは等しく、等しくないものは等しくなく取り扱うことを内容とする、相対的平等を意味する。それは、国家が格差の是正のために積極的役割を引き受ける実質的平等の観念とは区別されるものである。相対的平等の観念の下では、何が合理的な区別なのか、それをいかに判断するのか、が重要な問題となる。以下でみる、日本国憲法における平等に関する議論は、主にこの点をめぐってなされてきた。

第2節　日本国憲法が定める平等保障

1　概　説

明治憲法は平等に関する一般的保障規定をもたず、公職就任に関して「日本臣民ハ法律命令ノ定ムル所ノ資格ニ応シ均ク文武官ニ任セラレ及其ノ他ノ公務ニ就クコトヲ得」（19条）、と定めるにとどまっていた。これに対して日本国憲法は、14条1項で一般的に法の下の平等を保障するとともに、同条2項が貴族制度を否定し、3項は特権を伴う、あるいは世襲される栄典を授与することを禁止している。さらに憲法15条3項・44条ただし書が選挙に関する平等を、24条は家族生活における両性の平等を、26条が教育の機会均等を保障している。ただし、世襲の象徴天皇制は、平等保障の大きな例外である。本章では、これらの諸規定のうちで、主に14条1項に関わる諸問題を扱う。

2　平等原則と平等権

憲法14条1項は、国家に対して国民を不合理な形で別異に取り扱ってはならないことを命ずる客観的法規範（平等原則）である。またこの規定から、国民は「平等に取り扱われる権利」「差別されない権利」（平等権）をもつ、と解されている。

＊　平等原則と平等権の区別を強調する学説は、例えば、平等原則は国家に不合理な差別的取扱いを禁止するが、不平等取扱いがあった場合でも標準的処遇より劣る処遇を受けた者だけが平等権侵害を主張できるという違いがある、という（川添利幸、内野正幸）。しかしこの見解に対しては、「標準的処遇」は存在するのか、裁判所でどこまで救済できるかという問題と原則か権利かの問題は区別すべきではないか（野中俊彦）、といった批判が出されている。平等原則と平等権の区別の意義を強調しない立場が、通説的である。

＊＊　14条1項が保障する「平等に取り扱われる権利」「差別されない権利」の内容をいかに把握するか。上述した通説的見解の多くは、平等権は常に他との比較において問題となる相対的権利で、それ自体としては無内容ないし無定形の権利だとする（浦部法穂、野中俊彦など）。これに対して、通説的見解の中でも平等権は無内容な権利ではなく、例えば、「尊厳をもった存在として人は等しく扱われるべきであるという要請を内実としている」（佐藤幸治）、とする学説もある。さらに近年では、14条1項の権利性を専ら強調する見解も出ているが（棟居快行、井上典之、西原博史）、この立場では当然ながら内実を有する平等権が想定されている。しかし、他方では、平等原則の客観的法規範性を改めて確認する見解も出されている（石川健治、宍戸常寿、阪本昌成）。こうして学説は錯綜した状態にあるが、この対立は必ずしも実際の解釈論上の結論に結びつくものではない。そこで本章は、さしあたり平等権と平等原則の区別の意義を強調せず、平等権はそれ自体としては無内容ないし無定形な権利だとする通説的な理解を前提とした解説を行う。

3　憲法14条1項後段列挙事項の意味

(1)　人　種

人種とは、皮膚・毛髪・目・体型等の身体的特徴によりなされる人類学上の区別である。人種による差別は、世界各国で現在も存在し続けている。日本ではアイヌ民族や琉球民族問題があり、在日韓国・朝鮮人問題にもそのような側面がある。

＊　日本は1995年に人種差別撤廃条約を、一部留保を付けて批准した。現在大きな社会問題となっているのは、特定の人種等の共通の属性を有する不特定多数の者に対して私人が差別的憎悪表現（ヘイトスピーチ）を行うことにいかに対処しうるか、である（→第10章第2節1(5)）。アイヌの人々の誇りが尊重される社会を実現するための施策の推進に関する法律（平成31年法律16号）は、認定アイヌ施策推進地域計画に基づく事業に対する交付金制度などを規定しており、人種に基づいて優先処遇がされた例である。

(2)　信　条

信条とは、歴史的には主に宗教や信仰を意味したが、今日では思想・世界観等をも含むと解するのが通説である。信条による差別は、雇用の場面で生ずることが多い。そのため国公法27条は、職員に関する平等取扱原則を規定し、憲法14条1項後段列挙事由を再確認した上で、とりわけ「政治的意見若しくは政治的所属関係」による差別を禁止している。

＊　例外として、国公法38条4号は、「日本国憲法又はその下に成立した政府を暴力で破壊することを主張する政党その他の団体を結成し、又はこれに加入した者」を公務員の欠格事由とする（地公法16条4号なども同旨）。この規定は、公務員が憲法尊重擁護義務を負う（憲法99条）ことを具体化したものとして、不合理ではないと考えられてきた（佐藤幸治、野中俊彦など）。しかし他方では、この条項を法の下の平等、思想・良心の自由または結社の自由に反して違憲とみる少数説もある（内野正幸、阪口正二郎など）。少なくとも、憲法尊重擁護義務の具体化の仕方は再検討すべきであり、同号による欠格事由の認定手続および「主張する」という実体要件それぞれについて、改善ないし明確化が必要である。

＊＊　民間企業に関しても、労働基準法3条は、採用後の労働者につき、使用者に「信条」等を理由とする差別的取扱いを禁止している。そこで最高裁は、採用の場面では「企業者が特定の思想、信条を有する者をそのゆえ

をもって雇い入れることを拒んでも」違法ではない、とする（三菱樹脂事件判決：最大判昭和48・12・12民集27巻11号1536頁→第２章第２節**３(2)**(ア)、第７章第２節**３(2)**(イ)）。

(3)　性　別

(ア)　性別による差別は、かつては世界各国でみられ、日本でも同様だった。しかし日本国憲法制定に先立ち、1945年に選挙権・被選挙権の平等が衆議院議員選挙法の改正により実現した。また1947年には、妻の不貞のみを処罰する姦通罪（刑法旧183条）が削除された。こうした一連の法制度改革によって、両性の平等は戦前と比べると法的にはかなりの程度で実現された。他方で男女には肉体的・生理的な違いがあることから、女性保護のための区別は認められる。例えば、労働基準法が規定する産前産後の休暇（同法65条）、育児時間（同法67条）などである。それに対して、婚姻年齢に男女差を設けていたこと（民法731条）、女性だけに６カ月の再婚禁止期間を設けていたこと（民法733条）などの区別については、その合憲性が問われてきた（→本章第５節**４(3)**）。その結果、最近になり、区別を解消する法改正が行われている。婚姻適齢は男女ともに18歳とされた（平成30年法律59号）。また、加害者を男性、被害者を女性に限定していた強姦罪は、強制性交等罪（刑法177条以下）に改正された（平成29年法律72号）。

(イ)　国連が1979年に採択し、1981年に発効した女子差別撤廃条約を、日本は1985年に批准した。それをきっかけとして、1986年に雇用機会均等法が施行されるなど、民間における女性の地位向上が図られてきた。同法は1997年以降に数回にわたり改正、強化された。それとともに1997年改正に際しては、女性保護のために設けられた規定がかえって女性の社会進出を妨げかねない場合もあることから、例えば女性の深夜労働禁止規定（労基法旧64条の３）が、削除された。2006年改正では男性へのセクシャル・ハラスメントも禁止対象とされた（雇用機会均等法11条）。

さらに1999年には、男女共同参画社会基本法が制定された。同法は女性の社会進出を制度的に担保するさまざまな措置（積極的改善措置を含む）を国や地方公共団体が策定・実施する責務を規定している。憲法論としては、何が憲法上可能な改善措置か（例えば、比例代表選挙の名簿順位を男女交互にすることを政党に義務づけうるか）が論じられている。

＊　積極的差別是正措置・改善措置の憲法適合性審査：　仮に国等が積極的差別是正措置を設けた場合に、その憲法適合性を裁判所はいかに審査すべきかは、将来的には重要な問題である。しかし、そうした措置にも厳格なものから穏健なものまであり、区別事由も多様であるため、一般的な説明はできない。あえていうと、少数者を優遇する立法については、多数派は民主的政治過程によって改めることができるため、違憲審査の審査密度を高める必要は少ないだろう。

(ウ)　夫婦は「夫又は妻の氏を称する」と規定する民法750条を改廃しなかった立法不作為の違法が、国賠訴訟で争われてきた。夫婦同氏規定平成27年判決（最大判平成27・12・16民集69巻８号2586頁）は、後述するように（→本章第３節**3**(3)）、この規定それ自体に形式的な不平等はないという。しかし、これまで夫の氏を選択する夫婦が圧倒的多数だったことに、「社会に存する差別的な意識や慣習による影響があるのであれば、その影響を排除して夫婦間に実質的な平等が保たれるように図ることは、憲法14条１項の趣旨に沿うもの」としつつ、それは同規定が憲法24条の認める立法裁量の範囲を超えるものか否かの問題だとする。その上で、家族の「呼称を一つに定めることには合理性」があり、また婚姻前の氏の通称使用が社会的に広まったため、氏を改める者の不利益が一定程度緩和されうることなどを考慮して、同規定は24条に反しない、と判断している。この判決は、選択的夫婦別氏制の採用については国会で判断されるべきだ、としたものである（→第20章第２節**2**・第３節**2**）。

(4)　社会的身分

社会的身分とは、一般には、人が社会において占めている地位のことを指す。しかし、何が憲法14条１項後段に規定された「社会的身分」に該当するかについては、見解が分かれる。狭義説は、出生によって決定され、自己の意思で変えられない社会的な地位（宮沢俊義）、とする。広義説は、広く社会においてある程度継続的に占めている地位（佐藤功）、という。中間説は、人が社会的に一時的ではなく占めている地位で、本人の意思ではどうにもならないような、固定的な社会的差別観を伴っているもの（佐藤幸治)、という。判例は広義説をとる（後掲待命処分判決など)。これに対して列挙事由に特別の意味をもたせる通説では（→本章第3節**4**(1))、意味内容の明確な狭義説または中間説が支持されている。例えば婚内子・婚外子の区別（→本章第4節**3**(1)・第5節**4**(2)）は、狭義説においても、社会的身分による区別と考えられる。部落や性的マイノリティーも、同様な例である。部落差別の問題は私人間で生じているため、その解消のために国がいかなる施策をとりうるかは困難な課題であるが、これまでに同和対策事業特別措置法（1969年）などが作られてきた。

＊　同性愛者の団体が青年の家の宿泊を拒否されたため、憲法14条1項違反などを理由として国賠訴訟を起こしたのが東京都青年の家事件である。東京高判平成9・9・16判タ986号206頁は、都教育委員会が「結果的、実質的に不当な差別的取扱いをした」として、地自法244条2項などに反し違法だと、法律レベルで判断している。なおこの判決は裁量権逸脱をいうが、この事案は正当な理由がない限り管理権者は利用を拒否できない「許可使用」に関わるため、(第4章第3節で扱った）自由裁量に関する判示ではないことに留意する必要がある。

＊＊　性同一性障害者の性別の取扱いの特例に関する法律（平成15年法律111号）は、性同一性障害者の性別の取扱いに変更可能性を認めた。その要件の一つとして「現に子がいないこと」(同法3条1項3号）と規定されていたことは憲法14条1項などに反しないか、が争われた。最高裁は、「現に子のある者について性別の取扱いの変更を認めた場合、家族秩序に混乱を生じさせ」るなどとして、合理性を認めた（最決平成19・10・19家月60巻3号36頁)。なお当該条項は、その後、「現に未成年の子がいないこと」と改正されている（平成20年法律70号)。この改正規定は、最決令和3・11・30判時2523号5頁により、簡単に合憲とされた。また2号が定める非婚要件についても、「現に婚姻をしている者について性別の取扱いの変更を認めた場合、異性間においてのみ婚姻が認められている現在の婚姻秩序に混乱を生じさせかねない」として、合理性を認めている（最決令和2・3・11裁判所ウェブサイト)。4号が定める手術要件については、憲法13条との抵触が主に問題となった（→第5章第3節**1**)。

＊＊＊　上記「特例法」に基づき性別取扱変更の審判を受けた者が、ゴルフクラブへの入会を拒否された事案について、浜名湖カントリークラブ事件判決（東京高判平成27・7・1 LEX/DB 25540642）は、「性別に関する自己意識を身体的にも社会的にも実現してきたことを否定され」、「人格の根幹部分に関わる精神的苦痛を受けた」として、不法行為の成立を認めた。

(5) 門　地

門地とは、家系・血統等の家柄を指す。社会的身分について前記の狭義説のような解釈をとれば、門地は社会的身分とほぼ重複する。貴族制度は、門地による別異取扱いであるが、憲法14条2項により絶対的に禁止されている。

第3節　平等原則（平等権）適合性審査の基本型

1　二段階審査

防御権に対する制限が保護領域・制限・正当化という三段階で審査されるのに対して、通説的理解によれば平等原則には固有の保護領域が存在しないと考えられているため（→本章第2節**2**）、その適合性審査は、①別異取扱いがあるかどうか、②あるとされた場合にはそれが正当化されるかどうか、という二段階でなされる。このことは従来の多くの判例・学説においても、暗黙のうちに想定されてきた。もっとも、平等原則適合性が争われる事例において、別異取扱いがないという形で一段階目の審査で終わることは、実際上ほとんどない（→本節**3**(2)・(3)）。しかし、このように思考を分節化することによって、審査は明晰となる。

2　比較の対象

平等原則適合性を審査する場合にまず問題となるのは、誰と誰との別異取扱いか、ということである。例えば国籍法違憲判決（→本章第5節**2**）では、日本人父と外国人母の間の婚外子で、父に生後認知された子の中における準正子と非準正子との別異取扱い以外にも、複数の観点における別異取扱いが問題とされていた。比較対象の選び方によって、別異取扱いの有無や正当化の成否の結論が異なることも考えうる。

3　憲法14条1項の妥当（適用）範囲

(1)　立法者拘束・後段例示説

ワイマール憲法時代のドイツでは、平等条項は立法者を拘束しないとする見解が有力だった。その影響を受けた日本国憲法制定初期の学説の一部には、14条1項を法適用の平等のみを意味すると解するものもあった（立法者非拘束説・法適用平等説）。しかし、判例および通説は、法の内容が不平等な場合に、それを平等に適用しても意味がないとして、立法者拘束説（法内容平等説）をとってきた。また14条1項後段の列挙事由について、初期の判例や学説の中には限定列挙と理解するものもあった。しかし現在では、それを例示とみる立場が判例・通説として確立している。こうした意味で、14条1項の妥当（適用）範囲は広く理解されている。

＊　刑法205条2項（平成7年法律91号による改正前）は、尊属傷害致死罪を一般の傷害致死罪よりも重く罰する規定だった。この規定が14条1項に反しないと判断した最高裁は、14条の趣旨につき「人格の価値がすべての人間について平等であり、従って人種、宗教、男女の性、職業、社会的身分等の差異にもとずいて、あるいは特権を有し、あるいは特別に不利益な待遇を与えられてはならぬという大原則を示したもの」、と述べていた（尊属傷害致死罪判決：最大判昭和25・10・11刑集4巻10号2037頁）。この判旨を、平等保障の対象は価値観に基づく差別を禁止する趣旨だと理解した上で、支持する見解がある（小嶋和司、大石眞〔人格価値平等説〕）。これに対し、罰金刑が財産の有無により不平等を生じさせるかにつき判断した同年の判決は、「各人には経済的、社会的その他種々な事実的差異が現存するものであるから一般法規の制定又はその適用においてその事実的差異から生ずる不均等があることは免れ難いところ」とし、罰金刑については「一般社会観念上合理的な根拠〔が〕ある」、という（最大判昭和25・6・7刑集4巻6号956頁）。この判決のように、14条1項の妥当（適用）範囲を別異取扱い一般だと捉える立場が判例、通説である（一般的平等説）。この意味でも、14条1項の妥当（適用）範囲は広く解されている。

＊＊　前述した尊属傷害致死罪判決による「大原則」に関する判示については、14条1項の妥当範囲を限定するという読み取り方だけではなく、別異取扱いの正当化審査における「第一関門」としての価値観に基づく差別禁止を示したものと読む見解もある（佐藤幸治）。判決自体は明確な立場を示すものではないが、後者の読み取り方をすると、別異取扱いの正当化に際して、まず「人の区別の可否」を審査しようとする見解（→本章第5節**2**）の萌芽と位置づけられうる。

(2)　憲法14条1項の妥当（適用）範囲の憲法による限界づけ

憲法14条1項の妥当（適用）範囲が、憲法上限界づけられている場合がある。世襲の象徴天皇制が規定されていることは、この典型例である。裁判で争われた事例としては、条例によって地域ごとに取扱いに差異が生じることが平等原則に反しないか、という問題がある。最高裁は、「憲法が各地方公共団体の条例制定権を認める以上、地域によって差別を生ずることは当然に予期されることであるから、かかる差別は憲法みずから容認するところである」、と判断した（東京都売春取締条例事件判決：最大判昭和33・10・15刑集12巻14号3305頁）。この判旨は、当該問題を憲法上、14条１項の妥当（適用）対象外としたもの、あるいは憲法上正当化されているとしたものと解しうる。

(3)　正当化審査の対象となる別異取扱いがないとされた事例

平等原則適合性審査が基本的に第一段階で決着がつけられた例として、婚外子住民票記載義務づけに関わる最判平成25・９・26民集67巻６号1384頁がある。戸籍法49条２項１号は、出生届けの必要的記載事項として「嫡出子又は嫡出でない子の別」を挙げている。この規定の合憲性について、判決は、本件規定は、「身分関係上及び戸籍処理上の差異を踏まえ」、「市町村長の事務処理の便宜に資するもの」にとどまり、「本件規定それ自体によって、嫡出でない子について嫡出子との間で子又はその父母の法的地位に差異がもたらされるものとはいえない」、と判断した。また、先にも触れた夫婦同氏規定平成27年判決も、民法750条は、「夫婦がいずれの氏を称するかを夫婦となろうとする者の間の協議に委ねているのであって、その文言上性別に基づく法的な差別的取扱いを定めているわけではな」い、と述べている。

(4)　基本権の競合

平等原則と憲法上保障された実体的な権利は、競合する場合が多い。①実体的権利の中に差別禁止が含意されている場合は、実体的権利が優先的に問題とされる。本書で扱っている事例の多くは、この類型に該当する。②実体的権利に対する制約が平等原則審査に吸収される場合は、平等原則が優先的に問題とされる。例えば、サラリーマン税金訴訟判決（→本章第４節**2**(1)）などはこの類型の事例である。③実体的権利と平等原則が異なった観点から、並列的に審査される場合もある。例えば、学生無年金訴訟判決（→本章第４節**２**(2)）はこの事例である。その他、実体的権利が観念されない場合は、競合は生ぜず、平等原則が専ら審査される。例えば、国籍法違憲判決（→本章第５節**２**）などである（小山剛）。

＊　法の下の平等と外国人：　14条１項の文言上は「すべて国民は、法の下に平等であって……」と規定するが、この趣旨は、「外国人に対しても類推さるべき」とされる。もっとも、「不均等が一般社会観念上合理的な根拠に基づき必要と認められるものである場合には」本条に反しない、とするのが判例の立場である（最大判昭和39・11・18刑集18巻９号579頁）。

４　別異取扱いの正当化審査

(1)　通説の思考方法

別異取扱いが何を理由としてなされたのかは、その正当化審査に際して考慮されるべき重要な観点である。通説は、14条１項後段列挙事由は歴史的に特に疑わしい別異取扱いを例示したものであるから、それを理由とした別異取扱いは厳格に正当化審査されるべきだ、と考えてきた（特別意味説）。さらに、14条１項後段列挙事由以外の事由による場合でも、別異取扱いがいかなる権利・利益に関わっているか、という観点が考慮されるべきである。通説は、「二重の基準」の考え方に基づき、精神的自由や選挙権のような重要な権利に関わって別異取扱いがなされている場合は、厳格な正当化審査が必要だと考えてきた。

これに対して判例は、14条１項後段列挙事由にこのような特別な意味をもたせていないなど、学説とは異なった正当化審査を行っている。その出発点は、次の二つの判決である。

(2)　待命処分判決――「合理的な根拠」の審査

高齢者であることを一応の基準としてなされた地方公務員の待命処分が14条１項に反しないかに関わる待命処分判決は、「事柄の性質に即応して合理的と認められる差別的取扱をすることは、なんら右各法条の否定するところではない」、と述べる（最大判昭和39・５・27民集18巻４号676頁）。合理的な根拠があれば、別異取扱いも正当化されるというこの判断は、現在に至るまでの別異取扱いの正当化審査に関する指導的判例である。

＊　この判決は、14条1項後段列挙事由についても、「右各法条に列挙された事由は例示的なものであって、必ずしもそれに限るものではない」として、限定列挙説に立った原審を否定している。この論点でも、同判決は最高裁による例示説の指導的判例である（→本節3(1)）。

(3)　尊属殺判決——「二段構え」の審査

尊属殺重罰を規定した刑法200条（平成7年法律91号による改正前）を違憲とした判決も、最高裁による平等審査の範型を示すものとして扱われてきた。この判決は「差別的取扱いが合理的な根拠に基づくものであるかどうか」を、立法目的（「人の区別の可否」）と手段（「別異取扱いの程度」）という「二段構え」（田尾勇調査官）で審査している点で、待命処分判決を一歩進めたものである。

最高裁は、こういう。①「刑法200条の立法目的は、尊属を卑属またはその配偶者が殺害することをもって一般に高度の社会的道義的非難に値するものとし、かかる所為を通常の殺人の場合より厳重に処罰し、もって特に強くこれを禁圧しようとする」ものである。そこで、被害者が尊属であることを「類型化し、法律上、刑の加重要件とする規定を設けても」、「合理的な根拠を欠くもの」ではない。しかし、②「加重の程度が極端であって、前示のごとき立法目的達成の手段として甚だしく均衡を失し、これを正当化しうべき根拠を見出しえないときは、その差別は著しく不合理」となる。「尊属殺の法定刑は、それが死刑または無期懲役刑に限られている点……においてあまりにも厳し」いため、「合理的根拠に基づく差別的取扱いとして正当化することはとうていできない」（最大判昭和48・4・4刑集27巻3号265頁）。

＊　尊属殺判決は、最高裁が、従来の判例を明示的に変更して、初めて法律を違憲と判断したものである。この判決では、立法目的と手段審査の名目の下で、「人の区別の可否」（尊属殺を刑の加重要件とする罪を設けること）と「別異取扱いの程度」（刑の加重の程度）の審査がなされ、後者が甚だしいことが平等違反とされた。これに対して田中二郎裁判官は、尊属殺人に関して刑の加重規定を設けること自体が14条1項に反するという「意見」を書いていた（「人の区別」自体の否定説）。「子が親を尊敬し尊重すること」は「道徳」であり、法律により強制されたり、「特に厳しい刑罰を科すること

によって遵守させせようとしたりすべきものではない」という田中意見が、当時の学界でも通説だった。これに対して岡原昌男裁判官の補足意見は、同条が旧家族制度的倫理観に基づいていることは法定刑が極端に重いという点に現れている、という。多数意見はこの立場であったため、その後、尊属傷害致死重罰規定（刑法旧205条２項）については合憲と判断している（最判昭和49・９・26刑集28巻６号329頁）。尊属殺判決による違憲判決の効力については、後述する（→本章第６節４）。

第４節　判例における別異取扱いに関する正当化審査の展開

１　概　説

尊属殺判決が用いた審査手法は、実際には、判例における別異取扱いの正当化審査における範型ではない。常に「二段構え」の審査が行われるわけではなく、「二段構え」の審査の内実も変容し、その審査密度も異なる。その中でも以下では、尊属殺判決では黙示的な前提であった立法裁量論が、その後の判例において前面に出てきていることに着目したい。その裁量論には、「政策的、技術的」な裁量と、「制度形成・制度構築」に関する裁量という、同質的なものではあるがひとまず区別しうる二つがある。

２　「政策的、技術的」な裁量判断の尊重

(1)　サラリーマン税金訴訟判決――「二段構え」の審査を行った例

「政策的、技術的」な立法裁量を広く承認した代表的判例がサラリーマン税金訴訟判決である。この事件では、旧所得税法が事業所得者等にのみ必要経費の実額控除を認め、給与所得者にはその代わりに同法所定額による概算控除を認めないなどの税負担の不均衡が14条１項に反しないか、などが争われた。

最高裁は、次のように合憲性を認めた。①租税法の定立について、裁判所は「立法府の政策的、技術的な判断……を尊重せざるを得ない」。そのため租税法の分野における「取扱いの区別は、その立法目的が正当なものであり、かつ、当該立法において具体的に採用された区別の態様が右目的との関連で著しく不合理であることが明らかでない限り、その合理性を否

定することができ」ない。当該区別については、②「租税負担を国民の間に公平に配分するとともに、租税の徴収を確実・的確かつ効率的に実現する」という「目的は正当」である。また、③「給与所得控除の額は給与所得に係る必要経費の額との対比において相当性を欠くことが明らか」ではない（最大判昭和60・３・27民集39巻２号247頁）。

＊　この判決は「二段構え」の正当化審査をしている点では、尊属殺判決を踏襲している。しかし、この判決では、「立法目的」と「区別の態様」（の立法目的との関連性）が審査されているということが尊属殺判決との違いである。また租税法に関する「政策的、技術的」な立法裁量が強調された結果として、「区別の態様」の審査密度が、「著しく不合理であることが明らか」という形に、より低く定式化されている。

＊＊　労働者の業務上の負傷などに対する労働者災害補償保険法に基づく傷害補償給付には、「外ぼうの醜状障害」について、男性が低額という支給に関する差異が存在した。京都地裁は、障害等級表（同法施行規則別表１）の策定について、①厚生労働大臣の専門的技術的裁量を承認し、「本件差別的取扱いについて、その策定理由に根拠がないとはいえない」が、②「著しい外ぼうの醜状障害についてだけ、男女の性別によって……大きな差が設けられていることの不合理さは著し」いとして、違憲と判断した（京都地判平成22・５・27判時2093号72頁）。

この判決は、別異取扱いの正当化に関して「二段構え」の審査をし、しかも「人の区別の可否」については策定理由に根拠があるとしつつ、「差別的取扱いの程度」が「著しく不合理」だとして、14条１項に反すると判断したものである。この審査手法と結論の出し方は、（対象が法律か省令かという違いはあるものの）尊属殺判決と同型である。尊属殺判決は約40年後になって初めて、追随する判決を得た。もっともこの事例においても、そもそも人を区別すること自体に根拠があるかは疑問である。なお同判決後、男性の給付を女性と同等とする規則改正が行われた。その後、「別異取扱いの程度」の甚だしさを理由とした最高裁による違憲判断として、再婚禁止期間違憲判決が加わった（→本章第５節**4**(**3**)）。

(2)　堀木訴訟判決・学生無年金訴訟判決
――「二段構え」の審査を行わなかった例

生存権と平等に関わる判決も、「政策的、技術的」な立法裁量を広く認めるものが多い。最高裁は、生存権を具体化するには、「高度の専門技術的な考察とそれに基づいた政策的判断を必要」とするため、立法措置の

「選択決定は、立法府の広い裁量にゆだねられており、それが著しく合理性を欠き明らかに裁量の逸脱、濫用とみざるを得ないような場合を除き、裁判所が審査判断するのに適しない」、と述べる。そしてこの憲法25条適合性に関する論旨を14条適合性審査にも転用した上で、「右差別がなんら合理的理由のない不当なものであるとはいえないとした」原審を是認している（堀木訴訟判決：最大判昭和57・7・7民集36巻7号1235頁→第15章第2節**3**(3)）。

社会保障上の立法措置の選択決定を平等原則によって枠づけうるかは、学生無年金訴訟でも争われた。最判平成19・9・28民集61巻6号2345頁は、堀木訴訟判決に依拠した上で、「財政事情」との関わりなどにも言及することによって、当該事案について「著しく合理性を欠くということはできない」、と判断した（→第4章第2節**2**(3)）。遺族基礎年金支給者を妻または子としていた国民年金法（平成24年法律62号による改正前）の規定の下では、母子家庭と父子家庭の間で別異取扱いがあったが、最高裁は簡単に憲法25条・14条に反しないと結論している（最判平成30・9・25 LEX/DB 25561677）。

＊　これらの判決は「二段構え」の審査をしていない。紹介した判旨が14条審査を25条審査に依存させていたためだと思われる。

＊＊　第2次世界大戦中、日本軍の軍人軍属として戦死傷した台湾住民らが、日本人に対しては恩給法および戦傷病者戦没者遺族等援護法により補償がされているにもかかわらず、台湾住民らに何らの補償もされていないことは14条1項などに反する、として訴えたところ、最高裁は時期を二分して判断した。①日本と台湾の間で「特別取極」が成立する可能性があった時期については、補償問題を外交交渉に委ねることに「十分な合理的根拠がある」、という。14条1項適合性に関して「二段構え」の審査がなされていないことは、判決の対象が立法不作為のため、「立法目的」と「手段」が分離できないからだと思われる。次に判決は、②日本と中華人民共和国との間で国交が成立し、台湾との「特別取極」の協議が不可能になった後については、補償は「立法政策に属する問題」だとする。これは、立法裁量論と同じ思考ではあるが、それをより強調する趣旨であろう（最判平成4・4・28判時1422号91頁）。

3　制度構築に関する裁量判断の尊重

(1)　婚外子法定相続分平成7年決定――「二段構え」の審査を行った例

別異取扱いの正当化審査において、「制度形成・制度構築」に関する立法裁量を広く認めた代表的判例として、婚外子法定相続分平成7年決定がある。婚外子の法定相続分を婚内子の2分の1と定める民法900条4号ただし書前段の憲法14条1項適合性について、平成7年決定はこういう。①相続制度の形態は種々であるから、「相続制度をどのように定めるかは、立法府の合理的な裁量判断にゆだねられている」。②「本件規定の立法理由は」、「法律婚の尊重と非嫡出子の保護の調整を図ったもの」であるが、それには「合理的な根拠がある」。③婚外子の法定相続分を婚内子の2分の1としたことは、「右立法理由との関連において著しく不合理」ではない（最大決平成7・7・5民集49巻7号1789頁）。

＊　この決定は、相続制度に原則的な形態が観念できないことから、相続制度の構築に関する立法者の裁量を広汎に承認したものである。また決定は、別異取扱いについて「二段構え」の正当化審査を行っている。ただし、審査の対象は「立法理由」と「区別」（の立法理由との関連性）であり、尊属殺判決のように「別異取扱いの程度」の甚だしさが審査されているわけではない。審査の密度は前者が「合理的根拠」の有無、後者は「著しく不合理」かどうかと定式化されている。審査密度の定式化自体は尊属殺判決と同様であるが、制度構築に関する立法裁量論が正面から導入された結果として、別異取扱いの正当化審査は極めて緩いものとなった。

＊＊　この決定には5人の裁判官による反対意見が付いていた。本件規定が「非嫡出子を嫡出子に比べて劣るものとする観念が社会的に受容される余地をつくる重要な一原因となっている」と反対意見が指摘するところは、法規定の社会的効果に着目することによって、「人の区別」がそもそも違憲だとするものである。こうした違憲論は、その後の小法廷事件でも反対意見または補足意見として示され続け、学説では通説だった（→本章第5節**2**）。

＊＊＊　非嫡出子という用語は、正統ではないとの意味を含み、現在の最高裁も使わなくなっている。本書では、引用以外の箇所では、原則として婚内子・婚外子という用語を採用する。

(2)　選挙運動における平等

選挙運動と平等の問題に関しては、第18章第4節**3 (3)**で扱う。

(3)　東京都管理職選考事件判決
――「二段構え」の審査を行わなかった例

東京都に保健師として採用された者が管理職試験を受験しようとしたところ、日本国籍を有しないことを理由として、受験が認められなかった。これに対する国賠請求事件において、最高裁は、地方公共団体が、公権力の行使に当たる行為を行うことなどを職務とする地方公務員の職とこれに昇任するのに必要な職務経験を積むために経るべき職とを包含する一体的な「管理職の任用制度を構築した上で、日本国民である職員に限って管理職に昇任することができることとする措置を執ることは」、「合理的な理由」があり、憲法14条1項に反しない、と判断した（東京都管理職選考事件判決：最大判平成17・1・26民集59巻1号128頁。→第2章第1節3 (2)(オ))。

＊　この判決は、別異取扱いに関する「二段構え」の正当化審査を行っていない。その一因は、判断対象が上記のような「措置」だったことにある。ここでは、「目的」と「区別」が一体化しているため、あえて両者を分離して審査する必要はない。また多数意見において「合理的な理由」の審査密度が低いのは、当該「措置」を地方公共団体による「管理職任用制度」の構築の問題として捉えていることによる。

＊＊　反対意見を書いた泉徳治裁判官は、事案を特別永住者に対する権利制限として捉えることによって、より厳格な審査を行っていた。このように、事案を制度構築の問題として把握するか、権利制限の問題として把握するかにより、審査のあり方は変わってくる（→第4章第2節1）。仮に制度構築の問題だとしても、一審原告を管理職に昇任させることが、「全体としての人事の流動性を著しく損なう」かについては、認定されていなかった。

第5節　別異取扱いの正当化審査における立法裁量を枠づける諸手法

1　概　説

第4節でみたように、裁判所は別異取扱いの正当化審査において、立法裁量論を持ち出すことが多かった。しかし他方で裁判所は、立法者の裁量を承認した上で、それを枠づける手法を徐々に開拓しつつある。この手法については、既に第4章第2節で概述しているが、本節では平等審査という観点から再説する。

2　典型としての国籍法違憲判決

別異取扱いの正当化審査において用いられる立法裁量論を枠づける手法として、最も典型的で汎用性をもつのが、比例原則の思考によって審査密度を高める試みである。この代表例が国籍法違憲判決である。当時の国籍法３条１項によれば、法律上の婚姻関係にない日本国民である父と日本国民でない母との間で出生した子で、日本国民である父から生後認知された子のうち準正のあった子は（民法789条参照）、所定の要件を満たせば届出により日本国籍を取得するが、認知されたにとどまる子は届出によってもこれを取得できない。そこで、この区別などが憲法14条１項に反しないか、などが争われた。

最重要判決であるため、やや詳しく最高裁の判旨を紹介する。①憲法10条は、国籍の定め方を「立法府の裁量判断にゆだね」ている。しかし、立法府の「裁量権を考慮しても、なおそのような区別をすることの立法目的に合理的な根拠が認められない場合、又はその具体的な区別と上記の立法目的との間に合理的関連性が認められない場合には」、当該区別は14条１項に違反する。②日本国籍は、基本的人権の保障などを受ける上で意味をもつ「重要な法的地位」である。また、「父母の婚姻により嫡出子たる身分を取得するか否か」は、「子にとっては自らの意思や努力によっては変えることのできない」事柄である。したがって、そのような事柄により「日本国籍取得の要件に関して区別を生じさせることに合理的な理由があるか否かについては、慎重に検討することが必要である」。③国籍法３条１項の「立法目的」は、「血統主義を基調としつつ」、「我が国との密接な結び付きの指標となる一定の要件を設けて、これらを満たす場合に限り出生後における日本国籍の取得を認めることとした」ものであり、そこには「合理的な根拠がある」。また、当該規定が設けられた当時は、その要件設定と「上記の立法目的との間に一定の合理的関連性があった」。④しかしながら、その後の「国内的、国際的な社会的環境等の変化に照らしてみると」、当該規定と「前記の立法目的との間に合理的関連性」はなくなった（国籍法違憲判決：最大判平成20・６・４民集62巻６号1367頁）。

＊　この判決は、「立法目的」と「区別」（の立法目的との関連性）に関して「二段構え」の審査を行っている。またこの判決は、国籍制度の構築に関する立法者の裁量を承認しつつ、判旨②で、(ア)「重要な法的地位」に関して、(イ)「自らの意思や努力」では変えられない事柄で区別されたことに着目して、その裁量審査の密度を高める仕方を示した。この審査は、制度構築の裁量を枠づける平等原則適合性審査に、本来は権利制限に関する正当化審査で作用するはずの比例原則の思考（→第３章第３節**３(3)**）を導入し、目的に対して手段が過剰になっていると判断したものであり、通説の思考方法（→本章第３節**４(1)**）に接近している。この手法は、これからの平等審査のあり方を指し示す典型であろう。判旨③④は「時の経過」論（→本節**４**、第４章第２節**３**）を用いる代表例である。救済については、本章第６節**３**。

＊＊　この事件において、本来は、婚内子か否かで区別すること自体（立法目的）に平等違反があったというべきだ、という見解も有力に存在する。これは、婚外子法定相続分平成７年決定の反対意見と同様の思考であり、それこそが「固有の差別問題」だというのである（高橋和之、石川健治）。このようにまずは、「人の区別の可否」を審査すべきことを強調することは重要であるが、裁判所は「人の区別の可否」の審査だけによって違憲と判断することに躊躇しがちである。しかし、「人の区別の可否」の審査の意義を強調することが、立法目的と区別の合理的関連性審査に対して、審査密度を高める効果を事実上及ぼすという可能性もある。国籍法違憲判決は、そうした例だったのかもしれない（石川健治）。

＊＊＊　国籍法12条は、重国籍となるべき子のうち「国外で生まれたもの」について、国籍留保の意思表示をしないと日本国籍を失う旨を定めているため、（そのような手続がない）日本で生まれた子との間に区別が生じている。最判平成27・３・10民集69巻２号265頁は、国籍法違憲判決の枠組みに従った上で、次のようにして14条１項に反しないと結論した。①「形骸化した日本国籍」と「重国籍」の発生を防止するという立法目的には「合理的な根拠」がある。②「国籍留保の意思表示」を当該子の「我が国との密接な結び付きの徴表」とみることができ、手続も適正で、国籍法17条で国籍再取得の制度も設けられていることから、上記区別は立法目的との関連で「不合理」ではない。国籍法違憲判決とは事案が区別され、審査の密度が高められなかった判断だった。

３　立法者の自己拘束の論理

立法裁量論をいわば内側から枠づける手法として、立法者の自己拘束の論理がある（→第４章第２節**４(1)**）。この手法を用いた例として、議員定数の不均衡を初めて違憲と判断した昭和51年の判決を挙げることができる。この判決は、衆議院の選挙制度が中選挙区制であった時代のものであるが、現在でも「一票の較差」訴訟における指導的判例であり続けている。判決はこう述べた。①選挙制度には、「論理的に要請される一定不変の形態」は存在しない。そのため日本国憲法も、「両議院の議員の各選挙制度の仕組みの具体的決定を原則として国会の裁量にゆだねている」。②しかし、「選挙人の投票価値の不平等が、国会において通常考慮しうる諸般の要素をしんしゃくしてもなお、一般的に合理性を有するものとはとうてい考えられない程度に達しているときは、もはや国会の合理的裁量の限界を超えている」ため、違憲である。③本件議員定数配分規定は、「選挙区別議員1人あたりの人口数の開きをほぼ2倍以下にとどめることを目的としたものである」。ところが、「本件衆議院議員選挙当時において」、「その開きは、約5対1の割合に達していた」。このことが、本件においては投票価値の不平等が「一般的に合理性を有するものとはとうてい考えられない程度に達してい」た、という結論をもたらした（衆議院議員定数不均衡違憲判決：最大判昭和51・4・14民集30巻3号223頁）。

＊　この判決は、選挙制度に原則的な形態がないことから、立法者による制度構築に関する広い裁量を承認した上で、それが平等原則により枠づけられるか、という審査を行っている。その際には「二段構え」の審査は行われていない。別異取扱いの正当化に関する審査密度も低いものである。にもかかわらず判決が違憲という結論を導く際に作用したのは、判旨③で示された、立法者の自己拘束の論理だった。この判決では、次に扱う「時の経過」という論理も使われている。本件定数配分規定は、公選法一部改正時（昭和39年）には合憲だったが、「人口の漸次的異動」によって一票の較差が拡大し、当該選挙時（昭和47年12月）には違憲となっていた、というのである。

4　「時の経過」

(1)　小選挙区制下における区割りの不平等

1994年に小選挙区比例代表並立制に変更された衆議院の選挙制度の下では、「一票の較差」は、小選挙区の区割りの不平等という形で現れる。区割りの不平等が生じた主な原因は「1人別枠方式」（各都道府県にまず1議席を配分し、残りの議席を人口比に従い都道府県に配分する）という区割基準であるため、この区割基準規定の合憲性が焦点となった。最高裁は、最大判平成11・11・10民集53巻８号1441頁以降、最判平成13・12・18民集55巻７号1647頁、および最大判平成19・６・13民集61巻４号1617頁においても、選挙制度に関する立法者の制度構築を広く承認することにより、これを合憲としてきた。

この判例を実質的に変更したのが、平成23年の判決である。判決はこういう。「殊更に」投票価値の不平等を生じさせる「１人別枠方式」は、新しい選挙制度を導入する際の激変緩和措置だった。「そうであるとすれば、１人別枠方式は、おのずからその合理性に時間的な限界があ」り、「新しい選挙制度が定着し、安定した運用がされるようになった段階においては、その合理性は失われる」。選挙区間の投票価値の較差が、「最大で2.304倍に達し、較差２倍以上の選挙区の数も増加して」いるという状況に鑑みて、「１人別枠方式」および、それに基づいて定められた選挙区割りは、「憲法の投票価値の平等の要求に反する状態に至っていた」（「１人別枠方式」違憲状態判決：最大判平成23・３・23民集65巻２号755頁）。

この判決は、先行判例が「１人別枠方式」を合憲としてきたことを尊重しつつ、「時の経過」によって「激変緩和措置」の時間的限界が経過し、当該選挙時までにそれは違憲状態となっていた、とするものである（→第４章第２節**3**）。

＊　区画審設置法３条１項は、選挙区間の投票価値の較差２倍未満を基本として区割りをすることを規定している。それにもかかわらず本件選挙当時、較差は最大で2.304倍に達していた。このことも、判決が区割基準と区割りを違憲状態だと判断した理由となっていると解しうる。ここには立法者の自己拘束の論理（→本節**3**）が働いている。この判決が分岐点となった衆議院議員選挙における「一票の較差」判例の動向については、憲法Ⅱ第７章第４節**5**(3)を参照。

(2)　婚外子法定相続分平成25年決定

民法900条４号ただし書前段について、最大決平成25・９・４民集67巻６号1320頁は、平成７年決定（→本章第４節**3**(1)）を実質的に変更して、違憲と判断した。この変更を支えたのも、次のような「時の経過」論だった。①「昭和22年民法改正時から現在に至るまでの間の社会の動向、我が国における家族形態の多様化やこれに伴う国民の意識の変化、諸外国の立法のすう勢及び我が国が批准した条約の内容とこれに基づき設置された委員会からの指摘、嫡出子と嫡出でない子の区別に関わる法制等の変化、更にはこれまでの当審判例における度重なる問題の指摘等を総合的に考察すれば、家族という共同体の中における個人の尊重がより明確に認識されてきたことは明らかである」。②「上記のような認識の変化に伴い、上記制度の下で父母が婚姻関係になかったという、子にとっては自ら選択ないし修正する余地のない事柄を理由としてその子に不利益を及ぼすことは許されず、子を個人として尊重し、その権利を保障すべきであるという考えが確立されてきている」。こうして、民法900条４号前段ただし書を、当該相続が開始された2001年７月当時には、14条１項に反していたと判断したのである（違憲判決の効力につき→本章第６節**４**、憲法Ⅱ第12章第８節**２(3)**）。

＊　この決定は、相続制度の構築に関して広い立法者の裁量を認めるという判断の大枠では、平成７年決定と同様である。しかしそれとは異なり、「二段構え」の審査は行わず、平成７年決定の定式に倣えば、「立法理由」に「合理的な根拠」があるかに言及していない。「区別」の審査については、平成７年決定による「立法理由との関連で著しく不合理」かの審査から、「合理的な根拠」があるかの審査へと幾分密度が高まった。しかし国籍法違憲判決（→本節**２**判旨②）のように、審査密度を高める論理はない。国籍法違憲判決の事例とは、婚外子が別異取扱いされているという点では共通するが、相続権はそれほど重要な法的権利ではない、と考えられているのであろう。そのため本判決は、「種々の事柄の変遷等」を背景としつつ、「個人の尊重」という考え方の確立という観点を中心に置いて、「区別」の合理性を否定した（→第４章第２節**３**）。平等審査の枠組みが明確ではないため、指導的判例としては機能しにくいであろう。

＊＊　地方公務員災害補償法32条１項ただし書は、遺族補償年金の第一順位の受給権者である配偶者のうち、夫についてのみ年齢要件を定めていた。大阪地判平成25・11・25判時2216号122頁は、この区別が憲法14条１項に反し違憲だと判断した。この判決も、社会保障的性格をもつ遺族補償年金制度の構築に関する立法裁量を前提としつつ、「時の経過」の論理を用いる。本件区別は、「一般的な家庭モデルが専業主婦世帯であった立法当時には、

一定の合理性を有していた」が、「共働き世帯が一般的な家庭モデルとなっている今日においては、……もはや立法目的との間に合理的関連性を有しない」、というのである。目的と区別の合理的関連性の喪失をいう点は、国籍法違憲判決（→本節２判旨③④）と同様であり、婚外子法定相続分平成25年決定とは異なる。これに対して控訴審の大阪高判平成27・６・19判時2280号21頁は、一転して、憲法25条の趣旨を具体化する立法措置について広い裁量を認め、上記区別についても合理性を欠くとはいえない、と判断した。上告審の最判平成29・３・21判時2341号65頁も、簡単に合憲性を認めている。

(3)　再婚禁止期間違憲判決

女性についてのみ６カ月の再婚禁止期間を定めていた民法733条１項につき、同規定を改廃しなかった立法不作為の違法が、国賠訴訟により争われてきた。最判平成７・12・５判時1563号81頁は、（正面からの憲法判断を回避しつつ）国賠法上の違法性はないと判断していた。しかし平成27年の最高裁は、一転して同規定を違憲と判断した。

この判決は、憲法14条１項適合性について、従来の判例に従い、区別に「事柄に応じた合理的な根拠」を必要とする。また、憲法24条２項が婚姻および家族に関する具体的な制度の構築を立法裁量に委ねるとともに、同条１項が裁量の限界を画しているという観点から合憲性審査を行う。こうして、この判決では、14条１項と24条２項適合性審査は重なっている。審査に際しては、①「婚姻をするについての自由」は、24条１項の規定の趣旨に照らし、「十分尊重に値する」。民法733条１項は「婚姻に対する直接的な制約」を課すことになっているため、その合理的な根拠の有無については「事柄の性質を十分考慮に入れた上で検討することが必要である」という基本姿勢が示された後、具体的な判断が行われる。②民法733条１項の立法目的は、「女性の再婚後に生まれた子につき父性の推定の重複を回避し、もって父子関係をめぐる紛争の発生を未然に防ぐこと」であり、「合理性」がある。③民法772条２項からすると、「父性の推定の重複が回避される」ために、本件規定のうち100日の再婚禁止期間を設ける部分は、「上記立法目的との関連において合理性」がある。④６カ月の再婚禁止期間は、かつては不合理ではなかったが、「医療や科学技術が発達」

し、また「再婚をすることについての制約をできる限り少なくするという要請が高まっている」今日では、「本件規定のうち100日超過部分は」、「その立法目的との関連において合理性を欠く」（再婚禁止期間違憲判決：最大判平成27・12・16民集69巻8号2427頁）。

＊　この判決は、「立法目的に合理的な根拠」があるか、区別の具体的内容が「立法目的との関連において合理性」があるかという、「二段構え」の審査を行い、かつ本件規定が「婚姻に対する直接的な制約」であることから、平等審査の密度を高めたものであるなど、国籍法違憲判決の審査枠組みと類似した判決だった。他方で、婚姻の自由は「十分尊重」されるにとどまり、直接的な制約ではあっても制約は一時的であるため、「事柄の性質を十分考慮」する審査にとどまった。そのため、「100日超過部分」という甚だしい別異取扱いのみが違憲となった。判旨③は「時の経過」の論理である。この判決は、立法不作為の国賠法上の違法性については、違憲であることが国会にとって明白ではなかったとして、認めなかった（→第19章第3節6）。なお2名の裁判官は本件規定全部を違憲としている。一部違憲という判決方法については、憲法Ⅱ第12章第7節1(2)を参照。

＊＊　民法772条は、妻が婚姻中に懐胎した子を、夫の子と推定している。この推定を否認する訴えを提起する権利は夫のみにある（民法774条・775条）。このことが、父と子、夫と妻との間における不合理な別異取扱いだとして訴えが提起された。裁判所は、嫡出否認権の行使は限定的、抑制的であることが望ましいという立場を前提に、上記の区別にも「一応の合理性」を認めている（大阪高判平成30・8・30訟月65巻4号623頁、最決令和2・2・5 LEX/DB 25565317）。以上に関わる法改正について、後述（→本章第6節4）。

＊＊＊　同性婚：　同性婚を認める民法、戸籍法の規定がないことの適合性が各地で争われている。最初の判決となった札幌地裁は違憲判断だった。この判決は、同性愛者と異性愛者の別異取扱いは、「人の意思によって選択・変更できない事柄である性的指向に基づく区別取扱い」であるから、合理的根拠を有するかについては「慎重な検討」を要するとした上で、上記区別を解消することを要請する国民意識が高まりつつあることなどから、「同性愛者に対しては、婚姻によって生じる法的効果の一部ですらもこれを享受する法的手段を提供しないとしていること」を憲法14条1項に反すると判断した（札幌地判令和3・3・17判時2487号3頁）。この判決も、「時の経過」の論理を使い、別異取扱いの程度の甚だしさを違憲としたものである。そのため婚姻に準ずる制度ができれば、同性婚を認めないことも合憲となる、という趣旨である。その後大阪地判令和4・6・20判時2537号40頁は合憲、東京地判令和4・11・30判時2547号45頁は24条2項に関して違憲状

態と、判断が分かれている。

5　判断過程審査から立法者の努力の審査へ

最高裁は、参議院議員選出選挙における「一票の較差」について、累次の判決によって、立法者による制度構築の裁量を極めて広汎に承認し、較差を認めてきた。この立場が変化する分岐点となったのが、最大判平成16・１・14民集58巻１号56頁である。この判決の多数意見は、訴訟の対象となった最大較差１対5.09の定数配分規定が合憲であるという結論のみを示した。その上で、従来型の広汎な立法者の制度構築の裁量を認める５名の裁判官による補足意見１と、立法裁量審査に判断過程審査の手法を導入する４名の裁判官からなる補足意見２が、異なった理由づけを行っている。この判決には、６名の裁判官による反対意見も付されており、裁判官の見解の相違が如実である。特に注目すべきは、補足意見２である。この補足意見は、立法府の「結論に至るまでの裁量権行使の態様が、果たして適正なものであったかどうか」を審査すべきとするものだった（→第４章第２節**7**）。

＊　補足意見２は、諸考慮要素の中で、「投票価値の平等のように、憲法上直接に保障されていると考えられる事項」と、「都道府県単位の選挙区制」のように、「立法政策上考慮されることは可能」というにとどまる事項を区別すべきとして、平等審査を厳格化しようとしたものである。しかし、立法過程（とりわけ不作為）を司法府が法的に審査するということは本来的に難しい。その後の判例に継承されたのは、この補足意見における「無為の裡に漫然と」放置したかどうか、という論理であった。現在では、立法者がどの程度努力しているかが、立法裁量を統制する際の重要な考慮要素となっている。

＊＊　参議院についても「一票の較差」をより厳密に審査しようという姿勢は、その後の最高裁判例に重要な影響を与え、最大判平成24・10・17民集66巻10号3357頁と最大判平成26・11・26民集68巻９号1363頁は、定数配分規定を違憲状態だと判断した。ただしそこで用いられたのは、「制度と社会の状況の変化」を考慮する、という論理である。つまり、両院の選挙制度が類似したものとなる一方、国政の運営における参議院の役割が大きくなり、加えて衆議院については、選挙区間の人口較差が２倍未満となることを基本とする区割基準が定められた。これらの事情に照らすと参議院につ

いても、「投票価値の平等」により配慮すべきだ、というものである。参議院議員選挙における「一票の較差」判例の動向については、憲法Ⅱ第７章第４節５(4)を参照。

第６節　平等原則違反の場合の救済方法

1　概　説

自由権を制約する法令が違憲である場合は、その法令を無効とすれば当事者の救済となる。しかし、法令が平等原則に反する場合には、その規定を違憲無効としては救済にならないことがある。以下では、従来の判例の中で平等原則違反の救済のあり方が論じられた代表的な事例を紹介し、問題の所在を示す。より詳しくは、憲法Ⅱ第12章第８節・第９節を参照。

2　裁判上の救済の限界論

国籍法は、国籍取得の要件について、血統主義を原則としつつ、例外的に生地主義をとっている。国籍法２条１号（昭和59年法律45号による改正前のもの）は、出生により日本国籍を取得する場合として、「出生の時に父が日本国民であるとき」とする、父系優先血統主義を採用していた。母のみが日本国籍者だった原告が、同号に「父」とあるのは「父又は母」と合憲的に解釈すべきだと主張して、日本国籍を有することの確認を求めた。東京高裁は、原告の主張を「母が日本国民であるとき」という「規定の不存在」が違憲であるとするものと受けとめる。そして、この事例を法の欠缺の場合とみた上で、それを補充するために生地主義をとるか、両親血統主義をとるか、父母両系平等主義をとるかなどは立法者に委ねられており、「裁判所は、条理の名によって、特定の基準を採用してこれを実在の法として適用することはできない」、という裁判上の救済の限界論によって、訴えを棄却した（東京高判昭和57・６・23判時1045号78頁）。

3　裁判所による直接的救済（合憲補充解釈）

国籍法違憲判決は（→本章第５節**2**）、次のようにして、国籍を有することの確認を求めていた原告に日本国籍の取得も認めた。「本件区別による違憲の状態を解消するために同項の規定自体を全部無効として、準正のあった子……の届出による日本国籍の取得をもすべて否定することは、血統主義を補完するために出生後の国籍取得の制度を設けた同法の趣旨を没却するものであり、立法者の合理的意思として想定し難い」。憲法上の平等原則と国籍法が採用した父母両系血統主義とを踏まえれば、原告にも「3条1項の規定の趣旨・内容を等しく及ぼすほかはない」。「この解釈は、本件区別による不合理な差別的取扱いを受けている者に対して直接的な救済のみちを開くという観点からも、相当性を有する」。

父系血統主義の合憲性に関する東京高裁判決との違いは、最高裁が問題状況を「規定の不存在」の場合ではなく、国籍法3条1項が準正要件という「過剰な要件を課した」場合だと理解した上で、当該立法の趣旨、「法令全体の基本理念」、「法令全体の体系的な整合性」、「残余の規定の持つ意味」などを「総合考慮」することにより、法令の「過剰な部分」のみを無効として、差別を受けている原告の救済を図った（森英明調査官）、ということにある。

4　判決の効力の不遡及

違憲判決の効力は訴訟当事者にのみ及び、一般的遡及効はない、と解されている。そこで尊属殺判決後の実務の対応として、判決前に尊属殺規定による刑が確定していた者に対しては個別恩赦の措置を講じる、という形で救済が行われた。婚外子法定相続分平成25年決定は、遅くとも訴訟の対象となった相続が開始された「平成13年7月当時において」、当該規定は違憲であった、と判示した。しかし、同決定までの約12年間に本件規定の合憲性を前提としてなされた多くの遺産分割にまで違憲判決の効力を及ぼすと、「著しく法的安定性を害することになる」。そこで同決定も、既に「確定的なものとなった法律関係に影響を及ぼすものではない」、という形で遡及効を限定した。つまり、確定した法律関係には違憲判決の効力は遡及しないというのが、実務の状況である。

＊　尊属殺判決は、法定刑の「加重の程度」の甚だしさを理由としていたため、違憲判決を受けた立法部の対応に裁量の余地があり、対応策につき合意が成立しなかった。そのため立法部は、1995年の口語化に伴う刑法全面改正時に至るまで、刑法200条を削除しなかった。そこで検察は、判決後は尊属殺にも199条を適用する形で対応した。これに対して婚外子法定相続分平成25年決定は、「区別」に合理的根拠がないと判断したため、立法部はこの規定を削除する以外に対応策がなかった。そのため、与党自民党の一部に異論はあったものの、判決の約3カ月後に改正法が成立した。また再婚禁止期間違憲判決を受けて、立法部は民法733条1項および746条の定める期間を「6箇月」から「起算して100日」に改めるなどの対応を速やかに行った。

　なお、2022年の改正により、嫡出推定の規定（民法772条）が改められ、嫡出否認権は妻と子にも与えられ、また再婚禁止期間も廃止された。

〈参考文献〉

芦部信喜『憲法学Ⅲ 人権各論(1)(増補版)』(有斐閣、2000年）第3編第1章

蟻川恒正「最高裁判例に現われた『個人の尊厳』」法学77巻6号（2014年）763頁

石川健治「国籍法違憲大法廷判決をめぐって(1)～(3)」法学教室343号35頁、344号40頁、346号7頁（ともに2009年）

井上典之「法の下の平等」小山剛＝駒村圭吾編『論点探究 憲法（第2版）』(弘文堂、2013年）137頁

木村草太『平等なき平等条項論』(東京大学出版会、2008年）

佐々木弘通「平等原則」安西文雄ほか『憲法学の現代的論点（第2版）』(有斐閣、2009年）327頁

戸松秀典『平等原則と司法審査』(有斐閣、1990年）

安西文雄＝君塚正臣「法の下の平等」杉原泰雄編『新版 体系憲法事典』(青林書院、2008年）446頁

渡辺康行「平等原則のドグマーティク」立教法学82号（2011年）1頁

渡辺康行「衆議院小選挙区選挙における区割基準、区割りおよび選挙運動上の差異の合憲性」判例評論637号（2012年）12頁

渡辺康行「憲法判例のなかの家族」駒村圭吾編著『テクストとしての判決』(有斐閣、2016年）69頁

第7章　思想・良心の自由

第1節　総　説

憲法19条は、「思想及び良心の自由」を保障している。思想・良心の自由は、すべての精神的自由の根源であるが、これを独立の条文で保障する例は、比較憲法的には少ない。例えば、国際人権規約B規約18条や、ドイツ基本法4条は、「宗教の自由」と並列的にこれを規定している。日本国憲法が、思想・良心の自由を独立した条文により保障した背景には、明治憲法時代における治安維持法の運用によって、内心そのものが侵害される事例が頻発したことに対する反省がある。そのため、本条が精神的自由に関する諸規定の冒頭に置かれることとなった。

第2節　保護領域

1　思想と良心

「思想」と「良心」という概念の異同については、かねてより見解が分かれている。近年でも、「思想」については団体による共同行使を考えることができるが、「良心」は個人的なものであること、制約が問題となる典型的事案も謝罪広告事件（→本節**2**）では「良心」が、麹町中学内申書事件（→本章第3節**2**(2)）や長野勤務評定事件（→本節**2**）では「思想」が問題となっているように、異なることなどから、両者を区別すべきだ、という見解が出されている（小山剛、林知更）。これに対して通説は、「内心における考え方ないし見方のうちで、倫理的な性格を有するのが『良心』であり、それ以外のものが『思想』であるとして区別すればできるが、両者が憲法上まったく同じに扱われている以上、しいて区別する必要はない」(宮沢俊義)、と説明する。判例も両者を概念的に区別しているわけではない。両者を区別する試みは理論的には重要であるが、共通して考察すべきことも多いため、本章は両者を一体として理解する判例・通説に従って叙述する。

＊　信教の自由の保障が国家の宗教的中立性を要請するのと同様に（→第8章第1節)、思想・良心の自由の保障は国家の信条的中立性を要請すると解する見解も有力である。しかし、憲法20条とは異なり19条には国家の中立性を要求する明文の規定はないこと、政府の思想・価値観を宣伝することは民主主義過程において許容されることから、国家の信条的中立性の要請が働く場面は限定される（西原博史、内野正幸)。

2　狭義説・広義説・最広義説

思想・良心の自由は、伝統的には、人の内心領域における自由の保障であり、それが内心領域にとどまる限り絶対的に保障される、と理解されてきた。その上で、この自由の範囲は人の内心一般なのか、あるいは一定の内心活動に限定されるのかが問題となった。

思想・良心の自由の領域における指導的判例とされてきたのは、謝罪広告事件判決（最大判昭和31・7・4民集10巻7号785頁）である。この事件では、名誉毀損と判断された表現に対して、「ここに陳謝の意を表します」という内容の謝罪広告の掲載を命ずること（民法723条参照）が憲法19条に反しないか、などが争われた。最高裁は、19条の保護領域に関して何も述べないまま合憲と判断したが（→本章第3節**2**(1))、田中耕太郎裁判官の補足意見は、「宗教上の信仰に限らずひろく世界観や主義や思想や主張をもつこと」を保障するのが19条だ、という。これに対して藤田八郎裁判官の反対意見は、19条が「事物に関する是非弁別の内心的自由」などを保護する、と述べていた。

現在の学説では、①「人の内心におけるものの見方ないし考え方を広く意味する」という内心説あるいは広義説（原型は藤田反対意見）と、②「その内心における人の考え方ないし見方（主義・主張・世界観など）のうち、信仰に準ずべき世界観、人生観等個人の人格形成の核心をなすものに限られる」とする信条説あるいは狭義説（原型は田中補足意見）、③信条説に立ちつつ、「信仰に準ずる」という要件は付さず、「『人格形成に役立つ』とか『人格形成の核心をなす』という限定も、人の内心におけるものの見方ないし考え方をしぼる概念としてより、その内容を明らかにする概念として捉える」見解（芦部信喜）、とに整理されることがある。信教の自由の保護領域に関する学説整理（→第8章第2節**1**（2））と平仄を合わせるためには、①説を最広義説、③説を広義説、②説を狭義説と呼び換えるのがよい。なお②説と③説の違いは、実際上はさほど大きくない。内心領域一般を思想・良心とするのは広汎にすぎるとして、何らかの限定をする②③説の立場が有力である（伊藤正己、佐藤幸治など）。なお①説と②③説の分岐と、謝罪広告命令の合憲性に対する態度とは、必ずしも対応関係にはない（→本章第3節**2**（1））。

＊　長野県教育委員会による、教職員に自己の勤務状況を評定することを命ずる規則と通達は19条に反しないか。長野勤務評定事件第1審判決（長野地判昭和39・6・2判時374号8頁）は、19条の保護対象につき、「宗教上の信仰に準ずべき世界観、人生観等個人の人格形成の核心をなすものに限られ」る、と田中補足意見や上述した意味での狭義説に立った上で、当該自己観察（評価）は思想・良心とは関わらない、と判断した。

＊＊　テレビ番組の制作において政治的介入を許容するようなNHKには放送受信料を支払いたくない、という考えに基づく支払拒否の事案があった。東京高判平成22・6・29判時2104号40頁は、「憲法19条で保障される内心とは、特定の歴史観、世界観等の人格形成に関わる内心を指すものであって」、NHKの「放送に対する嫌悪感や法で定められた放送受信料の支払いを回避したいという内心がこれに含まれないことは明らか」という。私人間の事案に関してではあるが、ここでも上述した意味での狭義説（または広義説）の見地から、問題とされている考えは19条の保護領域に入らないと判断された（札幌高判平成24・12・21判時2178号33頁も同旨）。

3　思想・良心に基づく外部的行為

(1)　近年の学説

憲法19条は、内心における思想・良心の自由のみを保護対象とするか、あるいは思想・良心に基づく外部的行為にも保護は及ぶか。人の内心領域における精神的活動は外部的行為と密接な関係を有することから、前者だけを19条の保護対象とするのでは狭きにすぎる。しかし、後者は基本的には21条1項などによって保護されるため、それが19条の保護対象とされるとしても、外部からの働きかけに対して受動的にとる拒否という形の外部的行為に限定する、といった仕分けが必要となる。この思考が学説上は、現在の有力説である。

(2)　判例の態度

思想・良心の自由に基づく外部的行為にも19条の保障は及ぶか、という問題に関する判例の態度は、明確ではない。

(ア)　この問題は、公立学校の儀式的行事における「君が代」訴訟に際して注目を集めた。音楽担当教師に対する、「君が代」ピアノ伴奏職務命令の合憲性が争われた事件に関する最高裁は、ピアノ伴奏の拒否（という外部的行為）は「歴史観ないし世界観に基づく一つの選択ではあろうが、一般的には、これと不可分に結び付くもの」ではない、という（「君が代」ピアノ伴奏事件判決：最判平成19・2・27民集61巻1号291頁）。この判決文は、原則的には内心と外部的行為の峻別論に立ち、伴奏拒否は思想・良心の自由の保護領域外だとする趣旨とも読みうるものだった。ただしその後の最高裁は、国歌斉唱の際に、教員に対して出された起立斉唱の職務命令の合憲性が争われた事件において、内心と外部的行為の峻別という視点を、明確に専ら制約を論ずる際に持ち出している（→本章第3節**3**）。

(イ)　これに対して三菱樹脂事件判決は、企業者が従業員を採用するに際して、在学中における団体加入や学生運動参加の事実の有無について申告を求めることについて、「その事実がその者の思想、信条と全く関係のないもの」ではないとして、内心と外部的行為に密接な関係があることを認めていた。ただしこの判決は、企業者には採用の自由があるため、採用にあたり思想・信条を調査し、これに関連する事項について申告を求めても違法ではない、と述べている（最大判昭和48・12・12民集27巻11号1536頁→第2章第2節**3 (2)**(ア))。

＊　団体とりわけ強制加入団体に対する関係において、構成員の思想・良心の自由が問題となることがある（→第2章第2節3 (2)(ウ)）。こうした私人間の事例において、思想・良心の自由の保護領域（ないし制約）との関係で難しい事案だったのが、群馬司法書士会事件である。争点は、群馬司法書士会による、会員からの、阪神・淡路大震災に対する復興支援のための特別負担金の強制的徴収が、会員の思想・良心に反する外部的行為の強制になっていないか、であった。この事件では、徴収のための決議を違法とした第1審（前橋地判平成8・12・3判時1625号80頁）と、適法とした控訴審（東京高判平成11・3・10判時1677号22頁）・最高裁（最判平成14・4・25判時1785号31頁）との間で結論が分かれた。この結論の分岐は、思想・良心の自由の保護領域に関わる見解の違いというよりも、特別負担金を、被災した司法書士会・司法書士に対する見舞金とみるか（第1審）、司法書士会・司法書士の業務の円滑な遂行を経済的に支援するためのものとみるか（控訴審・最高裁）、という事実認定の違いにかかるところが大きい。

＊＊　類似した事例として、「赤い羽根」共同募金などを、集金の負担を解消するため自治会費に上乗せして徴収するとした総会決議が、自治会構成員の思想・良心の自由に反する外部的行為の強制であり、公序良俗に反して無効となるかが争われたことがある。この事件でも大津地判平成18・11・27判例集未登載は適法、大阪高判平成19・8・24判時1992号72頁は違法、と判断が分かれた。ここでの結論の分かれ目も、19条の保護領域に関する見解の違いというよりは、制約の重大さ、つまりゴミステーションの利用拒否といった支払義務担保手段に対する評価の違い、などにあった。

4　沈黙の自由

憲法19条は、思想・良心を告白させられたり、推知されたりしない自由も保護している。19条のこの側面における保護領域も、思想・良心の捉え方と連動する。思想・良心の保護領域を何らかの形で限定する立場（→本節2②③説）では、その限定された範囲に関して沈黙する自由が保護される。それ以外の沈黙の自由は、21条1項が保障する表現の自由の消極的側面である、表現しない自由として保障される。つまり、沈黙の自由に関しては、21条1項が一般的保障規定であり、19条が個別保障規定となる。沈黙の自由に関する他の個別保障規定としては、信仰に関する20条1項が代表例である。しばしば19条で保障される沈黙の自由の例として挙げられる「踏み絵」の事例は、20条1項によって保護されると解すべきである（→

第8章第2節**1**(1))。関連して、内心と異なる意思表示を強制されない自由についても、上記と同様に解される。

さらに、事実の知不知に関する沈黙がどの自由によって保障されるかも、問題となる文脈に依存する。例えば、ジャーナリストが取材源について証言を拒否することは、21条1項に関わる問題である。事実の知不知が19条の保障対象となる例としては、それが「世界観や思想などの形成に関わる」場合などが挙げられる（佐藤幸治）。

＊　大阪市が、市の特別顧問を代表とする第三者委員会に委託して実施した、記名式で回答が義務づけられたアンケート調査の合憲性・合法性が争われた事例がある。裁判所は、組合活動や、特定の政治家を応援する活動への参加の有無などを質問することについて、沈黙の自由の意味における思想・良心の自由に対する制約を認めなかった。ただし、複数の調査項目について、プライバシー権、政治活動の自由、団結権を侵害しているとして、国家賠償が認められた（大阪地判平成27・1・21判時2299号71頁、大阪高判平成27・12・16判時2299号54頁）。

5　思想・良心を形成する自由

憲法19条の保護領域には、既にできあがった思想・良心だけではなく、思想・良心を自由に形成することも含まれる（西原博史など）。そのためには、例えば、国家によって非権力的な形で、特定の考え方を推奨されないことの保障が、重要となる。とりわけ公教育は、一方で憲法の中核的価値を教える要請があり、他方で生徒の思想・良心を形成する自由を保障する要請があるという、緊張を孕んでいる。

第3節　制限（制約）

1　制約の類型

思想・良心の自由に対する制約の態様として、現在の代表的学説は、①「内心に反する行為の強制」、②「内心を理由とする不利益処分」、③「内心の告白の強制」、④「内心の操作」、を挙げている。この制約類型は、保護されるものとして第2節で挙げた自由（①は第2節**3**、③は第2節**4**、④

は第2節**5**）と対応関係にある。これらの制約は相互排他的ではなく、同一の行為が複数の制約類型に該当することもありうる。第2節で挙げた自由と対応していない②の例としては、日本の占領期に総司令部の指令に基づいて、軍国主義や共産主義の思想をもつことを理由にしてなされた公職追放、勤務先による共産党やその同調者であることを理由とする免職処分または解雇（レッドパージ）などが挙げられる（高橋和之）。思想・良心を理由とする不利益な取扱いについては、19条による保障と14条1項後段の「信条」による差別禁止が競合している。

またそれぞれの制約、とりわけ①の類型の制約について、それが直接的か間接的かという区別もなされうる。制約が直接的か間接的かの判断基準は、判例上も学説上もさまざまであるが、主に制約の効果・影響に着目するものと、制約の意図に着目するものがある。両者は多くの場合表裏一体であり、併用可能でもある（→第10章第2節**2 (2)**）。以下では、他の憲法上の権利論との関連性を明確化するために、直接・間接という制約類型論を軸として、判例を整理したい。

＊　レッドパージに関わる最高裁判決は、かねてから多かった（最大決昭和27・4・2民集6巻4号387頁、最大決昭和35・4・18民集14巻6号905頁など）。近年の裁判例では、主に次の二つの点が争われている。第1は、レッドパージ自体の適法性である。裁判所は、「その行為時点において、連合国最高司令官の指示に従ってされたもので法律上の効力を有しており、その後に平和条約の発効により」その指示が「効力を失ったとしても、影響を受け」ない、としている。第2は、平和条約の発効後、政府や国会が救済措置を行わなかったという不作為が国賠法上違法となるかである。裁判所は、「原告らの損害の回復は、違法行為を前提としない損失補償の問題」としつつ、これを「立法により補償することについては、憲法上、立法府の政策的判断に委ねられている」、と判断した（神戸地判平成23・5・26判時2131号94頁）。

2　制約がないとされた事例

(1)　謝罪広告事件判決

従来、思想・良心の自由に関する最高裁判決では、制約がないとして訴えが退けられることが多かった。例えば前述した謝罪広告事件に関する最高裁多数意見は、保護領域に関する判断をしないまま、「少くともこの種の謝罪広告を新聞紙に掲載すべきことを命ずる原判決は……上告人の有する倫理的な意思、良心の自由を侵害することを要求するもの」ではない、と判断した（→本章第2節**2**）。先の整理でいえば、①の類型の制約には当たらない、としたものである。この見解を独自に展開しているのが、田中耕太郎裁判官補足意見だった。それによると、法は行為が「外部的に法の命ずるところに適合すること」で満足し、内心に立ち入って要求することは不可能だという観点から内心と外部的行為を峻別し、本件における謝罪広告のような外部的行為を強制しても「19条とは無関係」だ、という。これは、内心は外部的行為によって制約しえない、という趣旨であろう。

(2)　麹町中学内申書事件判決

麹町中学内申書事件判決では、「大学生 ML 派の集会に参加している」などと記載された調査書を、高校の入学者選抜の資料として提供したことが19条に反しないか、などが争われた。最高裁は、当該調査書は「思想、信条そのものを記載したものでな」く、「記載に係る外部的行為によっては上告人の思想、信条を了知」できないため、「上告人の思想、信条自体を高等学校の入学者選抜の資料に供したものとは」解することができず、違憲の主張は前提を欠く、と判断した（最判昭和63・7・15判時1287号65頁）。この判旨は、上記の峻別論をとりつつ、外部的行為を記載したことが思想・信条に対する③型の制約に該当しないとした、と読みうる。第2節**3(1)**で紹介した近年の学説は、（保護領域か、制約かを問わず）こうした峻別論一般を批判する趣旨である。本件に関しては、「記載に係る外部的行為」によって、「上告人の思想、信条を了知」することは容易であろう。

(3)　ポスト・ノーティス命令亮正会事件判決

不当労働行為（労組法7条参照）に対して、労働委員会が、「当社団は、ここに深く反省するとともに今後、再びかかる行為を繰り返さないことを誓約します」などという文言を掲示させるポスト・ノーティス命令の合憲性について、最高裁は、そうした文言は「同種行為を繰り返さない旨の約束文言を強調する意味を有するにすぎ」ず、「上告人に対し反省等の意思表明を要求する」ものではない、と判断した（最判平成2・3・6判時1357

号144頁）。この判示も、当該ポスト・ノーティス命令を強制しても、思想・良心に対する①型の制約とはならない、という趣旨であろう（ネスレ日本事件判決：最判平成7・2・23民集49巻2号393頁も同旨）。

＊　憲法学説では、法人（団体）は思想・良心の自由の享有主体ではないため、法人としての陳謝の表明は思想・良心の自由とは関わりがない、とする見解が一般化している。この見解によれば、問題となるとすれば、むしろ法人のもつ消極的表現の自由となる。労働法学説では、使用者の良心の自由との関係として捉えた上で、謝罪（陳謝）を命ずるような厳しい内容のポスト・ノーティス掲示文についても、「労使関係正常化の契機を形として明確にするためのものであ」って、憲法の保障する使用者の「良心の自由にまでは立ち入っていない」、とする見解がある（菅野和夫）。

(4)「君が代」ピアノ伴奏事件判決

「君が代」ピアノ伴奏事件に関する最高裁（→本章第2節**3**）は、当該事案における職務命令について、次のようにいう。(i)「客観的に見て、入学式の国歌斉唱の際に『君が代』のピアノ伴奏をするという行為自体は、音楽専科の教諭等にとって通常想定され期待されるものであって、上記伴奏を行う教諭等が特定の思想を有するということを外部に表明する行為であると評価することは困難なものであり、特に、職務上の命令に従ってこのような行為が行われる場合には、上記のように評価することは一層困難である」。(ii)本件職務命令は、「上告人に対して、特定の思想を持つことを強制したり、あるいはこれを禁止したりするものではなく、特定の思想の有無について告白することを強要するものでもなく、児童に対して一方的な思想や理念を教え込むことを強要するものとみることもできない」。

(i)の判示では、「客観的に見て」、先に述べた③の類型における制約には当たらないと判断し、(ii)の判示では、「上告人に対して」、そこで挙げられた四つの制約類型に該当しない、と述べたものである。この事件における本来の問題は先に述べた①の類型の制約だったはずであるが、その疑問には正面からは答えていない。もっとも、この判決が謝罪広告事件判決を先例としていることからすると、ピアノ伴奏行為は外部的行為であるため、それを強制しても内心の自由の制約とはならない、と考えていたと解しうる。しかし、内心と外部的行為との密接な関連性を認める見地からは（→本章第２節３(1)）、こうした峻別論に疑問が出されてきた。

３　間接的制約があるとされた事例

公立学校の儀式的行事でなされる国歌斉唱に際し、教職員に出された起立斉唱職務命令の合憲性が争われた事件があった。最高裁は、①基本的に「君が代」ピアノ伴奏事件判決によりながら、事案の違いを考慮して、起立斉唱行為は、「一般的、客観的に見て、これらの式典における慣例上の儀礼的な所作としての性質を有するものであ」ることをいうなど若干の変更を施しつつ、職務命令は「個人の思想及び良心の自由を直ちに制約するもの」ではない、とする。しかし、②起立斉唱行為は、教員が日常担当する教科等や事務の内容ではなく、「一般的、客観的に見ても、国旗及び国歌に対する敬意の表明の要素を含む行為である」ことから、「『日の丸』や『君が代』に対して敬意を表明することには応じ難いと考える者が、これらに対する敬意の表明の要素を含む行為を求められることは」、「個人の歴史観ないし世界観に由来する行動（敬意の表明の拒否）と異なる外部的行為（敬意の表明の要素を含む行為）を求められることとなり、その限りにおいて、その者の思想及び良心の自由についての間接的な制約となる面があることは否定し難い」、と述べた（「君が代」起立斉唱職務命令事件判決：最判平成23・５・30民集65巻４号1780頁）。

この判示は、強制されているのがピアノ伴奏行為ではなく、起立斉唱行為だという事案の違いがあるため、直ちに「君が代」ピアノ伴奏事件判決を変更するものとはいえない。しかし、同判決に向けられた学説からの批判を踏まえて、実質的には論理構成を変えているように思われる。この判決を契機として、従来制約がないとされてきた謝罪広告命令などの事例についても、思想・良心の自由に対する「間接的な制約」は認められるのではないか、といった再検討も必要である。

＊　ただしこの判決で存在が肯定された「間接的な制約」という概念の内容について、この判決は明言しておらず、関与した裁判官により理解の仕方

が異なっている。例えば須藤正彦裁判官補足意見は、「間接的な制約」とは外部的行為の要求が歴史観等や信条などを否定するような意図を含んでいないにもかかわらず、結果として個人の思想・良心に制約を生じさせること、だという。さらに猿払事件判決による間接的・付随的制約論との異同も明らかではない（→第3章第2節**2**(3)）。

＊＊　これまでの最高裁判例において、思想・良心の自由に対する直接的な制約があると認められた事例はない。その中で、「君が代」ピアノ伴奏事件判決における藤田宙靖裁判官の反対意見は、当該事件において問題とされるべき思想・良心として、「『君が代』の斉唱をめぐり、学校の入学式のような公的儀式の場で、公的機関が、参加者にその意思に反してでも一律に行動すべく強制することに対する否定的評価（従って、また、このような行動に自分は参加してはならないという信念ないし信条）」という側面があるという形に思想・良心の内容を捉え直した上で、当該職務命令はそのような「信念・信条そのものに対する直接的抑圧となる」、と論じた。

また、同趣旨の多くの小法廷判決が出された「君が代」起立斉唱職務命令事件に関する宮川光治裁判官の反対意見は（第1小法廷判決）、都教育委員会の通達とそれに基づく職務命令が、特定の教職員の「歴史観等に対する強い否定的評価を背景に、不利益処分をもってその歴史観等に反する行為を強制する」、という（最判平成23・6・6民集65巻4号1855頁）。この反対意見は事案を思想・良心の自由の「核心」に関わると捉え、それに対する直接的制約を認める趣旨である。

第4節　正当化

従来、思想・良心の自由に関して制約があることを認めないことが多かった最高裁が、間接的制約となる面があることを指摘した上で、その制約の（実質的）正当化審査の枠組みを示したのが、前掲「君が代」起立斉唱職務命令事件判決（→本章第3節**3**）である。つまり、「職務命令の目的及び内容並びに上記の制限を介して生ずる制約の態様等を総合的に較量して、当該職務命令に上記の制約を許容し得る程度の必要性及び合理性が認められるか否かという観点から判断する」、という。その上で、当該起立斉唱職務命令について、儀式的行事においては「教育上の行事にふさわしい秩序を確保」することが必要なこと、学習指導要領も国旗国歌条項を定めるなど「関係法令等の諸規定の趣旨」に沿うこと、「地方公務員の地位の性質及びその職務の公共性」などを挙げて、「必要性及び合理性」がある、と判断している。

この判決により、憲法上の権利に対する制約の正当化に関する判例法理における一般的手法である比較較量論が、思想・良心の自由の領域にも導入された（→第４章第４節**2** **(2)**(ｵ)）。今後の課題は、この判例の定式を目的・手段審査へ再構成し、手段の必要性・合理性審査に比例原則の思考の基礎づけを行い、制約される権利の重要性や制約の大きさに応じて審査の密度を高めていくことである。制約が直接的か間接的かの判断は難しく、また裁判所が思想・良心の自由に対する直接的な制約を認めるのは、極めて例外的な事例に限られるであろう。そのため、制約が直接的だと認められた場合には審査密度はとりわけ高まるべきであり、間接的制約だからといって審査密度が低くなるわけではない、という基本姿勢がとられるべきである。信教の自由に対する間接的制約に関しては、実際に最高裁も、「慎重に吟味」する審査態度を示していた（→第８章第２節**3**）ことが参照されうる。

＊　先に触れた、「君が代」ピアノ伴奏事件判決における藤田裁判官の反対意見は、職務命令が「当人の信念・信条そのものに対する直接的抑圧」となることを認めた上で、正当化審査の手法を提唱した。つまり、職務命令が正当化されるためには、「職務命令によって達せられようとしている公共の利益の具体的な内容」と「上告人の『思想及び良心』の保護の必要との間で、慎重な考量がなされなければならない」、というものである。その上で、一方では学校行政の「究極的目的」、「中間目的」、「具体的な目的」の「重層構造」を分析し、他方ではピアノ伴奏が音楽担当教諭の「付随的な業務」にすぎないことを指摘して、原審に差し戻して「考量」をやり直すことを求めた。また、「君が代」起立斉唱職務命令事件判決における宮川光治裁判官は、正当化審査は講学上いわれる「厳格な基準」（→第３章第３節**4**）によってなされるべきだと述べ、原審への差戻しを相当とした。

＊＊　下級審では、起立斉唱・ピアノ伴奏などの義務の不存在確認などを求めた「予防訴訟」に関する東京地裁が、一連の「君が代」訴訟における唯一の例外として、都教委の通達やそれに基づく職務命令を違憲と判断した。この判決は、明言はしないものの、教員に上記の義務を課すことは、思想・良心の自由に対する直接的制約となるとみた上で、その制約は「公共の福祉による必要かつ最小限の制約」でなければ正当化されない、という立場

をとり、当該義務づけはその限度を超えるものと判断したものである（東京地判平成18・９・21判時1952号44頁）。注目された判決であったが、控訴審（東京高判平成23・１・28判時2113号30頁）、最高裁（最判平成24・２・９民集66巻２号183頁）はともに、この判示を否定した。

＊＊＊　第８章では、信教を理由とする一般的法義務の免除の可否という問題を扱っているが（→第８章第３節）、同様な審査手法は思想・良心の自由に関してもありうる。例えば裁判員制度の導入時に、死刑を含む量刑の判断に加わることが自分の思想・良心に反すると主張する国民には、裁判員辞退が認められるか、ということが懸念された。もっとも辞退は広く認められているため、実際には問題となっていないようである。公立学校における「君が代」問題においても義務免除はありえたのであるが、むしろ一部では反対者をあぶりだすためのように通達・職務命令が運用されたと受け取られたことから、訴訟が多発した。その副産物として、思想・良心の自由に関する論義が深まってきた。

第５節　思想・良心の自由と行政裁量審査

これまでみたように、思想・良心の自由に関わる近年の事例は、公立学校における儀式的行事に際しての「君が代」問題に集中している。「君が代」ピアノ伴奏事件判決と「君が代」起立斉唱職務命令事件判決によって、教員に対する当該職務命令は思想・良心の自由の保障に反しないという結論で、最高裁判決はひとまず固まった。その後の焦点となったのは、職務命令に反した教員になされた懲戒処分や、懲戒処分を受けたことを理由として定年後に再任用を拒否されるなどの不利益措置について、裁判所はいかに審査するか、である。

前者の問題に関して判断した「君が代」起立斉唱懲戒処分事件判決は、行政裁量審査に際して懲戒権者の裁量権を前提として、その逸脱、濫用を違法とするという伝統的な立場に従う。当該事案については、(i)「不起立行為等の動機、原因」が「個人の歴史観ないし世界観等に起因するものである」こと、(ii)「不起立行為の性質、態様」が「積極的な妨害等の作為ではな」いことなどを考慮する。また(i)の「事情によれば、不起立行為等に対する懲戒において戒告を超えてより重い減給以上の処分を選択することについて」「慎重な考慮を必要とする」、という。不起立を理由とする懲戒処分は、(iii)「短期間で反復継続的に不利益が増大していくこと等を勘案すると」、「過去に戒告1回の処分歴があることのみを理由とする減給処分は違法である」（最判平成24・1・16判時2147号127頁①②事件）。

こうしていきすぎた懲戒処分に対しては、一定の歯止めがかかることとなった。この判決においては、重い懲戒処分を選択するについては「慎重な考慮」が必要、という形で比例原則の思考に基づいた審査が行われた。その際、思想・良心の自由は、行政裁量審査において、(i)の考慮要素を重みづけし、(iii)の要素を勘案する要因となり、それによって比例原則審査の密度を高める役割を果たしている（→第4章第3節**4** **(2)**）。

＊　後者の問題に関して判断した、「君が代」再任用拒否事件判決は、異なった判断枠組みをとる。「再任用制度等は、定年等により一旦退職した職員を任期を定めて新たに採用するものであって」、「採用候補者選考の合否の判断に際しての従前の勤務成績の評価については、基本的に任命権者の裁量に委ねられている」という観点から、不合格等を適法と判断した（最判平成30・7・19判時2396号55頁）。ただしこの判決は、「本件不合格等の当時、再任用職員等として採用されることを希望する者が原則として全員採用されるという運用が確立していたということはできない」という状況を前提としていた。その後2015年3月に、国家公務員について、定年退職する職員が年金支給開始年齢に達するまでの間、再任用を希望する職員については再任用するという方針が閣議決定され、地方公務員についても同様な措置を講ずることが要請された。このような運用が確立すると、上記した最高裁判決の射程から離れ、別の判断がなされうる。一つの裁判例ではあるが、大阪高判令和3・12・9判例自治500号31頁は、「他の再任用希望者との平等取扱いの要請に反する」などとして、不起立を理由とする懲戒処分歴のある職員の不採用を違法と判断している。

＊＊　私人間における思想・良心の自由：　思想・良心の自由の保障が、私人間の紛争において問題となった事例については、これまでにも三菱樹脂事件判決に触れているが（→本章第2節**3** **(2)**）、雇用関係成立後の事例を追加しておく。

東京電力の塩山営業所に関する社内秘の情報が共産党機関紙に掲載されたため、所長が社員Xに対して、共産党員かを執拗に問いただした。Xが思想・良心の自由に対する侵害を理由として慰謝料請求を行った事件において、最判昭和63・2・5労判512号12頁は、三菱樹脂事件判決を意識しながら、共産党との関わりの有無を尋ねることには「必要性、合理性」がないわけではなく、質問の態様は返答を強要するものではなかったので、「社会的に許容し得る限界」を超えてはいない、と判断した。

これに対して関西電力事件判決は、会社が共産党またはその同調者であることのみを理由として、その職制等を通じて従業員を監視し孤立させるなどした行為が、人格的利益を侵害する不法行為に当たると判断した（最判平成７・９・５判時1546号115頁）。そのため、東京電力事件判決の先例としての意義は疑問となっている。

〈参考文献〉

蟻川恒正「行為『強制』事案の起案(1)～(4)」法学教室404号100頁、405号115頁（ともに2014年）、412号135頁、413号108頁（ともに2015年）
駒村圭吾「第19条」長谷部恭男編『注解日本国憲法(2)』（有斐閣、2017年）262頁
小山剛「思想および良心の自由(1)(2)」法学セミナー705号43頁、706号41頁（ともに2013年）
佐々木弘通「第19条」芹沢斉ほか編『新基本法コンメンタール 憲法』（日本評論社、2011年）145頁
土屋英雄『思想の自由と信教の自由（増補版）』（尚学社、2008年）
西原博史『良心の自由（増補版）』（成文堂、2001年）
御幸聖樹「思想に反する外部的行為の強制」横大道聡編著『憲法判例の射程（第２版）』（弘文堂、2020年）128頁
渡辺康行『「内心の自由」の法理』（岩波書店、2019年）第２部、第３部第１・２章

第8章　信教の自由と政教分離原則

第1節　総　説

近代憲法がもつ権利章典の成立過程において、信教の自由の保障は重要な役割を果たした。そのため、各国の憲法が信教の自由を保障している。日本では、明治憲法28条が「日本臣民ハ安寧秩序ヲ妨ケス及臣民タルノ義務ニ背カサル限ニ於テ信教ノ自由ヲ有ス」、と定めていた。この条文は、明治憲法の他の権利規定とは異なり、「法律の留保」を伴っていなかった（→第1章第1節4(2)）。そのため、行政庁が命令によって信教の自由を制約できる、という解釈がなされた。さらに「神道は宗教にあらず」という理屈によって、皇室祭祀と神道が結びついた国家神道に国教的な地位が与えられた。とりわけ昭和期になると、キリスト教、大本教など他の宗教に対する弾圧も行われた。そこで第2次世界大戦後、1945年12月に、連合国総司令部は国家神道の解体を目指して「神道指令」を出した。憲法20条はこれを踏まえて、信教の自由を保障するとともに（1項前段・2項)、政教分離原則ないし国家の宗教的中立性原則を明定し（1項後段・3項、さらに89条前段)、手厚い保障を行っている。

第2節　信教の自由と三段階審査

1　信教の自由の保護領域

(1)　信教の自由の保障内容

信教の自由（20条1項前段）は、「内心における宗教上の信仰の自由」と、「信仰に基づく外部的行為の自由」（宗教的実践の自由）を含む。前者は、内心における思想・良心の自由の宗教的側面である。後者は、表現の自由の宗教的側面であり、「宗教的行為の自由」と「宗教的結社の自由」を含む。後者が当然に信教の自由の保護領域に含まれていると解されていることが、思想・良心の自由との違いである（→第７章第２節**3**）。

「信仰の自由」には、信仰をもつ自由と信仰をもたない自由、告白する自由と告白しない自由が含まれる。告白しない自由は、憲法20条１項前段で保障される沈黙の自由である（→第７章第２節**4**）。

「宗教的行為の自由」には、宗教上の儀式などを行う自由、布教の自由、およびそのようなことを行わない自由などが含まれる。20条２項により強制が禁止される「宗教上の行為、祝典、儀式又は行事」の相互関係は、必ずしも明らかではない。一般には、ここでいう「宗教上の行為」は「祝典、儀式又は行事」以外の信仰に基づく行為を含む、と解されている。このように、20条２項は、20条１項前段が保障する宗教的行為を「行わない自由」の規定である。同条３項の「宗教的活動」に当たらない場合でも、個人は２項により参加を拒否できることがある（後掲津地鎮祭判決）。

「宗教的結社の自由」は、宗教団体を結成する自由としない自由、加入する自由としない自由を含む。これは、結社の自由の宗教的側面である。何が20条１項後段にいう憲法上の「宗教団体」（さらに89条前段にいう「宗教上の組織若しくは団体」）に当たるかについては、政教分離との関係で問題とされるため、後で述べる（→本章第４節**3**）。

＊　宗教団体の活動に資するため、宗教法人法が制定されている。この法律は、宗教団体の定義をし（同法２条）、一定の要件を満たした宗教団体に法人格を与えることとしている（同法12条以下）。このため、憲法上の「宗教団体」であっても、宗教法人法上の法人格を取得できず、税制上の優遇措置などを受けられない場合がある。後述する宗教法人解散命令は（→本節**2**(3)・**3**）、上記した法人格を失わせるものである。

＊＊「宗教的結社の自由」の保障は、団体内部の紛争を自律的に解決する自由をも内容とする。他方で宗教団体の構成員は裁判を受ける権利をもっているため、宗教団体の内部紛争に対して、裁判所はどの程度審査を行うことができるかが争われてきた（→憲法Ⅱ第11章第２節**5**(5)(エ)）。

(2)　宗教に関する広義説と最広義説

では、信教の自由の保障対象となる宗教とは何か。裁判所が憲法でいう宗教を定義した珍しい例として、津地鎮祭事件の控訴審判決がある。それによると、信教の自由および政教分離の場面を通じて、「宗教」は「できるだけこれを広く解釈すべき」であり、「超自然的、超人間的本質（すなわち絶対者、造物主、至高の存在等、なかんずく神、仏、霊等）の存在を確信し、畏敬崇拝する心情と行為」が宗教だ、とされる（名古屋高判昭和46・5・14判時630号７頁参照）。少なくとも信教の自由の場面においては、この捉え方が学説でも支持されており、広義説と呼ばれる。これに対して、「その人がそれを宗教だと理解していれば、それは宗教だと考えるべき」（松井茂記）、という見解もある。これは、宗教として保障される範囲を当事者の主観に委ねるもので、最広義説と呼ばれる。

＊　信教の自由で保護される「宗教」と政教分離規定との関係で問題となる「宗教」は、同一に解すべきとする立場がある。他方では、後者における「宗教」の意味は、より限定的に解するべきだという考え方もある。この学説対立については、後に触れる（→本章第４節**4**(6)）。

(3)　保護対象とならない信仰に基づく外部的行為

内心における信仰の自由は、その性質上絶対的に保障されるが、信仰に基づく外部的行為がすべて保障されるわけではない。精神障害者の平癒を祈願するために僧侶が線香護摩による加持祈祷をした結果、被害者が死亡したことに関する刑事事件において、最高裁は、被告人の行為が、「一種の宗教行為としてなされたものであったとしても、……他人の生命、身体等に危害を及ぼす違法な有形力の行使に当るものであり、これにより被害者を死に致したものである以上」、「信教の自由の保障の限界を逸脱したもの」として、これを処罰することは憲法に反しない、と判断した（加持祈祷事件判決：最大判昭和38・５・15刑集17巻４号302頁）。

＊　この判示の論理構成は明確ではないが、後の判例では（宗教法人オウム真理教解散命令事件決定：最決平成８・１・30民集50巻１号199頁）、当該加持祈祷行為は信教の自由の保護領域に含まれてはいるが、それを制約することは正当化できる、という論理だと受けとめられている（→本節**3**）。しかし、

加持祈祷事件の原審判決の認定によると、被告人の所属する教団においても精神障害者の平癒方法として線香護摩は認められておらず、被告人も本件以前にはこれを行ったことがない。しかも本件行為は、他者の生命・身体という重要な法益に対して重大な危害を加えたものである。こうした行為まで信教の自由の保護領域に含める必要はないように思われる。

＊＊　カルト規制問題：　2022年７月に起きた安倍晋三元首相銃撃事件を契機として、容疑者の犯行動機が旧統一教会への恨みだったことから、同教団による霊感商法や信者の教団への高額献金問題、さらには教団の政治への浸透などが広く報道された。それを受けて、高額献金などの被害者救済と再発防止を目的とする新法（法人等による寄付の不当な勧誘の防止等に関する法律）が、同年12月に成立した。同法４条各号は寄付の勧誘に関して６項目の禁止行為を定め、同法８条は４条所定の行為により「困惑」して行われた意思表示の取消権を規定する。また同法３条は、寄付の勧誘を行うにあたっての配慮義務を定め、６条は配慮義務違反に対して内閣総理大臣が遵守に係る勧告等の措置をすることができることを規定している。また後述するオウム真理教の事件が契機となって導入された宗教法人法78条の２（平成７年法律134号）は、解散命令の理由（同法81条）に該当する疑いがある場合に、所轄庁の報告徴収権と質問権を規定しているところ、これを初めて旧統一教会に対して行使した。その結果、要件該当性が確認されれば、裁判所へ宗教法人の解散命令請求が行われる。

上記の新法による規制の適否は今後も見直されていかねばならないだろうが、カルト的団体が引き起こす逸脱行為を法律で規制することは、信教の自由が保障されていても可能である。他方では、この旧統一教会の問題が長い間放置されてきた背景に、教団の政治との関わり方が影響していなかったのかも問われる。

2　信教の自由に対する制限（制約）

(1)　制約の類型

「内心における宗教上の信仰の自由」が思想・良心の自由と同質なものであるとすれば、それに対する制約の類型も基本的に同様と考えてよい。第７章第３節１で行った類型化と平仄を合わせるならば、①「信仰に反する行為の強制」、②「信仰を理由とする不利益処分」、③「信仰の告白の強制」、④「信仰の操作」、となる。

これらの類型論とは別に、①型の制約および「信仰に基づく外部的行為の自由」に対する制約に関しては、制約が直接的か間接的か、という区分も可能である。②は、①型の制約または「信仰に基づく外部的行為の自由」に対する制約と競合するとともに、憲法14条１項の「信条」を理由とする差別禁止とも重なる。また、③④の制約は現代では頻繁に起こるとは考えにくいため、以下では直接・間接という制約類型論を軸として、①型の制約および「信仰に基づく外部的行為の自由」に対する制約に関わる判例を整理したい。

(2)　制約がないとされた事例

思想・良心の自由の場合とは異なり、信教の自由に関しては、制約がないとされた事例はほとんど存在しない。これは、信教の自由の保障内容は「内心における宗教上の信仰の自由」に限定されない、と考えられてきたためであろう（→本節１(1)）。その中で京都市古都保存協力税条例事件に関する京都地裁判決は、例外的なものである。この判決は、当該条例による社寺に対する課税が参拝者の信教の自由に反しないかについて、「本税が、有償で行う文化財の観賞という行為の客観的、外形的側面に担税力を見出して、観賞者の内心にかかわりなく一律に本税を課すものであること」、税額が「僅少であること」などを挙げて、信教の自由に対する制約とはならない、という趣旨の判断をしていた（京都地判昭和59・３・30判時1115号51頁、大阪高判昭和60・11・29判時1178号48頁も参照）。

＊　しかしこの事案は、信仰に基づいて参拝を行う者に対しては、「宗教的行為の自由」に対する間接的（または付随的）な制約が生じているとして扱われるのが適切だった（高橋和之）。なおこの事件と類似の事案である奈良県文化観光税条例事件に関する判決は、信教の自由に対する制約はあるとしつつ、平等原則の観点からも論じている（→本章第３節１）。

(3)　間接的制約があるとされた事例

宗教法人法は、「法令に違反して、著しく公共の福祉を害すると明らかに認められる行為」、宗教団体の目的を「著しく逸脱した行為」等をした宗教法人に対して、裁判所による解散命令を認めている（同法81条１項１号・２号）。

地下鉄サリン事件などを組織的に実行したとされる宗教法人オウム真理教に対して、東京都知事らは同条に基づいて東京地裁に解散命令を申し立てた。これを認めた東京地裁による解散決定（解散命令）に対する抗告事件において、最高裁は、「解散命令は、信者の宗教上の行為を禁止したり制限したりする法的効果を一切伴わ」ず、かつ「専ら世俗的目的によるもの」だとして、直接的制約がないという趣旨を述べる。しかし、宗教法人の解散命令が確定すると、「宗教法人に帰属する財産で礼拝施設その他の宗教上の行為の用に供していたものも処分されることになるから……、これらの財産を用いて信者らが行っていた宗教上の行為を継続するのに何らかの支障を生ずることがあり得る」、と判断した（前掲宗教法人オウム真理教解散命令事件決定）。これは、最高裁が信教の自由に対する間接的ないし事実上の制約の存在を認めたものである。

＊　なおこの最高裁決定は解散命令の要件に言及するものではなく、解散命令という制度とその行使の憲法適合性を審査対象としている。これに対して東京高裁は、「法令に違反して」という要件の解釈について、「刑法等の実定法規の定める禁止規範又は命令規範に違反するもの」と述べていた（東京高決平成７・12・19〔参〕民集50巻１号231頁）。

＊＊　宗教法人オウム真理教が解散された後も、宗教団体オウム真理教ないしその後継団体は存続していた。そこで、1999年12月に「無差別大量殺人行為を行った団体の規制に関する法律」（団体規制法）が制定され、それに基づいて2000年１月に後継団体に対して、公安調査庁長官の観察に付する旨の公安審査委員会の決定がなされた。これに対して、この法律および観察処分が当該宗教団体の宗教的結社の自由や構成員の信教の自由に反しないか、などが争われた。平成13年東京地裁判決は、観察処分は「当該団体や当該団体に属する信者の宗教上の活動自体を直接的に禁止したり制限したりする法的効果を伴うものではない」が、「信教の自由の事実上の障害となる」ことを認めた（東京地判平成13・６・13判時1755号３頁〔確定〕）。この判決も、信教の自由に対する間接的制約があることを判示したものである。

＊＊＊　これまでの判例・裁判例において、信教の自由に対する直接的な制約があると認められた事例はない。しかし、制約が間接的にとどまるか直接的かが争われることは、稀ではない。上述した「団体規制法」の事件は、その一例である。学説では、「信者の特定に足りる情報の報告を法的に義務づけることは、宗教的結社の自由の典型的な『侵害』に当たる」ため、「少なくとも観察処分の段階では、信教の自由の直接的制約に至っている」とする見解もある（宍戸常寿）。また、後に扱うエホバの証人剣道受講拒否事件において（→本章第３節）、原告側は、神戸高専が体育科目の中に剣道を

取り入れたのは、エホバの証人の学生を排除する目的によるものだ、と主張していた。この主張は、剣道履修の義務づけはエホバの証人の信教の自由に対する直接的制約だ、という趣旨である。ただし裁判所は、排除が目的だという捉え方を受け入れなかった。

3　信教の自由に対する制約の正当化

信教の自由に対する制約を（実質的に）正当化したと解されている古典的な裁判例は、加持祈祷事件判決である（→本節1(3)）。しかしこの判決は、「公共の福祉」論によって、ごく簡単に制約を正当化したにとどまる。

より重要なのは、宗教法人オウム真理教解散命令事件決定（→本節1(3)・2(3)）である。この決定は、解散命令という制度が（信者の）信教の自由に対する間接的ないし事実上の制約となることを認めた上で、「信教の自由の重要性に思いを致し」、その正当化については「慎重に吟味」しなければならない、という立場を示す。本件解散命令については、次のことが考慮された。①解散命令の制度は、「宗教団体や信者の精神的・宗教的側面に容かいする意図によるものではなく、その制度の目的も合理的である」。②抗告人（オウム真理教）が、「法令に違反して、著しく公共の福祉を害すると明らかに認められ、宗教団体の目的を著しく逸脱した行為をしたことが明らかである」。③「抗告人の右のような行為に対処するには、抗告人を解散し、その法人格を失わせることが必要かつ適切であり」、他方オウム真理教やその信者の宗教上の行為における支障は、「解散命令に伴う間接的で事実上のものであるにとどまる」。④したがって、本件解散命令は、「抗告人の行為に対処するのに必要でやむを得ない法的規制である」。⑤本件解散命令は、「裁判所の司法審査によって発せられたものであるから、その手続の適正も担保されている」。こうして、制約は正当化された。

この決定は、間接的ないし事実上の制約の場合でも、制約される権利の重要性に鑑みて、諸要素を比較衡量し「慎重に吟味」する審査を行った。この決定では解散命令の制度の「目的」が審査されており、本件解散命令について目的・手段審査がされているわけではない。とはいえ、本件解散命令の必要最小限度性の審査が実際に行われたという点で、重要な意義を有している。

＊　担当調査官は、「本決定は、合憲性についての一般的な判断基準を判示しているわけではない」が、「当該法的規制によって達成しようとする目的の必要性・合理性と当該法的規制によって宗教上の行為に生ずる支障の程度との比較較量、より制限的でない他の選び得る手段の有無（LRAの原則）、規制手続の適正の確保等が、憲法適合性の判断基準として念頭に置かれている」、と解説している（近藤崇晴）。

＊＊　信教の自由に対する制約が正当化されなかった判例・裁判例は、これまでにはない。その中では、「団体規制法」に基づく観察処分などの合憲性などを扱った前掲平成13年東京地裁判決（→本節2(3)）が、例外的な判断をしている。この判決も正当化審査の手法としては、宗教法人オウム真理教解散命令事件決定を踏まえた比較較量論を採用する。その上で、①無差別大量殺人行為を「準備行為の段階で発見するために、当該団体の活動状況を明らかにするという処分の目的自体については、合理性がある」、という。②しかし、かつて無差別大量殺人行為を行った団体およびその構成員といえども、「その信教の自由等の制限が許されるためには、当該団体が再び無差別大量殺人行為の準備行為を開始するという一般的、抽象的な危険があるというだけでは足りず、その具体的な危険があることが必要であり、かつ、その場合においても、観察処分による制限の程度は、右の危険の発生の防止のために必要かつ合理的な範囲にとどまるべき」、という見解を示す。③そしてこの見地から、観察処分の要件を規定する同法5条1項1号ないし4号に合憲限定解釈を施した上で、当該観察処分を合憲と判断した。この判断は、法の要件を文言どおりに解釈すれば、信教の自由に対する制約は正当化されない、という趣旨を含んでいた。しかし、当該観察処分をさらに3年間更新する公安審査委員会による決定がなされたため、再び法律および更新決定の合憲性などが争われた事件に関する東京地裁は、「具体的な危険があることが必要」といった形の、観察処分要件の限定解釈を採用せず（東京地判平成16・10・29訟月51巻11号2921頁）、その後は基本的に同旨の判断が続いている（東京高判平成25・1・16判時2184号14頁など）。

第3節　信教を理由とする一般的法義務の免除の可否

1　「平等取扱説」的な判決例

信教の自由に対する間接的制約があるとされる事例の多くは、自由に対する制約が正当化されるかという形と並んで、一般的に課せられた法的義務自体は正当であることを前提として、個人がもつ信教の自由を理由としてその義務から免除されうるか、という形によっても争われてきた。

この免除の可否を論ずる際には、二つの理論構成があるとされている（安念潤司）。第１は「平等取扱説」である。この立場は、一般的に適用される法令による間接的・偶然的な制約まで信教の自由の名の下に免除するとすれば、当該信仰をもつ者に対して、その信仰を理由として報奨を与えることになり、平等原則および政教分離原則に反する、と考える。

＊　従来の判例・裁判例の中で「平等取扱説」の観点に立っているのは、奈良県文化観光税条例事件に関する奈良地裁である。この事件の一つの争点は、東大寺金堂と法隆寺西院の入場者に課税することは参拝者の信教の自由（宗教的行為の自由）に反しないか、であった。奈良地裁は、「参詣礼拝が同所への入場の本来の目的である者」にとっては、条例により「宗教的行為に対して課税されたのと同じような結果になる」ことを認める。しかし、このような者に支払を免除すると、「同じく対価を支払って入場するのに拘らずその者は信条を理由として免税の特権を与えられることになり」、平等原則に反する、という（奈良地判昭和43・７・17行集19巻７号1221頁）。

＊＊　日曜日に授業参観が行われたため、キリスト教徒である両親が子どもを教会学校に出席させ、参観授業には出席させなかったところ、校長がこれを通知表および指導要録に欠席として記載した。このことは両親の宗教教育の自由に反しないか、などが争われた事件がある。東京地裁は、宗教行為に参加する児童に授業の出席を免除すると、「宗教上の理由によって個々の児童の授業日数に差異を生じることを容認することになって、公教育の宗教的中立性を保つ上で好まし」くない、と述べた（日曜日授業参観事件判決：東京地判昭和61・３・20判時1185号67頁）。

＊＊＊　エホバの証人の学生が、宗教上の理由で剣道の実技に参加しなかったため、体育の単位を取得できず、原級留置および退学処分を受けた。これに対して、信教の自由などに反するとして取消訴訟が提起された。神戸地裁が訴えを退けた一つの論拠が、「剣道の実技に参加していないにもかかわらず、信教の自由を理由として、参加したのと同様の評価をし、又は、剣道がなかったものとして……評価したとすれば、宗教上の理由に基づいて有利な取扱いをすることになり、……公教育に要求されている宗教的中立性を損ない、ひいては、政教分離原則に抵触する」、という理屈だった（エホバの証人剣道受講拒否事件第１審判決：神戸地判平成５・２・22判タ813号134頁）。

「平等取扱説」的な裁判例はいくつかあるものの、判例によれば、平等原則も政教分離原則も常に厳格に適用されるわけではなく、合理的な理由があれば緩和した扱いが許容されてきた。信教の自由に一定の「配慮」をすることは合理的な理由となりうるため、このアプローチは厳格な形では妥当しないはずである。

2　「義務免除説」的な判決例

第２の理論構成である「義務免除説」とは、当該信仰が真摯なものであり、かつ当該妨げの程度が重大である場合には、規制によって得られる利益が特に重大な公共の利益である場合を除き、間接的、偶然的な制約でも、当該信仰者に対する関係で違憲となる、という考え方である。日本の判例・裁判例の中では、この「義務免除説」を、そのままの形でとるものはない。しかし、義務を課すことは違憲だという理由により免除はしないものの、裁判所が信教の自由に一定の「配慮」をした事例は、いくつか存在する。

＊　教会牧師が、建造物侵入等の事件の犯人として警察より追及を受けている高校生２名を教会教育館に宿泊させた行為は、犯人蔵匿罪に当たるか。神戸簡裁は、被告人の行為は「牧会活動」に該当し、「正当な業務行為」として「罪とならない」、と判断した（神戸簡判昭和50・２・20判時768号３頁）。この判決は、裁判所が牧師の宗教的行為の自由に「配慮」して、一般的法義務違反に対する刑罰に関する違法性を阻却した例である。

＊＊　エホバの証人剣道受講拒否事件判決は、信仰上の理由により剣道実技に参加しなかった学生に退学処分などを行った校長の措置について、違法と判断した（最判平成８・３・８民集50巻３号469頁）。この判決も、エホバの証人の学生に対する剣道実技の義務づけを違憲としたのではなく、裁判所が学生の信教の自由に「配慮」して、履修義務の不履行に対する不利益処分を違法としたものである（→本節**3**）。

3　義務違反に対する不利益措置に関する行政裁量の審査

義務違反に対する不利益措置に関する行政裁量審査の手法を示したのが、エホバの証人剣道受講拒否事件判決である（→本節**2**）。この判決は、校長による学生処分に関する裁量審査の基本的枠組みとしては、「校長の裁量権の行使としての処分が、全く事実の基礎を欠くか又は社会観念上著しく妥当を欠き、裁量権の範囲を超え又は裁量権を濫用してされたと認められる場合に限り、違法」とする、伝統的な行政裁量審査の定式（「社会観念審査」）を採用している（→第4章第3節**2**(1)）。しかし、退学処分を選択するに際しては「特に慎重な配慮」を要する。学生が剣道実技への参加を拒否する理由は、「信仰の核心部分と密接に関連する真しなもの」であり、退学といった「重大な不利益を避けるためには剣道実技の履修という自己の信仰上の教義に反する行動を採ることを余儀なくさせられる」。校長は、「前記裁量権の行使に当たり、当然そのことに相応の考慮を払う必要があった」。その上で、「信仰上の理由による剣道実技の履修拒否を、正当な理由のない履修拒否と区別することなく、代替措置が不可能というわけでもないのに、代替措置について何ら検討することもなく」、原級留置処分や退学処分とした措置は、「考慮すべき事項を考慮しておらず、又は考慮された事実に対する評価が明白に合理性を欠き、その結果、社会観念上著しく妥当を欠く処分」であり、「裁量権の範囲を超える違法なもの」だ、と結論された。

この判決は、行政裁量に「判断過程審査」を導入した代表例の一つである。最高裁が行政裁量審査の密度を高めた要因は、直接的には、退学処分の重大性を考慮したことである。しかし同時に、信教の自由という重要な憲法上の権利に対する間接的制約の存在を認めたことも、背後で作用しているはずである（→第4章第3節**3**(2)）。

＊　日曜日授業参観事件判決（→本節1）も、授業参観の実施について、校長の学校管理運営上の裁量権の逸脱・濫用の有無を審査している。この事件では、エホバの証人剣道受講拒否事件とは異なり、児童（とその親）の被った不利益が指導要録への欠席の記載にすぎず、かつ（出席という）義務自体が信仰上の教義に直接反するようなものではなかった。しかし判決は、実施の目的と代替措置の可能性の程度について比較的丁寧な審査をした上で、裁量権の行使に逸脱はないと結論づけた。この審査態度も、信教の自由への制約に関わる事例であったことによるものと思われる。

＊＊　私人間における信教の自由：　私人相互間で信教の自由が衝突する場合もある。その一例として、寺院が檀信徒のために経営する寺院墓地にお

いて、その一区画に永代使用権を有していた者が改宗し、当該宗派の方式と異なる宗教的方式による墓石を設置しようとしたところ拒否されたため、希望する墓石を設置する権利の確認などを求めた事件がある。最判平成14・１・22判時1776号58頁は、寺院の宗派の方式に従って墓石を設置する合意が両当事者間であったとして、この請求を棄却した。

第４節　政教分離原則と二段階審査の手法

１　政教関係の三類型

信教の自由を保障することは各国憲法に普遍的であるのに対して、国家と宗教（宗教団体）の関係のあり方は、国により時代により大きく異なっている。通常、次の三つが主要な形態とされる。まず国教型は、一つの宗教（宗教団体）の特権的地位を国が保障するとともに、それ以外の宗教も寛容し、信教の自由を完全に保障するもので、イギリスが代表例である。次に公認宗教型は、複数の宗教団体に特別の法的地位を与えるもので、ドイツがその典型例である。そこではローマ・カトリック教会など特定の教会に、公法上の団体としての地位を与え、教会税の徴収権などを認めている。しかし、国は教会の領域には立ち入らず、信教の自由も保障されており、それによって国家の宗教的中立性が確保されている。最後に厳格分離型は、国家と宗教（宗教団体）を厳格に分離し、相互の干渉や協働を禁止するものである。ここでは、宗教は私事であり、宗教団体は私法上の団体（法人）とされる。アメリカやフランスがこの代表例とされるが、両国の差異もまた大きい。

日本国憲法は、戦前に存在した国家と神道の結びつきを切断することを狙って、国家と宗教（宗教団体）を厳格に分離する規定を採用した（→本章第１節）。また今後概観するように、実際に提起された訴訟のほとんども、「国家神道」体制の復活に反対しようとする動機によるものだった。この点で異例だったのが、保守系の原告が「中国侵略」を阻止したいという思いから提起した那覇孔子廟訴訟である。

2　政教分離規定の法的性格

憲法20条１項後段・３項・89条前段のような政教分離規定は、かつては、通説・判例によって、信教の自由の保障を確保するために設けられた制度的保障の規定だと解されてきた。しかし、現在の学説では、政教分離規定に関して、制度的保障という概念を用いることなしに、客観的法規範だと位置づけることが一般化しつつある（→第１章第２節**4**）。いずれにせよ政教分離規定は主観的権利ではないと理解されてきたため、地方自治体レベルでの同規定適合性にかかる訴訟は、主に客観訴訟である地自法242条の２（住民訴訟）により争われている（→憲法Ⅱ第11章第２節**4**）。判例の用語法に従えば、政教分離規定の基礎となり、その解釈の指導原理となるのが政教分離原則である。

なお、政教分離原則と信教の自由は、「緊張関係」に立つこともありうる（→本章第６節）。

＊　政教分離原則を支える論拠としては、①津地鎮祭判決（最大判昭和52・7・13民集31巻４号533頁）などがいう信教の自由の保障を「一層確実なものとする」ためというもの以外にも、学説では、②理性的であるべき政治に宗教が関与することを防ぐため、③特定の宗派が権力を独占することを防ぐため、④健全な宗教が政治権力によって堕落することを防ぐため、といった考慮が挙げられている。学説では複数の論拠を用いる見解が多いが、どの論拠に重点を置くかにより、とりわけ信教の自由と政教分離の「緊張関係」の場面における解釈論に違いが出る可能性がある（→本節**3**(1)・第６節）。④の論拠を重視する立場では、「緊張関係」は信教の自由に重きを置く方向で調整が図られるだろう。

3　政教分離規定の内容

(1)　憲法20条１項後段

「いかなる宗教団体も、国から特権を受け、又は政治上の権力を行使してはならない」（20条１項後段）という規定に関して、第１に問題となるのは、「宗教団体」の意味である。判例は、これを89条にいう「宗教上の組織若しくは団体」と同義と解している（→本節**3**(2)）。

第２に、「特権」とは何か。通説は、「一切の優遇的地位・利益をさし、特定の宗教団体に特権を付与することが許されないばかりでなく、宗教団体すべてに対し他の団体から区別して特権を与えることも禁止される」、という（中村睦男）。国教の樹立は「特権」付与の典型例である。宗教法人に対しては、法人税が原則的に非課税とされ、例外的に収益事業についてのみ軽減税率が適用されている（法人税法４条・66条３項）。そのことは「特権」に当たらないか。多数説は、これを合憲と考える。理由づけは、①法人税法では公益法人や社会福祉法人にも免税しているため、「特権」には当たらないとするもの（宮沢俊義、芦部信喜）、②宗教のもつ社会的価値、国民生活上の意義や役割を承認するゆえに、立法措置として非課税措置をとることも許されるとするもの（小嶋和司、大石眞、佐藤幸治）に大別される。この問題は、国家による宗教への「配慮」が政教分離規定と緊張関係に立つとされる代表例の一つである。

第３に、「宗教団体」が行使することを禁止される「政治上の権力」とは何か。通説は、「立法権・課税権などの政治的権力のこと。政治活動そのものではない」、と解している（芦部信喜）。従来の政教分離原則に関わる判例において、20条１項後段が援用されることはほとんどなかった。その中で、空知太神社事件第１次上告審判決（→本節**4**(4)・第５節**1**(4)）が89条と並んで、20条１項後段を審査対象条文に挙げたのが注目される。

(2)　憲法89条前段

憲法89条前段は、「公金その他の公の財産は、宗教上の組織若しくは団体の使用、便益若しくは維持のため、……これを支出し、又はその利用に供してはならない」、と規定する。政教分離原則を財政面から裏打ちするための条項である。「宗教上の組織若しくは団体」の意味について、判例は、「特定の宗教の信仰、礼拝又は普及等の宗教的活動を行うことを本来の目的とする組織ないし団体」と解している（箕面市忠魂碑・慰霊祭訴訟判決：最判平成５・２・16民集47巻３号1687頁）。これを狭義説という。これに対して学説では、それは「厳格に制度化され、組織化されたものでなくとも、何らかの宗教上の事業ないし活動（運動）を目的とする団体を指」し、「本条は宗教上の事業ないし活動に対して公的な財政的援助を与えてはならないとするもの」（佐藤功）、と解する立場が有力である。これが広義説である。

＊　判例・裁判例の中で、広義説をとった唯一の例は、箕面市忠魂碑訴訟第1審判決（大阪地判昭和57・3・24判時1036号20頁）である。この事件では、市が遺族会の所有している忠魂碑を市有地に移設し、その敷地として土地を無償貸与していることの政教分離規定適合性が争われた。そこでの一つの争点として、遺族会は「宗教上の組織若しくは団体」に当たるかが問題となった。第1審は広義説を採用し該当性を認めたのに対して、最高裁はこれを否定した。広義説をとる学説の中には、狭義説をとると政教分離原則が骨抜きとなると批判するものもあるが、89条前段に該当しなくても20条3項適合性審査は行いうるため、結論に差はない。なお念のため付け加えると、箕面市忠魂碑訴訟と慰霊祭訴訟は、控訴審以降併合審理されている。

＊＊　空知太神社事件第1次上告審判決（→本節4(4)）は、狭義説を前提としつつ、当該氏子集団につき、「宗教的行事等を行うことを主たる目的としている宗教団体であって、寄附を集めて本件神社の祭事を行っており、憲法89条にいう『宗教上の組織若しくは団体』に当たる」、と判断した。しかしこれは、氏子とされる者にも神道以外の宗教の者もいたといった住民らが主張する実態に鑑みると、異論がありうる位置づけであった。

(3)　憲法20条3項

憲法20条3項は、「国及びその機関」に対して、「宗教教育その他いかなる宗教的活動」をも禁じている。「宗教教育」とは、「宗教的信仰を宣伝する目的で行われる教育」のことである（宮沢俊義）。国公立学校で、「特定の宗教のための宗教教育」をすることは禁じられているが、「宗教に関する寛容の態度、宗教に関する一般的な教養」などを教育することは許される（教基法15条参照）。従来の判例は、政教分離に関わるほとんどの事例を、本条項の「宗教的活動」の禁止に該当するかどうか、という観点によって判断してきた。

4　政教分離規定に関する二段階審査と「かかわり合い」の審査

政教分離規定を解釈するに際して、国家が宗教とのかかわり合いをもつことを全く許さないとするものではなく、そのかかわり合いが相当とされる限度を超える場合にこれを許さない、という一貫した判例法理を前提とするとしよう。そこでは、国家と宗教との「かかわり合い」があるかどうかの審査と、それがあると判断された場合にその「かかわり合い」が「相当とされる限度を超えるもの」か否か（正当化されるか否か）の審査という、二段階の審査が行われるはずである。このように判断を分節化することは、判断過程の明晰化に寄与する。本節は第一段階の審査につき、次の第５節では第二段階の審査につき、大法廷判決を素材として概述する。

(1)　津地鎮祭判決

憲法20条３項適合性審査に関する指導的判例は、市体育館の起工式（地鎮祭）を、市の主催により神式で行い、またそれに市が公金を支出したことの憲法適合性が争われた津地鎮祭判決（→本節**2**）である。この判決は、当該起工式は「専門の宗教家である神職が、所定の服装で、神社神道固有の祭式に則り、一定の祭場を設け一定の祭具を使用して行った」ものであり、「これを主宰した神職自身も宗教的信仰心に基づいてこれを執行したもの」であるから、「それが宗教とかかわり合いをもつものであることは、否定することができない」、という。この判示は起工式が「宗教とかかわり合いをもつ」ことを述べたが、本来判示すべきは市がそのような起工式を主催等することによって、国家と宗教が「かかわり合い」をもったということであった。

＊　先にも触れた箕面市忠魂碑・慰霊祭訴訟に関する大阪高判昭和62・７・16〔参〕民集47巻３号2506頁は、忠魂碑は、敗戦後は「専ら戦没者の慰霊・顕彰のための記念碑として認識されて」いるため、「本件移設・再建及び本件貸与」が20条３項に違反するという主張は、「その前提において失当」だ、と判断した。これはつまり、上記行為によっては、市と宗教との「かかわり合い」が生じていない、という趣旨である。そのためこの判決は、二段階目の「かかわり合い」が「相当とされる限度を超えるもの」かの審査に進んでいない。割り切った、珍しい裁判例である。

(2)　自衛官合祀判決

自衛官合祀判決（最大判昭和63・６・１民集42巻５号277頁）は、原審とは異なり、殉職自衛官の山口県護国神社に対する合祀申請について、県隊友会（社団法人）単独の行為だったと評価した上で、合祀申請に至る過程において県隊友会に協力していた自衛隊山口地方連絡部（「地連」）職員の行為が20条３項に反しないか、を審査した。判決は、合祀申請という行為は、「宗教とかかわり合いをもつ行為であるが、合祀の前提としての法的意味」をもたず、また地連職員による協力行為の「宗教とのかかわり合いは間接的」だ、という。判決はこうして国家と宗教との「かかわり合い」の存在を認めたが、同時に「かかわり合いは間接的」だと認定した。このことが、「かかわり合い」が「相当とされる限度を超えるもの」かの審査が緩やかにされる要因となる（→本章第５節 **1** (2)）。

(3)　愛媛玉串料判決

愛媛県が、靖国神社または県護国神社の挙行した例大祭、みたま祭、慰霊大祭に際し、玉串料、献灯料、供物料を県の公金から支出して奉納したことは憲法20条３項・89条に違反しないか。愛媛玉串料判決（最大判平成９・４・２民集51巻４号1673頁）は、まず、靖国神社や護国神社が「宗教団体」（20条１項後段）に当たり、例大祭および慰霊大祭などは祭祀の中でも重要な意義をもち、玉串料などは各神社が宗教的意義を有すると考えているものだ、という。それらのことから、「県が特定の宗教団体の挙行する重要な宗教上の祭祀にかかわり合いを持ったということが明らか」だとした。こうしてこの判決は、国家と宗教との「かかわり合い」を明確に認めた。さらにこの判決が、「特定の宗教団体」の「重要な」祭祀との「明らか」な「かかわり合い」を認めたことは、「相当とされる限度を超えるもの」かの審査を厳格化する要因となった（→本章第５節 **1** (3)）。

(4)　空知太神社事件第１次上告審判決

砂川市がその所有する土地を、町内会に対し神社施設の敷地として無償で使用させていることの憲法適合性が争われた。空知太神社事件第１次上告審判決（最大判平成22・１・20民集64巻１号１頁）は、「国又は地方公共団体が国公有地を無償で宗教的施設の敷地として」貸与することは、「当該宗教的施設を設置する宗教団体等に対する便宜の供与として、憲法89条との抵触が問題となる行為」だ、という。この部分が、国家と宗教との「かかわり合い」を認める趣旨である。主に89条との関係で「かかわり合い」が問題とされたことは、従来の政教分離判例と異なる点だった（→本節 **3** (3)）。

(5)　那覇孔子廟訴訟判決

那覇市が管理する都市公園内に儒教の祖である孔子等を祀った施設（孔子廟）を設置することを久米崇聖会（補助参加人）に許可した上で、その敷地の使用料を全額免除した当時の市長の行為は政教分離原則に違反しないか、が争われた。那覇孔子廟訴訟判決（最大判令和3・2・24民集75巻2号29頁）には、従来の判例とは異なり、国家と宗教との「かかわり合い」を認める判示がない。この事案では儒教との「かかわり合い」が問題となるが、儒教に宗教性があるかといった問題に立ち入ることを避け、一定の宗教的な外形がある場合として「相当とされる限度を超えるもの」かの審査へ移行したもの、と考えられる。

(6)　小　括

以上のように、これまでの各大法廷判決は、十分に自覚的ではなかったかもしれないが、政教分離規定適合性判断に際して、まずは国家と宗教との「かかわり合い」の有無に関する審査を行ってきた。裁判により争われるぐらいの事案であるから、「かかわり合い」がないとする判決はごく例外的にとどまる。また一段階目で終了すると、審査があまりに簡単に済むことになるため、上述のような状況は望ましいことでもある。「かかわり合い」の態様が直接的かあるいは間接的かといった違いは、「相当とされるものか」の審査の密度に影響を及ぼす。

＊　「かかわり合い」の審査に際しては、国家と分離されるべき宗教とは何か、という論点がある。従来の学説では、「宗教」の意味について、狭義の信教の自由の領域ではできるだけ広く解すべきだが、政教分離原則との関係で対象となる宗教はより狭く解すべきだという「二元的定義」が有力であった。これに対して、両場面で区別をする必要はないという「一元的定義」もある。一元的定義の側からは、政教分離の場面で宗教を広く解することで不都合が仮にあるとしても、目的効果基準（→本章第5節1(1)）の適用過程で解決できる、という。これに対して二元的定義の側からは、それでは政教分離原則を緩めることになる、と反論される。この応酬では、両説の間に理論的優劣はなく、導く結論も同じでありうる。それは、三段階審査における保護領域の捉え方をめぐる議論と同じ型の見解の相違である。なお判例は、そもそも宗教の定義を避けているため、二元的定義という発想もない。

第５節 「かかわり合い」が「相当とされる限度を超えるものか」の審査と政教分離事件の諸類型

1 「かかわり合い」が「相当とされる限度を超えるものか」の審査

(1) 津地鎮祭判決

津地鎮祭判決は、憲法20条３項の「宗教的活動」とは、「およそ国及びその機関の活動で宗教とのかかわり合いをもつすべての行為を指すものではなく、そのかかわり合いが……相当とされる限度を超えるものに限られるというべきであって、当該行為の目的が宗教的意義をもち、その効果が宗教に対する援助、助長、促進又は圧迫、干渉等になるような行為をいう」、と述べる。後半の審査手法が、目的効果基準と呼ばれてきた。本章の観点からは、この目的効果基準は、「かかわり合い」が「相当とされる限度を超えるものか」の審査（正当化審査）の手法だ、と位置づけられる。

＊　この判決は、目的効果基準を示した上で、「当該行為の主宰者が宗教家であるかどうか、その順序作法（式次第）が宗教の定める方式に則ったものであるかどうかなど、当該行為の外形的側面のみにとらわれることなく、当該行為の行われる場所、当該行為に対する一般人の宗教的評価、当該行為者が当該行為を行うについての意図、目的及び宗教的意識の有無、程度、当該行為の一般人に与える効果、影響等、諸般の事情を考慮し、社会通念に従って、客観的に判断しなければならない」、と述べていた。

ここでは次の２点に注目できる。第１に、「かかわり合い」が「相当とされる限度を超えるもの」かにつき判断する際の考慮諸要素とされたものの中で、「当該行為の外形的側面」と「当該行為者が当該行為を行うについての意図」は、実際には「かかわり合い」があるかどうかの審査に際して用いられていたように（→本章第４節**4(1)**）、ここで挙げられた考慮諸要素は「かかわり合い」が「相当とされる限度を超えるものか」の審査に純化したものではない、ということである。第２に、この判決は、「一般人の意識」が「起工式にさしたる宗教的意義を認めず、建築着工に際しての慣習化した社会的儀礼として、世俗的な行事と評価している」ことを主たる根拠として、20条３項に反しない（「かかわり合い」は「相当とされる限度を超えるもの」ではない）、と判断しているということである。

(2)　自衛官合祀判決

自衛官合祀判決は、目的効果基準に拠ることを述べた上で、隊友会による合祀申請に協力した地連職員の行為の意図、目的は、「合祀実現により自衛隊員の社会的地位の向上と士気の高揚を図る」ことで、「その宗教的意識も希薄」であり、「行為の態様からして、国又はその機関として特定の宗教への関心を呼び起こし、あるいはこれを援助、助長、促進し、又は他の宗教に圧迫、干渉を加えるような効果をもつものと一般人から評価される行為とは認め難い」、という。このように「かかわり合い」が「相当とされる限度を超えるものか」の審査が形ばかりのものにとどまった理由は、合祀申請は「合祀の前提としての法的意味」をもたず、隊友会に協力したにすぎない地連職員の行為の「宗教とのかかわり合いは間接的」だ、とされていたためである（→本章第４節**4(2)**）。

(3)　愛媛玉串料判決

愛媛玉串料判決は、結論として、県による玉串料等の奉納の「目的」は宗教的意義をもち、「その効果が特定の宗教に対する援助、助長、促進になる」という形で、目的効果基準に拠った上で、県と靖国神社等との「かかわり合い」が「相当とされる限度を超える」として、憲法20条３項に違反し、同時に89条にも反する、と判断している。これが、政教分離規定に関する事例における最高裁初の違憲判決である。

＊　この判決についても２点に着目できる。第１に、決着は実は目的効果基準とは別のところでついていた。判決は、玉串料等を奉納することは、「起工式の場合とは異なり、時代の推移によって既にその宗教的意義が希薄化し、慣習化した社会的儀礼にすぎないものになっている」とはいうことができないし、一般人がそう評価しているとは考え難い、という。つまりここでも、津地鎮祭判決が例示した考慮諸要素の中で、「当該行為に対する一般人の宗教的評価」が「相当とされる限度を超えるものか」の審査の結論を導く際に重要な役割を担っている。第２に、この判決も玉串料等の奉納に「儀礼的な意味合いがあること」を認めていた。にもかかわらず違憲とされたのは、「かかわり合い」の審査に際して、「特定の宗教団体」の「重要な」祭祀との「明らか」な「特別のかかわり合い」が認められたことによって、「かかわり合い」が「相当とされる限度を超えるものか」の審査が厳格化しているためである（→本章第４節**4(3)**）。

(4)　空知太神社事件第1次上告審判決

空知太神社事件第1次上告審判決は、「かかわり合い」が「相当とされる限度を超えるものか」の審査に関して、新たな定式を示した。「当該宗教的施設の性格、当該土地が無償で当該施設の敷地としての用に供されるに至った経緯、当該無償提供の態様、これらに対する一般人の評価等、諸般の事情を考慮し、社会通念に照らして総合的に判断すべき」、というものである。当該事案に関しては、①土地の利用提供行為が、「氏子集団が神社を利用した宗教的活動を行うことを容易にして」おり、「市が特定の宗教に対して特別の便益を提供し、これを援助していると評価されてもやむを得ない」こと（一般人の評価）、②本件神社物件は「明らかな宗教的施設」であること（宗教的施設の性格）、③「これに対し長期間にわたり継続的に便益を提供し続けていること」（無償提供行為の態様）などから、憲法89条・20条1項後段に反するとされた。

＊　従来から用いられてきた目的効果基準と、この判決で示された総合的判断の手法とが、いかなる関係にあり、いかに使い分けされるものかについては、多くの検討がなされてきた。二つの判断手法はかなりの程度重なり合っている。目的効果基準が典型的に用いられるのは、「一回限りの作為的行為」であるのに対して、空知太神社事件における敷地の無償提供のような「継続的行為」であって「作為的側面もあるものの……不作為の側面も併せ有」し、しかもその継続中に「大きな事情の変化」があった行為については、「どの時点におけるどの行為者の目的」を、また「どの時点における誰を基準とした効果」を審査すればよいか、といった問題がある。そのため、それには総合的判断の手法が適している、というのが一つの説明法であった（清野正彦調査官）。

＊＊　この判決で総合的判断のために例示された考慮諸要素は、専ら「かかわり合い」が「相当とされる限度を超えるものか」の審査に際して用いられている。その点では、従来の判例よりも理論的に整理されている（→本節1(1)）。

(5)　那覇孔子廟訴訟判決

那覇孔子廟訴訟判決は、敷地の使用料の免除が「相当とされる限度を超え」るかの審査について、事案が近似している空知太神社事件第1次上告審判決に従って、「当該施設の性格、当該免除をすることとした経緯、当該免除に伴う当該国有地の無償提供の態様、これらに対する一般人の評価等、諸般の事情を考慮し、社会通念に照らして総合的に判断すべき」、という手法を採用した。

当該事案に関しては、①「本件施設は、その外観等に照らして」、神社等との類似性があり、「本件施設で行われる釋奠祭禮は」「宗教的儀式」であり、また「参加人は釋奠祭禮の観光ショー化等を許容しない姿勢を示して」いるなど、本件施設は、「一体としてその宗教性を肯定でき……その程度も軽微」ではない（当該施設の性格）。②本件施設は、「当初の至聖廟等を復元したもの」ではなく、「法令上の文化財としての取扱いを受けているなどの事情」もない。そうすると、「本件施設の観光資源等としての意義や歴史的価値」は、「参加人に対して本件免除により新たに本件施設の敷地として国公有地を無償で提供することの必要性及び合理性を裏付け」ない（当該免除をした経緯）。③「本件免除は、参加人に上記利益を享受させることにより、参加人が本件施設を利用して宗教活動を行うことを容易にするものであ」り、「その効果が間接的、付随的なもの」ではない（無償提供の態様）。④「本件免除は、一般人の目から見て、市が参加人の上記活動に係る特定の宗教に対して特別の便益を提供し、これを援助していると評価されてもやむを得ない」（一般人の評価）。以上によれば、本件免除は、憲法20条３項に違反する。

＊　空知太神社事件第１次上告審判決では、土地の無償提供行為が憲法89条および20条１項後段に反すると判断されたのに対して、本判決では土地使用料の免除が20条３項に反するとされた。本件免除は20条３項が禁止する宗教的活動に該当するという判示であるが、本件施設等の所有者である久米崇聖会（補助参加人）が「宗教上の組織若しくは団体」（89条）、「宗教団体」（20条１項後段）に該当するか、という判断を回避する趣旨もあったのではないか。

＊＊　本判決では１回限りの作為的行為についても「総合的判断の手法」が用いられている。担当調査官は、前述した清野調査官解説を踏まえつつ、「総合判断の枠組みは、１回限りの作為的行為の憲法適合性が問題とされる場合においても、目的及び効果という硬直的な着眼点に拘泥せず、より柔軟かつ事案に即した判断基準への従来の判断基準を深化させたもの」、と解説する（高瀬保守）。これは従来、目的効果基準を使っていた諸判決を覆す

（少なくとも読み替える）ものであるため、調査官の単なる個人的見解ではなく大法廷の意向を受けてのものと考えられる。

＊＊＊　空知太神社事件と本件との違いを導く候補の一つに、宗教的施設の観光資源としての価値の有無という要素があったが、本判決は上記②のように述べて、これを否定している。林景一裁判官の反対意見が懸念するように、本判決が射程を拡大して解釈されて、「歴史研究・文化活動等に係る公的支援への萎縮効果等」をもたらさないことを望みたい。

2　政教分離関係事件の諸類型

以下では従来政教分離原則適合性が争われた事例を、四つに類型化して、ごく簡単に一覧したい。もちろん、各訴訟では「宗教活動」か否かが争われているため、何を例にとるかは一応の説明のための便宜的なものにとどまる。

(1)　国家が宗教活動を行う場合（20条３項）

国家が宗教活動を行ったか否かが争点となった類型の代表例は、津地鎮祭事件である。村が観音像を設置した事例（松山地判平成13・４・27判タ1058号290頁）や、町長がお盆の時期に戦没者を追悼する趣旨で遺族に追悼文とともに線香またはローソクを配布した事例（神戸地判平成13・７・18判タ1073号255頁）では、それぞれ地裁段階で違憲判決が出ていた。

国家を代表する地位にある公務員が宗教的性格のある行事に参列等をすることが政教分離規定に反しないか、が争われた事例も多い。忠魂碑の前で行われる神式・仏式の慰霊祭へ市教育長が参列することを、合憲と判断した判決がある（前掲箕面市忠魂碑・慰霊祭訴訟判決）。大嘗祭への知事の参列も、合憲と判断された（鹿児島大嘗祭訴訟判決：最判平成14・７・11民集56巻６号1204頁）。神社の大祭に係る記念事業の奉賛を目的とする団体の発会式に、地元の市長が出席して祝辞を述べたことも、合憲とされた（白《しら》山《やま》比《ひ》咩《め》神社訴訟判決：最判平成22・７・22判時2087号26頁→本節３）。

愛媛玉串料事件は、次に扱う援助の類型ともされえたが、最高裁は公金支出を主に国家の宗教的活動として扱い、違憲と判断した。

(2)　国家が宗教団体を援助する場合（89条・20条１項後段）

国有地である寺院等の境内地などを無償で貸し付けていた寺院等に譲与

または時価の半額で売り払うことを定める、「社寺等に無償で貸し付けてある国有財産の処分に関する法律」（国有境内地処分法）は、明治初年に無償で取り上げて国有地化した土地の返還という「沿革上の理由」から（国有境内地処分法判決：最大判昭和33・12・24民集12巻16号3352頁）、あるいは社寺の信教の自由や財産権への「配慮」から（富士山本宮浅間神社判決：最判昭和49・４・９判時740号42頁）、89条に反しないとされた。一部事務組合が地元住民の要請により宗教法人たる神社の境内入口まで通じている道路の改良工事を行い、その工事代金の支払のために公金を支出した行為も、89条に反しないとされた（稲荷神社参道補修訴訟判決：最判昭和63・12・16判時1362号41頁）。村が宗教法人の所有する社殿の修復工事に対して補助金を支出することは、89条・20条１項後段に反するとされた（高知地判平成10・７・17判時1699号67頁）。

空知太神社事件第１次上告審判決、富平神社事件判決（→本章第６節**2**(3)）および、空知太神社事件第２次上告審判決（→本章第６節**2**(3)）も、宗教団体である氏子集団への援助の問題として扱ったためこの類型となり（→本章第４節**3**(2)）、信教の自由に対する「配慮」行為が政教分離原則に反しないか、が問われた。

(3)　国家が非宗教団体の行う宗教活動を援助する場合（20条３項・89条）

市が町会に対して、地蔵像の建立あるいは移設のため市有地の無償使用を承認した行為は、20条３項・89条に反しない、とされている（大阪地蔵像訴訟判決：最判平成４・７・９判時1441号56頁）。箕面市忠魂碑・慰霊祭訴訟もこの類型に当たり、忠魂碑のための土地を戦没者遺族会に対して無償貸与することなどが20条３項・89条に反しない、と判断された（→本章第４節**3**(2)）。市から社会福祉法人を経て地元の戦没者遺族会に配分された補助金の支出および市の職員による上記遺族会の書記事務への従事も、20条３項に反しない、とされた（箕面市遺族会補助金訴訟判決：最判平成11・10・21判時1696号96頁）。

これに対し、市が新穀献納行事を行う団体として組織された奉賛会に補助金を支出した行為は20条３項に反する、とした裁判例もある（大阪高判平成10・12・15判時1671号19頁）。

(4)　国家が宗教団体の行う非宗教的活動を援助する場合（89条・20条3項）

私立学校振興助成法附則2条は、幼稚園を設置する宗教法人に対して「教育に係る経常的経費」の補助（同法9条）などを、「当分の間」認めている（→本章第6節**1**(2)）。この法規定の合憲性が争われた裁判例は未だないが、この助成は国家が宗教団体の行う非宗教的活動を援助する例である。

＊　政教分離事例に関する別の観点からの類型化として、憲法に先立ち、憲法の基礎となった、国家神道体制の否定に関する問題と、現代福祉国家が国民の利益・人権の実現のために直面する問題とを区別した上で、前者については目的効果基準を厳格に適用すべきだ、とする見解も多い。後者の典型例が、政教分離原則と信教の自由が「緊張関係」に立つ場合である（→本章第6節）。

3　政教分離事例の類型論と「かかわり合い」が「相当とされる限度を超えるものか」の審査

以上のような類型化は、政教分離原則適合性を判断する際に、公権力が主体となって宗教活動を行っているという事情は、「相当とされる限度を超えるものか」の審査の密度が高まるべき一つの要因だ、といった解釈論的考慮を含意している。

先の類型論は、各政教分離規定と対応するものでもある。従来の判例は、国有境内地処分法判決など、若干の例外を除き、政教分離事件を主に第一類型（→本節**2**(1)）の事例として、20条3項適合性について審査してきた。しかも20条3項についても、副次的に審査された89条についても同じく目的効果基準を用いてきた。この状況を変え、事案を第二類型（→本節**2**(2)）として扱い、89条・20条1項後段について総合的判断の手法を用いて正当化審査を行ったのが空知太神社事件第1次上告審判決だった。そのため、総合的判断の手法の射程は、「国家が宗教団体を援助する」場合で、かつ「継続的行為」であって「不作為の側面も併せ有する」行為に及ぶ、と一応説明されえた。ところが那覇孔子廟訴訟判決は、政教分離規定の各条文を個別に解釈するのではなく、一旦、その背後にある政教分離原則に違反するか否かという問題に還元し、かつ「総合判断の枠組み」によって審査する立場を示した（高瀬保守調査官）。この手法が今後一般化するのであれば、事案を類型化することにより思考の明晰化と判断の予測可能性を図るという努力とは方向性を異にするものであり、望ましいとは思えない。

＊　前掲白山比咩神社訴訟は、国家（市）を代表する地位にある者が宗教的色彩のある、一回的行事に参加した事例として争われた。判決は、大祭奉賛会の発会式を「観光上重要な行事」と位置づけた上で、そこに出席して祝辞を述べた行為を「市長としての社会的儀礼を尽くす目的で行われたものであり、宗教的色彩を帯びない儀礼的行為の範囲にとどまる態様のものであって、特定の宗教に対する援助、助長、促進になるような効果を伴うものでもなかった」、とする。空知太神社事件第１次上告審判決後の判断であるが、空知太神社事件とは異なる「一回限りの行為的行為」の事案であることもあり、諸事情を「総合的に考慮」する手法を前提としつつも、当該行為の目的・効果が主要な着眼点の一つとされている。この判決の手法および結論は理解できた。

4　政教分離裁判と「宗教的人格権」

国家による信教の自由に対する強制などが観念されない場合において、私人間における不法行為法上の法益として「宗教的人格権」という概念が構成されてきた。その代表的な事例である自衛官合祀判決は、合祀申請を県隊友会の「単独の行為」と評価し、かつ合祀申請と合祀を切断した上で（→本章第４節 **4 (2)**）、護国神社による合祀が配偶者の「静謐な宗教的環境の下で信仰生活を送るべき利益」（宗教的人格権）を侵害したか否か、という私法上の関係について判断する。最高裁はこれを法的利益と認められないとして、不法行為を否定した。

＊　伊藤正己裁判官の反対意見は、「被侵害利益と侵害行為の態様との相関関係」において、不法行為の成否を考察すべしとする。「被侵害利益」である「宗教上の心の静穏」は、保護の程度は低いものの「不法行為法上の法的利益」である。他方、合祀申請行為は、県隊友会と地連職員の「共同行為」とみるべきであり、地連職員の行為は20条３項に反する。そうなると、「侵

害行為」は「許容されない態様のもの」であるから不法行為は成立する、というのである。学説上は、この反対意見に支持が多い。

＊＊　首相が靖国神社に参拝することは、政教分離規定に反しないか。中曽根内閣は「公式参拝」について、官房長官の諮問機関による報告書を参考に従来の統一見解を変更して、憲法に反しない方式による参拝は可能だとし、1985年8月に首相が「公式参拝」を行った。国の次元では住民訴訟（地自法242条の2）に相当する訴訟類型は存在しない（→本章第4節**2**）。そのためこの事例でも、首相の参拝により心情ないし宗教上の感情が害されたことに基づく損害賠償を求める訴訟などが起こされた。2001年8月に行われた小泉首相による靖国神社参拝に対しても、多数の訴訟が起こされた。その一つに関する最判平成18・6・23判時1940号122頁は、①「人が神社に参拝する行為自体は、他人の信仰生活等に対して圧迫、干渉を加えるような性質のものではないから」、②「自己の心情ないし宗教上の感情が害されたとし、不快の念を抱いたとしても、これを被侵害利益として、直ちに損害賠償を求めることはできない」、という。なお、この参拝に関する福岡地判平成16・4・7判時1859号76頁④事件、および大阪高判平成17・9・30訟月52巻9号2801頁⑥事件は、法的利益侵害を否定したものの、傍論において小泉首相の参拝を20条3項に反する、と述べていた（→第19章第3節**6**）。

第6節　政教分離原則と信教の自由の「緊張関係」

1　最高裁判例の原点

(1)　津地鎮祭判決

津地鎮祭判決は、日本国憲法が「国家と宗教との完全な分離を理想とし」ているとしつつも、「現実の国家制度として、国家と宗教との完全な分離を実現することは、実際上不可能に近い」、という。その上で、「政教分離原則を完全に貫こうとすれば、かえって社会生活の各方面に不合理な事態を生ずることを免れない」例として、①宗教系私学に対する一般の私学と同様な助成、②文化財である神社、寺院の建築物などの維持保存のための宗教団体への補助金支出、③刑事収容施設における教誨活動、を挙げる。①②が許されなければ平等原則に反し、③が許されなければ信教の自由に反するという理由で、政教分離原則を貫徹できない、というのである。この部分は判決の中では傍論に当たるためか、①〜③の事例は当然に合憲であるかのように書かれており、政教分離原則と信教の自由の「緊張関係」ははじめから回避されていた。判例は政教分離を常に厳格に解釈する立場ではないから、上述の事例を「緊張関係」と捉えたとしても、その調整は政教分離原則が譲歩する形で容易になされうる。これに対して政教分離原則を基本的には厳格に解する学説では、両者の「緊張関係」を前提に、その調整を図る作業が必要となる。先に行った類型論（→本章第5節**2**）は、このことも含意している。①と③を例にとって説明しよう。

(2)　宗教系私立学校に対する助成

私立学校法59条は私学助成を定める。その結果宗教系学校法人に対しても助成が行われるが、このことは憲法89条前段に反しないか。私立学校法の立法関係者は、89条前段の「宗教上の組織若しくは団体」を「宗教活動を本来の目的とする一般の団体」と解し（狭義説→本章第4節**3**(2)）、学校法人はこれに当たらないため、私学助成は89条に反しない、と説明していた。しかし、89条に反しないとしても、20条3項との適合性の問題は残るはずである。これに対して学説の有力説は、政教分離原則、教育を受ける権利、平等原則、私立学校の教育の自由という、憲法上の諸原則の間の調整の問題であり、調整は目的効果基準の適用の中でなされるべきだ、という（中村睦男）。

＊　私立学校振興助成法附則2条は、宗教団体を設置者とする幼稚園への助成も、「当分の間」認めている。仮に先に紹介した私学助成に関する立法関係者の説明を前提としても、学校法人ではなく宗教法人・団体への補助は89条前段に反するのではないか。日本において義務教育段階における私立学校の占める割合は小さく、宗教系私立学校の割合はさらに少ない。このことから、宗教系私立学校への助成は、一般的な制度の中で「たまたま」利益を受けているにすぎないので合憲だ、と説明する見解がある。しかしこの立場においても、私立幼稚園は全幼稚園の約60％を占め、そのうち25％は宗教法人の設置するものであり、その他個人の設立した幼稚園の多くも宗教家の経営にかかることから、附則2条の合憲性は疑われうる。こうした見地からは、助成は、幼稚園への援助を目的とするものではなく、児童・生徒の利益のためになされたものだという「子供受益者理論」による正当化が可能な範囲でのみ認められる、とされる。また立法政策としては、「保護者に対する直接補助」が推奨されている（大石眞など）。

(3)　教誨活動

刑事収容施設及び被収容者等の処遇に関する法律（2006年５月24日施行、2007年６月１日題名変更）67条は、被収容者の信教の自由を保障している。また同法68条１項は、刑事施設の長に対し教誨を受ける機会を設けることなどを努力義務としている。刑事収容施設では、教誨のために特定の宗教・宗派の教誨師の常駐を認めていることがある。これは憲法20条３項に違反しないか。また、刑事収容施設内に教誨堂などを、居室内に仏壇や祭壇などを設置すること、教誨師に対して交通費などを支払うことは89条に反しないか、といった問題がある。

＊　学説上は、それぞれの論点について合憲説が多い。そのうちの多数は、信教の自由は、一般人にとっては消極的権利だが、被収容者にとっては、それにとどまらず、信教の自由の保障を実質化する措置を求める積極的権利でもあることを根拠とする。さらに、教誨は被収容者の教化、更生という国家政策的見地から要請されていることを根拠とする学説もある（百地章）。いずれの観点からも、信教の自由へ「配慮」するためになされた行為については、裁判所による政教分離規定適合性審査の密度が低くなると解されている。国家政策的見地を表に出す見解は、政教分離原則をより緩やかに解する傾向が強い。

2　最高裁判例の展開

(1)　エホバの証人剣道受講拒否事件

エホバの証人剣道受講拒否事件に関する神戸地裁判決は、信教の自由と政教分離原則の間の「緊張関係」を正面に据えた。つまり、エホバの証人の信教の自由に「配慮」して代替措置などをとるならば政教分離原則に反しかねないことを一つの根拠として、剣道実技の受講を拒否した学生に対する処分は適法だ、と論じたのである（→本章第３節**1**）。これに対して最高裁は、両者の「緊張関係」を表面化させない。最高裁は、剣道実技受講の義務づけという信教の自由に対する制約を暗黙のうちに合憲としつつ、他方で、代替措置をとるという、信教の自由に「配慮」してなされるべき行為の政教分離原則適合性も、目的効果基準に拠りつつ緩やかに解した（→本章第３節**2**）。こうして、従来の判例を前提とすれば、両者の「緊張関係」は仮象問題に近かった。この「緊張関係」が正面から問われたのが、空知太神社事件と富平神社事件である。

(2)　空知太神社事件第１次上告審判決

空知太神社事件第１次上告審判決は、市有地を神社施設の敷地として無償貸与していることを違憲と判断した（→本章第５節 **1 (4)**）。次に問題となるのは、その違憲性の解消方法である。判決は、「神社施設を撤去し土地を明け渡す」以外にも、当該土地の「全部又は一部を譲与し、有償で譲渡し、又は適正な時価で貸し付ける」ことも考えられ、市にはそれらの間を選択する裁量権がある、という。しかし、市が直ちに神社物件を撤去させることは、「氏子集団の構成員の信教の自由に重大な不利益を及ぼす」。ここに、政教分離原則と信教の自由の「緊張関係」が生じているのである。そこで判決は、「違憲性を解消するための他の合理的で現実的な手段が存在するか否か」について適切に審理判断すべきだったのに、それをしないまま「撤去及び土地明渡請求をしないこと」の違法性を認めた原審判断は違法だとして、事件を原審に差し戻した。

＊　これに対して那覇孔子廟訴訟では、地方公共団体における不動産の管理ではなく、都市公園内の国公有地の使用料にかかる債権の管理が問題となっていた（高瀬保守調査官）。最高裁は、当該使用料は、公園施設設置認可がされ、所定の期間が経過することによって当然に発生するものと解し、「全額を請求しないことが違法」と判断した。本件で年間580万円弱を支払うことになった久米崇聖会へ「配慮」されなかった理由は、本件免除が久米崇聖会に宗教的活動を行うことを容易にする効果がより直接的だ、と位置づけられたためであろうか。そのため久米崇聖会は過去に遡り、3500万円ほどの公園使用料を那覇市に支払った。その後、市長が本件孔子廟の撤去を求めないことの違憲・違法を主張して、第２次那覇孔子廟訴訟が起こされたが、地裁では合憲という判断が出ている（那覇地判令和４・３・23 LEX/DB 25592148）。

(3)　「配慮」行為の合憲性審査

国家が行った信教の自由への「配慮」行為が政教分離原則に適合するかについて、従来は、判例・学説とも目的効果基準によって判断し、その審査の密度は相対的に低いものでもよい、と考えてきた。しかし空知太神社事件第１次上告審判決により総合的判断の手法が採用されて以降、「配慮」行為に対する政教分離原則適合性に関する審査手法も、混沌としている状態にある。

空知太神社事件第１次上告審判決と同日に言い渡された富平神社事件判決は、住民監査によっていわば違憲状態にあるとされた無償貸与を解消するためになされた、町内会に対する神社敷地の譲与を合憲と判断した（最大判平成22・１・20民集64巻１号128頁）。また空知太神社事件第２次上告審判決は、違憲判決を受けて当事者間で合意した、氏子集団による神社施設の一部の移転や撤去等とあわせて、市が当該市有地の一部を氏子総代長に適正な賃料で賃貸する措置を、合憲と判断した（最判平成24・２・16民集66巻２号673頁）。これらの措置は、それ自体が政教分離原則と信教の自由の間の調整である。それぞれの事案に関する政教分離規定適合性審査は、とりわけ富平神社事件は「一回限りの作為的行為」ではあったが、総合的判断の手法が前提となっているようである。しかしより具体的には、行政の裁量権を前提とした上で、当該措置が違憲状態の解消という目的のための手段として「相当」か、「合理的かつ現実的」か、について審査がなされている。このように近年の事例では目的・手段の審査が用いられているものの、それは事案に依存しており、必ずしも「配慮」行為一般に妥当するという趣旨ではないであろう。とはいえ、事案の類型に応じた審査手法を整序するための手がかりとはなる。

〈参考文献〉

芦部信喜『宗教・人権・憲法学』（有斐閣、1999年）第１部
芦部信喜『憲法学Ⅲ　人権各論⑴〔増補版〕』（有斐閣、2000年）第３編第２章
大石眞『憲法と宗教制度』（有斐閣、1996年）第３部
清野正彦「判解」最判解民平成22年度（上）（2014年）１頁
高瀬保守「判解」法曹時報74巻７号（2022年）1680頁
土屋英雄『思想の自由と信教の自由〔増補版〕』（尚学社、2008年）第Ⅱ部、第Ⅲ部
平野武『政教分離裁判と国家神道』（法律文化社、1995年）
野坂泰司『憲法基本判例を読み直す〔第２版〕』（有斐閣、2019年）第10章・第11章
百地章『憲法と政教分離』（成文堂、1991年）
百地章『政教分離とは何か』（成文堂、1997年）
渡辺康行『「内心の自由」の法理』（岩波書店、2019年）第３部

第9章　学問の自由

第1節　総　説

学問は、自然・社会・人間等に関する真理や普遍的価値を探求し、認識することを目的とする精神活動であるといわれる。学問がこのようなものである限り、学問を営む個人の人格的発展に資するだけでなく、人類全体の福祉にとっても有益であろう。しかし他面で、それは現在真理とされているものを疑う営みであるがゆえに、既存の秩序を変革する契機となることもある。学問は、現在の体制を維持しようとするものにとって、その基盤を覆す危険な存在となりうる。学問の特色である独創性は、しばしば「常識」と親和せず、それどころか「常識」に疑問符を付ける。独創的な研究であればあるほど、「常識」になじまない上、「常識」の妥当性に揺さぶりをかけてしまう。だから学問は、現在の体制と衝突をきたしやすい。結果的に、専制的権力はもちろん、民主的権力であっても、自らの基盤を掘り崩しかねない学問を抑圧し、自己に都合のよい研究だけを認めようとすることになる。

＊　明治憲法下の日本は、1913年の沢柳事件（京都帝国大学総長沢柳政太郎が、教授の任免は教授会の同意を得なければならないとする人事の自治の要求を振り切り、専断で７名の教授を辞職させた）、1933年の滝川事件（京都帝国大学教授滝川幸辰の講演内容が無政府主義的であるとして問題とされ、その著書が発禁処分を受けるとともに、本人も休職処分を受け、辞職に追い込まれた）、1935年の天皇機関説事件（美濃部達吉の憲法学説が国体に関する異説であると攻撃され、美濃部は貴族院議員を辞任し、著書は発禁とされた）に代表される、学問の自由と大学の自治を根底から脅かす事件を経験した。日本国憲法が特に23条を設けて、学問の自由を保障していることの背景には、このような歴史に

対する反省と教訓があるといってよい。

学問の自由は、真理や普遍的価値を探求しようとする者の自由な選択を尊重し、その人格的発展を促進する。それは、個人の権利として、個人の自由な学問研究を保障しようとする。その限りにおいて、学問の自由は他の基本権と同じ性格を有する。しかし学問の自由が、個人の学問研究の営みを個人の自己実現のためにのみ保障したと理解するのは狭隘である。学問の自由が、個人の自律を尊重し、個人の自己実現を目指すだけの基本権だとすると、思想の自由（19条）や表現の自由（21条）とは別に、独立に保障されなければならない理由の説明が難しくなる。したがって、そもそも学問の自由は学問研究の恣意を保障するために規定されたものと理解すべきではない。それは学問の自由に公的側面があることを認め、学問共同体の公的価値と自律性を特別に承認することに意義を見出すものである。従来いわゆる制度的保障としての側面が認められてきた理由もそこにある。学問の自由は個人の利益と公共の利益の両方に仕える二重の性格をもった自由として理解されなければならない。後述する大学の自治と学問の自由が密接な関係にあることも、学問の自由のこのような二重の性格に起因すると考えられる（→本章第３節**１**）。

＊　学問の自由の保障対象を、真摯な真理の追究として実体的に定義するのではなく、学問共同体において新たな知識の創出を目指す行為と定義する見解がある（山本隆司）。この見解は、学問共同体の自律性を前提に、その枠内における個人の自由としての学問の自由を語るものである。

＊＊　日本学術会議会員任命拒否問題：「わが国の科学者の内外に対する代表機関」として設立された日本学術会議の会員は、日本学術会議法により、独立して職務を行うとともに（同法３条）、日本学術会議の推薦に基づき首相が任命すると定められている（同法７条２項）。2020年、当時の首相が推薦された６名の会員候補者について、人事の秘密を盾に理由を明らかにすることなく、その任命を拒否したため、政治的思惑から学術組織の人事に介入したのではないかとの疑念を招いたほか、学問共同体の自律性を傷つけたとして批判された。政府が、日本学術会議のような独立性の高い組織よりも、総合科学技術・イノベーション会議のような政府内部の組織を重視する傾向を示すことに対しても、学問共同体の自律性を軽視していると

批判されている。

＊＊＊　現代の学問は、大学等の研究組織の内部で完結的に遂行されるのではなく、しばしば産官学の連携の中で遂行される（産官学連携）。これを開かれた学問共同体の具体化として好意的に評価することもできるが、連携のとり方を誤ると、学問共同体の自律性を損なうおそれもある。2022年の経済安全保障推進法では、先端的な重要技術のうち、宇宙・海洋・量子・AIなど、利用次第で「国家及び国民の安全を損なう事態を生ずるおそれがある」技術情報が「特定重要技術」と名づけられ（同法61条）、その研究開発に対して資金支援がされる仕組みが設けられるとともに（同法63条）、研究開発に従事する者の代表者が官民協働の協議会に組み込まれ、かつ、そこで共有される機微情報の扱いに罰則付きの守秘義務が課されることになった（同法62条）。こうした囲い込み型の研究開発支援は、学問共同体の自律性に悪影響を及ぼす危険があると危惧される。

第2節　権利としての学問の自由

1　学問の自由の保護領域

(1)　学問の概念

学問の概念は研究対象によって画すことはできない。学問の領域は、人文科学、社会科学、自然科学に分類されることが多いが、それに尽きるものではなく、あらゆるものが研究対象となりうるからである。そのため、学問の概念はしばしば学問研究を行う人の精神作用の側面から画され、真理や普遍的価値を探求し認識することを目指す精神作用であると解されることになる。

しかしこの概念規定は、学問研究を行う人の主観に着目するものであって、真理や普遍的価値そのものを基準にして枠づけられるものではない。真理や普遍的価値は、それ自体が論争的なのであって、特に先端的な学問領域になればなるほど、学問の概念規定の基準に据えることが難しい。そこで、学問とは学問共同体において学問として受け容れられるものと帰納的に規定する試みが現れる。ここで学問共同体とは具体的に何を指しているのか、それはジャーナル共同体（学術専門誌の編集・投稿・査読を行うコミュニティ）をいうのか、学問領域ごとの学会をいうのか、それとも大学に代表される研究機関を意味するのかが問われなければならないだろうが、おそらくはこれらの自律性を有し、互いに交差する組織のそれぞれが総体として学問共同体を構成していると解される。そしていずれにせよ、これらの学問共同体の作法に則ってなされる営みが学問と規定されるのである。この概念規定では、学問共同体の作法から大きく外れた「異端の学問研究」をどのように位置づけるのかという難問に向き合うことを余儀なくされる。学問共同体の公的価値と自律性のあり方は絶えず再考しなければならないとしても、それを前提とする以上、学問共同体から完全に逸脱した「異端の学問研究」に学問の自由の保障を及ぼすことは困難と答えざるをえないだろう。もちろん、その場合でも表現の自由等の市民的自由の保障は及ぶ。

(2)　学問の自由の内容

学問の自由は、①学問研究の自由、②研究成果発表の自由、③教授の自由の三つの自由によって構成される。①の学問研究の自由とは、研究テーマや研究方法について、国家の干渉を受けることなく自由に決定し、かつ、その決定に基づいて自由に学問研究を遂行する権利をいう。自由な学問研究こそが新しい知識を創出し、ひいては公共に貢献するとの確信が、この権利の保障の背景にある。また、学問研究は広く公表されることによって人類共通の財産になることから、②の研究成果発表の自由は①の学問研究の自由から論理的に派生する権利と考えられる。③の教授の自由は教育の権利を意味するが、学問研究は教育の場において、歪められることなく後進に伝えられることによって、さらに発展することが期待されるので、教授の自由も①の学問研究の自由から派生して導かれる権利であるということができる。

(ア)　学問研究の自由

学問研究の自由は論理的な思索の自由を含むことから、憲法19条の思想の自由と重なるところがあるものの、学問研究は思索にとどまるものではなく、読書のような静態的活動に終始するものでもない。場合によれば、実験、観察、調査といった外形的行為を伴った能動的活動にならざるをえないものであって、ことの性質上、外部環境に対して何らかの（場合によっては悪い）影響を及ぼす。例えば、原子力研究は核兵器の製造の危険性や放射性物質の放出を招く可能性があり、大きなリスクを潜在させている。しかし、それが危険性を帯びた研究だからという理由で、そのような学問研究の自由を最初から否定することは許されない。当該学問研究の自由もまた、公共の福祉に照らし、正当化される限りにおいてのみ制約が許されるというべきである。しかもその制約の是非は、第一次的に、学問共同体において判断されるべきである。

学問研究の自由は、国家の介入から自由な研究活動を守るための防御権である。しかし、今日の学問研究は研究施設や研究費などの物的条件に大きく依存している面があり、国家による研究費の助成や出版助成などがなければ、現実の学問研究は成り立たないところがある。にもかかわらず、国家による研究費等の助成は、研究内容の評価と選別に基づくものであって、すべての研究に一律の助成が保障されているわけではない。学説の中には、憲法23条から国家に対して、研究のための物的施設や研究費を請求する抽象的な権利が導かれると解する見解があり（戸波江二）、また、同抽象的権利は大学研究者が大学に対して有する請求権であると解する見解もある（常本照樹）。しかし通説は、たとえ抽象的権利であっても、憲法23条から直接、研究費等を求める給付請求権は引き出せないと解している。ただ、国家による研究費等の助成が不当な差別的取扱いになる場合は、23条の趣旨に鑑み、14条１項の平等原則違反の問題が生じるとしている。

また、大学等の研究教育機関に所属する研究者は、所属先と雇用契約を結んで、職業として学問研究に従事しているが、その学問研究が実質的に保障されるためには、当該雇用関係の安定的維持が不可欠であるとの理由により、研究者の身分は憲法23条によって保障されるとの見解もある（高柳信一）。この見解によれば、学問研究の自由から、雇用者による職務命令権、懲戒権、解雇権のほか、人事権一般に基づく拘束や制約の解除が導かれると主張されることになる。

(イ)　研究成果発表の自由

研究成果発表の自由は研究成果を公表する自由を意味することから、憲法21条１項の表現の自由と重なっている。もっとも、学問研究が学問の自由を享受する以上、研究成果の発表は責務であって、それを発表しない自由（消極的表現の自由）は保障されないとする考え方もありうる。研究成果を強制的に公表させてもかまわないとするのは、そもそも自由の観念と矛盾するし、学問の創造性とも相容れないと思われるがゆえに、単純に研究成果発表の消極的自由は保障されないと言い切ることはできないものの、憲法21条１項によって保障される消極的表現の自由と全く同じとも言い難い。

発表の強制ではなく、発表の禁止の文脈でも問題はある。例えば、研究成果の発表が社会公共に対して有害な影響を及ぼす危険な行為とみなされる場合（原子爆弾研究の成果発表など）、当該行為にそもそも自由の資格があるのかという問題がある。これについては、危険な学問研究も本来的には自由と考えられたように、危険な研究成果の発表とみなされる場合でも、当然に自由の資格が否定されるわけではないというべきである。表現の自由の場合と同じく、発表がもたらす弊害は、規制ではなく、原則として、思想の自由市場における more speech によって除去されなければならない。あるいは、学問共同体の自律性を尊重し、研究成果発表の是非を学問共同体の第一次的判断に委ねるべきであろう。もちろん、研究成果発表の弊害が重大で、明白かつ現在の危険をもたらすものである場合など、ここでも表現の自由と同じく、公共の福祉に照らし、正当化される限りにおいてのみ、発表の禁止が許されるといってよい。

㈦　教授の自由

教授の自由とは、研究者がその研究成果に基づいて学生を教育する自由をいう。研究者には、教師としての立場において、学問研究の成果として得られた自己の学問的見解を教える権利が保障される。教授に際して国家が学説を拘束するようなことがあってはならない。

最高裁は、東大ポポロ事件判決（最大判昭和38・５・22刑集17巻４号370頁。事案の概要については、本章第３節 **3 (2)**）において「教授の自由は、学問の自由と密接な関係を有するけれども、必ずしもこれに含まれるものではない」とした上で、大学における学問の自由を特に強く保障しようとする憲法の趣旨と学校教育法52条（現83条１項）に基づき、「大学において教授その他の研究者がその専門の研究の結果を教授する自由は、これを保障される」と判示した。①教授の自由は学問の自由からの直接的論理的帰結とはされず、かつ、その趣旨に基づくものだとしても、②大学の研究者にのみ保障される権利であるから、初等中等教育機関の教師には教授の自由が保障されないと判断していたことになる。後者の点は、学説上もかつては通説であった。

これに対して、旭川学テ事件判決（最大判昭和51・５・21刑集30巻５号615頁）は、「憲法の保障する学問の自由は、単に学問研究の自由ばかりでなく、その結果を教授する自由をも含むと解される」とした上で（東大ポポロ事件判決①を変更）、初等中等教育機関の教師に対しても「教師が公権力によって特定の意見のみを教授することを強制されないという意味において、また……教授の具体的内容及び方法につきある程度自由な裁量が認められなければならないという意味においては、一定の範囲における教授の自由が保障されるべきことを肯定できないではない」と述べた（東大ポポロ事件判決②を変更）。

ただし、児童・生徒は大学の学生と異なり、教授内容に対する批判能力を十分には備えていないこと、教育の機会均等や全国的な教育水準を確保すべき強い要請があることなどから「普通教育における教師に完全な教授の自由を認めることは、とうてい許されない」とした。そうであれば、初等中等教育機関の教師の教育の自由は、憲法23条の教授の自由として保障されるのではなく、憲法26条の児童・生徒の教育を受ける権利の前提として構成されるべきであろう（→第16章第２節**3**(**4**)）。

2　学問の自由の制限と正当化

(1)　学問研究の自由の制限と正当化

学問研究の自由が内心の領域にとどまる限り、他人の自由と衝突することはないから、絶対無制限に保障されることになるといえそうである。しかし、実際の学問研究活動は、必ずしも内心の領域にとどまるものではなく、外形的行為を伴う能動的活動になることもしばしばであり、場合によれば、人の生命・身体等に不測の危険を及ぼすこともある。それゆえ、学問研究の自由もまた、公共の福祉に照らし、正当な目的を達成するための必要最小限度の制約には服するといわなければならない。

特に問題になっているのは、ヒトクローン技術の開発や遺伝子組換え実験、生殖医療などの先端科学技術研究の規制である。その合憲性を考えるにあたっては、形式面と内容面の双方からの検討が必要になる。

形式面について、先端科学技術研究を規制する場合は、常に法律の根拠を要するのかという問題がある。この点、現実の規制形式には、学会や研究機関のガイドラインに基づく自主規制による場合、所轄官庁のガイドラインに基づく行政指導による場合、法律に根拠を置く法的拘束力のある規制による場合の三つが混在しているといわれる。いずれの規制形式にも長所短所があるが、憲法23条に学問共同体の自律性の尊重を読み取る立場からすると、学問上の組織や手続などの枠組み形成を法律の役割としつつ、実質的な基準の形成を学会や研究機関の自律的判断に委ねられる形式を採用することが、規制の実効性を確保すると同時に、学問共同体の自律性に配慮した扱いを可能にすると思われる。ただし、学問共同体の作法に従わない者も存在する以上、法律上の実体的規制も、最小限度において認めざるをえない。

実質面についていえば、正当な規制理由をめぐる問題がある。例えば、クローン技術等規制法１条は「クローン技術等のうちクローン技術又は特定融合・集合技術により作成される胚を人又は動物の胎内に移植することを禁止する」が、その理由は当該行為が「人の尊厳の保持、人の生命及び身体の安全の確保並びに社会秩序の維持（……）に重大な影響を与える可能性がある」とみなされるところにある。ヒトクローンの作成については、たしかに個人存在の一回性の尊重や人体実験の禁止の趣旨から、規制理由の正当性は認められてしかるべきかもしれない。しかし、学問研究の成果が人の尊厳を貶め、安全性を脅かし、社会秩序を混乱させるとの見解には、多分に保守的な偏見が反映されている疑いもある。他方、たとえ学問研究がもたらす弊害の発生に高度の蓋然性が認められないという場合でも、取り返しのつかない弊害の発生に備え、予防原則（precautionary principle）に基づく事前規制が容認されるべきとの見解も有力に唱えられている。この見解に従うなら、事前規制の合憲性を厳格に審査することは控えなければならないだろう。いずれの見解にも一理あるが、仮に予防原則に基づく事前規制が許されるとしても、最新の科学技術の水準に照らして、絶えず規制の妥当性が見直される必要がある。

(2)　研究成果発表の自由の制限と正当化

研究成果発表の自由の制限と正当化は、概ね、表現の自由と同様に考えることができる。研究成果発表の自由は、表現の自由よりも手厚く保障されるべきであるとの見解も見受けられるが、それは危険な学問研究の成果発表に対する安易な介入を戒める趣旨と思われる。また、ここでも学問共同体の第一次的判断が尊重されるべきである。ただ既に述べたとおり、研究成果の発表が重大な害悪をもたらし、かつ明白かつ現在の危険を惹起する場合は、規制されてもやむをえない。

(3)　教授の自由の制限と正当化

研究者がその研究成果に基づいて学生を教育する、教授の自由の行使においても、規制がなされる場面は考えられよう。しかし、教授の自由に対する直接的な法的規制は見当たらない。間接的付随的な法的規制としては、教育公務員特例法18条１項に基づく「公立学校の教育公務員の政治的行為の制限」が挙げられる。これは公立学校の教育公務員が教育の名の下で政治的行為を行うことを禁じた結果、教授の自由が制限されるものである。公選法137条は教育者が自らの地位を利用して行う選挙運動を禁止しているが、これも教育の名を借りた選挙運動を禁じた結果として、教授の自由が制約されるという例である（なお、教育基本法14条２項参照）。いずれも、教育の政治的中立性を確保するための制限といえようが、禁止の対象とされる「政治的行為」や「選挙運動」が「職務の遂行の政治的中立性を損なうおそれが実質的に認められる行為の類型」（堀越事件判決：最判平成24・12・７刑集66巻12号1337頁）に限定されないと、行きすぎた規制になりかねないという不安が残る。また、教育の政治的中立性を確保するための規律は、第一次的には、学問共同体の自律性に委ねるべき事柄であろう。

＊　ウェーバー（M. Weber）の講壇禁欲論：「大学で教鞭をとる者は、自己の政治的見解を教壇から聴講者に押しつけてはならない。預言者や煽動家たらんとする人は、教室の教壇に立つべきではなく、街頭に出て公衆に説くべきである」という考え方である。この講壇禁欲論は、大学教師の行為規範を説くものとして、学問共同体においても、内部化される価値はあるものの、それが直ちに教授の自由の制限を正当化する根拠となるものではない。

国立大学法人や専門職大学院（法科大学院等）は、政令で定める期間ごとに、認証評価機関による評価を受けることが義務づけられている（学校教育法109条）。ここでの評価は、たしかに教育内容を直接指図するわけではないとしても、微に入り細をうがつ評価の実務が、教授の自由に対する大きな負担になっているという実態もあって、そのあり方が後述する大学の自治との関係でも問題視されている。

初等中等教育機関における教授の自由の制限については、高等教育機関の場合とは異なる考慮が必要とされるが、既に述べたとおり（→本節１(2)(ウ)）、それは教授の自由の制限の問題として扱われるのではなく、憲法26条の児童・生徒の教育を受ける権利の保障という視点から扱われるべき問題であると思われる。

第３節　大学の自治

１　学問の自由と大学の自治

大学は、学問研究の自由、研究成果発表の自由、教授の自由のすべてが享受される場であり、数多くの研究教育機関の中でも特別な地位を占める。それゆえ大学は、私立大学はもちろん、国公立大学であっても、学問の自由の享有主体であって、その組織自体が憲法23条の権利享有主体であるとされる。かつて学問の自由を大学の自由と等置する見解も有力であった。しかし現在は、大学における学問の自由を保障するために、手段的に、大学の自治が保障されるとの見解の方が有力である。

従来、大学の自治の保障は「制度的保障」であるとみなされていた。それは大学という制度それ自体の客観的保障（制度体保障）であって、個々の大学に自治の権利が保障されるものではないとされていた。この見解を提唱したシュミット（C. Schmitt）は、基本権の主体として個人しか認めず、それ以外の団体の権利なるものは基本権ではなく、制度として保障されるだけであると説明していた。これに対して、大学の自治を端的に学問の自由から導かれるところの「大学の自治権」とみた方がよいとする見解（赤坂正浩）もある。この場合は憲法23条が狭義の学問の自由と「大学の自治権」という二つの権利を併行保障しているという理解になろう。

憲法23条は、学問共同体の公的価値と自律性を特別に承認しているとする立場（→本章第１節）からは、大学の自治も学問の自由の保障から派生するものと理解されなければならないだろう。たしかに、今や大学だけが学問研究の拠点とみなされるわけではない。学問の自由は大学（大学人）に特権を与えるものではないとの見地から、大学の自治に憲法的な保障を認めることには批判的な見解もある。しかし、大学が学問研究の中心に位置することは、過去に限らず、現在でも認められなければならないし、この認識を安易に改めることは、学問研究の意義を軽視するだけの結果に終わりかねない。

2　大学の自治の外部関係と内部関係

大学の自治という場合、大学の国に対する自律性の確保という側面（外部関係）と教授会（教員団）の学長（法人）に対する自律性の確保という側面（内部関係）の二つを区別して論じる必要がある。

かつて大学の自治は、国公立大学を念頭に置き、大学と教員団を同視して、大学＝教員団の国に対する自律性を確保しようとしていたことから、外部関係のあり方が重要であった。しかし、国公立大学の法人化が進み、私立大学と同様に大学が国から法的に独立し、それに伴って権限強化された学長と教員団の間に緊張関係が生じたことから、内部関係のあり方にも着目しなければならなくなった。この点、大学の自治の中核は教員団の自律性に基礎を置く同僚制の組織文化であると解すべきであって、教員団の学長に対する自律性の確保こそが大学の自治の核心にあり、その保障を前提に大学の国に対する自律性の確保が目指されるべきであるとの見解が有力に主張されている（松田浩）。

＊　2014年の学校教育法93条の改正により、大学の教授会の位置づけが明確にされた。しかし、それは教授会を学長の諮問機関のような地位に置くというものであった。教員団の学長に対する自律性の確保を大学の自治の核心にみる立場からすれば、この改正は大学の自治を変質させてしまいかねないものといえる。

＊＊　2022年の国際卓越研究大学法の制定により、大学の国際競争力強化およびイノベーション創出の促進を目的に、世界と伍する研究大学となるポテンシャルのある数校を「国際卓越研究大学」として認定し、大学ファンドによる集中的な資金助成を行う仕組みが設けられた。しかし、ほとんどの大学が認定外とされる一方で、認定された大学も助成と引替えに政府の介入を受け容れざるをえなくなっている。特に国立大学法人は合議制の意思決定機関の設置が義務づけられ、この合議体が構成員の半数以上を学外者にすることとされたため、そのあり方次第で大学の自治も変容を被るおそれの大きいことが危惧される。

大学内部における個々の教員や学生の地位も問題になりうるが、教員団の自律性に基礎を置く同僚制の組織文化が大学の自治の中核にあると解する限り、それが大学における個々の教員と学生の自由を外部の干渉から守る防護壁になると同時に、内部において個々の教員と学生の自由を枠づける規律機能を果すと考えられる。なお、東大ポポロ事件判決によれば、大学の学生の自由は「大学の教授その他の研究者の有する特別な学問の自由と自治の効果として」認められるとされる。

3　大学の自治の内容

東大ポポロ事件判決は、大学の自治を「とくに大学の教授その他の研究者の人事に関して認められ」るとした上で、「大学の施設と学生の管理についてもある程度で認められ、これらについてある程度で大学に自主的な秩序維持の権能が認められている」とする。このように、①人事の自治と②施設・学生管理の自治が大学の自治の内容であるとされることが多い。ほかに③研究教育の内容・方法等の自治と④財政の自治が挙げられることもある。

(1)　人事の自治

大学の自治とは、まずもって人事の自治を意味する。人事の自治とは、大学の学長および大学の教授その他の研究者が、外部の指示に従って選任されるのではなく、教員団の自主的な判断に基づいて選任されることをいい、また、外部からの干渉やトップマネジメントの一存で勝手に罷免されないように保障されることをいう。

外部関係に関して、九大・井上事件における東京地裁判決（東京地判昭和48・５・１訟月19巻８号32頁）は、大学側から学長事務取扱いへの任命申出があった教授について、文部省がその任命に難色を示し関係書類の受理を拒んだことに対し、原則として、文部大臣の任命権は大学の自主的選考を経た申出に羈束され、この申出を拒否することはできないと判示している。国立大学の法人化後、国立大学法人の学長の任命は「国立大学法人の申出に基づいて、文部科学大臣が行う」とされつつ、その申出は、学外の有識者を中心とした「経営協議会」と学内の教員を中心とした「教育研究評議会」の双方の委員から構成される「学長選考・監察会議」の選考によって行われることになった（国立大学法人法12条）。多くの国立大学法人では、学長選考・監察会議に先立ち、教員による意向投票を行い、学長選考・監察会議がその結果を尊重する形で決定をしているが、教員による意向投票は慣行にすぎないとみなされ、形骸化しつつあることに注意する必要がある。

内部関係に関し、大学のガバナンス改革の一環で、学長の権限強化が推し進められる一方で、教員団の自主的判断への配慮が後退する傾向にある。しかし、教員の人事が学長の人事権によって容易に左右されるようになれば、人事の自治の根幹が揺らぐとの見方にも十分な理由がある。

(2)　施設・学生管理の自治

大学は施設・学生管理の面でも自治が認められるとされるが、東大ポポロ事件判決はこれを「ある程度で認められ」るという。たしかに、大学は治外法権の場ではないのであって、消火・保安・衛生設備などに関しては、一般と同じ制約に服さなければならないだろう。しかし、大学構内における警察活動については、大学の自治と相容れない場合があることから、一定の制約が認められなければならない。この点、愛知大学事件における名古屋高裁判決（名古屋高判昭和45・８・25判時609号７頁）が、犯罪捜査のための警察権の行使は大学も拒みえないが、大学の自治を尊重する見地から「緊急その他已むことを得ない事由ある場合を除き、大学内への警察官の立入りは、裁判官の発する令状による場合は別として、一応大学側の許諾または了解のもとに行うことを原則とすべきである」と判示していることが参考になる。

これに対して、大学構内における警察の警備公安活動は、犯罪捜査そのものと違って、将来の犯罪に備えた予防的な情報収集活動であり、公共の安寧秩序の維持の名目で学問の自由を侵す危険も大きい。そうだとすると、大学の了解もなしに、こうした構内立入りを認めるわけにはいかない。東大ポポロ事件判決は、大学の公認演劇団体が大学構内で開催した発表会に、私服警察官が警備情報収集のために立ち入ったところ、それを発見した学生によって暴行が加えられたという事案であったが、最高裁は「学生の集会が真に学問的な研究またはその結果の発表のためのものでなく、実社会の政治的社会的活動に当る行為をする場合には、大学の有する特別の学問の自由と自治は享有しないといわなければならない」から、「本件の集会に警察官が立ち入ったことは、大学の学問の自由と自治を犯すものではない」と判示した。しかし、学問的活動と実社会の政治的社会的活動の区別は相対的なものであり、必ずしも容易に線引きができるわけではないにもかかわらず、その区別が警察にもなしうることを前提に、大学の公認団体の発表会であったという事実も重視することなく、警察官の立入行為を大学の自治の範囲外としたところが、判決の問題点であるとされている。

〈参考文献〉

赤坂正浩「先端生命科学技術と学問の自由」『ファーストステップ憲法』（有斐閣、2005年）131頁
蟻川恒正「国立大学法人論」ジュリスト1222号（2002年）60頁
神里彩子「科学研究規制をめぐる『学問の自由』の現代的意義と課題」社会技術研究論文集７号（2010年）211頁
佐藤学ほか編『学問の自由が危ない』（晶文社、2021年）
常本照樹「大学の自治と学問の自由の現代的課題」公法研究68号（2006年）１頁
戸波江二「学問の自由と大学の自治」大石眞＝石川健治編『憲法の争点』（有斐閣、2008年）142頁
中山茂樹「臨床研究と学問の自由」曽我部真裕＝赤坂幸一編『大石眞先生還暦記念 憲法改革の理念と展開（下巻）』（信山社、2012年）235頁
中山茂樹「憲法問題としての研究倫理」毛利透＝須賀博志＝中山茂樹＝片桐直人編『初宿正典先生古稀祝賀 比較憲法学の現状と展望』（成文堂、2018年）699頁
羽田貴史ほか編『学問の自由の国際比較』（岩波書店、2022年）
本郷隆「『大学の自治』に関する試論」東京大学法科大学院ローレビュー７号（2012年）66頁
松田浩「学問の自由」芹沢斉ほか編『新基本法コンメンタール 憲法』（日本評論社、2011年）205頁
松本和彦「学問の自由の憲法的意義」法学セミナー797号（2021年）６頁
守矢健一「『学問の自由』に係る日本の憲法解釈論の性格をめぐって」大阪市立大法学雑誌54巻１号（2007年）376頁
山元一「大学の自治」小山剛＝駒村圭吾編『論点探究 憲法（第２版）』（弘文堂、2013年）198頁
山本隆司「学問と法」城山英明＝西川洋一編『法の再構築Ⅲ 科学技術の発展と法』（東京大学出版会、2007年）143頁
「特集／学問・教育の自由と国家の役割」憲法研究９号（2021年）

第10章　表現の自由

第1節　総　説

1　表現の自由の保障の意義

(1)　歴　史

内心の思想等を外部に表現する自由は、基本的人権の中でも特に重要なものとして、各国の人権宣言や憲法典において保障されてきた。明治憲法29条も、「日本臣民ハ法律ノ範囲内ニ於テ言論著作印行集会及結社ノ自由ヲ有ス」と定めていたが、これは表現の自由を「法律の留保」の下に置くものであった。実際にも、出版法（1893年）、新聞紙法（1909年）、治安維持法（1925年）、映画法（1939年）等による規制があり、さらに新聞・雑誌等を出版・発行の前に提出させ、内務大臣が必要と認める場合にはその発売・頒布を禁止するという内閲制度によって、表現の自由は制限されていた。

日本国憲法21条は、第１項で法律の留保を付さずに「集会、結社及び言論、出版その他一切の表現の自由は、これを保障する」とした上で、第２項で「検閲は、これをしてはならない。通信の秘密は、これを侵してはならない」と定め、表現の自由を手厚く保障しようとしている。

(2)　趣　旨

表現の自由の保障の趣旨は複合的であるが、自由な表現活動によるコミュニケーションが、個人の人格の発展に不可欠であるという側面と、それを超えて民主主義社会の維持発展に奉仕する等の公共的な側面ないし自由で豊かな表現の流通を確保するという制度的な側面との、二つに大別できる。

第1の側面は「公の福祉に反しない限り、いいたいことはいわせなければならないということ」（朝日新聞記者事件判決：最大判昭和27・8・6刑集6巻8号974頁）であるのに対して、北方ジャーナル事件判決（最大判昭和61・6・11民集40巻4号872頁）は第2の側面について次のように述べている。「主権が国民に属する民主制国家は、その構成員である国民がおよそ一切の主義主張等を表明するとともにこれらの情報を相互に受領することができ、その中から自由な意思をもって自己が正当と信ずるものを採用することにより多数意見が形成され、かかる過程を通じて国政が決定されることをその存立の基礎としているのであるから、表現の自由、とりわけ、公共的事項に関する表現の自由は、特に重要な憲法上の権利として尊重されなければならない」。表現の自由は、「立憲民主政の政治過程にとって不可欠の基本的人権であって、民主主義社会を基礎付ける重要な権利」である（大阪市ヘイトスピーチ条例事件判決：最判令和4・2・15民集76巻2号190頁）。

＊　第1の側面は「自己実現」の価値、第2の側面は「自己統治」の価値と呼ばれるが、この二つに加えて、「思想の自由市場」論も表現の自由を考える際には重要である。これは、ある思想の正しさは、他の思想との自由競争によって（常に暫定的なものとして）確証されるべきものであり、不人気な思想といえども「市場」への登場を阻んではならないことを核心とするものである。この「思想の自由市場」論からは、検閲・事前抑制の禁止に加えて、「誤った言論には言論で対抗すべきである」（more speech、対抗言論の法理）ため事後規制を含め公権力による規制は最小限でなければならない、事後規制を恐れて表現が萎縮しないよう表現の自由を規制する規定は明確であることが求められる（萎縮効果論）、等の帰結が生じることになる。

こうした二つの側面から、上記のとおり「表現の自由は、憲法の保障する基本的人権の中でも特に重要視されるべきもの」（税関検査事件判決：最大判昭和59・12・12民集38巻12号1308頁）であり、その制約は経済的自由と比較してより厳格な基準の下で判断されなければならない（表現の自由の優越的地位。薬事法事件判決：最大判昭和50・4・30民集29巻4号572頁、泉佐野市民会館事件判決：最判平成7・3・7民集49巻3号687頁参照）。

2　表現の自由の保障の体系

(1)　保障の内容

憲法21条の第1項の保障は「集会、結社及び言論、出版その他一切の表現の自由」に及ぶ。思想・良心の自由が別に憲法19条で保障されていることから、憲法21条は外面的な精神活動の自由を保障し、その形式は集会・結社・言論・出版に限られない。ドイツ基本法では、芸術の自由は一般の表現の自由（同法5条1項）とは別個のものとして保障されているが（同条3項）、日本国憲法では21条1項の保障の中に含まれているものと解される。他方、宗教的行為の自由や研究発表の自由は、一般法である憲法21条ではなく、特別法である20条1項および23条の保障を受ける。集会・結社の自由については第11章に譲り、本章ではそれ以外の表現の自由について扱う。

憲法21条2項は、検閲の禁止および通信の秘密を定める。前段の検閲の禁止は、表現の自由の制限に対する制限を定めた規定であるが、事柄の性質上、憲法上の保護を受けない表現行為に対しても結果的に適用される。後段の通信の秘密の保護は、その前提となる通信の自由をも保障する規定と解される。

(2)　国民の「知る権利」からの再構成

憲法21条の文言からは、「表現する」という行為に関する主観的な防御権だけが保障されているようにもみえる。しかし現在の判例・通説の理解によれば、憲法上保障される表現の自由の保障の体系はより複雑なものである。

まず、表現の自由の保障に関する客観的・制度的な趣旨からは、「表現する」というだけでなく、その表現された情報を受領する行為、すなわち「知る権利」もまた保障される。博多駅事件決定（最大決昭和44・11・26刑集23巻11号1490頁）は、「報道機関の報道は、民主主義社会において、国民が国政に関与するにつき、重要な判断の資料を提供し、国民の『知る権利』に奉仕するものである」として、「知る権利」が表現の自由と表裏を成すものであることを認めている。

もっとも、本来的には、表現者の表現する自由を保障すれば、「知る権利」は反射的に充足されるはずである。この場合にあえて「知る権利」に対する独立の保障を観念する必要はなく、それはせいぜい通常の表現の自由について、保護の範囲・程度を強化するという客観法的意義を有するにとどまる。他方、「知る権利」は、個人が情報を受領する行為についての主観的権利を指す場合もある。この場合には、情報の受領を妨げられないという消極的権利の側面（「知る自由」）と、情報の開示を求めるという積極的権利の側面とが含まれ、各々について憲法上の保護の内容・程度は異なる。

また、国民の「知る権利」は、表現の「送り手」としての役割を担ってきたマス・メディアの自由を、表現の自由一般から独立の憲法上の権利として観念し保障する（場合によっては、制限する）理念・原理としての意義をも有している。

さらに表現を媒介する手段のあり方は、表現の自由の内容に大きな影響を与える。ラジオ・テレビ等の放送事業は、国民の「知る権利」により良く奉仕するものとして、新聞等の他のマス・メディアとは異なる法的扱いが伝統的に認められてきた。しかし情報通信技術（Information Communication Technology, ICT）の発達は、放送と通信の連携・融合を加速させ、個人はインターネット等を通じて表現を発信する「送り手」としての地位を回復した。その反面で、SNS（ソーシャル・ネットワーク・サービス）上で多数の偽情報や誹謗中傷が流通する等、従来の表現の自由の法理との調整を必要とする新たな問題点も提起している。

以上のような表現の自由の保障の複合的性格を踏まえ、本章では、まず表現の自由の伝統的な保障内容として確立している消極的・具体的な権利を取り上げて、表現の自由に関する基本的な法理を検討する（→第2節）。次に「知る権利」の理念・原理としての側面および個人の主観的権利としての側面を扱った上で（→第3節）、その「知る権利」を基礎とするマス・メディアの自由を、「報道・取材の自由」（→第4節）、さらに「放送の自由」（→第5節）という形で、検討する。最後に、通信の秘密について述べた上で、インターネット上の表現活動に関する議論を検討することにしたい（→第6節）。

第２節　表現の自由

1　保護領域

(1)　総　説

㈠「表現」の意義

本章で扱う憲法21条の保護領域は、「言論、出版」を含む「表現」である。「表現」は、内心の思想・意見の表明である「言論」を中核に、広くコミュニケーションのための情報発信を含む。特に政治的言論の自由の保障は、政治活動の自由を含む（堀越事件判決：最判平成24・12・７刑集66巻12号1337頁）。地方議会の議員の政治活動、すなわち議員活動の自由にも憲法21条の保障が及ぶ（最判平成26・５・27判時2231号９頁）。

表現の自由および政治活動の自由は外国人にも保障されるが、「わが国の政治的意思決定又はその実施に影響を及ぼす活動等外国人の地位にかんがみこれを認めることが相当でないと解されるものを除〔く〕」。また、この保障は「外国人在留制度のわく内で与えられているにすぎない」から、憲法上保障された表現活動を「在留期間の更新の際に消極的な事情としてしんしゃくされないことまでの保障」までは含意しない（マクリーン事件判決：最大判昭和53・10・４民集32巻７号1223頁。→第２章第１節**3**(2)㈣）。

＊　匿名表現の自由も憲法21条の保護領域に含まれる。匿名表現の自由の保障は、実名が強制されれば萎縮してしまうような少数意見の表明や内部告発を容易にし、公共的な熟議や知る権利にも奉仕する。インターネット上の匿名表現の自由は、通信の秘密（→本章第６節**1**）により保護されている側面もある。他方で、インターネット上の匿名性が、誹謗中傷等の違法・有害表現を生む一因となっていることも事実である。匿名表現の自由も必要最小限度の制限を受けるが、インターネット上の表現行為について一般的に実名を強制することは許されないと解すべきであろう。

㈡　沈黙の自由

また、積極的に「表現する」自由だけでなく、消極的に「表現しない」自由（沈黙の自由、消極的表現の自由）も、憲法21条の保護領域に含まれる。ただし、思想・良心または信仰の核心に関する沈黙の自由は、個別法である憲法19条または20条によって保護される（→第7章第2節**4**）。

(ウ)　思想の表明／手段の二分論

判例はしばしば、「思想の表明」それ自体と「その手段」とを峻別し、前者には表現の自由の保障が及ぶが後者には及ばないとしている。例えばビラ貼り・ビラ配りの規制について、「たとい思想を外部に発表するための手段であっても、その手段が他人の財産権、管理権を不当に害するごときものは、もとより許されない」（最大判昭和45・6・17刑集24巻6号280頁）と述べている。

このような「思想の表明」と「その手段」ないし「行動」とを区別する発想それ自体は、アメリカにおけるpure speechとspeech plusの区別にも通ずるものがあり、一般論としては理解できないものではない（例えば、座り込みデモ〔sit-in〕を道路での「座り込み」という交通往来妨害行為と意見の表明が結合されたものとして観念する場合。→本節**3 (2)**(エ))。とはいえ判例が、ビラ貼り・ビラ配り等の一つの表現行為として通常観念される行為を、人為的に「思想の表明」と「その手段」の二面に分割し、この二分論を表現の自由の保護を弱める方向で用いる点には、問題がある。

＊　猿払事件判決（最大判昭和49・11・6刑集28巻9号393頁）は、国公法の禁止する政治的行為には「行動としての面」と「政治的意見の表明としての面」があり、同法による制限は「単に行動の禁止に伴う限度での間接的、付随的な制約に過ぎ〔ない〕」としていた。これは、表現の自由の保護領域を狭く解することで、その直接的制約の範囲をも狭隘化したものである。これに対して、前掲堀越事件判決は、間接的・付随的制約論に言及しておらず、これは、公務員の政治的行為の制限が公務員の政治活動の自由の直接的制約であることを暗黙裡に認めたものと解される（→第3章第2節**2 (3)**）。

(エ)　表現の類型論

いかなる内容の「表現」であっても、手厚い憲法の保護を受けるわけではない。伝統的には、せん動、わいせつ、名誉毀損等は当然に刑法による規制の対象とされ、そうであるがゆえに憲法上の保護を受けない「無価値表現」であると考えられてきた。しかしこのように考えるならば、憲法上保護されるべき表現も、法律の規定やその解釈によって憲法上の保護領域外に置かれる結果となってしまう。そこで現在では、法律の規定が規制の対象とする表現が憲法21条によって保護される可能性があることに配慮しつつ、規定の合憲性を審査したり、規定の解釈に際して表現の自由としての保護と規制の必要性を衡量したりすべきだと考えられるようになっている。

このうち後者の手法は、①個別具体的な比較衡量と②定義づけ衡量の二つのアプローチに大別される。①は個々の事案ごとに、当該表現の保護の程度と規制の必要性の均衡を裁判官が判断するもので、妥当な結論を導くことができるが、裁判官が事後的かつアドホックに規制の有無を判断するために、表現者にとっての予測可能性や萎縮効果を排除できない。これに対して②は、あらかじめ表現の自由の価値と規制の必要性とを抽象的に衡量した上で、規制の対象となる表現行為とそうでない行為とを明確にする規定の解釈（「定義」）を定め、個別の事案に対して裁判所はその「定義」を要件判断の形で適用するものである。このアプローチは裁判官の恣意的判断を排除できるが、広汎な「定義」が採用された場合には、①によれば規制されるべきではない表現行為が規制される結果となる反面、逆に定義が狭すぎれば憲法上保護されないはずの表現も規制を免れることになる。学説は②のアプローチを支持した上で、憲法上保護される表現を規制対象に含まないよう狭い定義を採用すべきことを主張しているが、裁判所は①のアプローチをとる傾向にある。

以下では、問題となる表現類型ごとに、判例とその問題点を検討する（→第３章第２節**1**）。

＊　著作権と表現の自由の調整についても同様の問題がある。著作物（「思想又は感情を創作的に表現したものであって、文芸、学術、美術又は音楽の範囲に属するもの」〔著作権法２条１項１号〕）を著作者に無断で用いることは著作権侵害となる。著作権を侵害する表現は憲法21条の保護範囲外といわれることもあるが、事件の報道やパロディ作品のような表現については、憲法の保障が及びうることを前提とすべきであろう。逆に、著作権のうち財産的利益を保護する権利は財産権（29条１項）としての保障を受けるが、著作者人格権の中には人格権（13条）としての保護が及ぶものもあると解される。

著作権法は、著作権の保障により著作権侵害行為の範囲を広く定めた上で、引用（同法32条）等の限定列挙された著作権の制限規定に該当する行為は違法ではないとする構造を採用しているが、権利および制限のいずれも表現の自由を十分に考慮せずに定められているのではないかという批判がある。表現の自由の保障と著作権の調整という観点からは、これらの制限規定について、当該著作権を保護すべき利益と、著作権侵害に当たるとされる行為について表現の自由として保護すべき利益とを具体的に比較衡量した上で適用する解釈態度（上記の①）がとられるべきであろう。

アメリカにおけるフェア・ユースの法理（権利者の許諾なく著作物を利用しても、利用の目的・性格、著作物の性質、著作物全体との関係で利用された部分の量・重要性、著作物の潜在的利用または価値に対する利用の及ぼす影響といった要素を考慮して公正な利用に該当する場合には違法ではないとするもの）を立法化すべきとの提案もあるが、日本ではこれまでのところ、「柔軟な権利制限規定」を個別的に追加するという対応がとられている。

(2)　せん動

せん動犯処罰とは、犯罪または違法行為を「そそのかす」または「あおる」表現を独立犯として処罰する規定を指す（破防法38条１項・39条・40条、国公法111条・111条の２第１号等）。こうしたせん動犯処罰は、現に犯罪・違法行為がなされる前の段階で表現行為を処罰するものであり、政治理論の表明の規制等にも用いられるおそれがある。

戦後初期の判例は、敗戦直後の食糧難に対処するための食料の強制的供出に応じないようせん動する行為は「新憲法の保障する言論の自由の限界を逸脱し」たものであるとして、そのような行為を処罰する食糧緊急措置令の規定の合憲性を認めた（最大判昭和24・５・18刑集３巻６号839頁）。さらに判例は、破防法39条・40条にいう「せん動」とは「政治目的をもって、各条所定の犯罪を実行させる目的をもって、文書若しくは図画又は言動により、人に対し、その犯罪行為を実行する決意を生ぜしめ又は既に生じている決意を助長させるような勢のある刺激を与える行為をすること」であると解した上で（抽象的危険犯）、そのような表現行為は「公共の福祉に反し、表現の自由の保護を受けるに値しない」と述べている（最判平成２・９・28刑集44巻６号463頁）。

つまり判例は、法令の定める「せん動」は当然に憲法21条の保護領域外にあると考え、せん動罪の保護法益と表現の自由との衡量を、抽象的にも個別具体的にも排除している。しかし、せん動犯処罰がとりわけ政治的表現の自由を脅かすものであることからすれば、それが許されるのは社会公共の利益が表現の自由の価値に優越することが明らかな場合に限られ、少なくとも当該表現行為によって重大な法益に対する具体的危険が生じることが必要と解すべきであろう。

＊　アメリカの判例で発達した「明白かつ現在の危険」の基準は、①ある表現行為が近い将来に実質的害悪を引き起こす蓋然性が明白であること、②その害悪が極めて重大でありしかも時間的に切迫していること、③規制手段が必要不可欠なものであること、を内容としていた。もっともこの基準は、問題となる表現行為の内容が違法行為を直接的にあおるものでなくても、裁判官の「危険」の認定如何によっては言論抑圧的に働くという問題点を孕んでいる。そこで現在では①唱道が差し迫った不法の行為をせん動または引き起こすことに向けられ、②そのような行為を実際にせん動または引き起こす蓋然性のある場合を除き、せん動処罰規定は文面上無効であるとするブランデンバーク法理が発達しており、わが国でもこの定義づけ衡量の基準を支持する見解が有力である。

(3)　性表現

(ア)　わいせつ規制

刑法175条は、わいせつな文書、図画、電磁的記録に係る記録媒体その他の物の頒布・販売・公然陳列、電気通信の送信によるわいせつな電磁的記録その他の記録の頒布および販売目的での所持・保管を禁止しており、その保護法益は性道徳、性秩序の維持にある、とされてきた。判例は同規定を合憲とする点では一貫しているが、わいせつ性の判断は時代の変遷とともに変化してきている。

まずチャタレイ事件判決（最大判昭和32・3・13刑集11巻3号997頁）は、大審院以来の判例に則って「わいせつ」を「徒らに性欲を興奮又は刺戟せしめ、且つ普通人の正常な性的羞恥心を害し、善良な性的道義観念に反するもの」と解した上で、「性的秩序を守り、最少限度の性道徳を維持すること」は公共の福祉に含まれるとした。またこの判決は、性行為非公然性の原則を掲げ、ある表現のわいせつ性は裁判官の判断に委ねられる、芸術性とわいせつ性は両立するから芸術的表現をわいせつとして処罰することも憲法21条に反しないとして、性表現の自由に厳しい立場をとっていた。

しかし「悪徳の栄え」事件判決（最大判昭和44・10・15刑集23巻10号1239頁）は、わいせつ罪の保護法益と表現の自由の価値の間の衡量を排除したものの、「文書がもつ芸術性・思想性が、文書の内容である性的描写による性的刺激を減少・緩和させて、刑法が処罰の対象とする程度以下に猥褻性を解消させる場合」があることを認め、しかも「文書の個々の章句の部分は、全体としての文書の一部として意味をもつものであるから、その章句の部分の猥褻性の有無は、文書全体との関連において判断されなければならない」との判断手法（全体的考察方法）を示した。

さらに「四畳半襖の下張」事件判決（最判昭和55・11・28刑集34巻６号433頁）は、従来のわいせつ概念を維持したものの、その適用に際しては「当該文書の性に関する露骨で詳細な描写叙述の程度とその手法、右描写叙述の文書全体に占める比重、文書に表現された思想等と右描写叙述との関連性、文書の構成や展開、さらには芸術性・思想性等による性的刺激の緩和の程度、これらの観点から該文書を全体としてみたときに、主として、読者の好色的興味にうったえるものと認められるか否かなど」を検討するものとした。この判決は、表現の自由の価値を一定程度取り込んだ個別的比較衡量によって、事案ごとの妥当な結論を図るものであり、「悪徳の栄え」事件判決における田中二郎裁判官ほか反対意見に示された「相対的わいせつ概念」に接近したものと評価できる。そして、税関検査の事例に関する第２次メイプルソープ事件判決（最判平成20・２・19民集62巻２号445頁）は、この個別的比較衡量の手法によって、性器が露出した写真等を含む著名な芸術家の写真集について、わいせつ性を否定している。他方、性器をスキャンしたデータファイルの頒布について、視覚情報である電磁的記録のわいせつ性はコンピュータにより画面に映し出された画像等の記録を視覚化したもののみを見て判断すべきであり、頒布行為に芸術性・思想性が含まれているとしても、そのことは考慮されない（最判令和２・７・16刑集74巻４号343頁）。

＊　学説では、表現の自由の保護をより強化するために、わいせつ概念をよ

り明確に限定すべきだという主張が有力である。ビニール本販売事件判決（最判昭和58・3・8刑集37巻2号15頁）における伊藤正己裁判官の補足意見は、わいせつ概念を端的な春画・春本であるハード・コア・ポルノとそれに当たらない準ハード・コア・ポルノに区別し、前者は「憲法21条1項の保護の範囲外」にあるが、後者については作品の有する社会的価値との慎重な比較衡量が求められる、と説いている。学説では、この立場を支持する見解のほか、性道徳・性秩序の維持という保護法益が広汎で性表現の自由と正面から衝突するため刑法175条は文面上違憲であると主張する見解もある。さらに、同条の保護法益を「社会環境としての性風俗を清潔に保つこと」（最判昭和58・10・27刑集37巻8号1294頁における団藤重光裁判官補足意見）と捉え直す見解や、性表現の規制は見たくない人を保護するための時・場所・方法の規制で足りるとの指摘もある。

またポルノグラフィーについて、ジェンダー構造を再生産するものとの立場から規制を求める動向もあるが、現段階のわが国では、こうした動向は広く支持されているとはいえない。その反面、児童ポルノについては、児童の性的虐待・搾取を防ぐという観点から、多くの国で単純所持の禁止を含む強い規制が加えられており、わが国でも児童買春・児童ポルノ禁止法による規制がある。

(イ)　青少年保護

各自治体は、性的感情を刺激したり残忍性を助長したりする等、青少年の健全な育成を阻害するおそれのある図書等（有害図書）の販売・頒布や自動販売機への収納を規制する内容の条例を置いている。この有害図書規制では、青少年との関係での規制の必要性とともに、成人に販売・頒布する自由（反面では、成人の知る権利）の制限が必要な限度にとどまっているかという論点も生じる。

一般に有害図書の指定は、自治体の長が審議会への諮問を経て個別の図書について行われており、この個別指定を受けて販売・収納等の禁止の効果が発生する。これに対して岐阜県青少年保護育成条例は、いわゆる「一夜本」対策として、条例および規則があらかじめ定めた条件に該当する図書に、個別の指定を要さず販売・収納等を禁止していた（包括指定方式）。最高裁（最判平成元・9・19刑集43巻8号785頁）は、条例の対象とする図書が「青少年の健全な育成に有害であることは、既に社会共通の認識になっている」こと、書店での対面販売よりも自動販売機による販売の弊害の方が大きいこと、脱法的行為に有効に対処するために包括指定方式も必要かつ合理的であることを挙げ、同条例の規制は青少年に対する関係はもちろん「成人に対する関係においても、有害図書の流通を幾分制約することにはなるものの、青少年の健全な育成を阻害する有害環境を浄化するための規制に伴う必要やむをえない制約であ」り、憲法21条に反しないとした。この結論は、監視機能を一応備えているものの対面販売の実質をもたない自動販売機への収納禁止が問題となった事例でも、維持されている（最判平成21・３・９刑集63巻３号27頁）。

規制目的の正当性、目的達成手段の適合性・必要性、法益の均衡性という標準的な制限の正当化の枠組みで、条例による規制の合憲性を判断したものとして、判例を理解することは一応可能であろう。しかし、有害環境の浄化という規制目的が正当だとしても、そのことが「社会共通の認識」であることを理由に緩やかな審査密度で合憲の結論を導いたことは疑問である。目的達成手段としての包括指定が必要な限度にとどまるものか、成人の知る権利との均衡が保たれているかを、立法事実に則して具体的に検討する必要があったように思われる。

＊　同判決の伊藤正己裁判官の補足意見は、青少年の精神的未熟さから、青少年を受け手とする表現に対する制限の合憲性の審査では通常の「厳格な基準」は適用されず、有害図書と害悪発生の間の因果関係について「厳密な科学的証明を欠く」としても、規制は合憲であるとする。

(4)　名誉毀損・プライバシー侵害

(ア)　名誉毀損

人の社会的・外部的評価である名誉は刑法230条および不法行為法により保護されてきた。公権力による名誉の保護は当然に表現の制限を伴うが、そのような表現行為は「憲法の保障する言論の自由の範囲内に属すると認めることはできない」（最大判昭和31・７・４民集10巻７号785頁）と考えられていた。

しかし特に公職者・公務員等に対する批判に対して法的責任を負わせる

ことは、国民の知る権利を害する結果にもなりうる。そこで刑法230条の2第1項は、①摘示された事実が「公共の利害に関する事実に係り」、②「その目的が専ら公益を図ることにあった」場合で、③その事実が「真実であることの証明があったとき」には、刑事責任を負わないとしている。この規定は名誉の保護と表現の自由の調整を図ったものと解されており、不法行為責任についても同様の理が妥当するものとされている。

①については、月刊ペン事件判決（最判昭和56・4・16刑集35巻3号84頁）によれば、私人（政治にも大きな影響力を有する日本有数の宗教団体の指導者）の私生活上の行状も、その者の社会的活動の性質や影響力の程度によっては、公共の利害に関する事実に当たりうる。なお、同条2項は公訴提起前の犯罪行為に関する事実を公共の利害に関する事実とみなす旨を定めており、さらに3項によれば公務員および公選の候補者については①②を問わず、③のみが問題となる。

③の真実性の証明を要求することは、表現の自由の保障には不十分なものと考えられてきた。それは、裁判でこの証明に成功するかどうかは表現時には不確かであるため、表現者が表現を差し控え、本来であれば適法になしえた表現がなされないという萎縮効果が働くからである。そこで判例は、行為者が真実と誤信したことに相当の理由がある場合には、不法行為責任ないし刑事責任が成立しない、と解釈しており（「署名狂やら殺人前科」事件判決：最判昭和41・6・23民集20巻5号1118頁、夕刊和歌山事件判決：最大判昭和44・6・25刑集23巻7号975頁）、この「相当性の法理」は実務上重要な役割を果たしている。

＊　学説では、この相当性の法理では表現の自由の保護になお不十分であり、とりわけ公人の名誉を毀損する表現については「現実の悪意の法理」を用いるべきだとの主張もみられる（松井茂記）。これは、その表現が虚偽であることを知っていたか、虚偽か否かを気にもかけずなされたことを、表現者の責任を追及する側が立証しなければならないという法理で、アメリカの判例で発達したものである。

なお、刑法上の名誉毀損の構成要件には事実の摘示が含まれるが、不法行為法上の名誉毀損は、事実を摘示しないでなされた批判・論評についても成立しうる。判例は、その批判・論評が専ら公益を図るものであり、その前提とする事実が主要な点で真実であることの証明があったときは、人身攻撃に及ぶ等論評としての域を逸脱したものでない限り、不法行為は成立しないとしている（公正な論評の法理。最判平成元・12・21民集43巻12号2252頁）。事実摘示による名誉毀損か論評による名誉毀損かどうかは、証拠による証明になじむか否かによって判断される（「新・ゴーマニズム宣言」事件判決：最判平成16・7・15民集58巻5号1615頁等）。

＊　事実を摘示せずに公然と人を侮辱する行為は侮辱罪（刑法231条）で処罰される。同罪の法定刑は拘留・科料にとどまっていたが、2022年刑法改正により法定刑が引き上げられ、1年以下の懲役・禁錮と罰金刑が加えられた。誹謗中傷については、名誉感情の侵害として、損害賠償や差止めを命じる裁判例も増えている。他方、正当な表現行為について刑事・民事の責任が問われたり萎縮させられたりすることのないよう、真実性の証明および相当性の法理を補完する検討が必要になっている。

(イ)　プライバシー侵害

名誉と同様にプライバシーも私法上は人格権として保護され（→第5章第3節**4**）、表現行為によるプライバシーの公表は「私事の公開」（虚報の場合は「公衆の誤認」）として、不法行為法上の責任を負うことから、表現の自由との調整が問題になる（→第4章第4節**3**(**1**)）。

「宴のあと」事件判決（東京地判昭和39・9・28下民集15巻9号2317頁）は、プライバシーを「私生活をみだりに公開されないという法的保障ないし権利」と理解し、法的な救済の要件として、公開された内容が①「私生活上の事実または私生活上の事実らしく受け取られるおそれのあることがらであること」、②「一般人の感受性を基準にして当該私人の立場に立った場合公開を欲しないであろうと認められることがらであること」、③「一般の人々に未だ知られていないことがらであることを必要とし、このような公開によって当該私人が実際に不快、不安の念を覚えたこと」という3要件を示した。そして、表現の自由とプライバシーの調整については、「言論、表現等は他の法益すなわち名誉、信用などを侵害しないかぎりでその自由が保障されているものである」としていた。

これに対してノンフィクション「逆転」事件判決（最判平成6・2・8民集48巻2号149頁）は、「前科等にかかわる事実を公表することが憲法の保障する表現の自由の範囲内に属するものとして不法行為責任を追求される余地がないものと解することはできない」とした上で、前科の公表が不法行為に当たるか否かを、公表により得られる利益と失われる利益の個別的な衡量によって判断した。そして長良川事件判決（最判平成15・3・14民集57巻3号229頁）は、この考え方をプライバシー一般に及ぼして、「プライバシーの侵害については、その事実を公表されない法的利益とこれを公表する理由とを比較衡量し、前者が後者に優越する場合に不法行為が成立する」との枠組みを示した。

つまり現在の判例は、表現の自由とプライバシーの調整を、個別の事案において比較衡量を通じて行っている。もっとも、名誉毀損に関する比較衡量が真実性の証明および相当性の法理という形で表現の自由を保護する方向での類型的な尺度があるのに対して、プライバシーの場合はそのような尺度が存在していないため、侵害の類型化・判断尺度の明確化が望まれる。名誉毀損の場合とプライバシー侵害の場合とで判断尺度を一致させるべきだとの考えもある。

＊　公判廷での容ぼう等を撮影または描写したイラストの公表の違法性について、和歌山カレー事件報道訴訟判決（最判平成17・11・10民集59巻9号2428頁）は、「人格的利益の侵害が社会生活上受忍の限度を超えるものといえるかどうか」を総合考慮によって判断すべきだとしており、プライバシー侵害に近い判断枠組みを採用している。

(5)　ヘイトスピーチ

人種・民族・宗教・性・性的指向等を指標としたマイノリティ集団に対する敵意や憎悪を表す表現をヘイトスピーチという。こうした表現はマイノリティの構成員の尊厳を傷つけるとともに、差別・迫害を助長するおそれがあり、しかも思想の自由市場による是正も機能しにくい。ヨーロッパ諸国では、特定の人種に対するヘイトスピーチの規制は、表現の自由の保障に反しないと考えられてきた。他方、この種の表現も思想の表明を含む場合がありうることからすれば、その規制には慎重さが求められる。

人種差別撤廃条約等を受けて、政府が2002年に国会に提出した人権擁護法案は、「人種等の属性を理由としてする侮辱、嫌がらせその他の不当な差別的言動」を規制の対象としていたが、多くの反対があり、同法案は廃案となった。その後、裁判所は朝鮮学校に対し威圧的な態様で侮蔑的な発言を伴う示威活動を行った行為について、人種差別撤廃条約に適合するように不法行為の規定を解釈し、高額の損害賠償および学校周辺での示威活動の差止めを認めた（大阪高判平成26・７・８判時2232号34頁、最決平成26・12・９LEX/DB25505638で確定）。

2016年にはヘイトスピーチ解消法が成立したが、これは本邦外出身者（専ら本邦の域外における国もしくは地域の出身である者またはその子孫であって適法に居住するもの）に対する不当な差別的言動の解消に向けた取組みを定めたものであり、ヘイトスピーチを直接規制するものではないが、同法を参照しつつ人格権に基づく妨害予防請求権によりヘイトデモの事前差止めを認めた裁判例がある（横浜地川崎支決平成28・６・２判時2296号14頁）。

さらに前掲大阪市ヘイトスピーチ条例事件判決は、表現の自由の保障に配慮しつつ、人種または民族に関わる特定の属性を理由とする過激で悪質性の高い差別的言動の抑止を図ることが条例の趣旨であると捉えた上で、条例の規定する表現行為を抑止する必要性が高いこと、行為の制限が事後的な拡散防止措置等の対象になるにとどまり、撤去・削除要請等に応じないものに対する制裁がないこと等から、総合比較衡量によりその合憲性を認めた。

(6)　営利広告

営利広告は伝統的には経済活動と捉えられており、現実にも国民の生命健康の維持（薬機法66条以下、食品衛生法19条・20条）や消費者保護（不当景品類及び不当表示防止法）の観点から、虚偽・誇大広告が禁止される等してきた。あんま等の業務等に関し適応症の記載を規制することが憲法に違反するかどうかが争われたあんま師等法事件判決（最大判昭和36・２・15刑集15巻２号347頁）は、公共の福祉論により合憲の結論を導いていたが、営利広告の自由が憲法21条の保護領域に含まれるかどうかを明確にしていなかった（→第13章第２節**２**）。

これに対して京都府風俗案内所条例事件判決（最判平成28・12・15判時2328号24頁）は、風俗案内所の表示物等に関する規制が、公共の福祉に適合する目的達成のための手段として必要性・合理性があるとの理由で憲法21条に違反しないと判断しており、これは営利広告の自由が同条の保護領域にあることを前提にしていると解することもできる（景品表示法7条2項を合憲とした最判令和4・3・8判時2537号5頁も参照。→第3章第2節1(4))。

学説は、営利広告が消費者に情報を提供しその自律的選択を促す点で国民の「知る権利」に奉仕するものとして、憲法21条によって保護されると解している。しかし、営利広告はまさに営利を目的とするため他の表現と比べて萎縮効果を考慮する必要がないこと、商品の効能等については真偽の判定が可能であること等を理由に、憲法21条の保護を受けるとしてもその規制の合憲性を厳格に審査する必要はない、とされる。具体的な審査基準として、セントラル・ハドソン・テスト（①合法的活動に関する真実で人を誤解させない表現については、②主張される規制利益が実質的であり、③規制がその利益を直接促進し、④その利益を達成するのに必要以上に広汎でないこと）を参考にする学説が有力である。本書の考え方からは、①は保護領域に関する議論、②は規制目的の正当性、③④は各々目的達成手段の適合性・必要性についての検討を求めるものと考えられる。

＊　前掲あんま師等法事件判決については、憲法21条ではなく22条違反が問題になるとしても、国民の保健衛生上の見地から適時適切な医療を受ける機会を保障するという立法目的と、虚偽誇大の広告だけでなく適応症の広告までも規制するという手段の間に、合理的関連性ないし必要性が認められないのではないか、という点が問題になりうる。

(7)　象徴的言論

「言論」は文字、言語によるコミュニケーションとしてなされるのが通常である。しかし、戦争反対のメッセージを伝えるために、徴兵登録カードを公衆の面前で焼却する等の、非言語的な行為については、どのように考えるべきであろうか。アメリカの判例では、このような「象徴的言論」（symbolic speech）も、「表現」としての保護を受ける場合がある、とされている。これに対して、沖縄国体日の丸焼却事件判決（福岡高那覇支判平成７・10・26判時1555号140頁）は、表現の自由としての保護には、行為者の主観的意図だけでなく第三者がその行為を表現として理解することが必要であるとした上で、国民体育大会の開始式で、実行委員会が所有する日の丸を焼却した被告人の行為は、観客が日の丸掲揚反対行動として理解しえたか疑問であるとし、仮に象徴的言論に当たるとしても、被告人に適用される器物損壊罪等の目的は表現の抑圧に無関係なものであると述べ、オブライエン・テスト（→本節３(2)(エ)）を用いる緩やかな審査で合憲の結論を導いた。この判決は、当該規制を間接的・付随的制約として捉えたものといえる。

＊　なお、象徴的言論の制限は間接的・付随的制約に当たることが多いが、だからといってそのすべてをオブライエン・テストで審査すべきだ、ということにはならない。むしろ、メッセージの内容に着目した規制は、表現内容規制に当たると解すべきである。つまり、ある行為が「表現」に当たるのであればそれは憲法21条の保護領域に入るとした上で、後は以下の通常の審査枠組みに従って、当該制限が正当化しうるものかどうかを検討すべきである。

２　制　限

(1)　事前抑制と事後抑制、検閲の禁止

(ア)　事前抑制と事後抑制

表現の自由の行使に先立ちそれを規制することを事前抑制、その行使の後に表現の責任を問うことを事後抑制として、観念することができる。ただし、表現者による表現の発信から、受け手による表現の受領を経て、弊害の発生に至るまでのコミュニケーションのプロセスの中で、事前抑制と事後抑制の区別はしばしば曖昧である。表現の自由を狭く表現を「発信」するものとして理解すれば、発信後の規制はすべて事後抑制になる。逆に、コミュニケーションの確保ないし国民の「知る権利」を重視すれば、受け手が表現を受領する前の規制はすべて事前抑制に当たることになる。

さらに前述したせん動や名誉毀損の処罰は、伝統的には抽象的危険犯の規定と解されてきたが、これは表現行為それ自体が害悪発生の危険を惹起したものとみなす限りでは、事後抑制に当たる。しかし、事後規制を現実

の法益侵害が発生した後にその責任を問うものと捉えるならば、これらも事前抑制の一種に当たることになる。

表現の自由に対する事前抑制は、推測に基づく規制であり恣意的な運用のおそれがあるため、伝統的に特に危険なものとして警戒され、検閲ないし事前抑制禁止の法理が発達してきた。

(イ)　検閲の禁止

憲法21条２項前段は、明文で検閲を禁止する。これは、「検閲」という特定の制限を制限する点で、「制限の制限」が憲法上定められたものである。

同規定の解釈については、「検閲」の概念には広く事前抑制一般を含むが、この禁止は絶対的なものではないとする広義説と、逆にこの禁止を絶対的なものとする代わりに「検閲」概念を限定する狭義説とが対立していた。前掲税関検査事件判決は、「行政権が主体となって、思想内容等の表現物を対象とし、その全部又は一部の発表の禁止を目的として、対象とされる一定の表現物につき網羅的一般的に、発表前にその内容を審査した上、不適当と認めるものの発表を禁止すること」との立場（最狭義説）を採用した。その結果として判例は、税関検査はもちろん、裁判所による名誉毀損的表現の差止め、有害図書の自動販売機への収納禁止、教科書検定等はいずれも検閲に該当しないと判断している（→(ウ)）。判例の検閲概念に相当するものとしては、かつて絶対主義時代に採用されていた出版許可制や明治憲法下の映画法による検閲等に限られ、出版法や新聞紙法の下での内閲制度すら当たりえないとの評価もできる。

＊　学説は、「思想内容等の表現物」はより広く表現行為と解すべきであり、また、審査の網羅性一般性は不要である等、判例の定義があまりにも狭すぎると批判している。検閲の主体を行政権に限るか、司法権を含む公権力一般に広げるかが、前記の広義説と狭義説の対立点である。

(ウ)　事前抑制禁止の法理

思想の自由市場論を前提とすれば、表現の自由の事前抑制は、原則として禁止されなければならない。前掲北方ジャーナル事件判決も、「表現行為に対する事前抑制は……表現物がその自由市場に出る前に抑止してその内容を読者ないし聴視者の側に到達させる途を閉ざし又はその到達を遅らせてその意義を失わせ、公の批判の機会を減少させるものであり、また、事前抑制たることの性質上、予測に基づくものとならざるをえないこと等から事後制裁の場合よりも広汎にわたり易く、濫用の虞があるうえ、実際上の抑止的効果が事後制裁の場合より大きい」として、憲法21条の趣旨から「厳格かつ明確な要件のもとにおいてのみ許容されうる」との原則を示している。

この事前抑制禁止の法理は、広義説であれば検閲禁止と一致するものとして憲法21条2項の定めるところとなり、狭義説ないし判例の立場からは、同条1項の規範内容として導かれることになる。前記のとおり、事前抑制といっても、コミュニケーションのプロセスのどの段階での制限かという点をはじめさまざまな態様が含まれるが、その正当化にあたっては、厳格に比例原則を適用する必要がある。とりわけ、事後抑制ではなく事前抑制でなければ規制の目的を達成できないかどうかという目的達成手段の必要性審査が重要であろう。

(a)　税関検査事件判決

性表現の含まれるビデオテープが、税関当局から旧関税定率法21条1項3号（現関税法69条の11第1項7号）の定める「公安又は風俗を害すべき書籍、図画、彫刻物その他の物品」に当たるとの通知処分を受け、その結果、輸入ができなくなった事件である。最高裁は、税関検査が日本国内では表現物に接する機会を奪う点で「表現の事前規制たる側面を有する」が（→本章第3節）、国外では発表済みであり「事前規制そのもの」ではないこと等を理由に、税関検査は検閲に当たらないとした。そして、わいせつ表現物の単なる所持は刑法上の規制の対象外であるが、わいせつ表現物を水際で阻止することも、国内における健全な性的風俗の維持のためにやむをえない、と判断した。しかし、このような水際阻止論は、性表現に関する国内の現状や国民の意識からみて説得的ではないように思われる（前掲第2次メイプルソープ事件判決も参照）。

(b)　北方ジャーナル事件判決

裁判所が、公職選挙の候補者に対する名誉毀損的表現について、仮の地位を定める仮処分（旧民訴法760条以下、現在は民事保全法23条２項）として事前差止めを命じたことに対する国賠訴訟である。最高裁は、仮処分による事前差止めに非訟的要素が含まれる（伝統的な理解からは行政権に当たる）ことを認めつつも、個別の紛争について被保全権利の存否、保全の必要性の有無を裁判所が審理判断するため、検閲に当たらないとした。また前記の事前抑制に関する一般論を述べた上で、公職選挙の候補者に対する評価、批判等の表現行為に関する事前差止めは「原則として許されない」が、「表現内容が真実でなく、又はそれが専ら公益を図る目的のものではないことが明白であって、かつ、被害者が重大にして著しく回復困難な損害を被る虞があるとき」は例外的に許容される、とした。またその際には、「口頭弁論又は債務者の審尋を行い、表現内容の真実性等の主張立証の機会を与えることを原則とすべき」としたが、具体的事案としては、例外的に債務者に主張・立証の機会を与えなくても許される場合に当たる、と結論づけた。

この判決は、表現の事前差止めに関して、比較的厳格な実体的・手続的要件を示したものとして評価されており、著名な政治家の娘のプライバシーに関する週刊誌の事前差止めが争われた「週刊文春」事件決定（東京高決平成16・３・31判時1865号12頁）でも、ほぼ同様の立場が採用されている。なお、「石に泳ぐ魚」事件判決（最判平成14・９・24判時1802号60頁）も小説を単行本として出版することに対する差止めを認めているが、これは一私人のプライバシー侵害が主たる争点であったほか、本案訴訟として争われたこともあり、比較衡量による判断であった。

(c)　教科書訴訟

高校日本史教科書の検定不合格処分に対して、取消しや損害賠償が求められた事件である。第２次訴訟の第１審判決（東京地判昭和45・７・17行集21巻７号別冊１頁）は検定制度は検閲に該当しないが、本件検定は思想内容の審査に及び検閲に該当すると判断した。これに対して第１次教科書訴訟判決（最判平成５・３・16民集47巻５号3483頁）は、検定不合格処分には「一般図書としての発行を何ら妨げるものではなく、発表禁止目的や発表前の審査などの特質がない」ため検閲に当たらないとした。さらに、「本件は思想の自由市場への登場自体を禁ずるものではない」ことを強調して、北方ジャーナル事件判決のような「事前抑制そのものに関する事案」でもないとして、事前抑制禁止の法理の適用をも斥けている。

(2)　直接的制約と間接的・付随的制約

表現の自由の制約についても、直接的制約と間接的・付随的制約を区別できる（→第3章第2節**2 (3)**）。

直接的制約とは、表現行為それ自体を規制の対象とする制約である。このように考える場合、表現の内容に着目する規制（表現内容規制）はもちろん、ビラ貼り・ビラ配り等、表現の時・場所・方法による規制（表現内容中立規制）も、表現の自由の直接的制約に当たると解すべきことになる。

間接的・付随的制約とは、表現行為それ自体とは異なる行為を規制の対象とする、あるいは、表現行為によって直接もたらされる害悪以外の理由で規制を課した結果、偶然的に表現の自由にも不利益が及ぶという場合である。交通の往来を妨害する行為を禁止する規制が座り込みデモに適用される事例、住居・邸宅侵入罪（刑法130条）がポスティングのための共用部分への立入りに適用される事例等が、これに当たる。個人情報の漏洩を禁止する規定が、表現の自由の間接的・付随的制約に当たるという場合も考えられる。

(3)　規制・給付二分論

表現の自由の「規制」とは、政府が市民の自由な表現活動を禁止するか、事後的にその法的責任を問うといった場合を指している。しかし現代国家では、政府が市民の表現活動に資金を助成したり、表現のための場を提供する等の一定の「給付」を行ったりしている。それは表現の自由をいわば実質化するものであるが、その反面で偏った「給付」が政府によって大規模かつ不透明な形で行われる場合には、「思想の自由市場」の機能を歪め、民主主義のあり方を損なうおそれもある。

例えば、表現内容規制、とりわけ特定の見解を排除する規制は原則として許されないが（→本節**3 (2)**(イ))、「優れた」芸術活動を選別しそれに助成を行うことは許されると考えられる。他方、「政府を批判してはならない」という規制が許されないと同様、「政府を批判しない作品であること」を給付の条件とすることも許されないのではなかろうか。このような給付については通常の意味での「憲法上の権利の制限」が存在しないため、いかにして憲法的なコントロールに服せしめるべきかが、議論されている。

＊　アメリカでは、このような規制としては許されない条件を給付に付することは許されない、とする「違憲の条件の法理」が説かれている。また上記の例については、「政府を礼賛する作品であること」という給付の条件は、「政府言論（government speech）」の統制という観点から、芸術を利用して国民から隠れた形で政府への支持を維持強化しようとするものであり許されない、と考えることもできる。

このような問題状況に対応するためには、①憲法上の権利の保護領域を拡張して給付の選別的拒否を「制限」として構成するか、②憲法上の権利の制限がないとしても一定の客観法的コントロールには服すると考えるかの二つのアプローチが考えられる。②については、（特に政治的な）見解の中立性が国家に義務づけられるとの要請を憲法21条から導いた上で、個々の給付がそれに反していないかを判断するか、個々の給付が合理的な差別に当たるかどうかを憲法14条１項の観点から判断することになる。しかしいずれの判断も、憲法上の権利の制限の正当化の判断と比較して安定性・明証性に欠けるうらみがある。

①については、例えば「芸術作品に対して給付を求める権利」が憲法上の権利の保護領域に含まれており、したがってあらゆる給付拒否は一旦権利制限として構成できると考えることには、無理がある。そこで、パブリック・フォーラム論（→第11章第２節**2**(2)）をこの場面に機能的に応用することが考えられる。それによると、道路・公園は表現活動のために開かれた「場」であるため、公権力が自ら管理する道路・公園へのアクセスを規制する場合には、その規制は見解中立的なものでなければならない。こうしたアクセスへの許容を一種の「給付」と見立てることができるとすれば、他の政府による表現活動のための給付についても、見解中立性の要請を導くことができるのではないか。

こうした問題を考える上で興味深い事例が、船橋市市立西図書館事件判決である。この事件では、司書が規則に違反して独断で図書館の蔵書を廃棄したことの国家賠償法上の違法性が争われた。最高裁は、公立図書館を住民に思想・意見等の情報を提供する「公的な場」と位置づけて、著作者の思想・信条を理由とする不公正な取扱いによって既に閲覧に供された著作物を廃棄することは著作者の人格的利益を侵害すると判断した（最判平成17・７・14民集59巻６号1569頁）。著作物を購入し閲覧に供するよう公立図書館に求める請求権が保障されていないとしても、ひとたび「受け手」へのアクセスの機会を付与した以上、観点による著作物の差別的取扱いは許されない、との立場をとったものと解される。

＊　天皇コラージュ事件判決では、県立美術館が、既に購入・展示していた昭和天皇の写真を利用したコラージュ作品を管理運営上の理由から処分したことが適法であるとされた（名古屋高金沢支判平成12・２・16判時1726号111頁）。しかし前掲船橋市市立西図書館事件判決を前提に考えれば、美術品と図書の区別、美術館と図書館の区別を踏まえても、その結論は検討する余地がある。集団的自衛権への反対活動を素材にした俳句が公民館を利用した句会で選ばれたにもかかわらず、公民館の職員が従来の例に反して公民館だよりに掲載しなかったという事案について、船橋市市立西図書館事件判決を参照しつつ、思想信条を理由とした不公正な取扱いであるとして国家賠償請求を認容した裁判例（９条俳句訴訟判決：東京高判平成30・５・18判時2395号47頁）がある。

＊＊　芸術活動への助成の判断においては作品の芸術性の評価が必要となるが、審査の公正性を確保し、政治的選好等の混入を避けるために、芸術の専門家の専門的知見を尊重する仕組みが要請される。この点に関して、映画制作事業に対して文化芸術振興費補助金による助成金の交付が内定されていたにもかかわらず、出演俳優が薬物事犯で逮捕されたことを理由に、芸術的観点以外の公益への考慮から不交付決定がなされたことを行政の裁量の範囲内にあるとした裁判例（「宮本から君へ」事件判決：東京高判令和４・３・３判タ1505号41頁）が注目されている。

3　正当化

(1)　形式的正当化

表現の自由の制限は、基本権的法律の留保の原則からして、法律によるか、または法律に基づくことが当然に必要である。以下では、表現の自由の制限の形式的正当化に関する特殊な法理について、検討する（検閲禁止については本節**2**(1)参照）。

(ア)　漠然性のゆえに無効の法理

一般に、「通常の判断能力を有する一般人の理解において、具体的場合に当該行為がその適用を受けるものかどうかの判断を可能ならしめるような基準が読みとれ」ない場合には、「刑罰法規があいまい不明確のゆえに憲法31条に違反する」（徳島市公安条例事件判決：最大判昭和50・9・10刑集29巻8号489頁。→第12章第2節**9**(1)）。表現の自由の領域における漠然性のゆえに無効の法理は、法適用者の恣意を排除し国民に対して公正な告知を保障するという罪刑法定主義の帰結であるだけでなく、「国民がその規定の適用を恐れて本来自由に行い得る表現行為までも差し控えるという効果を生むこととなる」（前掲税関検査事件判決）という萎縮効果を除去するものでもある。もっとも判例は、表現活動を規制する法令を漠然性のゆえに無効としたことはない（前掲税関検査事件判決、前掲岐阜県青少年保護育成条例事件判決）。

＊　この漠然性のゆえに無効の法理は、次の過度の広汎性のゆえに無効の法理と重なり合う場面も多いが、厳密には区別される。すなわち前者は、規制対象それ自体が不確定であり、したがって市民の側からみて自分の行動が規制されるのかどうかがそもそもわからないこと（vagueness）を問題にするのに対して、後者では規制対象それ自体は法令の規定により確定しており、本来規制すべきでない行動がそこに含まれていること（overbreadth）が問題となる。

(イ)　過度の広汎性のゆえに無効の法理

過度の広汎性のゆえに無効の法理は、表現の自由を規制する法令の規定が、違憲的に適用される事例を含む場合には、その規定を文面上無効とするものである。この法理の根拠も、萎縮効果の除去にある。

＊　例えば、ハード・コア・ポルノは憲法上の保護領域外の表現であるとの立場をとるとすると、ハード・コア・ポルノを頒布する行為に対して、わいせつ文書頒布罪を適用することはまさしく合憲的である。しかし「わいせつ」という文言は過度に広汎であって（同時に漠然性の問題もあるがそれは

ここでは措く)、処罰を恐れるあまり、本来は許されるはずの性表現をも差し控えさせており、しかもその結果として、そうした表現行為への処罰が違憲的であること自体が裁判で争われないことになる。そこで、本来は法令の合憲的な適用を受けるはずの被告人に特別に、刑法175条の違憲性を攻撃することを認めて、萎縮効果を早期に除去することが表現の自由の保障からは望ましい。このような過度の広汎性のゆえに無効の法理は、「訴訟上主張できるのは、自己の憲法上の権利侵害だけである」という憲法訴訟のルールの例外をなす（→憲法Ⅱ第12章第４節**2**）。

前掲税関検査事件判決は、「法律をもって表現の自由を規制するについては、基準の広汎、不明確の故に当該規制が本来憲法上許容されるべき表現にまで及ぼされて表現の自由が不当に制限されるという結果を招くことがないように配慮する必要があり、事前規制的なものについては特に然りというべきである」として、一般論としては過度に広汎性のゆえに無効の法理を認めた。しかし判例は、規定のうち過度に広汎な部分を解釈により取り除く合憲限定解釈の手法を用いて、合憲の結論を維持している。

＊　最高裁は税関検査事件判決に先立ち、新聞紙等が選挙の公正を害する罪（公選法235条の２第２号）にいう「報道又は評論」を、「立法の趣旨・目的から」、「当該選挙に関する一切の報道・評論を指すのではなく、特定の候補者の得票について有利又は不利に働くおそれがある報道・評論をいうものと解する」と限定解釈している（最判昭和54・12・20刑集33巻７号1074頁）。

そうした合憲限定解釈が許される基準として税関検査事件判決は、①「その解釈により、規制の対象となるものとそうでないものとが明確に区別され、かつ、合憲的に規制し得るもののみが規制の対象となることが明らかにされる場合でなければならず」、②「一般国民の理解において、具体的場合に当該表現物が規制の対象となるかどうかの判断を可能ならしめるような基準をその規定から読みとることができるものでなければならない」としている。①の要件は法令の規定が可分（separable）であり、かつその解釈により規定が合憲的に適用できる場合に限定されるかどうかを問題にする。したがって、規定の中で合憲的適用部分と違憲的適用部分が不可分である場合には、合憲限定解釈は許されない。②の要件は、その解釈の結果が漠然としているかどうかを問題にしている。例えば、明確だが過度に広汎な規定に対して、違憲的適用部分を除去するように解釈した結果、今度はその規定の意味が漠然としてしまう場合には、合憲限定解釈は許されない。

しかし、税関検査事件判決についても、「公安又は風俗を害すべき」という文言を「風俗を害すべき」に限って検討した上で、それを「わいせつな」と解することが①②の要件を満たしているかは疑問である（伊藤正己ほか４裁判官の反対意見も参照）。さらに、広島市暴走族追放条例事件判決（最判平成19・９・18刑集61巻６号601頁）では、２名の裁判官が違憲の結論をとったのに対して、多数意見は、事案が純然たる表現活動ではなく集会の自由に関わるものであったためか、税関検査事件判決の基準を挙げないまま緩やかな合憲限定解釈を行った。またこの基準を用いた裁判官の中でも、結論が合憲（那須弘平裁判官）・違憲（藤田宙靖裁判官）に分かれている（→第11章第２節**2 (2)**）。合憲限定解釈を緩やかに認める判例に対して、学説は過度の広汎性のゆえに無効の法理を用いて法令を文面上無効とすべきだと説いている。

(2)　実質的正当化

(ア)　判例の枠組み

表現の自由は「法律によってもみだりに制限することができないものである」から（猿払事件判決）、法律によりまたは法律に基づきさえすれば、その制限が正当化されるわけではない。従来の判例は実質的正当化事由として、抽象的に公共の福祉を挙げるにとどめてきた（→本節**1 (3)**(ア)）。しかし近時の判例は、より具体的な正当化を試みるようになっている。すなわち、よど号ハイジャック記事抹消事件判決（最大判昭和58・６・22民集37巻５号793頁）は、刑事施設被収容者の新聞閲読の自由の制限の正当化に関して、「これらの自由に対する制限が必要かつ合理的なものとして是認されるかどうかは、右の目的のために制限が必要とされる程度と、制限される自由の内容及び性質、これに加えられる具体的制限の態様及び程度等を較量して決せられるべきものである」としていた。さらに前掲第１次教科書訴訟判決は、「表現の自由といえども無制限に保障されるものではなく、公共の福祉による合理的で必要やむを得ない限度の制限を受けることがあり、その制限が右のような限度のものとして容認されるかどうかは、制限が必要とされる程度と、制限される自由の内容及び性質、これに加えられる具体的制限の態様及び程度等を較量して決せられるべきものである」としている。

＊　第１次教科書訴訟判決は、①普通教育における教育の中立・公正、一定水準の確保等の要請から不適切な図書の教科書を禁止する必要性、②制限の態様が「教科書という特殊な形態において発行を禁ずるものにすぎない」ことから、教科書検定制度を合憲としている。

つまり判例は、他の多くの憲法上の権利の場合と同様、表現の自由の制限の正当化の判断枠組みとして利益衡量論を採用している。このことは、特定の表現類型が憲法上の権利の保護領域に属するかどうかについて利益衡量論が用いられることと、同一の傾向にあるともいえる。これに対して学説は、既に述べた表現の自由の優越的地位を確保するために、表現の自由の制限の合憲性判断には厳格な基準が用いられるべきであり（二重の基準）、制限類型ごとにより具体的な基準を提示してきた。これは、本書の基本的枠組みからすれば、目的の正当性の審査および比例原則の適用にあたって、段階的に審査密度を高めることを意図していたものとみることもできる。

(イ)　表現内容規制

多数説は、表現内容規制と表現内容中立規制を区別した上で、両者に異なる審査基準が用いられるべきだとする。表現内容規制について表現内容中立規制よりも審査密度を高めるべき理由としては、①思想の自由市場を歪めるおそれが大きい、②「誤った思想」を抑止するという、見解中立性の要請に反する規制である蓋然性が高い、③送り手から受け手へのコミュニケーション効果を規制することは、自律的な個人という憲法の基本的想定に反する、といった点が挙げられる。

まず、特定の見解の発表を禁止・制限する（見解規制）だけでなく、特定の主題に関する表現を禁止・制限する（主題規制）ことも、表現内容規制に当たる。実際の規制には、特定の場所で特定の主題に関する表現を規制するような場合もあるが、このような場合もそれが表現のメッセージ性とそれがもたらす害悪に着目した規制である場合には、表現内容規制に当たると解すべきであろう。

次に、表現内容規制の審査基準としては、学説は、いわゆる「低価値表現」の類型について定義づけ衡量の手法——本書の基本的枠組みからすれば、憲法上の権利の保護領域の画定——を用いるほか、それ以外の類型については厳格審査基準、すなわち「やむにやまれぬ公共的利益（compelling interest）」の基準を用いるべきだとしている。これは立法目的が「正当」ないし「重要」であることを超えて最高度に大きいもの（例えば性犯罪の被害者を保護する等）であり、かつ目的達成手段が「厳密に定められていること（narrowly tailored）」、すなわち過大包摂でも過小包摂でもなく、「より制限的でない他に選びうる手段」がないことを要求する、極めて厳しい基準である。

これに対して最高裁判例では、厳格審査基準を用いる以前に、いわゆる「高い価値の表現」の規制として事案を捉えた例がなく、先にみた憲法上の権利の保護領域の画定という手法で、表現の内容に着目した規制の合憲性判断が扱われている。

(ウ)　時・場所・方法の規制

これに対して、表現の内容に中立的な規制、すなわちビラ貼り規制や深夜の騒音規制等の表現の時・場所・方法（time, place and manner）の規制については、学説は、表現内容に中立的で重要な立法目的の達成のために合理的かつ必要な手段であるかどうかを、裁判所が立法事実に照らして具体的・実質的に審査する、中間審査基準が用いられるべきだと主張されてきた。特に有名なのは、「より制限的でない他に選びうる手段（less restrictive alternatives）」の基準である。しかしこのLRAの基準は、先にみたとおり、厳格審査でも用いられる性質のものであり、またその厳格度にも幅がある。

＊　アメリカの最近の判例では、時・場所・方法の規制については、「表現者

の側に代替的なコミュニケーション手段が十分に存在するか」という審査がなされることが多い、とされる。

判例の傾向は、①屋外広告物条例による規制と②私人の財産権・管理権を保護するための規制に大別される。

(a)　屋外広告物条例による規制

最高裁は、美観風致の維持・公衆への危害防止を理由として、ビラ貼り行為等を処罰する屋外広告物条例について、「公共の福祉のため、表現の自由に対し許された必要且つ合理的な制限」であるとして、合憲性を認めている（最大判昭和43・12・18刑集22巻13号1549頁、大分県屋外広告物条例事件判決：最判昭和62・3・3刑集41巻2号15頁）。ここで採用されている審査基準は、一応は比例原則的なものといえる。しかし、規制が必要かつ合理的な制限にとどまっているかどうかについての実質的な検討はされておらず、その実態は抽象的な公共の福祉論を超えるものではない。

(b)　私人の財産権・管理権を保護するための規制

私人の家屋へのビラ貼りや、私人の管理する場所での表現活動を規制する法令の規定の合憲性についての判例の説示は、より問題が多い。まず軽犯罪法によるビラ貼り規制について、「たとい思想を外部に発表するための手段であっても、その手段が他人の財産権、管理権を不当に害するごときものは、もとより許されない」と述べて、公共の福祉論により簡単に合憲の結論を導いている（前掲最大判昭和45・6・17）。このような言い回しからすると、他人の財産権等と衝突する表現活動は、そもそも憲法21条の保護領域に属しないと解されているようにも思われる。実際に最高裁は、私鉄の駅構内でのビラ配布の処罰を同じ理由で簡単に合憲としており（吉祥寺駅構内ビラ配布事件判決：最判昭和59・12・18刑集38巻12号3026頁）、さらに政治的ビラ配布のために共同住宅の共有部分へ立ち入った行為を邸宅侵入罪（刑法130条）で処罰する際（立川テント村事件判決：最判平成20・4・11刑集62巻5号1217頁、最判平成21・11・30刑集63巻9号1765頁）にも、同一の論理を用いている。

ここにみられるのは、先に述べたとおり表現の自由の保護領域を狭く

「思想の表明」それ自体に限定した上で、その「手段」としての立入行為等は財産権・管理権に常に劣後するという発想である（→本節 1 (1)(ウ)）。これに対して伊藤正己裁判官は、私鉄の駅構内や街路樹の支柱なども、表現のための「パブリック・フォーラムたる性質を帯びる」場合があると指摘し、当該場所・方法に則した表現の価値と財産権等の侵害の内容・程度を個別具体的に利益衡量し、前者の価値が後者を上回る場合には規制は適用違憲となると考えるべきだと指摘している（前掲最判昭和59・12・18、前掲最判昭和62・3・3の両補足意見）。進んで言えば、ビラ貼り・配布行為も表現の自由の保護領域に含まれることを正面から認めた上で、比例原則を個別的に厳格に適用するか、ビラ配布のための立入行為の規制は次に述べる間接的・付随的規制と捉えるべきではなかろうか。

(エ)　間接的・付随的制約

表現の自由の間接的・付随的制約の正当化については、アメリカで「行動を伴う言論（speech plus）」の規制について用いられるオブライエン・テストが参考になる。この基準は、規制の合憲性にとって、①立法目的が重要な利益を促進する、②表現の自由の抑圧と直接関係がないことに加えて、③表現の自由に対する付随的効果が必要な限度を超えていないことを要求するものである。

わが国で間接的・付随的制約を議論する際の焦点となっているのが、猿払事件判決であった。この事件は郵便局員（郵政民営化以前は現業公務員）が、勤務時間外に公務とは無関係に、労働組合活動の一環として、政党の選挙運動用のポスターを貼ったことが、「政治的行為」（国公法102条 1 項、人事院規則14-7）に当たるとして、起訴されたものである。第 1 審判決は、LRA の基準により、本件行為に刑事罰を適用する限りで違憲であるとの判断を下した（旭川地判昭和43・3・25下刑集10巻 3 号293頁）。これに対して最高裁は、公務員の「政治的行為」に意見表明と行動の両面があるという理解を前提に、その禁止の合憲性を、①禁止の目的、②目的と禁止される政治的行為との関連性、③「政治的行為を禁止することにより得られる利益と禁止することにより失われる利益との均衡」の 3 点から検討した。それによると、①行政の政治的中立的運営とそれに対する国民の信頼の確保という目的は正当であり、②公務員の政治的中立性を損なうおそれがある行為を一律に禁止することも合理的関連性がある、とする。そして、③公務員の政治的行為のうち、「行動のもたらす弊害の防止」を狙った禁止は、意見表明の自由の「間接的、付随的な制約」にすぎないから公務員の失われる利益は小さいとして、合憲の結論を導いた。

＊　同判決の採用した①〜③（「合理的関連性の基準」といわれる）は、先に触れたオブライエン・テストを参考にしたものであるが、次のような学説からの強い批判がある。まず、そもそも国公法の政治的行為の禁止は表現の自由の直接的制約とみるべきであり（この点は表現の自由の保護領域の捉え方に関わる。→本節１(1)(ウ)）、比例原則が厳格に適用されるべきである（しかも本件規制は主題規制であり、表現内容規制に当たる。もっとも有力説は、公務員制度が憲法秩序の構成要素であることを理由に、中間審査で合憲性を判断すべきだとする）。次に①について、行政の政治的中立性の確保はもちろん正当な目的であるが、それに対する「国民の信頼」という不定形で茫漠たる利益は、機械的業務に従事するにすぎない公務員の、勤務時間外の表現の自由を制限する正当化事由として、適切ではない。目的をより具体的に特定しなければ、いかなる手段もその目的達成には何らかの適合性があることになってしまい、正当化の論証としても不十分である。第３に、②が目的達成手段の必要性を検討していない点には、殊に厳しい批判がある。公務員にも表現の自由が保障されるとすれば、目的達成のために必要最小限の範囲に禁止が制限されるよう、公務員の職種等を区別して論ずべきであろう。第４に、③の利益の均衡も、政治的行為が間接的・付随的制約であることを強調するのみで名目的な利益衡量にとどまっている。少なくとも、本件行為の価値と失われる利益とを個別・具体的に衡量すべきであろう。

最高裁はその後、公務員に対する懲戒処分の合憲性（最判昭和55・12・23民集34巻７号959頁）に加えて、一般の国民の政治的表現活動である選挙運動としての戸別訪問の規制を、やはり間接的・付随的制約論によって合憲とした（最判昭和56・６・15刑集35巻４号205頁）。

＊　伊藤正己裁判官は、別の小法廷判決で、公営選挙観により戸別訪問規制を合憲と説明したが（最判昭和56・７・21刑集35巻５号568頁）、この説明は猿払基準の射程を限定する効果をもっていた。

裁判官の積極的政治運動の禁止（裁判所法52条１号）に対する懲戒処分

も、同一の論法で合憲とされている（最大決平成10・12・1民集52巻9号1761頁→憲法Ⅱ第11章第5節**3**(2)）。さらに、集会の自由の規制についても「猿払基準」が用いられた（→第11章第2節**2**(2)）。

これに対して、社会保険庁職員が勤務時間外に行った政党機関紙の配布行為が政治的行為として起訴された前掲堀越事件で、東京高裁は、猿払基準に従いつつも、公務員の表現の自由に対する国民の法意識の変化を指摘し、さらに規制が必要な限度を超え過度に広汎である疑いを示しながら、適用違憲判決を下した（東京高判平成22・3・29判タ1340号105頁）。さらに堀越事件判決は、禁止の対象となる「政治的行為」を「公務員の職務の遂行の政治的中立性を損なうおそれが、観念的なものにとどまらず、現実的に起こり得るものとして実質的に認められるもの」と限定的に解釈した上で、①公務員の職務遂行の政治的中立性の保持を通じて行政の中立的運営を確保し国民の信頼を維持するという目的は合理的であり正当である、②禁止の対象は公益を害する実質的なおそれのある行為に限られ、それ以外の政治的行為は禁止されておらず、その制限は目的達成のために必要かつ合理的な範囲のものである、と述べて、規制を合憲とした。同判決は、猿払事件では公務員組合の組織活動が問題だった点を強調して、本件とは事案が異なるとしているが、その説示内容は、先述のとおり間接的・付随的制約論に言及せず（→本節**1**(1)(ウ)）、さらに禁止される行為の範囲を限定的に解釈しながら、目的達成手段の必要性を一応検討したもの、とみることもできる。同判決は、批判の強かった合理的関連性の基準から離れて、利益衡量という大枠の中で、目的・手段審査により具体的な判断を行うという、表現の自由の制限の正当化に関する近時の一般的傾向に棹さすものといえよう。

第3節　知る権利

1　情報を受領する自由

(1)　保護領域

前掲よど号ハイジャック記事抹消事件判決（→第2章第2節**2**(3)）は、

次のように述べている。

「およそ各人が、自由に、さまざまな意見、知識、情報に接し、これを摂取する機会をもつことは、その者が個人として自己の思想及び人格を形成・発展させ、社会生活の中にこれを反映させていくうえにおいて欠くことのできないものであり、また、民主主義社会における思想及び情報の自由な伝達、交流の確保という基本的原理を真に実効あるものたらしめるためにも、必要なところである」。

同判決はこのことから、「これらの意見、知識、情報の伝達の媒体である新聞紙、図書等の閲読の自由」の憲法上の保障を、憲法21条だけでなく19条・13条をも合わせて初めて憲法上保護されるかのように述べた。しかしその後の税関検査事件判決は「表現の自由の保障は、他面において、これを受ける者の側の知る自由の保障をも伴う」と述べ、さらに法廷メモ事件判決（最大判平成元・３・８民集43巻２号89頁）は、「情報等に接し、これを摂取する自由」が端的に憲法21条から導かれるものとしている。したがって、情報受領の自由は、憲法21条の保護領域に含まれるものと解される。

情報受領の自由は、公開され流通している情報への自由なアクセスをその内容とする。公開されていない情報に対するアクセスを求めること、すなわち情報公開請求は**2**で述べる問題となる。

(2)　制限と正当化

情報受領の自由の制限は、公開され、流通している情報への自由なアクセスを妨げる規制であり、それは事の性質上、事前抑制に当たることが多いから、その正当化は厳格に判断されなければならない。

前掲よど号ハイジャック記事抹消事件判決は、新聞閲読の自由が絶対的なものではなく、「これに優越する公共の利益のための必要から、一定の合理的制限を受けることがあることもやむをえない」とした上で、未決勾留者の新聞閲読の制限については、逃亡・罪証隠滅の防止および刑事収容施設の規律・秩序維持のために「真に必要と認められる限度にとどめられるべき」と述べた。そして「閲読を許すことにより監獄内の規律及び秩序の維持上放置することのできない程度の障害が生ずる相当の蓋然性があると認められることが必要であり、かつ、その場合においても、右の制限の程度は、右の障害発生の防止のために必要かつ合理的な範囲にとどまるべき」との判断を示している。この相当の蓋然性の基準は、比例原則を具体化したものと評価できるが、同判決が相当の蓋然性の有無に関して判断代置審査を行うのではなく、刑事収容施設の長に裁量を認めた点には、強い批判がある。

さらに法廷メモ事件では、裁判長の訴訟指揮権によって、公判廷の傍聴人がメモを採取することの制限が争われたが、最高裁は、筆記行為の自由は「憲法21条1項の規定の精神に照らして尊重される」にとどまり、情報受領の自由それ自体の侵害ではないから「表現の自由に制約を加える場合に一般に必要とされる厳格な基準が要求されるものではない」としている。もっとも同判決は、「公正かつ円滑な訴訟の運営」がメモ採取によって妨げられることは通常ありえないとして、実質的には法廷でのメモ採取を広く容認した。

2　情報公開請求権

(1)　性　格

いわゆる国民の「知る権利」には、1で述べた情報受領の自由のほかに、政府の保有する情報の公開・提供を求める権利が含まれる。この情報公開請求権は、情報へのアクセスに対する妨害の排除ではなく、開示という作為を求める作為請求権であるが、請求権者の資格、公開の対象となる情報の範囲や公開の手続等について、憲法21条から一義的な結論を導くことができないため、法令による制度の形成が必要である。この理を指して、情報公開請求権は「抽象的権利」でありその行使には「具体化」を要するとか、「請求権的・社会権的性格」を有する等と説明されることもある。

それゆえ、情報公開請求権の実現については、防御権のように「侵害」を観念するのではなく、①憲法21条からみて制度の構築が適切になされているか、②適切に構築された制度上の要件に請求が適合しているか、という二段階で判断されることになる。①については、情報を請求の対象外とするためには、単なる行政の便宜では足りず、その公開が行政事務の遂行を現実に困難にする等の実質的な理由が必要であるが、制度構築の余地は広汎であって情報公開制度が違憲と評価されることは実際には想定し難い。現実には②で、公開の要件等に関する法令の規定の解釈適用に際して、憲法の趣旨を踏まえて、公開拒否の違法性を判断することになる。また①について、情報公開制度が国民の知る権利の実現に関わることを踏まえると、制度の適切さは立法事実の変化を踏まえて不断に検証されるべきであり、例えば情報管理技術の発展によって公開による支障が小さくなった場合には、制度の事後改善義務が立法者に生じることもあると解される。

(2)　情報公開制度

1980年代以降、多くの地方公共団体が情報公開制度の整備を進め、国も1999年、情報公開法を制定した。同法の目的規定は「国民主権の理念にのっとり……政府の有するその諸活動を国民に説明する責務が全うされるようにするとともに、国民の的確な理解と批判の下にある公正で民主的な行政の推進に資すること」を掲げており（同法1条）、国民の「知る権利」それ自体には言及していない。2011年に政府が国会に提出した情報公開法改正法案では、国民の知る権利を明記するとともに、訴訟における裁判所によるインカメラ審理を認める規定を置いている。

開示請求の対象は行政文書であり、請求権者の資格には自然人、有権者、国民等の制限は定められていない（同法3条）。請求を受けた行政機関の長は個人情報、法人情報等の不開示事由に該当しない限り、文書の公開を義務づけられる（同法5条）。行政が開示対象である文書を保有していない場合には、文書不存在により不開示となる。この点、いわゆる「密約訴訟」第1審判決（東京地判平成22・4・9判時2076号19頁）は、文書不存在を理由とする不開示決定の取消訴訟において、請求者が過去のある時点で文書が作成されたこと等を主張・立証した場合には、文書の保有が継続していることが推認され、行政機関の長は文書を廃棄等したことの主張・立証責任を負うとした上で文書の開示を命じた。同訴訟の第2審（東京高判平成23・9・29判時2142号3頁）は国の文書不開示を適法としたが、主張・立証責任に関する考え方は第１審と同様の立場をとった。これに対して、最高裁（最判平成26・７・14判時2242号51頁）は、不開示決定の取消しを求める者が、行政機関が文書を保有していたことについて主張・立証責任を負うと述べ、推認についても慎重な姿勢を示して、上告を棄却した。

なお、情報公開制度と個人情報保護の一環である自己情報開示制度の関係について、両制度を「相互に補完し合って公の情報の開示を実現するための制度」と捉えた上で、個人情報保護条例が未制定の自治体で、情報公開条例に基づく本人情報の開示を認めた判例がある（最判平成13・12・18民集55巻７号1603頁）。

＊　実効的な情報公開の前提として、行政機関内部で適切に文書が作成・管理・保存・利用されることが必要である。2009年に制定された公文書管理法は、国民主権の理念、政府の現在・将来の国民に対する説明責任を目的として掲げ（同法１条）、意思決定過程および事務事業が検証できるよう、行政機関に文書の作成・整理等を義務づけ（同法４条以下）、さらに歴史公文書については国立公文書館に移管して国民が請求により利用できるようにしている（同法14条以下）。

3　アクセス権

国民の「知る権利」には、上記の情報受領の自由、情報公開請求権に加えて、「アクセス権」が含まれる、と主張されることがある。これは国民がメディアに自己の意見の発表の場の提供を求めるものであり、その具体的な形態としては無償の意見広告や反論記事の掲載等が挙げられる。しかし、こうしたアクセス権の実現は、メディアがその編集方針に反する文章の掲載を強制されたり、それに紙面を割く必要が生じたりする等、報道の自由を大きく制限するものであり、「ことに公的事項に関する批判的記事の掲載をちゅうちょさせ、憲法の保障する表現の自由を間接的に侵す危険につながるおそれ」があるから、「反論権の制度について具体的な成文法がない」以上、そのような反論文掲載請求権を認めることはできない（サンケイ新聞事件判決：最判昭和62・４・24民集41巻３号490頁）。

＊　同判決は、名誉毀損・プライバシー侵害が認められる場合の救済手段としての反論文掲載の可否については、判断を留保している（なお、最判平成16・7・15LEX/DB28092064は、名誉毀損をした週刊誌に、同じ雑誌の紙面に謝罪広告の掲載を命じることは憲法19条・21条に反しないとしている）。また放送法9条の定める訂正放送制度（→本章第5節**2**(3)）もまた、その要件・内容において反論権制度とは異なる、としている。

仮にアクセス権に憲法上の根拠を認めるとしても、その行使には立法による形成が必要であると解される。ヨーロッパ諸国では、表現の自由を支える原理として意見・情報の多様性の確保が重視されるため、プレス法等の中で反論権制度を認めることが多いが、わが国の学説は一般に、メディアの表現の自由を重視して、立法論としても反対している。

第4節　報道・取材の自由

1　報道の自由

判例は当初、メディアの報道と一般人の表現活動を憲法上区別せず、憲法21条は「一般人に対し平等に表現の自由を保障したものであって、新聞記者に特種の保障を与えたものではない」（前掲朝日新聞記者事件判決）としていた。しかし、その後の北海タイムス事件決定（最大決昭和33・2・17刑集12巻2号253頁）は「新聞が真実を報道することは、憲法21条の認める表現の自由に属し」と述べ、さらに博多駅事件決定は、「報道機関の報道は、民主主義社会において、国民が国政に関与するにつき、重要な判断の資料を提供し、国民の『知る権利』に奉仕するものである。したがって、思想の表明の自由とならんで、事実の報道の自由は、表現の自由を規定した憲法21条の保障のもとにある」として、「事実の報道の自由」が「思想の表明の自由」と並び、憲法21条の保護領域に属することを認めた。もっとも、現実の報道活動には、事実の伝達だけでなくその事実に基づく意見の表明や批判も含まれ、むしろジャーナリズムの観点からは後者に力点を置いて理解される場合も多い。

＊　個人情報保護法は、「放送機関、新聞社、通信社その他の報道機関（報道

を業として行う個人を含む。)」が「報道の用に供する目的」で個人情報を取り扱う場合には、個人情報取扱事業者としての義務の適用除外を認めるが、その際に「報道」を「不特定かつ多数の者に対して客観的事実を事実として知らせること（これに基づいて意見又は見解を述べることを含む。)」と定義している（同法57条１項１号・２項)。

このような報道機能を現代において中心的に担っているのは、「民主主義社会において極めて重要な意味をもつ新聞」（前掲サンケイ新聞事件判決）を中心として雑誌および放送を含むマス・メディアである。このうち放送を除くメディアの報道に関する法的問題は、特別の法的規律が存在しないため、第２節で述べたところと重なる。とりわけ名誉毀損・プライバシー侵害が問題になる事例は、報道機関によるものであることが多く、相当性の法理の運用も、実際上は報道機関として行うべき取材活動がなされたかどうかという観点からなされている。報道の自由の核心には、記事・番組の編集の自由があるが、この点は放送の自由に則して第５節で扱う。

＊　国内外のニュースを取材し記事を加盟する新聞社等に配信する事業を営む通信社は、他のメディア、とりわけ地方紙の編集・報道を支える基盤として機能する。このため、通信社から配信された記事をそのまま掲載したメディアは、当該記事に関する名誉毀損の責任を免除される（「配信サービスの抗弁」）と解すべきであろうか。最判平成14・１・29民集56巻１号185頁は、犯罪報道については通信社の配信記事であっても信頼性が確立していないから、誤信に相当の理由があるとはいえないとして、当該記事を掲載した新聞社の責任を認めた。これに対して最判平成23・４・28民集65巻３号1499頁は、通信社を利用した報道システムにおいて「裏付け取材を行うことは予定されておらず、これを行うことは現実には困難である」ことから、「報道が萎縮し、結果的に国民の知る権利が損なわれるおそれ」を避けるために、新聞社と通信社が「報道主体としての一体性を有する」場合には、通信社の誤信に相当の理由があれば新聞社にも相当の理由を認める立場を示した。

2　取材の自由

前掲北海タイムス事件決定は、報道の自由のために取材活動も認められなければならない、としていたが、その趣旨は必ずしも明確ではなかった。博多駅事件決定は、既に触れたとおり国民の「知る権利」から報道の自由を導いた上で、「報道機関の報道が正しい内容をもつためには、報道の自由とともに、報道のための取材の自由も、憲法21条の精神に照らし、十分尊重に値いする」としている。この説示は、取材活動が表現行為そのものというよりもその前提となる活動であること、また取材活動も多種多様であることから、完全な憲法21条の保護を享受するものではないとしたものと考えられる。判例は実際にも、当該取材活動が憲法21条の保護領域に含まれるかどうか等を明確にしないまま、利益衡量によって取材の自由の制限の合憲性を判断している。

(1)　法廷での写真撮影

北海タイムス事件決定は、取材の自由も公共の福祉に服するとした上で、裁判の公正を取材の自由に優越させ、公判廷における写真の撮影等を裁判所の許可制の下に置く刑事訴訟規則215条は憲法に違反しないとした。また前掲和歌山カレー事件報道訴訟判決は、同条所定の許可を受けずに公判廷での被告人を隠し撮りする行為は「社会生活上受忍すべき限度を超えて、被上告人の人格的利益を侵害するものであり、不法行為法上違法である」としている。

(2)　裁判所・捜査機関に対する取材テープの提出命令

博多駅事件決定は、取材の自由と公正な刑事裁判の実現の利益を利益衡量するという枠組みを示した上で、既にテープが放映済みであること等を理由に、付審判手続における裁判所からの取材テープの提出命令を適法と判断した。検察庁（最決平成元・1・30刑集43巻1号19頁）や警察（最決平成2・7・9刑集44巻5号421頁）からの提出命令についても、同様の枠組みで適法性を判断していることには、学説からの批判が強い。

(3)　国家秘密の保護

この問題については、沖縄返還に関する日米間の「密約」に関する外務省の秘密電文を、新聞記者が同省の女性事務官から入手したことが、公務員に職務上の秘密漏示を唆した（国公法111条・109条12号・100条1項）として起訴された外務省秘密電文漏洩事件が有名である。最高裁は、国公法の保護する「秘密」とは「実質的にも秘密として保護するに値するもの」でなければならず（実質秘説）、また「そそのかし」の意義について、「秘密漏示行為を実行させる目的をもって、公務員に対し、その行為を実行する決意を新に生じさせるに足りる慫慂行為をすることを意味する」と解した。その上で、取材の自由の意義を強調して、「報道機関が公務員に対し根気強く執拗に説得ないし要請を続けることは、それが真に報道の目的からでたものであり、その手段・方法が法秩序全体の精神に照らし相当なものとして社会観念上是認されるものである限り」正当業務行為に当たるとした（最決昭和53・5・31刑集32巻3号457頁）。この点は学説も評価しているが、同決定が最終的に記者と事務官の不倫関係を「取材対象者の個人としての人格の尊厳を著しく蹂躙する等法秩序全体の精神に照らし社会観念上是認することのできない態様のものである」ことを理由に有罪を認めた結論には、批判が強い。

＊　インターネットを通じた国家機密の漏洩が相次いだことを受けて、2013年、特定秘密の保護に関する法律が成立したが、特定秘密の範囲が広汎であり、各行政機関による恣意的な指定のおそれが排除されていない、特定秘密を漏洩した公務員およびその漏洩を教唆した者の法定刑が過重である等の批判がある。表現の自由との関係では、上記外務省秘密電文漏洩事件決定の趣旨を踏まえ、正当な取材活動は正当行為に当たることが法文上明確にされている点が注目される。

(4)　取材源の秘匿

前掲朝日新聞記者事件は、刑事手続において新聞記者が証人尋問（刑訴法226条）を拒否したため起訴された事件で、裁判の公正を取材の自由に抽象的に優越させ、取材源秘匿権の保障を否定していた。これに対してNHK記者事件決定（最決平成18・10・3民集60巻8号2647頁）は、民事手続（アメリカの裁判におけるディスカバリー手続の嘱託尋問）において、報道関係者の取材源の秘密は、取材源との信頼関係や将来の取材活動の観点から「職業の秘密」（民訴法197条1項3号）に当たり、保護に値する秘密として証言を拒絶しうるかどうかは総合的利益衡量によるべきだとした。そして取材の自由の意義を強調して、報道が公共の利益に関するもので、その取材の手段、方法が一般の刑罰法令に触れるとか、取材源が秘密の開示を承諾している等の事情がなく、当該事件の社会的意義等から取材源の秘密の社会的価値を考慮してもなお公正な裁判を実現すべき必要性が高く、そのために当該証言が必要不可欠であるといった事情がない限り、証言拒絶ができるとした。この説示は、取材活動に対する萎縮効果を完全に除去してはいないものの、取材の自由の方に力点を置いた利益衡量の基準を示したものとして、評価できる。

第５節　放送の自由

1　放送の規律根拠

(1)　従来の放送概念と規律根拠論

新聞・雑誌による報道の自由は、表現の自由の一般的法理が妥当し、特別の規律が認められていないことは既に述べた。これに対して後述するとおり、放送法は「放送」（公衆によって直接受信されることを目的とする電気通信の送信。同法２条１号）について認定または電波法に基づく総務大臣の免許を受けることを要するとし、さらに番組の編集は「政治的に公平であること」（公平原則）等の準則に従うべきことを求めている（放送法４条１項）。こうして放送は、他のメディア、さらには表現活動一般から区別されてきたのであるが、学説は放送の自由も表現の自由一般に含まれることを前提に考えてきた。そして、こうした特別の規制は、放送が電波により行われてきたことを前提に、①周波数が有限稀少であること、②放送には特殊な社会的影響力がある、という放送特有の規律根拠によって正当化されるものと考えてきた。

＊　NHK が、政党の録音した政見放送に差別的用語が含まれており品位を損なう言動（公選法150条の２）に当たるとして当該部分を削除したことの違法性が争われた事件で、最判平成２・４・17民集44巻３号547頁は「テレビジョン放送による政見放送が直接かつ即時に全国の視聴者に到達して強い影響力を有している」ことに言及しながら、削除は法的に保護される利益を侵害するものでないとした。

＊＊　最判平成15・10・16民集57巻９号1075頁は、「テレビジョン放送をされる報道番組においては、新聞記事等の場合とは異なり、視聴者は、音声及び映像により次々と提供される情報を瞬時に理解することを余儀なくされ

るのであり、録画等の特別の方法を講じない限り、提供された情報の意味内容を十分に検討したり、再確認したりすることができない」ことから、番組中の発言やテロップ等だけでなく、映像の内容・効果音や全体的印象をも総合的に考慮して、名誉毀損における摘示事実が何かを判断すべきであるとしている。

(2)　新しい規律根拠論と「放送の自由」

しかし現在では、衛星放送やケーブルテレビ等により、多チャンネル化や電波によらない放送サービスが進み、①の周波数の有限稀少性が表現の自由の制限根拠として適切かどうかが疑問視されるようになっており、さらに②の放送の特殊な社会的影響力は科学的に実証が困難であると指摘されてきた。

そこで現在では、むしろ放送の果たすべき社会的役割・機能を規範的に議論し、放送の自由を表現の自由一般あるいはマス・メディアの自由一般から区別した上で、各種の規制の適否を検討する傾向が有力となっている。すなわちマス・メディアの自由一般は、個人の自律の現れである「切り札としての人権」とは異なり、国民の「知る権利」に奉仕する自由（「公共の福祉に基づく権利」）であるとした上で、放送は民主主義社会で生活する上で必要な「基本的情報」をあまねく供給することに適したメディアであり、かつ放送に対してその種の供給を義務づける規制を行うとともに新聞は特別の規制を置かずその自由を保障することで、全体として最適なメディア環境を実現しうるという考え（部分規制論）が、学説で説かれている。

この考え方を踏まえれば、NHK 受信料制度判決（最大判平成29・12・6民集71巻10号1817頁）が説くように、「放送は、憲法21条が規定する表現の自由の保障の下で、国民の知る権利を実質的に充足し、健全な民主主義の発達に寄与するものとして、国民に広く普及されるべきもの」であり、その実現には一定の制度構築を要する憲法上の権利と解される。放送法が「放送を公共の福祉に適合するように規律し、その健全な発達を図る」、「放送による表現の自由を確保する」「放送が健全な民主主義の発達に資するようにする」等の目的を掲げてきたことも（同法1条）、こうした観点から理解することができる。

2　放送制度

上記の観点から、放送法に則して、放送の自由の形成のあり方について触れることにする。

(1)　放送業務の認定・免許制

放送事業を営むには、かつては、番組の制作・編集（ソフト）とその番組の送信（ハード）が一体的に運営されることを前提として、電波法に基づく放送局としての免許が必要とされる一方、政府の番組内容に対する規制は間接的なものとされていた。これに対して現在の放送法は、ハード・ソフト分離を原則として、電波法上の放送局の免許と放送法上の放送業務の認定を放送事業者が別個に受けるべきものとしている。ただし特定地上基幹放送事業者（従来のテレビジョン放送事業者が想定されている）は、従来の電波法上の免許により放送業務を営むことができるという制度が維持されている。政府の審査対象が放送の施設面だけでなく番組の内容等に直接及ぶとされたことは、憲法21条を間接的に侵すおそれがあるため、少なくとも慎重な運用が望まれる。

(2)　番組編集準則

学説は、放送法の定める番組編集準則は倫理的規定であると解し、そうでなければ許されない強度の表現内容規制であると説いてきた（違憲論も有力である）。これに対して政府は放送番組編集準則の違反が繰り返され、やむをえない場合には、認定の取消しや放送の停止・放送局の免許の取消しも許されるとし、そうした権限があることを前提に、編集準則に反する番組への行政指導をしばしば行ってきた。とはいえ、放送法は放送事業者の番組編集の自律（同法３条参照）を通じて番組編集準則が遵守されることを「放送事業者による放送の性質上当然のこと」としている点に、注意すべきである（最判平成20・６・12民集62巻６号1656頁）。

(3)　訂正放送制度

放送事業者が真実でない報道をした場合には、訂正放送をしなければならない（放送法９条）。これは、反論権制度とは区別されるものであり、番組で真実でない報道をされた被害者に、訂正放送を求める私法上の請求権を認めたものではなく、放送事業者の公法上の義務を定めたものと解され

る（最判平成16・11・25民集58巻8号2326頁）。

(4)　二元体制

日本の放送制度は、受信料を財源とする公共放送と広告収入に基づく民間放送の二元体制を基礎として発展してきた。前掲 NHK 受信料制度判決は、憲法21条の趣旨を具体化する放送法の目的を実現するのにふさわしい制度の構築について立法裁量を認め、NHK の放送を受信できる設備を設置した者に受信契約の締結を強制する放送法64条1項の規定が、契約の自由、知る権利および財産権を侵害し憲法に違反するとの主張を斥けている。

第6節　通信の秘密およびインターネット上の表現の自由

1　通信の秘密

(1)　保障の趣旨

明治憲法26条は信書の秘密を保障していたが、日本国憲法21条2項もその延長線上で通信の秘密を保護している。プライバシー権の観念が発展した現在では、通信の秘密はその一局面を取り上げて明文で保障した規定であるとともに、通信事業者に特別の位置づけを与えることを通じて、国民の自由なコミュニケーションすなわち通信の自由を保護する、またはそのような通信の自由が確保された通信制度を客観的に保障する規定と解される。また、表現の自由が1対多の公的なコミュニケーションを保障する側面を有するのに対して、通信の秘密は匿名による表現ないし親密者間の1対1の表現の自由を保障する意義を有する。

通信の秘密は、郵便・電話などの通信手段を運営する通信事業者からも保護される必要がある。このため、検閲の禁止と並んで通信の秘密の保護が、法律上規定されている（郵便7条・8条、電気通信事業法3条・4条等）。

＊　電気通信事業法4条1項が通信の秘密を保護する趣旨について、最決令和3・3・18民集75巻3号822頁は、「通信が社会生活にとって必要不可欠な意思伝達手段であることから、通信の秘密を保護することによって、表現の自由の保障を実効的なものとするとともに、プライバシーを保護する

ことにある」として、「電気通信の利用者は、電気通信事業においてこのような通信の秘密が保護されているという信頼の下に通信を行っており、この信頼は社会的に保護の必要性の高いものということができる」としているが、これは上記の通信制度の保障という理解に近いものと解される。

(2)　保障の範囲、制限と正当化

通信の秘密の保護は、通信内容だけではなく、発信者・受信者の住所、氏名、電話番号、発信場所、通信回数、通信年月日等にまで広く及ぶと解されている。また、通信の秘密の保障により、国家権力は、通信の内容および通信の存在そのものに関する事柄について調査することが禁止される。もっとも通信の秘密も最小限度の制限に服し、刑事捜査のための郵便物等の押収（刑訴法99条・100条・222条）等が法律上認められている。通信傍受法は、組織的犯罪の捜査について、裁判官の発した令状による電気通信の傍受を認めているが、無関係な通信の傍受を排除できないことに加えて、傍受された者に対する事後的な救済が不十分であるとして、違憲の疑いを指摘する見解もある（→第12章第２節 **9 (4)**）。

民間事業者が通信事業を供給している今日では、憲法上の通信の秘密の保障は、通信事業者に対して利用者の通信の秘密を確保させる責務を国家に課すものと解される。現に郵便法、電波法、電気通信事業法等が、通信の秘密を保護しその侵害を処罰する旨の規定を置いている。

＊　通信の秘密の侵害については、伝統的には、積極的な知得および漏洩が禁止されるとされ、また電気通信事業法上の通信の秘密については窃用の禁止も挙げられてきた。通信手段として広く電気通信が利用される今日では、プライバシー権の保護と通信の秘密は重なり合い、通信を成立させる以外の目的で通信の秘密に属する事項の取得・利用・提供が広く通信の秘密の侵害に当たるというべきであろう。なお、通信の秘密の侵害とは人間が行うものに限られ、通信の秘密に属する事項を機械的に処理すること（例えば広く全利用者の通信先を大量監視して、そのうち一定の通信について通信を遮断すること）は通信の秘密を侵害しないとの主張もあるが、これは電気通信の処理の多くが機械的に処理される現在において、現代における通信の秘密の保障そのものを空洞化させる議論であり、憲法解釈としてとりえない議論である。他方、サイバーセキュリティの確保等のために通信の秘密が制限されるべき場面が増えており、従来は電気通信事業法の解釈により

個別的な対応がなされてきたが、公共の福祉に適合する重要な目的のために必要かつ合理的な範囲での制限を、目的外の取得・利用等がされないことを担保するための制度的な措置を加えた上で、立法化することは憲法上許されるものと思われる。

2　インターネット上の表現の自由

(1)　インターネット

1980年代以降、通信事業の自由化とインターネットの普及が世界的に進行した結果、現代は「高度情報通信社会」である、といわれて久しい。電子メールが1対1の通信メディアとして活用されるのに対して、WWWに代表されるサービスは、メディアを介さず直接に世界中へ情報を発信する機会を、個人に与えている。後述する検索サービスやECサイトのようなプラットフォームサービスは、経済活動や交流の場を人々に提供しており、中でもSNSは、親密なコミュニケーションや新たな関係形成、さらには政治・社会運動への参加をも可能にしている。他方、現在のインターネットには、行動履歴を利用したターゲティング広告等の弊害が指摘されているほか、AIを用いた偽情報（disinformation）・誤情報（misinformation）の流布により、世論や選挙結果が操作されるのではないかとの懸念も高まってきている。

またデジタル化の進展により放送・通信の融合・連携も進んでおり、表現活動（とりわけ放送）と通信の区別を前提にする憲法学の伝統的な立場も再検討を迫られている。現在では、例えばWWWのような「公然性を有する通信」の内容については、本人の意思から通信の秘密の保障が及ばない、と解されている。

(2)　インターネット上の人格権侵害

従来、名誉毀損について検討する際には、表現の主体がマス・メディアである場合が念頭に置かれてきたが、近時は、個人によるインターネット上の人格権侵害が問題になることが多い。東京高判平成13・9・5判時1786号80頁は、パソコン通信のフォーラム上での議論について、対抗言論の法理を前提に、論争の当事者がお互いに激しい批判を展開したという事情を踏まえて、名誉毀損の成立を限定した。これに対して最決平成22・3・15刑集64巻2号1頁は、ホームページ上での名誉毀損の刑事責任が争われた事例で、表現者が真実性の証明に失敗した場合には、従来の相当性の法理どおり、「確実な資料、根拠に照らして相当の理由があると認められるときに限り」名誉毀損は成立しないものと解されるとした。

＊　この事例は、表現者と被害者側の間で相互に激しい批判や抗議が応酬されていた経緯もあり、対抗言論の法理を直ちに適用できないとしても、全体的文脈を考慮しながら名誉毀損罪の構成要件該当性を慎重に判断すべきであったように思われる。

なお、SNS上の表現は字数が短いこともあり、社会的評価の低下等の権利の侵害があるのか、いかなる権利侵害があるのか等が問題になることが多い。岡口判事事件決定（最大決平成30・10・17民集72巻5号890頁）は、一般の閲覧者の普通の注意と閲覧の仕方とを基準として、裁判官のツイートが、私人の訴訟提起行為を一方的に不当とする認識ないし評価を示すもので、当該私人の感情を傷つけ、裁判官に対する国民の信頼を損ね裁判の公正を疑わせたとして、当該裁判官に対する戒告処分を認めた（→憲法Ⅱ第11章第5節**3**(**2**)）。

インターネット上で匿名の情報発信により名誉が毀損された場合、発信者の責任を追及することが困難であるため、情報発信のためのサービスを発信者に提供しているプロバイダの法的責任があわせて問題になることがある。電気通信事業者として通信の秘密を守る義務が課されているプロバイダ等に発信者の発信する情報を常時監視させて送信防止措置をとるよう義務づけたり、発信者の氏名等を安易に開示するよう命じたりすることは、インターネットの自由な利用を大きく妨げるおそれがある。そこで2001年にプロバイダ責任制限法が設けられ、プロバイダ等が送信防止措置を講じた場合の免責および発信者情報の開示に関する手続が定められた。これらの仕組みは、被害者の人格権や裁判を受ける権利と、発信者のプライバシー・表現の自由・通信の秘密の調和を図ったものである（最判平成22・4・13民集64巻3号758頁参照）。

＊　2013年には、インターネット選挙運動の解禁に伴い、選挙運動期間中の

公職の候補者等に関する名誉侵害に関する特則がプロバイダ責任制限法に置かれ、2014年に制定されたリベンジポルノ防止法も、同様の特則を定めた。さらに、インターネット上の誹謗中傷対策のために、2021年にプロバイダ責任制限法が改正され、発信者情報開示を簡易・迅速化するための裁判手続が導入された。

(3)　通信事業者への規制

通信事業者がインターネット上の情報流通のボトルネックとして機能することから、インターネット上の違法有害情報一般について、通信事業者への規制が問題になる。青少年に有害な情報については、青少年が携帯電話でのCGM（consumer generated service）の利用を通じて福祉犯被害に遭う事例も多いことから、たしかに規制の必要が高い。しかし公権力が表現の内容に介入し通信事業者を直接的に規律することは、有害情報の概念の曖昧さも相俟って、インターネット上の表現の自由・通信の自由にとって深刻な影響を及ぼすことになる。2008年に成立した青少年インターネット利用環境整備法は、携帯電話インターネット接続役務の提供者に対して、保護者の申出がない限りフィルタリングサービスの提供を義務づけるにとどめ、フィルタリングされる有害サイトの認定を民間の第三者機関に委ねている。こうした自主規制の仕組みは、表現の自由・通信の自由の観点から評価されている。

他方、出会い系サイト規制法事件判決（最判平成26・1・16刑集68巻1号1頁）は、インターネット異性紹介事業の届出制度は、届出事項を限定していること、無届けで事業を行うことについて罰則を定めることも届出義務の履行を担保する上で合理的であること等から、正当な立法目的を達成するための必要かつ合理的な手段であり、憲法21条1項に反しないとしている。

膨大な数のサイトが存在するインターネット上での知る権利を実効化する役割を果たしているのが、検索サービスである。検索事業者は、インターネットを定期的にクロールして、あるサイトにどのような情報が掲載されているかインデックスを作成し、利用者があるキーワードを検索すると、アルゴリズムを用いて、キーワードに関わるサイトを抽出した上で関連性等に応じた順位を付けて、リンクや要約等のURL等情報を一覧して表示する。他方、検索サービスは、プライバシーを侵害する記事が掲載されているサイトに簡単にアクセスできるようにしているという側面もある。

EU の一般データ保護規則（GDPR）は、検索サービスで氏名を検索して前科や過去の経済状況に関する情報を掲載するサイトが検索結果として表示される場合に、検索結果の削除を求める権利が「消去の権利（忘れられる権利）」として認められている。これに対して日本では、検索サービスの検索結果の削除は、人格権としてのプライバシー権侵害を理由とする削除請求という形で争われている。Google 検索結果削除事件決定（最決平成29・１・31民集71巻１号63頁）は、検索結果の提供が検索事業者のアルゴリズムに基づくものであり検索事業者自身による表現行為としての側面を有する反面、検索サービスが「インターネット上の情報流通の基盤」としての役割を担っていることを重視して、URL 等情報を検索結果として提供する理由に比べて事実を公表されない法的利益が優越することが明らかな場合に限って、当該 URL 等情報の削除を認めるという基準を示した。なおこの「明らか」基準は、プロバイダ等への削除請求一般に妥当するものではなく、最判令和４・６・24民集76巻５号1170頁は、事実を公表されない法的利益が優越する場合には、Twitter に対してツイートの削除を命ずることができるとしている。

＊　インターネットにおいては、利用者の行動や意思形成が、事業者の提供するサービス設計という環境により多大な影響を受け、しかも利用者がそのことを意識する機会も少ない。このような問題は、「アーキテクチャ」として近時議論されるようになっており、誹謗中傷や偽情報等の流通の要因であるとも指摘されている。偽情報・誤情報対策について、EU では SNS を提供する等の大規模なプラットフォーム事業者に対して透明性・公正性の確保が義務づけられており、日本でも同様の仕組みの導入が議論されている。

〈参考文献〉

芦部信喜「外面的精神活動の自由(1)――言論・出版の自由」『憲法学Ⅲ 人権各論(1)〔増補版〕』（有斐閣、2000年）235頁以下
市川正人『表現の自由の法理』（日本評論社、2003年）
奥平康弘『なぜ「表現の自由」か』（東京大学出版会、1988年）
駒村圭吾＝鈴木秀美編『表現の自由Ⅰ Ⅱ』（尚学社、2011年）
佐藤幸治「表現の自由」「通信の秘密」芦部信喜編『憲法Ⅱ 人権(1)』（有斐閣、1978年）
宍戸常寿「通信の秘密に関する覚書」『高橋和之先生古稀記念 現代立憲主義の諸相(下)』（有斐閣、2013年）487頁
商事法務編『インターネット上の誹謗中傷をめぐる法的問題に関する有識者検討会取りまとめ――削除要請の取組に向けた問題整理と検討（別冊NBL180号）』（商事法務、2022年）
曽我部真裕『反論権と表現の自由』（有斐閣、2013年）
高橋和之『人権研究１　表現の自由』（有斐閣、2022年）
成原慧『表現の自由とアーキテクチャ』（勁草書房、2016年）
西土彰一郎『放送の自由の基層』（信山社、2011年）
長谷部恭男『テレビの憲法理論』（弘文堂、1992年）
浜田純一『メディアの法理』（日本評論社、1990年）
松井茂記『表現の自由に守る価値はあるか』（有斐閣、2020年）
松井茂記＝鈴木秀美＝山口いつ子編『インターネット法』（有斐閣、2015年）
毛利透『表現の自由』（岩波書店、2008年）

第11章　集会・結社の自由

第1節　総　説

1　意　義

集会と結社はどちらも多数の人間が共通の目的のために集まることであるが、人々が一時的に会合することを「集会」、継続的な団体を結成することを「結社」という。専制的な国家では、多数の人間が共通の目的で集まること自体が危険視されることが多い。なぜなら、人々の集団的な訴えが、権力への批判や体制の変革につながりかねないからである。それゆえ、集会・結社の自由は、各人の人格の自由な発展に資するだけではなく、権力に対する抵抗の砦となり、政治制度を民主的に形成する意義を有するのである。

＊　最高裁も、集会の自由につき、「現代民主主義社会においては、集会は、国民がさまざまな意見や情報等に接することにより自己の思想や人格を形成、発展させ、また、相互に意見や情報等を伝達、交流する場として必要であり、さらに、対外的に意見を表明するための有効な手段であるから、憲法21条1項の保障する集会の自由は、民主主義社会における重要な基本的人権の一つとして特に尊重されなければならない」と述べている（成田新法事件判決：最大判平成4・7・1民集46巻5号437頁）。

2　集会・結社の自由と表現の自由

憲法21条1項は、「集会、結社」の自由と「言論、出版その他一切の表現の自由」を同一の条文で規定している。このような規定の仕方もあって、日本では、集会・結社の自由を表現の自由の一部と捉える学説が有力である。たしかに、集会も結社も他者とのコミュニケーションの一形態であり、表現の自由の二つの側面（自己実現の価値と自己統治の価値→第10章第1節1(2)）は、集会・結社の自由にもあてはまる。また、マス・メディアを通して自己の意見を表明することのできない一般大衆にとって、集会・結社の自由が重要な表現手段であることは疑いない。

ただし、集会・結社の自由には、表現の一手段としての価値だけではなく、人が集まること自体がもつ固有の価値があることに注意しなければならない。多数人が集まることによって生じる交感作用や連帯感の醸成は、対外的な表現に解消できない独自の価値だからである。だからこそ、非公開の集会や秘密結社も憲法上保障されるのである。

また、集会・結社が表現と結びつく場合にも、多数人が物理的に存在し活動するという事実が、言論・出版の自由とは異なる取扱いを必要とする。最高裁は、集団行動が「政治、経済、労働問題、世界観等に関する思想、主張等の表現を含むものであり、表現の自由として憲法上保障されるべき要素を有する」としながら、「他面、それは、単なる言論、出版等によるものと異なり、多数人の身体的行動を伴うものであって、集合体の力、つまり潜在する一種の物理的力によって支持されていることを特徴と」するから、独自の規制が必要になるとする（徳島市公安条例事件判決：最大判昭和50・9・10刑集29巻8号489頁）。最高裁が集団行動について述べたところは、一定の修正を加えれば、集会や結社にもあてはまるだろう。集会・結社の自由が表現の自由と密接に結びついていることを承認しつつ、本書がこれを独立の項目として扱うのは、その意義と制約について言論・出版の自由とは異なる独自の問題を含んでいるからである。

もちろん、集会の自由と結社の自由は同一の自由の二側面なのではなく、それぞれ独自の意義を有している。集団行動や集会が外部への意思表明を主たる目的とするのに対して、結社は継続的な精神的統一体の形成という点により重点が置かれる。以下、集会、集団行動、結社の自由について順に検討する。

第２節　集会の自由

1　保護領域

(1)　概　念

「集会」とは、多数の人間が共通の目的のために一時的に会合することをいう。

(ア)　集会の目的

集会は、人々が集まる目的によって、①政治的集会（政府の政策を批判するための集会を開催すること）、②宗教的集会（信仰を同じくする人々が宗教的儀式を行うために集会すること）、③学術的集会（研究者が研究集会を開催すること）、④経済的集会（経営者・労働者・消費者などがそれぞれの利益のために集会すること）、⑤社交的集会（同好会など親睦団体のメンバーが集まって活動すること）などに分類することができる。これらのいずれの集会も、本条の「集会」である。学説には、公共的事項を討議し、意見を表明するための集会だけを憲法上の集会とするものもあるが、そのように限定する必要はあるまい。最高裁も、葬儀や結婚式のような冠婚葬祭のための集会を、特段の説明なく憲法21条の集会として扱っている（上尾市福祉会館事件判決：最判平成８・３・15民集50巻３号549頁参照）。

＊　共通の目的を追求しない人々の集合、例えば火事場見物に集まる人々が「集会」でないことは明らかであるが、コンサートの聴衆やスポーツ観戦の観衆も「集会」に含まれるか、争いがある。否定説は、単なる群衆であって集会ではないとするのに対して、肯定説は、これらの人々も共通の目的によって内的に結合しているとする。

(イ)　集会の態様

憲法上保護の対象となる集会は「平和的」集会に限られる。「暴力的」集会を含まない。それゆえ、暴力を伴い、あるいは暴力的・騒乱的な事態を惹起する可能性の高い武器をもっての集会は、憲法上保護された「集会」ではない。したがって、刑法208条の２の凶器準備集合罪の規定は、憲法上の集会の範囲を制限するものではなく、その範囲をそのまま確認したものと解すべきである。けれども、いかなる集会が「暴力的」集会であるか、慎重な判断が必要である。例えば、座り込みデモは暴力的とはいえない。参加者が覆面をしていたからといって直ちに暴力的集会と判断できるわけでもない。また、集会に参加した個人の暴力的行為は、集会全体を暴力的なものとするわけではない。最高裁は、集会の主体が暴力主義的破壊活動者（前掲成田新法事件判決）や中核派（後掲泉佐野市民会館事件判決）、暴走族（後掲広島市暴走族追放条例事件判決）の場合も、集会の自由の保護領域から排除してはいない。

(ウ)　集会の分類

集会には場所が必要である。その場所を集会のために使用する権利があって初めて、集会の自由が観念できるのである。ここでは、集会する場所の所有者・管理者が誰であるかによって、自己の所有する土地・建物での集会、道路・公園・市民会館などの公共施設での集会、他人の私有地での集会に区別する。そこでの集会が集会の自由の保護領域に含まれる場合でも、この区別は、集会を制限する法的根拠が異なってくる点で重要である。

また、集会は、屋内集会と屋外集会に区別することができる。両者の区別は、屋根のあるなしではない。集会する人々と一般市民が場所的に区切られているかどうかが重要である。公園や広場など、市民の共同使用が前提とされている場所（開放的施設）での集会と、市民会館のように特定の人々が一定の時間排他的に使用することのできる施設（閉鎖的施設）における集会とでは、他者の自由・利益との衝突の蓋然性に違いがあるから、集会の自由の制限についても異なる考慮が必要になるのである。一般的には、屋外集会は屋内集会よりも規制の必要性が高い。

さらに、一定の場所にとどまらない「動く集会」も憲法21条の「集会」である。したがって、集団示威運動などの集団行動も集会の自由によって保障される（「その他一切の表現の自由」に分類する学説もある）。ただし、集団行動は一般の集会と異なる取扱いを必要とする場合があるので、別に節を設けて説明する。

(2)　集会の「自由」の権利内容

「集会の自由」は、集会を開催し、または集会に参加することを公権力によって妨害されない自由（積極的集会の自由）であるだけではなく、集会を開催せず、集会に参加しない自由、すなわち、集会を開催し集会に参加するよう公権力によって強制されない自由（消極的集会の自由）を含む。憲法20条2項は、宗教上の集会の自由について、参加を強制されない自由を明文で保障しているが、この消極的自由はすべての集会の自由にあてはまる。

2　制限と正当化

(1)　自己所有地等での集会

自己の所有する土地や建物で集会する自由は、その場所を使用する権利のある人が集会するわけだから、それによって何らかの法益が損なわれることは通常はありえず、極めて例外的な場合でなければ制限されることはない。

その例外的な事例として、前掲成田新法事件がある。成田新法3条1項1号は、規制区域内に所在する建築物その他の工作物が多数の暴力主義的破壊活動者の集合の用に供され、または供されるおそれがあると認めるときは、運輸大臣（現国土交通大臣）は、当該工作物の所有者等に対し、期限を付して、当該工作物をその用に供することを禁止することを命ずることができると定める。その結果、所有者らの集会も禁止された。最高裁は、集会の自由も必要かつ合理的な制限を受けるとした上で、同法の規制を合憲と判断した。

「工作物使用禁止命令により保護される利益は、新空港若しくは航空保安施設等の設置、管理の安全の確保並びに新空港及びその周辺における航空機の航行の安全の確保であり、それに伴い新空港を利用する乗客等の生命、身体の安全の確保も図られるのであって、これらの安全の確保は、国家的、社会経済的、公益的、人道的見地から極めて強く要請されるところのものである」のに対して、「右工作物使用禁止命令により制限される利益は、多数の暴力主義的破壊活動者が当該工作物を集合の用に供する利益にすぎない。しかも、……暴力主義的破壊活動等を防止し、前記新空港の設置、管理等の安全を確保することには高度かつ緊急の必要性があるというべきであるから、以上を総合して較量すれば、規制区域内において暴力主義的破壊活動者による工作物の使用を禁止する措置を採り得るとすることは、公共の福祉による必要かつ合理的なものであるといわなければならない」。

＊　最高裁は、比較衡量の手法によって合憲判断を下したが、本件では規制によって得られる利益が極めて大きなものとされたのに対して、失われる利益はゼロに近い評価しかされていない。本件における暴力主義的破壊活動者の集会は、ほとんど憲法上の価値のないものと考えられたのであろう。調査官解説（千葉勝美）では、このようにあっさりと合憲の結論が出されたのは、事案の特殊性によるものであることが強調されている。

(2)　公共の施設での集会

公共の施設を使用して集会する自由も保障される。通説は、「公共施設を使用して集会することは憲法で保障された国民の権利・自由であると解すべきである」（芦部信喜）とする。ただし、これは、防御権である集会の自由から公権力に対する積極的作為請求権が生じることを直ちに意味するわけではない。最高裁は、公共施設の利用拒否が「集会の自由の不当な制限につながるおそれが生じることになる」とより慎重な言い回しをしている（泉佐野市民会館事件判決：最判平成７・３・７民集49巻３号687頁）。

国や地方公共団体が設置した公共施設の中には、市役所や公務員宿舎など、国や地方公共団体がその事業・事務を行うために自ら使用する施設と、道路・公園・市民会館など、一般市民が直接利用するために設置され、一般市民に広く開放されている施設がある。前者を公用物、後者を公共用物という。一般市民が自由に利用できる公共施設は、そこで市民が表現や集会を行うための場所となりうる。このような場所は、学説上「パブリック・フォーラム」と呼ばれる（→第10章第２節**２(3)**・**３(2)**(ウ)参照）。

＊　伊藤正己裁判官は、吉祥寺駅構内ビラ配布事件判決（最判昭和59・12・18刑集38巻12号3026頁）の補足意見で、道路・公園・広場など一般公衆が自由

に出入りできる場所は、表現のための場所としても役立つとして、それを「パブリック・フォーラム」と呼んだ。このパブリック・フォーラムが表現の場所として用いられるときは、所有権や管理権に基づく制約を受けざるをえないとしても、その機能に鑑み、表現の自由の保障を可能な限り配慮する必要があるとする。この事件では「駅前広場のごときは、その具体的状況によってはパブリック・フォーラムたる性質を強くもつことがありうる」が、駅構内は駅長の管理権が広く認められるべきであるとした。また、同裁判官は、大分県屋外広告物条例事件判決（最判昭和62・３・３刑集41巻２号15頁）の補足意見で、「ビラやポスターを貼付するに適当な場所や物件」もパブリック・フォーラムたる性質を帯びるから、条例による規制が適用において違憲となる場合があるとした。

伊藤裁判官の補足意見は、アメリカの判例理論におけるパブリック・フォーラム論を独自にアレンジしたものである。アメリカの判例では、パブリック・フォーラムは、その性質により、①伝統的パブリック・フォーラム（道路・歩道・公園など）、②指定的パブリック・フォーラム（政府によって表現活動の場として設けられた公会堂・公立劇場など）、③非パブリック・フォーラム（公立病院・軍事施設など）に区分され、①は、表現内容中立的な、時・場所・方法についての合理的な制限しか許されない。②は、このような場を提供し維持する義務が政府にあるわけではないが、提供する以上は①と同様である。③は、それとは異なり、管理権者の広範な裁量権が認められ、特定の見解を理由として制約しない限り施設を表現行為に開放する必要はないとされる。これに対して、伊藤補足意見は、パブリック・フォーラムたる性質の濃淡を具体的事情における個別的利益衡量で考慮されるべき一要素として扱い、適用違憲の可能性を認めた。

＊＊　下級審の裁判例では集会場所を「公用物」と「公共用物」に区別し、公用物の場合は集会の自由の保障は全く及ばないとする傾向があるようである。例えば、市庁舎内の会議室が「市民フォーラム」という名前で休日に一般開放されていたとしても、地自法244条の「公の施設」に該当せず、目的外利用として、市長の裁量で使用が許可されるにとどまるとした判決（東京高判平成13・３・27判時1786号62頁）があるほか、市庁舎前広場は市庁舎の一部で、市が事務・業務を執行するために自ら使用することを本来の目的とした公用財産であるから、「公の施設」とは異なり、広場の使用の許否は市長の裁量に委ねられているとして、憲法施行70周年集会の不許可処分を適法とした判決（名古屋高金沢支判令和３・９・８判時2510号６頁）が注目される。

たしかに、パブリック・フォーラムとしての性質を有しない公用物の場合は、そこで集会する自由が保障されるわけではない。しかし、上の伊藤補足意見に従って考えると、たとえ公用物であっても一般市民の集会に適しており、過去に集会に開放したことのある施設であれば、パブリック・フォーラムたる性質を帯有するものとして、集会の自由の保障が及ぶと考える余地があろう。行政法においても「公用物の公共用物的利用」が指摘されている（宇賀克也）。そうすると、最高裁が、学校施設は「公の施設」ではなく、その目的外利用を許可するか否かは原則として管理者の裁量に委ねられるとしつつ、厳格な判断過程審査を行って不許可処分を違法とした（呉市学校施設目的外使用事件判決：最判平成18・2・7民集60巻2号401頁→第4章第3節**3**(**3**)）のは、集会の自由を考慮したからだと考える余地があろう。

パブリック・フォーラムとしての性格を有する公共施設については、市民がその場所を妨げられずに等しく利用する権利が認められなければならない。中でも広場や公園は伝統的パブリック・フォーラムである。広島市暴走族追放条例は、そのような「公共の場所」における暴走族の「い集又は集会」を規制するが、その文言が不明確で、規制対象が過度に広汎であることが問題となった。条例の定義規定では「暴走族」が社会通念上の暴走族以外の者をも含む広範な表現になっていたのに対して、最高裁は条例の規制対象たる「暴走族」を「本来的意義における暴走族」と社会通念上これと同視できる集団に限定解釈し（それぞれ2名の裁判官の補足意見と反対意見がある→第10章第2節**3**(**1**)(イ)）、集会の自由との関係については、「公共の場所における暴走族による集会等が公衆の平穏を害してきたこと、規制に係る集会であっても、これを行うことを直ちに犯罪として処罰するのではなく、市長による中止命令……に違反した場合に初めて処罰すべきものとするという事後的かつ段階的規制によっていること等にかんがみると、その弊害を防止しようとする規制目的の正当性、弊害防止手段としての合理性、この規制により得られる利益と失われる利益との均衡の観点に照らし、いまだ憲法21条1項、31条に違反するとまではいえない」（最判平成19・9・18刑集61巻6号601頁）と述べた。条例の合憲性判定基準として猿払事件判決（最大判昭和49・11・6刑集28巻9号393頁）の基準（→第10章第2節**3**(**2**)(エ)）が用いられているが、同時に前掲成田新法事件判決を先例として引用したのは、比較衡量が判断基準だということであろう。そのため、(イ)でみる泉佐野市民会館事件判決と比較して格段に緩やかな審査となっている。

(ア)　国の施設

公共施設で集会する自由が憲法上認められても、公共施設を使用するためには、施設管理権者の許可を要する。公共施設は、その本来の効用を発揮させ維持するという目的に従って公共の用に供せられるべきもので、そのために管理される必要があるからである。この管理作用を「公物管理権」という。集会の許可制は集会の自由の事前抑制であり、厳格かつ明確な基準が存在しない限り違憲と解すべきものであるが、集会の許可・不許可が公物管理権の範囲にとどまる限り、概括的規定に基づく許可制であっても直ちに違憲とは言い難い。けれども、管理権者に自由裁量は認められず、公物管理権を口実に、集会の内容・性質を理由として恣意的に使用を認めないことは許されない。

＊　メーデー皇居前広場事件（最大判昭和28・12・23民集７巻13号1561頁）ではこの点が問題となった。皇居外苑・京都御苑および新宿御苑を国民公園という。国民公園管理規則（当時）４条は、国民公園内における集会の許可制を定めており、それに基づく不許可処分の合憲性が問題となった。最高裁は、1952（昭和27）年５月１日メーデーのための皇居外苑使用不許可処分の取消しを求める訴えは、「同日の経過により判決を求める法律上の利益を喪失した」として上告を棄却しつつ、「なお、念のため」として次の判断を付加した。

①皇居外苑は、国有財産法にいう公共福祉用財産に該当する。「公共福祉用財産は、国が直接公共の用に供した財産であって、国民は、その供用された目的に従って均しくこれを利用しうる」。「その利用の許否は、その利用が公共福祉用財産の、公共の用に供せられる目的に副うものである限り、管理権者の単なる自由裁量に属するものではなく、管理権者は、当該公共福祉用財産の種類に応じ、また、その規模、施設を勘案し、その公共福祉用財産としての使命を十分達成せしめるよう適正にその管理権を行使すべきであり、若しその行使を誤り、国民の利用を妨げるにおいては、違法たるを免れない」。

②本件不許可処分は、もし本件申請を許可すれば、外苑全体に50万人が長時間充満することになり、公園自体が著しい損壊を受けるほか、一般国民の利用が長時間全く阻害されることを理由とするものであって、管理権の適正な運用を誤ったものとは認められない。

(イ)　地方公共団体の施設

地自法は、地方公共団体に公共施設の設置を義務づけ、正当な理由がない限り住民の利用を拒否できないこと、住民の利用に不当な差別的取扱いをしてはならないことを定める（同法244条）。公共施設の設置・管理に関する事項は条例で定めなければならない（同法244条の2第1項）。集会の目的や集会を主催する団体の性格を理由として、あるいは集会に反対するグループの妨害活動を理由に不許可とすることは、正当な理由があるとはいえず、集会の自由の侵害となる。

前掲泉佐野市民会館事件では、「関西新空港反対全国総決起集会」開催のため市民会館の使用許可申請がなされたのに対して、市立泉佐野市民会館条例7条1号の「公の秩序をみだすおそれがある場合」に当たるとして不許可処分としたことが争われた。

①　判決は、まず、集会の自由の制約の審査方法についてこう述べた。

公共施設の種類やその規模・構造・設備等からみて「利用を不相当とする事由が認められないにもかかわらずその利用を拒否し得るのは、利用の希望が競合する場合のほかは、施設をその集会のために利用させることによって、他の基本的人権が侵害され、公共の福祉が損なわれる危険がある場合に限られる」。その場合、集会の自由は、その危険を回避し、防止するために、「必要かつ合理的な範囲で制限を受ける」。制限が必要かつ合理的なものか否かは、「基本的には、基本的人権としての集会の自由の重要性と、当該集会が開かれることによって侵害されることのある他の基本的人権の内容や侵害の発生の危険性の程度等を較量して決せられるべきものである」。この較量の際、「集会の自由の制約は、基本的人権のうち精神的自由を制約するものであるから、経済的自由の制約における以上に厳格な基準の下にされなければならない」。

②　続いて判決は、条例を次のように限定解釈して合憲とした。

「公の秩序を乱すおそれがある場合」（条例7条1号）とは、「本件会館における集会の自由を保障することの重要性」と「本件会館で集会が開かれることによって、人の生命、身体又は財産が侵害され、公共の安全が損なわれる危険を回避し、防止することの必要性」を比較し、前者の重要性よりも後者の必要性が優越する場合をいうものと限定解釈すべきである。「その危険性の程度としては……単に危険な事態を生ずる蓋然性があるというだけでは足りず、明らかな差し迫った危険の発生が具体的に予見されることが必要である」。このような危険の発生が「許可権者の主観により予測されるだけではなく、客観的な事実に照らして具体的に明らかに予測される場合でなければならない」。

③　そして判決は、本件不許可処分を適法とした。

本件では、グループ構成員だけでなく、会館職員、通行人、付近住民等の生命・身体または財産が侵害されるという事態を生ずることが、客観的事実により具体的に明らかに予見されたことを理由とするもので、憲法21条、地自法244条に違反するものではない。

＊　判決は③の中で、主催者が平穏に集会しようとしているのに、対立グループがこれを実力で阻止し、妨害しようとして紛争を起こすおそれがあることを理由に公共施設の利用を拒むことも「憲法21条の趣旨に反する」と述べている。これは、いわゆる「敵意ある聴衆」の法理に基づくが、前掲上尾市福祉会館事件判決も、「主催者が集会を平穏に行おうとしているのに、その集会の目的や主催者の思想、信条等に反対する者らが、これを実力で阻止し、妨害しようとして紛争を起こすおそれがあることを理由に公の施設の利用を拒むことができるのは、……警察の警備等によってもなお混乱を防止することができないなど特別の事情がある場合に限られる」と述べて、福祉会館の利用不許可処分を違法と判断している。

(3)　他人の私有地等での集会

集会の自由は他人の私有地に立ち入る権利を付与するものではなく、所有者・管理者には集会を受忍する義務はないから、他人の私有地で集会することは、その所有者・管理者の承認を得ない限り許されないように思われる。事実、最高裁は、ビラ貼り・ビラ配りとの関連で、たとえ思想を外部に発表する手段であっても、他人の権利を不当に害することは許されない、と一貫して述べている（最大判昭和45・６・17刑集24巻６号280頁、前掲吉祥寺駅構内ビラ配布事件判決、最判平成20・４・11刑集62巻５号1217頁）。しかし、(2)でみたように、伊藤裁判官は、私有地であっても、一般公衆が自由に出入りできる場であり、パブリック・フォーラムたる性質を帯有するときは、表現の自由の保障を無視することはできず、具体的状況に応じた比較衡量の結果、表現行為の規制が許されない場合もありうるとした

（→第10章第2節3(2)(ウ)(b)）。この理論は集会の自由についてもあてはまるだろう。私人の土地・建物でも、一般市民に開放され、市民が自由に利用できる場所であるときは、パブリック・フォーラムとして集会の自由の保障が及び、その所有者や管理者も集会の自由を尊重しなければならないことがありうるのである。その場合には、私人に対して集会の自由の効力が及ぶので（→第2章第2節3）、集会の自由と財産権等の事実に即した衡量に基づき、集会を妨げる結果となる権利行使は違法（債務不履行であれ、不法行為であれ）と解されよう。

＊　民間のホテルが日教組教研集会のための利用契約を一方的に解約した上、履行を命ずる裁判所の仮処分命令を無視して利用を拒否し続けた事件がある（プリンスホテル日教組大会会場使用拒否事件：東京高判平成22・11・25判時2107号116頁）。民間施設であってもパブリック・フォーラムの性質を有するならば、憲法問題として捉える余地があろう。

第3節　集団行動の自由

1　保護領域

一定の場所にとどまらず場所を移動しつつ行う「動く集会」も憲法上の「集会」である。それゆえ、集団示威運動などの集団行動も集会の自由で保障される。「その他一切の表現の自由」に含まれるとする学説もある。

たしかに、特定の場所にとどまる集会と比較して、集団行動は、一般市民の利用や交通の安全の維持など、調整すべき対立利益が多い。また、集団行動は集団外の人々に強く働きかける側面を有するため、平穏かつ整然とした行動を逸脱して過激化した場合、社会の安全と秩序との関係で難しい問題が生じる。しかし、このことを理由に集団行動を集会の自由の保護領域から排除することはできない。

＊　集団行動の危険性を極端に強調したのが、東京都公安条例事件判決（最大判昭和35・7・20刑集14巻9号1243頁）の「集団暴徒化論」である。判決はこう述べた。「集団行動による思想等の表現は、単なる言論、出版等によるものとはことなって、現在する多数人の集合体自体の力、つまり潜在する

一種の物理的力によって支持されていることを特徴とする。かような潜在的な力は、あるいは予定された計画に従い、あるいは突発的に内外からの刺激、せん動等によってきわめて容易に動員され得る性質のものである。この場合に平穏静粛な集団であっても、時に昂奮、激昂の渦中に巻きこまれ、甚だしい場合には一瞬にして暴徒と化し、勢いの赴くところ実力によって法と秩序を蹂躙し、集団行動の指揮者はもちろん警察力を以てしても如何ともし得ないような事態に発展する危険が存在すること、群集心理の法則と現実の経験に徴して明らかである」。

2　制限と正当化

(1)　公安条例による制限

集会・集団行進・集団示威運動など、国民の集団行動を取り締まる目的で制定された地方公共団体の条例を「公安条例」と呼ぶ。

最高裁は、新潟県公安条例事件判決（最大判昭和29・11・24刑集８巻11号1866頁）において、公安条例の合憲性について、①デモなどの集団行動は本来国民の自由とするところであるから、単なる届出制を定めることは格別、一般的な許可制を定めて事前に抑制することは許されない、②「特定の場所又は方法につき、合理的かつ明確な基準の下に」許可制をとっても違憲とはいえない、③「公共の安全に対し明らかな差迫った危険を及ぼすことが予見されるときは」不許可とし、または禁止できる旨の規定を設けても違憲とはいえない、という一般原則を提示した（①は事前抑制禁止、②は過度の広汎性のゆえに無効・漠然性のゆえに無効の法理、③は明白かつ現在の危険の法理を念頭に置いている。これらの法理について→第10章第２節**2**・**3**）。学説も概ねこの基準に賛成している。

＊　しかし、その具体的適用については批判が多い。判決は、新潟県公安条例の趣旨全体を総合して考慮すれば、集団行動を一般的許可制によって抑制する趣旨ではなく、特定の場所または方法についてのみ制限する場合があることを定めたにすぎないという理由で合憲としたのであるが、同条例における「行列行進又は公衆の集団示威運動（徒歩又は車両で道路、公園その他公衆の自由に通行することができる場所を行進し又は占拠しようとするもの。以下同じ。）は、新潟県公安委員会……の許可を受けないで行ってはならない」（同条例１条）との規定は、場所と方法を何ら限定するものではないか

ら、一般原則によれば違憲の結論になるはずだからである。

＊＊　前掲東京都公安条例事件判決は、さらに問題である。東京都公安条例は、「道路その他公共の場所で集会若しくは集団行動を行おうとするとき、又は場所のいかんを問わず集団示威運動を行おうとするときは」東京都公安委員会の許可を受けなければならない（同条例1条）とするとともに、公安委員会はこれらの行動が「公共の安寧を保持する上に直接危険を及ぼすと明らかに認められる場合の外は、これを許可しなければならない」（同条例3条）としていた。新潟県公安条例事件判決の一般原則に従って考察すれば、①許可推定条項の不存在を併せ考えれば一般的許可制であり、②場所と方法の特定性に欠けている（「場所のいかんを問わず」「道路その他公共の場所」）。③許可基準も不明確で濫用のおそれがある。それゆえ、第1審判決は同条例を違憲と判断した。

ところが、最高裁は、①条例の精神を実質的かつ有機的に考察すれば、文面上は許可制だが、不許可の場合が厳格に制限されているので、実質において届出制と異ならず、②規制の対象たる場所をある程度包括的または一般的に示すことも、事柄の性質上やむをえない。③濫用のおそれがありうるからといって本条例を違憲とすることは失当である、とした。

＊＊＊　その後の最高裁判決として、前掲徳島市公安条例事件判決がある。問題とされた徳島市公安条例は届出制である。①同条例と道交法との関係、②「交通秩序を維持すること」という規定文言の明確性が問題となった。第1審・控訴審は、規定の不明確性を理由に条例を違憲無効、被告人を無罪としたが、最高裁はそれを破棄した。→第10章第2節**3**(**1**)、憲法Ⅱ第14章第4節**2**(**3**)。

(2)　道路交通法による制限

道交法は、「道路において祭礼行事をし、又はロケーションをする等一般交通に著しい影響を及ぼすような通行の形態若しくは方法により道路を使用する行為又は道路に人が集まり一般交通に著しい影響を及ぼすような行為……をしようとする者」は警察署長の許可を受けなければならず（同法77条1項4号）、警察署長は、当該行為が現に交通の妨害になるおそれがないと認められるとき、または交通の妨害になるおそれがあっても「公益上又は社会の慣習上やむを得ないものであると認められるとき」は許可しなければならない（同条2項3号）と定める。

＊　最高裁は、道交法77条2項は明確かつ合理的な基準を掲げて不許可とさ

れる場合を厳格に制限しており、それによれば、警察署長は、集団行進が行われることにより一般交通の用に供せられるべき道路の機能を著しく害するものと認められ、また、条件を付することによってもかかる事態の発生を阻止することができないと予測される場合に限って許可を拒むことができるのであるから、公共の福祉のため必要かつ合理的な制限として是認されるべきであるとした（最判昭和57・11・16刑集36巻11号908頁）。

道交法は、公安条例とは異なり、国民の集団行動の規制を本来の目的とするものではなく、「道路における危険を防止し、その他交通の安全と円滑を図り、及び道路の交通に起因する障害の防止に資することを目的とする」（同法１条）ものであるから、同法による集団行動の規制は、いわば内容中立的な規制である。そのため学説でも同法の規制を違憲とするものは少ない。けれども、適用が恣意に流れる場合には適用違憲の可能性があろう。

(3)　道路交通法と公安条例の二重規制

屋外の集団示威運動に対しては、道交法と公安条例の規制が重複している。地方公共団体の条例は「法律の範囲内で」(94条)、「法令に違反しない限りにおいて」（地自法14条１項）制定できるにとどまるため、公安条例による規制の効力が問題となるが、最高裁は、公安条例は道交法に違反するものではないとしている。

＊　徳島市公安条例事件判決は、「条例が国の法令に違反するかどうかは、両者の対象事項と規定文言を対比するのみでなく、それぞれの趣旨、目的、内容及び効果を比較し、両者の間に矛盾牴触があるかどうかによって」決すべきであるとし、道交法と公安条例は規制目的が同一とはいえず、重複規制がなされている場合であっても、「両者の内容に矛盾牴触するところがなく、条例における重複規制がそれ自体としての特別の意義と効果を有し、かつ、その合理性が肯定される場合には、道路交通法による規制は、このような条例による規制を否定、排除する趣旨ではなく、条例の規制の及ばない範囲においてのみ適用される趣旨のものと解するのが相当」であるとした（→憲法Ⅱ第14章第４節**2 (3)**）。

第4節　結社の自由

1　保護領域

(1) 「結社」の概念

「結社」とは、多数人が共通の目的のために継続的な団体を結成することをいう。

(ア)　結社の目的

結社は、(集会と同じく) 人々が集まる目的によって、①政治的結社（政党など政治団体を結成すること)、②宗教的結社（信仰を同じくする人々が宗教団体を結成すること)、③学術的結社（研究者が学会を組織すること)、④経済的結社（経営者・労働者・消費者などがそれぞれの利益のために団体を結成すること)、⑤社交的結社（同好会など親睦団体を結成すること）などに分類することができる。

憲法上の結社を結成する目的は、表現目的に限定されない。通説は、②は憲法20条の信教の自由で、④の労働者の団体（労働組合）の結成は28条の団結権で保障されているが（ただし、労働者のメーデーでの集会は、28条ではなく、21条の問題である)、それ以外のすべての結社は21条の結社であるとする。ただし、④のうち、企業などの営利団体については、22条や29条の問題とすべきであるとの有力説もある。どんな団体も、その団体の活動費用を得るため営利的な活動を行うことがあるが、営利団体をその構成員に経済的利益を配分することを本来の目的とする団体に限定すれば、有力説が妥当であろう。そのような営利団体は、21条の結社ではなく、政策的制約の可能な22条・29条の問題である（→第2章第1節**4** **(2)**(ウ)、第13章第1節**2**)。

＊　婚姻や家族、婚姻類似の同性共同体などの親密な人的結合体も結社といえるか、13条の問題か24条の問題か、争いがある（→第20章）

(イ)　結社の範囲

あらゆる団体が結社の自由の保護を受けるわけではない。犯罪を目的とする結社や憲法秩序の基礎を暴力で破壊することを目的とする結社は憲法上の「結社」ではないと解すべきであろう。ただし、いかなる結社がこれに該当するかの判断は、慎重でなければならない。「憲法秩序」の概念は曖昧であり、現政権の打倒や革命を唱道すること自体は表現の自由として保障されるから、それを目的として活動する団体が直ちに憲法上の「結社」から除外されるわけではないからである。

(2)　結社の「自由」の権利内容

結社の自由は、結社を構成する個人ばかりでなく、結社それ自体もこれを享有する。まず、個人の結社の自由は、第1に、個人が団体を結成し、団体に加入し、団体の構成員であり続けることについて公権力の介入を受けない自由である（積極的結社の自由）。①個人は国家から結社に所属することを禁止されず、②結社に所属していることを理由に不利益を受けない。第2に、個人が団体を結成せず、団体に加入せず、団体から脱退する自由である（消極的結社の自由）。

次に、団体自体の結社の自由とは、結社自体の存立と活動の自由である。団体には、その内部組織と運営について自主的な決定権が認められなければならない。そのため、団体の内部紛争については、裁判所もその団体の自律的決定を尊重して判断を下すべき場合がある（→憲法Ⅱ第11章第2節**5**(5)）。

さらに、結社の自由は法人格の有無にかかわらず及ぶが、結成された団体が団体として活動する上で必要な場合、法人格を取得することも結社の自由で保障されているかどうか問題となる。法人格を取得する権利が結社の自由から直接生じるとはいえないが、ある団体に対して他の団体と同じ要件と手続で法人格を取得することを否定し、または取得した法人格を剥奪することは、結社の自由に反する場合があろう（→本節**2**(3)）。非営利団体が法人格を取得することが認められるようになったのは、一般法人法が施行されてからである（2006年制定、2008年12月1日施行）。

2　制限と正当化

(1)　積極的結社の自由の制限

国公法38条4号は、公務員の欠格条項として、「日本国憲法施行の日以後において、日本国憲法又はその下に成立した政府を暴力で破壊することを主張する政党その他の団体を結成し、又はこれに加入した者」は「官職に就く能力を有しない」と定める。公務員の憲法尊重擁護義務（99条→第1章第2節**5** **(3)**(オ)）を具体化した規定である。憲法99条は、公務員に対して、その行為における憲法の尊重擁護を求めるものであって、内心における忠誠まで要求するものではないが、その行為において憲法を拒絶することを明らかにした者を公務員から排除することは、憲法に違反するとはいえないだろう（→憲法Ⅱ第6章第3節**1** **(2)**）。

(2)　消極的結社の自由の制限

弁護士会、税理士会、司法書士会、公認会計士協会など、強制設立・強制加入制がとられている団体の合憲性が問題となる。通説は、①職業が高度の専門技術性・公共性をもち、その専門技術的水準・公共性を維持するための措置としての必要があって、②その団体の目的および活動範囲がその職業従事者の職業倫理の確保と事務の改善進歩を図ることに厳格に限定されている限り、必ずしも結社の自由の侵害とはいえない、とする。しかし、①の専門性・公共性とは曖昧な概念であり、およそ職業として成り立つものである以上は何らかの意味でこの性質を備えているということさえできる。強制加入制をとっている職業団体を一括して論じるのではなく、個々の団体ごとに具体的に検討する必要があろう。そうすると、現在存在するすべての強制加入団体を合憲と解するのは難しい（なお、憲法28条を根拠とする労働組合の団結強制について→第17章第2節**4** **(2)**。強制加入団体と構成員の関係について→第2章第2節**3** **(2)**(ウ)）。

*　弁護士会を例に考えてみよう。基本的人権の擁護と社会正義の実現を使命とする弁護士（弁護士法1条1項）は、その使命を全うするにあたって、検察庁や国の行政部門と対立する当事者の立場に立ち、場合によっては裁判所の行為を批判する立場に立たなければならない。その弁護士が裁判所や法務大臣の監督に服し、懲戒の圧力を受けているのでは、弁護士の独立

性が危険にさらされ、その職業的使命を果たすことはできない。それゆえ、弁護士の懲戒や資格審査など弁護士に関する規律を弁護士階層（具体的には弁護士会や日本弁護士連合会）の自己規律に任せ、国家権力の介入を抑止することが必要となる。これが「弁護士自治」である。この弁護士自治を実現するためには、すべての弁護士を弁護士会および弁護士連合会の統制下に置かなければならない。そのためには、弁護士の弁護士会への強制加入制は必要不可欠の制度である。つまり、弁護士法における強制加入制は、弁護士自治を実現するための必要最小限度の制約と解される（ただし、違憲説も有力である）。

ただし、判例は強制加入団体の合憲性を専ら憲法22条１項の職業選択の自由との関連で捉えて合憲としている。例えば、弁護士法の弁護士会への強制加入制について、最判平成４・７・９判時1441号56頁、農業災害補償法の農業共済組合への当然加入制について、最判平成17・４・26判時1898号54頁がある。

(3)　団体自体の権利の制限

(ア)　法人格の剥奪

法人格の剥奪が結社の自由の制限かどうかが問題となる。最高裁（宗教法人オウム真理教解散命令事件決定：最決平成８・１・30民集50巻１号199頁）は、宗教法人法の定める宗教法人の解散命令（法人格の剥奪）を合憲としたが、そこでは専ら信者の信教の自由との関係が論じられており、団体の法人格取得権については触れていない（→第８章第２節**2**(3)）。

(イ)　団体の規制

破壊活動防止法は、暴力主義的破壊活動を行った団体に対して、集会の自由や表現の自由に対してさまざまな制限を加えるほか（同法５条）、当該団体に対する解散の指定を定める（同法７条）。結社の自由は団体の存立の自由を含むから、団体の存立を否定する団体解散制度について、学説では違憲説が有力に主張されている。

＊　破壊活動防止法は、「団体の活動として暴力主義的破壊活動を行った団体……が継続又は反覆して将来さらに団体の活動として暴力主義的破壊活動を行う明らかなおそれがあると認めるに足りる十分な理由があるとき」、公安審査委員会は、一定の期間と場所を定めて集団示威運動・集団行進・集会を禁止することができ（同法５条１項）、かつ、その方法ではそのおそれを有効に除去することができないと認められるときは、同委員会は当該団

体に対して、解散の指定を行うことができる（同法7条）、と定める。

これまで、これらの規定が現実に適用されたことはない。宗教法人オウム真理教に対して団体解散指定処分の請求がなされたが、1997年1月、公安審査委員会は同法7条の要件を欠くとして請求を棄却した。1999年12月には、無差別大量殺人を行った団体の規制に関する法律（無差別大量殺人団体規制法）が制定され、施設への立入検査や報告義務が課されている（同法の問題について→第8章第2節**2**・**3**）。

** 団体に対する規制としては、ほかにも、暴力団員による不当な行為の防止等に関する法律（暴力団規制法）がある。その団体の意思に反して暴力団であると指定されると、暴力的要求行為の禁止など、さまざまな規制がなされるが、解散制度は定められていない。暴力団の指定が厳格になされる限り同法は合憲であると解されてきたが、しかし、各地方公共団体でいわゆる暴力団排除条例が制定され、事業者に対して暴力団への利益供与を禁じている。この条例は、資金源を断つことで、暴力団の存立を否定（排除）しようとするものであるから、結社の自由との関係で問題が生じることは避けられない（暴力団員の居住の自由に関して→第12章第3節**3**(1)）。

3　政　党

(1)　政党の概念

政党とは、「政治上の信条、意見等を共通にする者が任意に結成する政治結社」（共産党袴田事件判決：最判昭和63・12・20判時1307号113頁）であって、その主義・政策を実現するため、政権の獲得を目指すものをいう。

* 政治資金規正法3条は、「政治上の主義若しくは施策を推進し、支持し、又はこれに反対すること」や「特定の公職の候補者を推薦し、支持し、又はこれに反対すること」を本来の目的とする団体等を政治団体とし（同条1項）、そのうち、現に5人以上の国会議員を有するか、直近の選挙で有効投票総数の2％以上のものを政党と定義する（同条2項）。政党助成法2条の定義も参照。

(2)　政党の憲法上の地位

ドイツ基本法が政党に関する明文の規定を設け、他の結社とは異なる特別の地位と役割を与えているのに対して、日本国憲法は「政党について規定するところがなく、これに特別の地位を与えてはいない」が、「政党は議会制民主主義を支える不可欠の要素」であり、「国民の政治意思を形成する最も有力な媒体である」から、日本国憲法も、「政党の存在を当然に予定している」（八幡製鉄事件判決：最大判昭和45・6・24民集24巻6号625頁。前掲共産党袴田事件判決も同旨。→憲法Ⅱ第7章第6節）。

(3)　政党と結社の自由

政党の憲法上の根拠が「結社の自由」である。それゆえ、政党についても、個々人が政党を結成し、または政党に加入して党員となる自由（積極的結社の自由）と、政党を結成せず、政党に加入しない、または脱退する自由（消極的結社の自由）が保障される。政党に関するこれらの自由の保障は、その政治性のゆえに日本国民に限られ、外国人には及ばない。

また、政党自体についても、その内部組織と運営について自主的に決定する自由が認められるから、政党はその党員に対して統制権を行使することができる。すなわち、「政党は、政治上の信条、意見等を共通にする者が任意に結成する政治結社であって、内部的には、通常、自律的規範を有し、その成員である党員に対して政治的忠誠を要求したり、一定の統制を施すなどの自治権能を有する」。「したがって、各人に対して、政党を結成し、又は政党に加入し、若しくはそれから脱退する自由を保障するとともに、政党に対しては、高度の自主性と自律性を与えて自主的に組織運営をなしうる自由を保障しなければならない」のである（前掲共産党袴田事件判決。司法権との関係について→憲法Ⅱ第11章第2節**5**(5)(ウ)）。

(4)　政党法による政党内部の規律

政党は、私的な結社でありながら、社会の民意を国政へと媒介する公的機能を果たす。この公的機能に鑑みれば、政党の内部秩序に憲法の規律が及ばないか問題となる。共産党袴田事件第1審判決（東京地八王子支判昭和58・5・30判時1085号77頁）が、「政党の組織や運営が民主主義の原理に則ったものでなければならないことは、憲法上の当然の要請であり、問題とする余地のないところである」と断言した（東京高判昭和59・9・25判時1134号も「憲法上の当然の要請」であるとする）のに対して、最高裁はこの点に触れていない。党内民主主義の要請は抽象的なものであって、具体的な法律なしに司法が介入することはできないということであろう。したがって、政党法を制定して、政党に国家意思形成に参画する公的地位を承認するとともに、その内部秩序が民主的であることを要請することは、私的結社としての政党の自主性を損なうものでない限り、違憲とはいえないだろう。ただし、学説の多くは、党内民主主義の概念の多義性を理由に、この要請は倫理的なものにとどまるべきだとしている。

(5)　政党助成

政党の機能の重要性に鑑みて、毎年、国民１人あたり250円（総人口×250円＝300億円以上）が政党交付金として交付されている（政党助成法７条）。政党助成は、政党が果たすべき公的機能を促進するという目的から正当化されるが、政党が国民や党員の支持よりも政党助成に依存するようになったり、少数政党が差別される場合には、違憲となりうる。いずれにせよ、一方では私的結社性を強調することで公的規制を免れながら、他方で公的機能を掲げることで年間300億円を超える政党交付金を受けることに矛盾はないか、問題とされるべきであろう。

＊　政党の公的機能（地位）を重視して政党助成を行うにあたって、党内民主主義（例えば、党員による党首の定期的選挙）を条件とすることは憲法21条１項に違反しないか。これを専ら結社の自由の制限の問題と捉え、厳格な基準で合憲性を審査するのが従来の多数説であった。しかし、結社の自由から国家による助成を請求する権利が出てくるわけではなく、国家も政党を助成する義務を負うわけではない。助成するかしないかは国家の裁量である。問題は、助成しないことができるのであれば助成にあたっていかなる条件も付することができると解するか、政党の内部組織と運営を自主的に決定する権利の放棄を助成の条件とすることは「違憲の条件」（→第10章第２節**2**(3)）であって許されないと解するかである。前者と解すると常に合憲となるのに対して、後者と解すると、この条件が憲法上の権利の放棄を「強制」する効果を有する場合には違憲と判断されることになる。

＊＊　政党に対する規制が許されても、同じ規制が他の政治結社にも許されるわけではない。政党は国家権力を獲得すれば国家と一体化する組織であるから民主的コントロールが不可欠であるが、純然たる私的結社は国家から自由に活動することができなければならない。この点で問題なのは、政治資金規正法６条が、すべての政治団体に対して届出を義務づけていることである。政治結社はその存在を国家に対して秘密にしておくこともできない。市民の日常的な親睦団体が政治的な活動を行うことがある。この規定はこのような草の根民主主義に対する萎縮的効果をもつだろう。

〈参考文献〉

芦部信喜『憲法学Ⅲ　人権各論(1)(増補版)』(有斐閣、2000年) 476～539頁
井上武史『結社の自由の法理』(信山社、2014年)
大石眞「結社の自由と団体法制」同『権利保障の諸相』(三省堂、2014年) 177～262頁
岡田俊幸「私有地における集会の自由」日本法学85巻2号 (2019年) 175～207頁
佐藤幸治「集会・結社の自由」芦部信喜編『憲法Ⅱ　人権(1)』(有斐閣、1978年) 553～633頁
中林暁生「パブリック・フォーラム」駒村圭吾＝鈴木秀美編著『表現の自由Ⅰ　状況へ』(尚学社、2011年) 197～220頁
橋本基弘『近代憲法における団体と個人』(不磨書房、2004年)
橋本基弘「集会規制と司法審査」同『表現の自由　理論と解釈』(中央大学出版部、2014年) 251～340頁
林知更「政党法制」同『現代憲法学の位相』(岩波書店、2016年) 193～213頁
渡辺康行「広島市暴走族追放条例事件判決の基礎的考察」同『憲法裁判の法理』(岩波書店、2022年) 244～283頁

第12章　手続的権利と人身の自由

第１節　手続的権利総説

1　実体的権利と手続的権利

憲法は表現の自由などの実体的権利だけでなく、手続的権利も保障している。その代表例は憲法31条から39条にかけて列挙された権利である。従来、これらの権利は刑事手続において人身の自由（身体の自由）を保障するためにあるとみなされてきた。しかし、ここで規定されているのは人身の自由そのものではない（実体的権利としての人身の自由については、本章第３節参照）。それらは人身の自由の保障を前提とした手続的権利の保障のためにあり、さらにいうと、人身の自由だけでなく、プライバシーの権利、人格権、財産権等のさまざまな実体的権利の保障を目的とし、それらを取り扱う国家の手続に対する個人の権利（手続的権利）を保障しようとするものである。

手続的権利は実体的権利の保障を目的とする手段的な価値を有する。しかし、実体的権利のための単なる手段にとどまるものではなく、手続それ自体に独自の価値があることを認めるものである。それは適正な手続という考え方の中に、尊厳ある存在としての個人は敬意をもって扱われるべしとする思想が読み取れるところに由来する。手続的権利が保障されることによって、個人は尊厳ある存在として公平に取り扱われ、そうした取扱いがされることを通じて、個人の実体的権利も守られるのである。

2　手続の法定と適正／実体の法定と適正

手続的権利の保障のためには、まず、手続が法定されている必要がある。あらかじめ実定化され安定した手続が存在することによって初めて、実体的権利も十分に保障されるからである。そもそもアドホックに設定される不安定な手続は、それだけでその正当性が疑わしい。手続の法定は手続の正当化のための条件である。しかし、いくら手続が法定されていても、それが不適正なものであったら、実体的権利の保障は図り難い。したがって、法定される手続は適正なものでなければならない。手続が適正であるということが手続保障の当然の要請である。最高裁も憲法31条の「法律の定める手続」が「適正な法律手続」を意味することを当然視している（例えば、第三者所有物没収事件判決：最大判昭和37・11・28刑集16巻11号1593頁）。

手続的権利は実体的権利の保障を目的とし、実体的権利の存在を前提にしている。手続的権利がいかに独自の価値を有するといっても、実体あってこその手続である。だから憲法31条ないし39条の規定が、手続的権利とあわせて実体的権利を保障していたとしても不思議ではない。例えば、「何人も、実行の時に適法であった行為……については、刑事上の責任を問はれない」とする憲法39条前段前半の遡及処罰の禁止は、事後的な実体刑法の禁止を意味し、しかも手続法の遡及適用を直ちに禁止しないといわれる（最大判昭和25・4・26刑集4巻4号700頁）。つまり憲法39条前段前半は、手続的権利よりむしろ実体的権利の方を保障している。逆に、遡及処罰の禁止と同じ罪刑法定主義の派生原理（例えば、刑罰法規の明確性の要請、絶対的不定期刑の禁止、慣習刑法の禁止、刑法の類推解釈の禁止など）のように、実体刑法の問題とされるものであっても、適正手続の文脈において取り上げることもできる。これらはいずれも、犯罪と刑罰を事前に一般に告知することで、国家の恣意的な権力行使を抑止するという思想に基づくもので、適正手続の発想と軌を一にしているからである。その限りにおいて、実体と手続の区別は絶対的なものではない。

では、手続保障の要請が当然に実体の適正まで要求するのだろうか。憲法31条ないし39条の規定が、手続の適正のみならず、実体の適正もあわせて保障していると解釈できるのだろうか。たしかにその方向性を支持する見解もある（実体的デュー・プロセス理論）。しかし、実体的権利については、憲法はもともと憲法13条以下に詳細な規定を置いており、それらにふさわしい判断枠組みを用意しているのだから、実体の適正さはむしろその枠組みに依拠して判断するのを原則とすべきである。実体と手続の峻別ができないからといって、その区別を完全に相対化するのは行きすぎである。

3　手続の法定の意味

手続の法定というとき、ここで定められるべき手続法は、国会によって定立される形式的意味の法律でなければならないのか。一般論をいえば、手続はあらかじめ実定化され安定している必要があり、アドホックに設定されるべきではないものの、必ずしも形式的意味の法律でなければならないわけではない。法律でなければならないのは、基本的な手続であって、国会という公開の場で少数派の批判も斟酌した上で定める必要のあるものに限られる。例えば、個人の自由・権利を制限する際の手続は、形式的意味の法律に根拠をもたなければならない。その典型は科刑手続（刑罰を科す刑事手続）である。だから憲法31条は「法律の定める手続」と規定する。法律の委任なしに政令に罰則を設けてはならないと規定する憲法73条６号も、このことを前提にしている。

地方公共団体の条例は、地方議会において制定される限りで法律に準じた地位にあるといえるため、独立の法的根拠となりうる。もちろんそれは「法律の範囲内」（94条）でなければならない。ただし、科刑手続に関しては、そこに地域的特色を反映させなければならない理由もないことから、条例上の犯罪であっても法律の定める手続の中で扱われなければならず、刑事手続条例の制定は許されない。他方、最高裁判所の規則は、明文上、「訴訟に関する手続」（77条１項）に限って、独立の法的根拠となりうる。したがって、刑事訴訟規則の制定も許されるが、法律と競合した場合は、法律が優位すると解すべきだろう。

4　包括的手続的権利と個別的手続的権利

憲法は31条ないし39条において比較的詳細な手続的権利を定めた。これにより適正手続の具体的な内容はかなりの程度において明らかにされている。しかし、適正手続はこれに尽きているのかと問われたら、答えはもちろん否である。憲法の個別の手続条項の解釈ではカバーできない適正手続の要請はなお存在する（例えば、違法収集証拠の排除法則）。立法者による手続の形成も期待されるが、それと並んで、個別規定から漏れたものをすくい上げる総則的な手続条項を憲法から導き出すことも試みられるべきである。

その候補となる条文として、学説上、憲法13条・31条・32条の三つが挙げられてきた。このうち13条説は、同条の定める「生命、自由及び幸福追求に対する国民の権利」を個別の基本権を補充する包括的基本権とみなした上で、そこに「適正な手続的処遇を受ける権利」も含まれると解する。31条説は、手続的権利がまさに同条から始まるという憲法上の配置に着目した上で、同条にいう「法律の定める手続」が手続一般を広く射程に収めるのに最も適当であると解する。32条説は、裁判手続こそが適正手続の典型であると評価した上で、裁判手続の発想を他の手続に及ぼしていけばよいと解する。

しかし、いずれの説にも問題がある。13条説については、たしかに同条が包括的基本権を規定していることは認められるとしても、その包括性に寄りかかりすぎの解釈ではないかという疑問がある。31条説については、同条は刑事手続を念頭に置いて定められた条項なのに、それを他の手続にも拡大適用されれば、刑事手続に求められる厳格さがかえって弱められるのではないかとの危惧がある。32条説については、裁判手続にあまりこだわると、他の手続に固有の適正さの評価ができなくなるのではないかという心配がある。

いずれの説も一長一短であるが、この中ではおそらく31条説が最も無難であろう。というのも、同条は明文で「手続」と述べていること、憲法上の条文の配置、特に同条が裁判を受ける権利（32条）の前にあって、裁判手続も含めた手続規定の冒頭にあることから、適正手続の総則的な規定とみなすのに都合がよいと考えられるためである。この解釈が、行政手続への同条の適用可能性を認めた成田新法事件判決（最大判平成4・7・1民集

46巻5号437頁）とも親和的だと思われる。

5　刑事手続と非刑事手続（特に行政手続）

憲法の焦点は手続のうちでも主として刑事手続にある。それは憲法31条ないし39条の文言からも明らかである。もちろん、憲法32条の裁判を受ける権利をみればわかるように、手続に対する憲法の関心は刑事手続に限定されているわけではない。しかし、刑事手続が重視されていることには理由があるし、刑事手続以外の手続がわずかしか憲法上に明記されていないことにも理由がある。

憲法が刑事手続を重視する理由は、何より、刑罰が人権に対する最大の脅威とみなされている点に求められる。それは国家の刑罰権（捜査権・訴追権）が濫用されたという過去の歴史と刑罰権（捜査権・訴追権）濫用のおそれは今もあるという現実の経験によって裏づけられる。そうした濫用に対処するため、刑事手続への要請は詳細かつ明確に規定されている。例えば、逮捕の場合には裁判官の令状発付が要求されるというように、求められる手続内容はたいてい定型化されているので、要件該当性判断によって判定できる。

これに対して、非刑事手続については、憲法32条が想定する裁判手続を除いて、憲法に明文の規定はない。しかし、ある手続が刑事手続ではないとの理由のみで、そのすべてが当然にこれらの規定の保障の枠外にあると判断することは相当ではない。非刑事手続といっても、実質的に刑事責任の追及に結びつく作用を有する手続など、刑事手続と同視できるものについては、憲法31条ないし39条の規定をそのまま適用すればよい。しかし、通常の行政手続のように、刑事手続とは目的も性質も異なる非刑事手続については、刑事手続を念頭に置いて設けられた上記の規定をそのまま適用するわけにはいかない。この場合は、制限を受ける権利利益の内容、性質、制限の程度、達成しようとする公益の内容、程度、緊急性等の総合較量に基づく評価を踏まえて、その非刑事手続に見合った適正さを追求する必要がある（成田新法事件判決）。

結局、刑事手続と非刑事手続の適正評価の違いは、性質上も憲法文言上も、前者が要件該当性判断によって手続の適正さを評価できる場面が多いのに対して、後者は総合較量によって手続の適正さを評価せざるをえない場面が多いという点に見出される。

6　手続違法の効果と救済

国家が不適正な手続の下で個人を取り扱ったため、その個人の手続的権利を侵害したと評価される場合、その手続違法はどのような法的効果をもたらすのだろうか。そして個人はどのような法的救済を受けることができるのだろうか。

違憲審査の建前からすると、憲法上の権利を侵害する法律やその法律に基づく国家行為は違憲無効とされるのが原則である。しかし、手続的権利の侵害については、実体的権利侵害の場合とは異なる事情がある。手続には固有の価値があるとはいえ、手続保障自体は自己目的とはなりえないことである。手続違法が実体に何らの影響も与えないのに、手続のやり直しを強いたり、その手続から得られた情報をなかったものとし、すべてをご破算にするのは、非効率といわざるをえない。他方で、効率性を重視して、手続違法を見逃すようなことが多々あれば、手続軽視の風潮を生み、適正手続の精神も没却されかねないし、いずれ実体的権利の保障にも傷をつけよう。手続違法は当然にその手続を無効とするわけではないものの、適正手続の精神を没却するような違法は必ず否定されなければならない。

＊　その際、どのような救済が受けられるかについては、問題とされる手続ごとに考えなければならない。例えば、刑事手続においては無罪判決、免訴、公訴棄却といった方法が考えられるし、行政手続においては行政処分の取消しや無効確認といった方法が考えられる。違法な手続過程で得られた情報は、その証拠能力が否定されることを通じて、その全部または一部が手続過程から排除されることもありうる。手続違法によって個人に損害が発生すれば、国家賠償の話にもなる（17条）。また、「抑留又は拘禁された後、無罪の裁判を受けたときは、法律の定めるところにより」刑事補償を求めることができる（40条）。刑事補償は、国家賠償と異なり、国家の側に何らの違法行為がない場合でも、抑留・拘禁後に無罪判決を受けた被告人に当然に与えられる（→第19章第４節３）。

第2節　手続的権利各説

1　身体の拘束に対する手続保障

(1)　身体の拘束としての逮捕・抑留・拘禁

刑事手続においては、しばしば被疑者・被告人の身体が拘束される。身体の拘束は個人の自由（人身の自由）に対する強烈な介入である。しかし、被疑者・被告人の逃亡あるいは証拠隠滅を防止するためには、身体の拘束を認めざるをえない場合もある。そこで憲法は、一定の適正な手続を踏むことを条件に、個人の身体の拘束を国家に認めた。

憲法が認める身体の拘束とは、逮捕（33条）、抑留、拘禁（34条）の三つである。いずれも日常用語としての意味をもっているし、特に「逮捕」は、明治憲法23条にも明記され、刑訴法でも用いられている。しかし、憲法にいう逮捕、抑留、拘禁は必ずしもそれらと同じ内容ではない。いずれも身体の拘束を意味するが、その内容は憲法の全体構造に照らして明らかにされなければならず、それぞれの条文上で定められた手続に応じて決められる。

憲法にいう逮捕とは、犯罪の嫌疑がある者の身体を拘束すること自体を指す。身体の拘束が始まれば、それは逮捕であり、令状が要求される。刑訴法にいう「逮捕」（同法199条）のみならず、同法の「勾引」（同法58条）、「勾留」（同法60条・204条）、鑑定留置（同法167条）もすべて、犯罪の嫌疑がある者の身体の拘束という点で、憲法にいう逮捕に当たる。

これに対し、抑留および拘禁では拘束の継続時間が問われる。抑留が身体の一時的な拘束、拘禁が比較的長期の拘束を指し、それぞれの態様に見合った手続が要求される。抑留も拘禁も逮捕が前提となる。逮捕した者を一時的に拘束するのが抑留であり、比較的長く拘束すれば拘禁になる。それゆえ、憲法33条の定める令状が要求され、その上で憲法34条に従い、抑留・拘禁の理由と弁護人依頼権があることの告知が求められる。身体の拘束が長くなれば抑留も拘禁とみなされ、被疑者・被告人の求めに応じて、正当な理由を公開法廷で開示する必要に迫られる。

＊　憲法上の「逮捕」「抑留」「拘禁」の概念について、本文のような区別をせず、「単に身体的拘束を言い換えているだけである」として、これらの概念はすべて国家による身体の拘束という意味以上のものはないとする見解もある（淺野博宣）。

(2)　令状主義

逮捕の際に求められる令状は、司法官憲によって発せられ、かつ理由となっている犯罪を明示するものではなければならない（33条）。ここでいう司法官憲とは裁判所または裁判官を指す。それは司法機関でなければならない。人の身体を拘束する以上、不当な逮捕でないことが保障されなければならず、そのためには判断主体が捜査機関でも訴追機関でもない公正中立な判断のできる機関でなければならないからである。また、当該令状には「理由となってゐる犯罪を明示」して、被逮捕者に逮捕理由を告知し、自己防御の役に立てるよう供しなければならない。したがって、逮捕理由は単に犯罪名を記すだけでなく、犯罪事実も記載しなければならない。いわゆる一般令状は禁止される。

(3)　令状主義の例外

逮捕の手続が適正であるためには、少なくとも上記のような令状によらなければならないわけであるが、憲法は令状によらずに逮捕できる例外として現行犯逮捕を認め、刑訴法はさらに緊急逮捕（同法210条）を認めている。例外の許容は令状主義の精神を没却しかねないため、そもそも本当にそれを許してよいのか疑問視される。例外的に許すとしても、厳格な要件判断ないし慎重な総合較量が必要とされよう。以下、問題とされる現行犯逮捕と緊急逮捕について詳述する。

(ア)　現行犯逮捕

「現に罪を行い、又は現に罪を行い終った者」を現行犯といい（刑訴法212条１項）、「現行犯として逮捕される場合」（憲法33条）は令状によらなくてもよいとされている。その理由は、現行犯の場合は犯行が明らかで誤認逮捕のおそれがなく、それゆえ逮捕権の濫用を心配しなくてもよいし、かつ、直ちに逮捕する必要性が高いからだとされる。現行犯逮捕を令状主義の例外とするのは憲法の定めだから、令状なしの現行犯逮捕自体が憲法違反とされることはない。しかし、刑訴法212条２項は、「罪を行い終わってから間がないと明らかに認められるとき」であって、かつ「犯人として追呼されているとき」、「贓物又は明らかに犯罪の用に供したと思われる兇器その他の物を所持しているとき」、「身体又は被服に犯罪の顕著な証跡があるとき」、「誰何されて逃走しようとするとき」の四つの場面を列挙し、その場面に該当する者を現行犯と同視している（準現行犯）。準現行犯を憲法上の現行犯とみなせるか否か（現行犯の要件にあてはまると判断してもよいか）については議論がある。この点、現行犯逮捕を令状主義の例外とする上記の理由から考えると、「罪を行い終わってから間がないと明らかに認められるとき」の一定の場面を現行犯の範疇で捉えることも許されないわけではないと思われる（最決平成８・１・29刑集50巻１号１頁）。ただ、「誰何されて逃走しようとするとき」まで範疇に含めるのは、現行犯逮捕の要件からの逸脱であろう。

⑷　緊急逮捕

刑訴法210条１項は「死刑又は無期若しくは長期３年以上の拘禁刑に当たる罪を犯したことを疑うに足りる充分な理由がある場合で、急速を要し、裁判官の逮捕状を認めることができないとき」、緊急逮捕してもよいと規定する。しかし、現行犯逮捕と違って、緊急逮捕の制度は憲法が明文で令状主義の例外としたものではない。それゆえ、緊急逮捕は憲法上の例外として許容される現行犯逮捕の要件を満たさず、違憲であるという見解もある。他方、緊急逮捕の場合は、法律上「直ちに裁判官の逮捕状を求める手続をしなければならない」（刑訴法210条１項）とされているため、逮捕直後に令状が得られる見込みがあるという限りにおいて、実質的な令状逮捕であるという見解もある。しかし、令状主義は逮捕前に令状発付を要求するところに意味がある。また逮捕後に令状が発せられなくても、直ちに被疑者を釈放しなければならないというだけで（刑訴法210条１項）、緊急逮捕が違法だったとされるわけではない。したがって、逮捕直後に令状請求があるから緊急逮捕は令状逮捕と同視できるというのは強弁にすぎる。現行犯の概念を拡張することによって、緊急逮捕を現行犯逮捕の一種とみなす見解もあるが、さすがにそれは概念を拡張しすぎているといわざるをえないし、憲法上は事後の令状すら必要ないということになるから妥当とはいえまい。

結局、緊急逮捕の合憲性は総合較量によらなければ根拠づけられない。すなわち、現行の制度が、限定列挙された重罪類型、十分に理由のある嫌疑、高度の緊急性、逮捕直後の令状請求といった諸要素を慎重に較量して打ち立てられていることを重視し、かつそのように考える限りにおいて、かろうじて合憲とみなすべきである。最高裁も「罪状の重い一定の犯罪のみについて、緊急已むを得ない場合に限り、逮捕後直ちに裁判官の審査を受けて逮捕状の発行を求めることを条件とし、被疑者の逮捕を認めることは、憲法33条規定の趣旨に反するものではない」とする（最大判昭和30・12・14刑集９巻13号2760頁）。

(4)　抑留・拘禁理由の告知

憲法34条によれば、抑留であろうと、拘禁であろうと、人の身体を拘束する以上、その理由を直ちに告知しなければならない（後述するように、あわせて弁護人依頼権があることも告知しなければならない）。人身の自由を制限するのだから、その理由が正当な理由でなければならないのは当然である。ここでの要点はむしろ告知にある。告知されるべき理由には、罪名のみならず、犯罪事実も含まれる。抑留・拘禁を必要とする理由も告知すべきかについては争いがあるが、次に述べるように、少なくとも拘禁を行う場合は、逃亡・罪証隠滅のおそれがある等の具体的理由は告知されなければならない。

(5)　拘禁理由の公開法廷における開示

憲法34条後段は拘禁についてだけ特別に手続要件を加重している。拘禁には「正当な理由」が必要で、しかも「要求があれば、その理由は、直ちに本人及びその弁護人の出席する公開の法廷で示されなければならない」というのである。先に述べたとおり、人身の自由の制限に正当な理由がいるのは当然であるが、本条後段が拘禁に対してだけ「正当な理由」の要求を明示しているのは、抑留よりも身体の拘束時間が長い拘禁を強いる以上、その理由は真に重要だということを念押しする意味がある。刑訴法が逃亡・罪証隠滅のおそれがある等の具体的理由を列挙しているのも、そのためである（同法60条１項）。さらに、それは「本人及びその弁護人の出席する公開の法廷」で開示されるものだから、衆人環視に耐えるだけの理由でなければならない。逆にいうと、衆人環視に耐えるだけの理由を提示させるために、公開法廷での開示が義務づけられていると解される。

(6)　非刑事手続における身体の拘束

行政手続において身体が拘束される場合も、それが人身の自由への強烈な介入である限り、憲法33条および34条の問題になる。実際、出入国管理法39条以下の強制収容、麻薬及び向精神薬取締法58条の８の入院措置、精神保健福祉法29条以下の入院措置、感染症法19条以下の入院措置、警察官職務執行法（以下「警職法」という）３条の一時的保護、少年院法89条１項１号の脱走者連戻しなど、行政が強制力を用いて個人の身体を拘束しようとする場面はいくつもある。仮にそこでの身体の拘束が許容されるとしても、その際の手続は適正であることが求められる。当該手続が適正か否かを判断するときは、結局、考慮要素の総合較量によらざるをえないものの、裁判所による令状発付や正当な理由の告知といった憲法33条および34条の範型が、その際の手がかりを提供してくれるものと想定してよい。

＊　出入国管理法上の強制収容が長期化の傾向を示し、過度の身体拘束に及んでいることから、これを許容する手続の適正さにも疑問が投げかけられている。かつて最高裁は「退去強制令書に基づく収容は、その性質、目的、態様のいずれの面においても刑事手続における逮捕勾留と類比すべき点がない」と判示したが（最判昭和55・５・30訟月26巻９号1602頁）、再考のときが来ている。なお、医療観察法による強制入院について、「医療観察法の目的の正当性、同法の規定する処遇及びその要件の必要性、合理性、相当性、手続保障の内容等に鑑みれば、医療観察法による処遇制度は、憲法14条、22条１項に違反するものではなく、憲法31条の法意に反するものということもできないと解するのが相当である」と判示されている（最決平成29・12・18刑集71巻10号570頁）。

2　侵入・捜索・押収に対する手続保障

(1)　侵入・捜索・押収による実体的利益侵害と手続保障

憲法35条1項は「住居、書類及び所持品について、侵入、捜索及び押収を受けることのない権利」を保障している。国家が個人の住居、書類、所持品に侵入し、捜索し、押収を行えば、個人の実体的利益が侵害されることは容易に理解できる。そこで侵害されうる実体的利益は第1に財産的利益であろうが、住居、書類、所持品が通常は私生活の領域に属することを考慮すると、プライバシーの利益を中心とする人格的利益の侵害も当然考えられる。これに対して人身の自由侵害は間接的なものにとどまろう。侵入・捜索・押収が報道機関に向けられる場合は、報道・取材の自由の侵害も問題になりうる。憲法35条は、これらの実体的利益を保護するため、国家が「住居、書類及び所持品について、侵入、捜索及び押収」を行う際は必ず一定の適正な手続を踏むことを、個人の手続的権利として保障したものといえる。

本条は侵害の態様として「侵入」「捜索」「押収」の三つを明示する。これに対して、同様の国家行為を刑訴法は「捜索」（同法102条・218条1項）「差押え」（同法99条1項・218条1項）「領置」（同法101条・221条）「提出命令」（同法99条3項）「検証」（同法128条・218条1項）「鑑定」（同法165条・223条）といった概念で規定している。憲法の概念と刑訴法のそれとの間には微妙なズレがあるといわざるをえないが、後者が前者に反するものであってはならないのは当然であり、両者のズレへの対応は、この点に配慮して慎重に行わなければならない。

(2)　令状主義

不当な侵入・捜索・押収でないことを保障するため、公正中立な司法機関による事前の判断が必要とされた結果、身体の拘束の場合と同じく、ここでも「司法官憲が発する各別の令状」（35条2項）が求められている。しかもそれは「正当な理由に基いて発せられ、且つ捜索する場所及び押収する物を明示する令状」（同条1項）でなければならない。住居・書類・所持品に対する侵入・捜索・押収は、通常、身体の拘束そのものではないが、プライバシーなどの重要な人格的利益は侵すわけだから、令状主義が妥当する場面であるとされたのである。

令状の発付には「正当な理由」が必要とされるため、犯罪の嫌疑と侵入・捜索・押収に理由があるということを裁判官に確認してもらわなければならない。さらに令状には「捜索する場所及び押収する物」が明示されていなければならない。最高裁によると、憲法35条は「令状に、捜索する場所及び押収する物を明示することを要求しているにとどまり、その令状が正当な理由に基いて発せられたことを明示することまでは要求していない」から、「捜索差押許可状に被疑事件の罪名を、適用法条を示して記載することは憲法の要求するところでなく、……すべて刑訴法の規定するところに委ねられており、刑訴219条１項により右許可状に罪名を記載するに当っては、適用法条まで示す必要はない」（最大決昭和33・７・29刑集12巻12号2776頁）とされる。

たしかに捜査段階で令状にあまり細かい事情の記載まで要求するのは、実務に無理を強いることになるのかもしれないが、捜索・押収を受ける側に告知をなし、自己防御の機会を提供するのも本条の趣旨であると考えられることや、本条が捜索する場所や押収する物を特定した上で、それぞれ独立した「各別の令状」によるとしている以上、単にいわゆる一般令状を許さないというだけでなく、具体性に乏しい概括的記載の令状も忌避しようとしたものと解すべきであろう。

＊　「車両に使用者らの承諾なく秘かにGPS端末を取り付けて位置情報を検索し把握する刑事手続上の捜査〔GPS捜査〕」は、「刑訴法上、特別の根拠規定がなければ許容されない強制の処分に当たる」とされるのみならず、「GPS捜査は、GPS端末を取り付けた対象車両の所在の検索を通じて対象車両の使用者の行動を継続的、網羅的に把握することを必然的に伴うものであって、GPS端末を取り付けるべき車両及び罪名を特定しただけでは被疑事実と関係のない使用者の行動の過剰な把握を抑制することができず、裁判官による令状請求の審査を要することとされている趣旨を満たすことができないおそれがある」との理由で、令状主義に基づく従来の「強制の処分」のいかなる類型にも該当しないと評価されている（最大判平成29・３・15刑集71巻３号13頁）。

(3)　身体への侵入・捜索、身体からの物の押収

憲法35条１項が想定する侵入・捜索・押収は「住居、書類及び所持品について」である。したがって令状主義が妥当するのも、住居・書類・所持品に対する侵入・捜索・押収である。しかし、身体検査のように身体への侵入・捜索や身体からの物の押収も観念可能である。被疑者の指紋採取やＸ線検査も同様に考えることができる。後述のごとく、逮捕に伴う侵入・捜索・押収であれば令状がなくても許されるし、非刑事手続においては必ずしも令状は要求されないが、逮捕を伴わない犯罪捜査段階において、身体への侵入・捜索や身体からの物の押収がなされた場合、捜査機関による身体検査には身体検査令状が要求される（刑訴法218条１項）。住居・書類・所持品についてすら令状が必要とされるのなら、それよりもセンシティビティが高い身体については、当然、特別な令状が求められよう。

通常の身体検査よりもさらにセンシティブで身体への侵襲も大きい強制採尿や強制採血については、どのように考えたらよいのか。強制採尿について、最高裁は「身体に対する侵入行為であるとともに屈辱感等の精神的打撃を与える行為である」としつつも「捜査手続上の強制処分として絶対に許されないとすべき理由はなく、被疑事件の重大性、嫌疑の存在、当該証拠の重要性とその取得の必要性、適当な代替手段の不存在等の事情に照らし、犯罪の捜査上真にやむをえないと認められる場合には、最終的手段として、適切な法律上の手続を経てこれを行うことも許されてしかるべき」と判示する。ただし、それは「捜索・差押の性質を有する」から「捜査機関がこれを実施するには捜索差押令状を必要とする」という（最決昭和55・10・23刑集34巻５号300頁）。本条の趣旨を考えると、そもそも令状なしの強制採尿や強制採血など許されないであろうが、何らかの令状さえあればよいというのではなく、総合較量の下、あくまでも「最終的手段」として「真にやむをえないと認められる場合」にのみ許されると解すべきだろう。

(4)　憲法33条の場合

憲法35条１項は、令状主義の例外として「第33条の場合」を挙げる。最高裁はこの「第33条の場合」の法意を「不逮捕の保障の存しない場合」

（最大判昭和30・4・27刑集9巻5号924頁）とする。「不逮捕の保障の存しない場合」とは、第1に、逮捕する場合を指す。それが令状逮捕であれ、現行犯逮捕であれ、緊急逮捕であれ、態様は問われない。身体の拘束さえ許される逮捕の場面で、それに付随する侵入・捜索・押収がなされても不当な侵害とはいえないし、その必要性も高いと考えられるので、あえて独立の令状を用意する必要はないとするのである。

ところが最高裁は「不逮捕の保障の存しない場合」の中に、現実には逮捕しなかったが、逮捕しようと思えば逮捕できた場合も含めて考えている。しかし、逮捕の必要がなかったから逮捕しなかったという場合まで含めると、無令状の侵入・捜索・押収の範囲が拡大しすぎるのではないか。また最高裁は、被疑者がその住居を不在にしていたにもかかわらず、緊急逮捕のために来たという理由で、麻薬取締官が逮捕に先行して被疑者宅を捜索し証拠品を押収し、その後たまたま被疑者が帰宅した際に緊急逮捕したという事案において、当該捜索・押収を合憲としている（最大判昭和36・6・7刑集15巻6号915頁）。無令状の捜索・押収が許容されるのは、あくまでも逮捕に付随しているといえる実態がある場合に限られるのであって、逮捕できるかどうかもわからないのに、その見込みだけで先に捜索・押収を済ませてしまうのはさすがに行きすぎではないだろうか。

＊　逮捕に付随して捜索・押収ができるとしても、それは逮捕の原因とされた被疑事実に関するものに限定される。捜索の過程において、別の事件の証拠品を発見したとしても、それを無令状で押収することはできない。憲法が許容する無令状の捜索・押収は、逮捕に付随していることを要件とするのであって、逮捕なしの緊急捜索・押収は認められない。

(5)　捜索に至らない程度の行為？

憲法35条が想定する典型的な侵入・捜索・押収は、個人の意思を制圧し、身体、住居、財産等に制約を加えて強制的に捜査目的を実現する行為である。このような行為は、法律に根拠を有し、かつ「司法官憲が発する各別の令状」に基づかなければ許されない。しかし、警察活動の中にはそこまでの強度はないとされる行為もある。そのような行為でも法律の根拠がなければ許されないのか。令状に基づかなければ許されないのか。

⑺　職務質問

警職法２条１項によれば「警察官は、異常な挙動その他周囲の事情から合理的に判断して何らかの犯罪を犯し、若しくは犯そうとしていると疑うに足りる相当な理由のある者又は既に行われた犯罪について、若しくは犯罪が行われようとしていることについて知っていると認められる者を停止させて質問することができる」。このような行為でも逮捕や捜索に該当すれば、そこに令状主義が妥当するのは当然である。しかし、警察官が相手方を停止させて質問する行為が、逮捕や捜索には至らないものの、有形力の行使には当たるという場合はどうか。この点、最高裁は、被疑者が自動車を発進させるのを防止するため、警察官がエンジンキーを回してスイッチを切った行為（最決昭和53・９・22刑集32巻６号1774頁）やエンジンキーを取り上げて返還しなかった行為（最決平成６・９・16刑集48巻６号420頁）を、令状を要求することなく適法としている。警察官の行為が逮捕や捜索に至らないのであれば令状は要しないであろうが、それが適正手続に合致しているというためには、当該行為の必要性や緊急性等、諸要素を総合較量した結果、具体的状況の下で相当と認められなければならない。

⑴　所持品検査

警察官が被疑者を停止させて質問する際、被疑者の所持品に注意が向けられたとしても、それは職務質問の一環だから、職務質問に付随する限りにおいて許容される場合はあろう。例えば、所持品の外部を手で触れる程度の行為なら、職務質問付随行為とみなしても許されるかもしれない。しかし、所持人の承諾のない所持品検査の中には、職務質問の域内で観念するのは無理と思われる場合もある。これについて最高裁は、米子銀行強盗事件判決（最判昭和53・６・20刑集32巻４号670頁）において、「所持人の承諾のない限り所持品検査は一切許容されないと解するのは相当でなく、捜索に至らない程度の行為は、強制にわたらない限り、所持品検査においても許容される場合がある」と判示した。ただし、「状況のいかんを問わず常にかかる行為が許容されるものと解すべきでないことはもちろんであって、かかる行為は、限定的な場合において、所持品検査の必要性、緊急性、これによって害される個人の法益と保護されるべき公共の利益との権衡などを考慮し、具体的状況のもとで相当と認められる限度においてのみ、許容される」という。この事件では「バッグの施錠されていないチャックを開披し内部を一べつした」警察官の行為が「職務質問に附随する行為」として認められたのであるが、別の事件では、被疑者の上着の内ポケットから承諾なしに証拠物を取り出した警察官の行為を、必要かつ緊急のものだったとしつつも「一般にプライバシィ侵害の程度の高い行為であり、かつ、その態様において捜索に類するものであるから……本件の具体的な状況のもとにおいては、相当な行為とは認めがたい」（最判昭和53・9・7刑集32巻6号1672頁）としている。

＊　所持人の承諾なく所持品の中身を検査する行為は、たとえ職務質問に付随してなされたとしても、所持人のプライバシー領域に踏み込む重大な行為であって、もはや職務質問の域を超えているのではないか。上記のような所持品検査を正当化するためには、職務質問の域内で、当該検査の必要性、緊急性、諸利益の均衡などを考慮した相当性を検討するよりもむしろ、端的に捜索と位置づけた上で、それが許容される要件の充足（例えば、令状の取得）を図ることに傾注すべきである。

(ウ)　自動車検問

警察官が走行中の自動車を停止させ、運転者や同乗者に質問を行おうとする場合、警職法2条1項の要件（異常な挙動が認められ、犯罪の疑いがある）が満たされていれば、それは職務質問として正当化可能である。職務質問に付随して車体のチェックを行うことも、捜索に至らない限り許されよう。しかし、自動車の走行にも車体にも特に異常・不審が認められない場合に、警察官が自動車を停止させ、運転者等に質問してもよいのかについては、このことを許容する法律がないだけに問題である。最高裁は「交通の取締」を定める警察法2条1項を引き合いに出して、交通取締りのための自動車一斉検問を「相手方の任意の協力を求める形で行われ、自動車の利用者の自由を不当に制約することにならない方法、態様で行われる限り、適法なものと解すべきである」（最決昭和55・9・22刑集34巻5号272頁）と判示している。警察法2条1項は組織規範であって、根拠規範ではないため、これを根拠法律とみることには無理があるが、最高裁判決の趣旨を善解すれば、相手方の任意の承諾・協力があり、かつその範囲内で行われる限りにおいて、自動車検問は人身の自由を制限していないことから、特別の法律がなくても許されるのであろう。

(6)　非刑事手続における侵入・捜索・押収

最高裁は「憲法35条１項の規定は、本来、主として刑事責任追及の手続における強制について、それが司法権による事前の抑制の下におかれるべきことを保障した趣旨であるが、当該手続が刑事責任追及を目的とするものでないとの理由のみで、その手続における一切の強制が当然に右規定による保障の枠外にあると判断することは相当ではない」と判示し、非刑事手続における侵入・捜索・押収に対しても、本条が適用される可能性があることを認めている（川崎民商事件判決：最大判昭和47・11・22刑集26巻９号554頁）。ただし、そこで問題になった収税官吏による質問検査手続については、当該検査が税務行政に必要な資料収集を目的とし、性質上、刑事責任の追及を目的とするものではないこと、実質的にも刑事責任追及のための資料収集に直接結びつく作用を一般に有するものではないこと、検査拒否に対しても罰則を通じて間接的心理的に検査の受忍を強制しようとするだけで、直接的物理的な強制と同視できないこと、質問検査制度の必要不可欠性に比して、強制の程度は不均衡・不合理とはいえないこと、を理由に、令状なき検査であっても、憲法35条の法意に反するものではないとした。そうだとすると、結局、通常の行政調査に令状は要求されないといわざるをえない。

しかし、同じ税務行政であっても、国税通則法132条の定める臨検・捜索・差押えのような犯則調査については、捜査手続と類似するのみならず、調査の結果、犯則事実が認められた場合は、収税官吏に告発が義務づけられ、調査によって得られた資料も犯罪捜査・訴追の証拠資料として利用されることが予定されている。このような場合は、令状主義が妥当するというべきだし、実際、法律上もそのように規定されている。

＊　なお、税関職員が無令状で行った検査等について、関税法上許容される郵便物の輸出入の簡易手続であるとし、憲法35条の法意に反しないとされ

た事例（最判平成28・12・9刑集70巻8号806頁）がある。

3　拷問および残虐な刑罰の禁止

(1)　拷問の禁止

憲法36条は「公務員による拷問……は、絶対にこれを禁ずる」と規定する。拷問は相手方に対して極度に大きな苦痛を与え、その身体および精神を甚だしく侵害するのみならず、個人の尊厳を蹂躙し、相手を同じ人間とみなさない極めて非人道的な手段である。拷問は自白を拒む者の抵抗を排し、自白の獲得を円滑にする有効な捜査手段だと思われてきたが、同時に苦痛から逃れるための虚偽の自白を誘発し、えん罪の原因も作り出してきた。それゆえ、人類の歴史は拷問禁止の方向を目指し、日本国憲法もその流れで拷問を絶対的禁止とした。今やいかなる理由があろうと、拷問は認められない（→第5章第2節）。「絶対にこれを禁ずる」とされる以上、例えば、時限爆弾の在処を白状させるための被疑者の拷問のように、大勢の人の生命を守るための緊急やむをえない場合であっても許されない。絶対的禁止の実を挙げるため、憲法38条2項は拷問による自白の証拠能力を否定した。また、公務員による拷問は犯罪（特別公務員暴行陵虐罪）とされる（刑法195条）。

(2)　残虐な刑罰の禁止

憲法36条は、拷問と並んで、残虐な刑罰も絶対に禁止する。残虐な刑罰とは「不必要な精神的、肉体的苦痛を内容とする人道上残酷と認められる刑罰」（最大判昭和23・6・30刑集2巻7号777頁）のことである。「人道上残酷と認められる刑罰」といえるかどうかは、現代文明の水準に照らして判断するほかないが、一応、①刑罰の内容、②刑罰の執行方法、③刑罰と犯罪の均衡の3点から考えることができる。

(ア)　刑罰の内容

刑罰の内容それ自体として、残虐というべきか否かが問題とされているのは死刑である。かつて最高裁は、憲法13条が生命といえども立法上剥奪されることを当然に予想し、憲法31条も法律の適正手続に従えば生命を奪う刑罰を科してもよいと定めていると解して、憲法自体が「刑罰として死刑の存置を想定し、これを是認した」と述べた上、死刑そのものは一般に直ちに「残虐な刑罰に該当するとは考えられない」とした（最大判昭和23・３・12刑集２巻３号191頁。最近の合憲判決として、最判令和３・６・29集刑329号101頁参照）。しかし、現代文明の水準に照らして、死刑の残虐性を考えてみたとき、死刑廃止条約の加入国増加など、先進国の大半が死刑を廃止している現状では、死刑はもはや残虐な刑罰とみなされるべきではないか。

⑴　刑罰の執行方法

前記昭和23年最高裁判決は、死刑そのものは残虐な刑罰に該当しないとしつつ、「ただ死刑といえども、他の刑罰の場合におけると同様に、その執行の方法等がその時代と環境とにおいて人道上の見地から一般に残虐性を有するものと認められる場合には、勿論これを残虐な刑罰といわねばならぬから、将来若し死刑について火あぶり、はりつけ、さらし首、釜ゆでの刑のごとき残虐な執行方法を定める法律が制定されたとするならば、その法律こそは、まさに憲法36条に違反する」という。この説示は、死刑に限らず刑罰一般について、残虐な執行方法が絶対に禁止されていることを明らかにしたというべきである。受刑者の処遇が劣悪にすぎるという場合も、残虐な刑罰に該当するとみなせるだろう。

⑵　刑罰と犯罪の均衡

刑罰の内容それ自体としては残虐でなくても、犯罪の大きさに比して著しく重い刑罰を科すようなことがあれば、そのような刑罰は残虐だといわなければならない。例えば、無期懲役そのものは残虐な刑罰ではない（最大判昭和24・12・21刑集３巻12号2048頁）が、軽犯罪に対して無期懲役を科すのは残虐な刑罰を科したと解する余地がある。一般に、ある犯罪に対してどのくらいの重さの刑罰を科すべきかの判断は、立法裁量に委ねられている。しかし、犯罪との関係で一見明白に著しく均衡を欠く刑罰は、絶対に禁じられた残虐な刑罰とみなすべきであろう。「法定刑が苛酷にすぎるかどうかは、……憲法36条の定める残虐刑に該当するかどうかの観点から、合憲か違憲かの判断が加えられて然るべき」とする、尊属殺判決（最大判昭和48・４・４刑集27巻３号265頁）における田中二郎裁判官の個別意見が参照に値する。

4　公平な裁判所の迅速な公開裁判の保障

憲法37条1項は、刑事被告人に対して「公平な裁判所の迅速な公開裁判を受ける権利」を保障している。憲法は既に32条で万人に対し「裁判所において裁判を受ける権利」を保障しているが、37条1項が改めて「裁判を受ける権利」に言及したのは、刑事被告人に特有の諸問題について、刑事被告人の手続的権利を強化するという観点から、「公平」「迅速」「公開」の三つの特別な保障を加えようとしたためである。

(1)　公平な裁判所の裁判を受ける権利

裁判の公平は憲法32条の要請であるが、本条が特に要求する公平は、裁判手続よりもむしろ裁判所の組織構成の公平、すなわち「構成其他において偏頗の惧なき裁判所」（最大判昭和23・5・5刑集2巻5号447頁）でなければならないという意味の公平である。ここでは、公平な裁判所であることが憲法上客観的に要請されると同時に、被告人には裁判所がその組織構成において自らに不利にあるいは検察に有利に偏って制度化されていないことを求める権利が保障される。裁判官らの除斥、忌避、回避の制度はそのために設けられている。起訴状一本主義や当事者主義の要請もここから導かれるとする見解もある。

現行の裁判員制度の公平も問題になりうるが、最高裁は「公平な『裁判所』における法と証拠に基づく適正な裁判が行われることは制度的に十分保障されている」（最大判平成23・11・16刑集65巻8号1285頁）と述べて、裁判員制度の公平性を認めている。また、裁判員法の区分審理制度（同法71条1項）についても、「全体として公平な裁判所による法と証拠に基づく適正な裁判が行われることが制度的に十分保障されている」（最判平成27・3・10刑集69巻2号219頁）と判示する。

(2)　迅速な裁判を受ける権利

刑事裁判の著しい遅延は、被告人に有利な証拠の散逸を引き起こすのみならず、身柄拘束の長期化を招いて、被告人に過度の精神的・肉体的・経済的負担を課す。そこで本条は迅速な裁判を受ける権利を被告人の権利として保障した。

最高裁の高田事件判決（最大判昭和47・12・20刑集26巻10号631頁）によると、迅速な刑事裁判か否かは「遅延の期間のみによって一律に判断されるべきではなく、遅延の原因と理由などを勘案して、その遅延がやむをえないものと認められないかどうか、これにより（本条が）まもろうとしている諸利益がどの程度実際に害せられているかなど諸般の情況を総合的に判断して決せられなければならない」という。ここでも総合較量の必要性が力説されている。総合較量のための考慮要素としては、被告人側の姿勢も挙げられており、「逃亡、出廷拒否または審理引延しなど遅延の主たる原因が被告人側にあった場合」は権利の放棄があったとみなされる。なお、被告人側が「審理を促す挙に出なかったとしても、その一事をもって、被告人が迅速な裁判をうける権利を放棄したと推定することは許されない」とされるが、判例の中には被告人自身による審理促進要求（がなかったこと）を考慮要素としているようにみえるものもある（峯山事件判決：最判昭和55・２・７刑集34巻２号15頁）上、審理がかなり長期化した場合でも、事件の複雑性に起因する場合はやむをえないとされるなど、高田事件判決を例外として、迅速な裁判を受ける権利が侵害されたとする最高裁判例はない。

なお、高田事件判決によれば、「審理の著しい遅延の結果、迅速な裁判をうける被告人の権利が害せられたと認められる異常な事態が生じた場合には、これに対処すべき具体的規定がなくても、もはや当該被告人に対する手続の続行を許さず、その審理を打ち切るという非常救済手段がとられるべき」であるとされる。

(3)　公開裁判を受ける権利

憲法82条１項は、民事・刑事の区別なく、「裁判の対審及び判決」の公開を裁判所に義務づけている。衆人環視の状態が裁判官の襟を正させると期待されているからである。憲法37条１項はこの裁判の公開を刑事被告人の権利として保障する。これは密室裁判の弊害がとりわけ刑事事件の被告人に対して顕著にみられたとの反省に基づく。公開の範囲は憲法82条１項と同じく「裁判の対審及び判決」である。また、憲法82条２項の非公開事由および絶対公開事由は、本条が適用される刑事裁判の公開の可否が問題となる場面にも妥当する。

なお、性犯罪の被害者等が証人尋問される際に、その精神の平穏を守り、心理的負担を軽減するために法廷に設けられる遮へい措置（刑訴法157条の5）およびビデオリンク方式（刑訴法157条の6）について、その合憲性が問題となった事件（最判平成17・4・14刑集59巻3号259頁）で最高裁は、こうした場合であっても「審理が公開されていることに変わりはない」とした。

5　証人の審問および喚問に対する手続保障

憲法37条2項は刑事被告人に対して、前段で証人審問権、後段で証人喚問権を保障している。前段の証人審問権の保障とは「裁判所の職権により、又は訴訟当事者の請求により喚問した証人につき、反対訊問の機会を充分に与えなければならない」ことを意味するというのが最高裁の見解である（最大判昭和24・5・18刑集3巻6号789頁）。それは、証人として公判廷に召喚された者に対して、被告人が反対尋問を行い、自己に不利な証言をされた場合でも、裁判官の面前で、その信憑性を直接問い確かめることのできる権利だとされる。これに対して後段の証人喚問権は、刑事被告人が公判廷外にいる者を証人として公判廷に強制召喚することのできる権利だという。被告人に有利な証人が自発的に出廷してくれない場合であっても、この証人喚問権を行使することによって、被告人が「公費で自己のために強制手続により証人を求める」ことができるところに、この権利の特色がある。ただし、被告人が申請した証人すべての喚問ができるのではなく、「裁判所がその必要を認めて訊問を許可した証人」（最大判昭和23・6・23刑集2巻7号734頁）だけが、本条の下で喚問することが許される。

以上のような最高裁の見解に対して、通説は憲法37条2項の証人を「実質的証人」（供述証拠を提供する者一般）の意味に解し、そのような証人に審問する権利の保障から伝聞証拠禁止の原則を導き出す。そのため、公判廷に召喚された証人に対して被告人が十分に反対尋問できなかった場合は、その証人の供述に証拠能力を認めるべきでないのはもちろん、反対尋問がそもそもできない公判廷の外での供述（公判外供述）にも、同様に証拠能力を認めるべきではないとされる。反対尋問の有無によって供述の証拠能力が左右されるというのである。公判外供述の証拠能力を広く認める刑訴法321条１項各号の規定は本条との関係で緊張を孕んでおり、特に２号の検察官面前調書は、被告人と相反する立場にある検察官によって作成された供述調書であるにもかかわらず、証拠能力を簡単に肯定するものとして厳しく批判される。

＊　しかしこの見解においても、証拠として利用する必要性と信用に値する情況的保障（特信性）がある場合は、例外的に証拠能力を肯定してもよいとされる。供述者が死亡するなどして供述不能の状態にあるが、公判外の供述が犯罪事実の存否証明に不可欠で、かつ、それが特に信用すべき情況下でなされている場合は、例外的に証拠能力を認めざるをえないというのである。そうだとすると、供述の証拠能力の問題は必ずしも反対尋問の保障と直結させて考える必要がなくなる。それはおそらく反対尋問のあり方も含んだ刑事手続全体の適正性を踏まえて判断されるべきものであろう。この文脈においては、いわゆる取調過程の可視化も問題になる。それが特信性を判断する際の重要な条件になるからである。

＊＊　供述者が国外にいる場合の検察官面前調書（刑訴法321条１項２号前段）の証拠能力と関わって、①国家機関である検察官において当該外国人がいずれ国外に退去させられ公判準備または公判期日に供述することができなくなることを認識しながら殊更そのような事態を利用しようとした場合や②裁判官または裁判所が当該外国人について証人尋問の決定をしているにもかかわらず強制送還が行われた場合は、「手続的正義の観点から公正さを欠く」とされ、「これを事実認定の証拠とすることが許容されないこともあり得る」と判示されている（最判平成７・６・20刑集49巻６号741頁）。

＊＊＊　検察官が証人の氏名、住所等を被告人や弁護士に知らせないことを認める刑訴法299条の４第１項・２項は証人審問権を保障した憲法37条２項に違反しないとした判例（最決平成30・７・３刑集72巻３号299頁）がある。

6　弁護人依頼権の保障

憲法は34条と37条３項において弁護人依頼権を規定している。両規定により、被疑者に対しては身体が拘束される場合に必ず、被告人に対してはいかなる場合であっても、弁護人に依頼する権利が与えられる（ただし、刑訴法30条は被疑者にも随時の弁護人選任権を認めている）。「資格を有する」

弁護人（37条3項）とは法律の専門家である弁護士のことである。刑事手続において、被疑者・被告人は常に捜査機関・訴追機関と対峙しなければならないが、通常、前者が法律の素人であることを思うと、弁護士の援助があって初めて後者との実質的な対等性が確保され、公平で適正な刑事手続が実現すると考えなければならない。

問題は弁護人依頼権の保障水準がどの程度実質的なものであるべきかという点にある。最高裁は、当初、弁護人を依頼する機会が国によって妨害されていなければよいとし、国には弁護人依頼権があることを告知したり、依頼方法を教示する義務はないと解した（最大判昭和24・11・30刑集3巻11号1857頁）。しかし、その後、「単に被疑者が弁護人を選任することを官憲が妨害してはならないというにとどまるものではなく、被疑者に対し、弁護人を選任した上で、弁護人に相談し、その助言を受けるなど弁護人から援助を受ける機会を持つことを実質的に保障しているものと解すべきである」（最大判平成11・3・24民集53巻3号514頁）と見解を改めた。

また、「身体の拘束を受けている被告人又は被疑者」には立会人なしに弁護人と接見する権利（接見交通権）が認められている（刑訴法39条1項）。この権利は弁護人依頼権に由来すると解されているが、刑訴法39条3項は「捜査のため必要があるとき」に捜査機関・訴追機関が被疑者接見の日時、場所および時間を指定できると規定している。これが被疑者の接見交通権・弁護人依頼権を侵害するのではないかとの疑問に対し、最高裁は合憲限定解釈を施すことによって、当該規定は「弁護人依頼権の保障の趣旨を実質的に損なうものではない」（前掲最大判平成11・3・24）とした。しかし、死刑確定者または再審請求弁護人が再審請求に向けた打合せをするために秘密面会の申出をした場合に、これを許さない刑事施設の長の措置は、特段の事情がない限り、違法であると解している（最判平成25・12・10民集67巻9号1761頁）。

憲法37条3項後段は、被告人が自ら弁護人を依頼することができないときに、国でこれを附すと定める。これにより刑事被告人は国選弁護人を附してもらう権利を獲得する。しかし最高裁によれば、「国が積極的に被告人のために弁護人を選任する必要はな」く、被告人の請求を待って対応すれば足りるとし、かつ、国にはこの権利を被告人に告知する義務もないとした（最大判昭和24・11・2刑集3巻11号1737頁、および前掲最大判昭和24・11・30）。消極的な解釈であるといわざるをえないが、刑訴法77条および272条は告知義務を定めている。この告知義務は憲法上の要請と解すべきであろう。

7　自白に対する手続保障

(1)　不利益供述強要の禁止

憲法38条1項は「何人も、自己に不利益な供述を強要されない」と規定する。その趣旨は「自己が刑事上の責任を問われる虞ある事項について供述を強要されない」（最大判昭和32・2・20刑集11巻2号802頁）というところにあり、本人の刑事責任に関する不利益な供述強要の禁止を意味している。問題になるのは刑事責任を問われるおそれのある事項の不利益供述であって、必ずしも刑事手続上での供述に限定されない。それゆえ、本条は民事訴訟における証言（民訴法196条）や議院の国政調査における証言（議院証言法4条1項）にも妥当する。

本条の由来は英米法にいう自己負罪拒否特権にある。そこではたとえ一般に証言義務があっても、本人が刑事訴追や有罪判決を受けるおそれのある場合に限り、証言義務が免除される。刑事責任が問われるところで本人に不利益証言を強いるのは、本人にとって苛酷にすぎると考えられるため、この場面に限って、証言を拒否する特権を認めようとしたのである。他方、刑事責任を問われるおそれのある事項についての不利益供述の強要は、暴行・脅迫等による自白の強要と結びつきやすく、また実際にそうであることが多いことから、憲法38条1項は同条2項の自白法則と関連づけることが可能である。つまり、憲法38条全体が自白強要の防止に奉仕すると理解されるのである。こうして現在では、憲法38条1項も、特権というより、不利益供述拒否権という権利を保障したと解されている。

＊　本条を受けて、刑訴法146条は「何人も、自己が刑事訴追を受け、又は有罪判決を受ける虞のある証言を拒むことができる」と規定する。加えて刑

訴法は、一般的な証言義務のない被疑者・被告人に全面的な供述拒否権としての黙秘権を認めている（刑訴法198条２項・291条４項・311条１項）。終始沈黙することも権利行使とみる黙秘権の保障が、憲法38条１項から直接導き出されるか否かは議論があるが、自白の強要を防止するという趣旨には適合的な仕組みである。

刑事責任を問われるおそれのある事項について、不利益供述を強要されない以上、そのような供述を法的に義務づけ、不供述に罰則を科すことは許されない。それだけでなく、そのような供述を事実上強いる措置をとることも禁じられなければならない。被告人の氏名は原則として不利益な事項に該当しないので、供述を強要しても本条には違反しないとされる（前掲最大判昭和32・２・20）。また、公判前整理手続における被告人の主張明示義務および証拠調べ請求義務を定める刑訴法316条の17の合憲性が問題視された際、最高裁は、刑事上の責任を問われるおそれのある事項について認めるように義務づけるものではないし、また、主張をすること自体を強要するものでもないから、当該規定は被告人に対し自己に不利益な供述を強要するものとはいえないとした（最決平成25・３・18刑集67巻３号325頁）。なお、不供述の事実から本人に不利益な推認をなすことは禁じられる。本条に反する強要によって得られた供述の証拠能力は否定されなければならない。

本条が禁止するのは不利益「供述」の強要なので、アルコール濃度検知のための呼気検査の義務づけなど、「供述」の強要とはみなせない場合は本条の対象外である（最判平成９・１・30刑集51巻１号335頁）。しかし、本人に不利益な内容の文書を作成させた上で提出するよう義務づけるのは本条に反する。既に存在する不利益な内容の文書の差押えは、本条ではなく、憲法35条１項の対象になる。いわゆるポリグラフ（嘘発見器）検査の強制が不利益「供述」の強要といえるかについては争いがあるが、検査技術が向上すればするほど、検査の実施が単なるデータ取得の域を超え、供述の採取と変わらなくなるので、検査の強制は今や不利益供述の強要といってよい。薬物を用いて意思の制御能力を喪失させてから供述を得ようとする、いわゆる麻酔分析も不利益供述の強要に当たる。催眠術を用いて供述を得る場合も同様に解することができる。

(2)　非刑事手続における不利益供述の強要

憲法38条１項は非刑事手続においても適用されるが、それはあくまでも刑事責任を問われるおそれのある事項についてである。この点でしばしば問題になるのは、行政手続における答弁義務、届出義務、報告義務、記帳義務である。通常はいずれも罰則によって実効性を担保されているため、義務を課せられた者がその義務を果たさないと、刑事責任を問われることになる。刑事責任を問われるおそれのある事項について、不利益供述を法的に義務づけ、不供述に罰則を科すことが許されない以上、このような仕組みは不利益供述拒否権の侵害に当たるのではないか。この点、最高裁はまず前掲川崎民商事件判決において、憲法38条１項の保障は「純然たる刑事手続においてばかりではなく、それ以外の手続においても、実質上、刑事責任追及のための資料の取得収集に直接結びつく作用を一般的に有する手続には、ひとしく及ぶ」と判示した。「実質上、刑事責任追及のための資料の取得収集に直接結びつく作用を一般的に有する手続」とは、例えば、国税犯則取締法（同法は国税通則法に編入された）上の質問調査手続であるという（最判昭和59・３・27刑集38巻５号2037頁）。しかし、そのようにみなすことのできる行政手続はほとんどなく、川崎民商事件で問題となった所得税法上の質問検査手続も、そうした性質を有するものではないとされた。

ほかにも、麻薬取扱者による記帳義務について、「麻薬取扱者たることを自ら申請して免許された者は、そのことによって当然麻薬取締法規による厳重な監査を受け、その命ずる一切の制限または義務に服することを受諾しているものというべきである」（最判昭和29・７・16刑集８巻７号1151頁）と述べて、権利の放棄があるかのような説示を行ったり、交通事故の報告義務について、操縦者は「警察官が交通事故に対する前叙の処理をなすにつき必要な限度においてのみ、右報告義務を負担するのであって、それ以上、……刑事責任を問われる虞のある事故の原因その他の事項までも右報告義務ある事項中に含まれるものとは、解せられない」（最大判昭和37・５・２刑集16巻５号495頁）と述べて、交通事故の報告事項が合憲の範囲に限定されているかのような説示を行ったりした。前者の事例はそもそも「強要」に当たらないことを、後者の事例はそもそも「不利益な供述」に当たらないことを、本条違反でないことの主たる理由にするもののようである（医師が死体を検案して異状を認めた場合の届出義務に関する最判平成16・4・13刑集58巻4号247頁は、両者を理由とするようにみえる）。しかし、答弁や報告が自己の犯罪発覚のきっかけになることは否めないから、義務づけの態様次第では、少なくとも適用違憲の可能性はある。

(3)　自白法則

憲法38条2項は、①強制・拷問・脅迫による自白と②不当に長く抑留・拘禁された後の自白を列挙し、その証拠能力を否定する（自白法則）。本条は、自白を強要しがちな実務の悪癖を正すため、たとえ真実であっても、上記の方法によって得られた自白は証拠として用いてはならないとしたのである（刑訴法319条1項も参照）。

＊　本条の趣旨をいかに解するかをめぐっては、任意性説と違法排除説の対立があるといわれる。任意性説は、本条に列挙された種類の自白には任意性が欠けており信用できないから証拠能力が否定されるのだという。任意性説はさらに、当該自白の信用性の低さを強調し、虚偽の自白を招きかねない（そして誤判を誘発する）点を問題視する見解と、任意性の欠如自体に着目し、不利益供述拒否権・黙秘権を侵害しかねない点を問題視する見解に分かれる。これに対して違法排除説は、本条に列挙された種類の自白はそもそも適正手続の趣旨に反して違法に収集されたものだから、違法収集証拠として排除されると解する。本条を違法収集証拠排除法則の一例とみるのである。任意性説と違法排除説は常に矛盾するわけではないものの、任意性説は自白の任意性を重視するため、たとえ違法な手段で得られた自白でも、本人の任意の供述であるとわかっている場合は、本条違反はないとされる可能性がある上、任意性という主観面の審査に踏み込まざるをえなくなることから、本人に自発的な意思があったのか否かをめぐって、実証困難な審査に陥るおそれがあるとの批判がある。適正手続に反するか否かを問題にし、国家の違法行為という客観面の審査を行おうとする違法排除説の方が、本条の趣旨に適合的であると思われるが、最高裁は任意性の有無を重視する姿勢をみせている（最判昭和33・6・13刑集12巻9号2009頁）。

(4)　補強法則

憲法38条3項は「何人も、自己に不利益な唯一の証拠が本人の自白である場合には、有罪とされ、又は刑罰を科せられない」と規定する（補強法則)。だから、たとえ証拠能力に問題のない自白であっても、それしか証拠がない場合は、被告人を有罪としてはならない。有罪とするためには、別の補強証拠が要求される（刑訴法319条２項も参照)。自白だけで有罪とすることを禁止する理由は自白偏重の防止にある。自白だけでも有罪にできるとすると、自白の強要が行われがちになり、その結果、誤判の原因となる虚偽の自白が誘発され、違法な取調べが助長されると考えられるため、証拠が自白しかない場合は、他に補強証拠を探して提示するよう、訴追する側に求めたのである。

＊　最高裁は、唯一の証拠が公判廷での被告人の自白である場合に限り、本条の適用を免れると判示した。というのも、それは「身体の拘束をうけず、又強制、拷問、脅迫その他不当な干渉を受けることなく、自由の状態において供述されるもの」なので、「裁判所の自由心証によって真実に合するものと認められる場合には、公判廷外における被告人の自白とは異り、更に他の補強証拠を要せずして犯罪事実の認定ができる」（最大判昭和23・７・29刑集２巻９号1012頁）からだという。この解釈を前提にすれば、いわゆるアレインメント（有罪の答弁）制度の導入も、本条に違反しないとの帰結が導けよう（刑事免責制度について、ロッキード事件判決：最大判平成７・２・22刑集49巻２号１頁も参照)。

8　遡及処罰および二重の危険の禁止

(1)　遡及処罰の禁止

憲法39条前段前半によれば、「何人も、実行の時に適法であった行為……については、刑事上の責任を問はれない」とされる。これは事後法による遡及処罰の禁止を定めたものである。実行時に当該行為を違法とする法律がなかったのであれば、たとえ実行後に法律が制定・改正され、当該行為が違法になったとしても、遡って処罰されることはないというのである。「法律なければ刑罰なし」とする罪刑法定主義の一つの表れであるといってもよい。行為が適法であったかどうかは、実行時の刑罰法規によって決まる。民事法や慣習法によって違法とみなされていたかどうかは関係がない。また、行為が違法であった場合でも、実行時の法定刑より加重された刑罰を事後に科すことは禁じられよう。

なお、強制わいせつ罪等を非親告罪とした改正刑法の施行前の犯罪に同法を適用した事案で、最高裁は「親告罪であった犯罪を非親告罪とする本法は、行為時点における当該行為の違法性の評価や責任の重さを遡って変更するものではない」し、「被疑者・被告人となり得る者につき既に生じていた法律上の地位を著しく不安定にするようなものでもない」から、憲法39条に違反するものではないとしている（最判令和2・3・10刑集74巻3号303頁）。

本条前段前半は、刑罰法規としての事後法の遡及適用を排除しようとするものであって、事後的な実体刑法による処罰を禁止している。それゆえ、刑事手続法（刑訴法）の遡及適用を直ちに禁じるものではない（最大判昭和25・4・26刑集4巻4号700頁）。しかし刑事手続法であっても、公訴時効や挙証責任の規定のように、事後に不利益変更されると、実体刑法による遡及処罰に匹敵する効果をもつと疑われるものもある。

＊　この点で問題視されたのが、2010年の「刑法及び刑事訴訟法の一部を改正する法律」による公訴時効の廃止・延長である。この改正法により、人を死亡させた犯罪であって死刑に当たるものについては公訴時効が廃止され、人を死亡させた犯罪であって懲役または禁錮に当たるものについては公訴時効が延長された。しかもどちらの場合も、法律の施行時点で公訴時効が完成していない事件、すなわち現に時効が進行中の事件に、この改正法が適用されると定められた（附則3条2項）。公訴時効の廃止・延長は遡及処罰そのものではないし、事後に刑罰を加重するものでもないが、犯罪を犯した者にとって不利益変更であることは確かであり、事前告知もなく行為者から予測可能性を奪うとの批判もありうるところである。しかしだからといって、このような予測可能性が法的な保護に値するとも言い難く、本条前段前半によって保障されていると解するのも困難であろう（最判平成27・12・3刑集69巻8号815頁も同旨）。

(2)　二重の危険の禁止

憲法39条前段後半および後段によれば、「何人も、……既に無罪とされた行為については、刑事上の責任を問はれない。又、同一の犯罪について、重ねて刑事上の責任を問はれない」とされる。本条の趣旨については、前段後半と後段をあわせてアメリカ法的な二重の危険の禁止を定めたと解する説、両者あわせて大陸法的な一事不再理を定めたと解する説、前段後半は一事不再理、後段は二重処罰の禁止を定めたと解する説があるが、いずれの説をとっても具体的帰結に差はないといわれる。ちなみに二重の危険の禁止とは、同一犯罪について、①無罪判決後の再起訴、②有罪判決後の別起訴、③複数回の処罰をそれぞれ禁止することをいう（二重訴追の禁止かつ二重処罰の禁止）。

アメリカでは、個人を刑罰制裁の危険にさらす被告人の地位に置くのは一度だけだとの確信から、事実審理をした第１審で無罪判決が出た後に、検察官が上訴することは許されていない。日本でも、同様に解するべきかどうかが問題になったところ、最高裁は「危険とは、同一の事件においては、訴訟手続の開始から終末に至るまでの一つの継続的状態と見るを相当とする」（最大判昭和25・９・27刑集４巻９号1805頁）とし、確定判決が下るまでは「継続せる一つの危険」があるだけだとして、検察官上訴を二重訴追とみなさず合憲とした。その結果、二重の危険の概念は、裁判制度の安定のために確定判決の再審理を禁じる一事不再理の考え方と変わらなくなった。さらに最高裁は「起訴状に公訴事実の記載が欠除していることを理由として公訴棄却の判決のなされた場合において、同一事件につき再度公訴を提起することを禁ずる趣旨を包含するものではないと解するのを相当」（最大判昭和28・12・９刑集７巻12号2415頁）とし、また「検察官が一旦不起訴にした犯罪を後日になって起訴しても」（最判昭和32・５・24刑集11巻５号1540頁）、それが二重訴追になるとは考えなかった。

二重処罰の禁止に関しても、最高裁は再犯加重を定めた刑法57条について、「新に犯した罪に対する法定刑を加重し、重い刑罰を科し得べきことを是認したに過ぎないもので、前犯に対する確定判決を動かしたり、或は前犯に対し、重ねて刑罰を科する趣旨のものではないから」（最大判昭和24・12・21刑集３巻12号2062頁）、本条に反しないとする。また、本条が「外国において確定裁判を受けた者であっても、同一の行為について更に処罰をすることを妨げない」とする刑法５条を許容するのかも問題となる。この点、最高裁は「憲法39条は、同一の犯罪につき、わが国の憲法による裁判権によって二重に刑事上の責任を問うことを禁じた趣旨と解すべきである」（最大判昭和28・7・22刑集7巻7号1621頁）と述べ、外国の裁判権に基づく処罰がなされた後に日本の裁判権に基づく処罰があっても、二重処罰に当たらないとした。

＊　刑事制裁と非刑事制裁（とりわけ行政制裁）の併科が二重処罰に当たるか否かも問題になるが、最高裁は両者の趣旨・性質が異なることを理由に併科は二重処罰に当たらないとしている。したがって、例えば、罰金と追徴税（最大判昭和33・4・30民集12巻6号938頁）、罰金と重加算税（最判昭和45・9・11刑集24巻10号1333頁）、刑罰と弁護士法の懲戒処分（最判昭和29・7・2刑集8巻7号1009頁）、刑罰と法廷等の秩序維持に関する法律による監置（最判昭和34・4・9刑集13巻4号442頁）、刑罰と過料（最判昭和39・6・5刑集18巻5号189頁）、罰金と独占禁止法の課徴金（最判平成10・10・13判時1662号83頁）、過料と弁護士法の懲戒処分（最決平成27・5・18刑集69巻4号573頁）などは、刑罰と非刑罰の併科であって本条の対象にならないとする。たしかに刑罰と趣旨、性質の異なる制裁が同時に科されても本条違反とみるべきではないと思われるが、両者の併科がそれを科された者にとって、明らかに不釣り合いに重すぎると評価される場合は、憲法36条の残虐な刑罰の禁止に違反するというべきだろう。

9　一般的な適正手続の保障

憲法は32条から39条までの各条で個別的な適正手続規定を設けている。しかし、適正手続の要請はこれらの個別規定に尽きるわけでない。個別規定はいわば特別法であり、それらに包含されない適正手続の要請は一般法としての憲法31条によって受けとめられる（→本章第1節**4**）。以下、問題となりうるものを例示する。

(1)　罪刑法定主義と実体の問題

「法律なければ刑罰なし」とする罪刑法定主義の要請は、既に憲法39条前段前半（事後法による遡及処罰の禁止）や憲法73条6号（政令のみに基づく処罰の禁止）に一部表れているが、それ以外の意味内容（慣習刑法の禁止、刑法の類推解釈の禁止、刑罰法規の明確性の要請、絶対的不定期刑の禁止など）については、憲法に明記がない。しかし、近代法の大原則とも評される罪刑法定主義の要請が部分的にしか憲法で保障されていないと解するのは妥当でないとすれば、それは憲法31条によって拾い上げられるべきである。

罪刑法定主義の要請は実体刑法の法定と適正を要求するため、必然的に実体の法定・適正要求を含む。その限りにおいて適正手続の要請とズレる面があることは否めない。しかし、刑罰法規の明確性の要請のように、犯罪と刑罰をあらかじめ明示することで、権力の恣意的行使を抑止し、個人の行動の自由を守ろうとするなど、適正手続の発想と軌を一にするところがあることも見逃せない。刑罰法規の明確性の程度は「通常の判断能力を有する一般人の理解において、具体的場合に当該行為がその適用を受けるものかどうかの判断を可能ならしめる」（徳島市公安条例事件判決：最大判昭和50・９・10刑集29巻８号489頁）かどうかによって決まる（→第10章第２節３(1)）。こうした見地から最高裁は、青少年保護育成条例が禁じる「淫行」の意味を「一般人の理解」に沿って解釈すれば「不当に広過ぎるとも不明確であるともいえないから、本件各規定が憲法31条の規定に違反」しないと判示している（福岡県青少年保護育成条例事件判決：最大判昭和60・10・23刑集39巻６号413頁）。

明確性の要請は、実体の適正の問題だとしても、なお手続の適正判断の延長線上で扱うことが許されよう。しかし、刑罰と犯罪の均衡（罪刑均衡）の要請や刑罰権発動の謙抑性の要請（刑罰謙抑主義）となると、実体の適正性を真正面から問わなければならなくなる。このような要請も憲法31条によって拾い上げられるべきかについては異論もある。それは結局のところ、刑罰法規の合理性の問題であって、立法裁量に委ねられるべき領域だと思われるからである。既に述べたように（→本節３(2)(ウ)）、明らかに行きすぎた刑罰は、憲法36条の残虐な刑罰に該当するがゆえに違憲というべきで、31条で拾い上げる必要はない。

(2)　告知・聴聞の保障

犯罪と刑罰を事前に告知し、かつ、実際に刑罰を科す場合は、処罰される者の言い分を聞くという意味での告知・聴聞の保障は、伝統的に適正手続の典型とみなされてきた。最高裁は、前掲第三者所有物没収事件判決において、被告人への附加刑として自己の所有物を没収される第三者に関して、「告知、弁解、防禦の機会」を与えずにその所有物を没収するのは、

「適正な法律手続によらないで、財産権を侵害する制裁を科するに外ならない」から、当該没収は憲法31条に違反すると述べている。これは直接的には第三者に対する告知・聴聞をいうものだが、被告人に対する告知・聴聞の保障を当然の前提とする判示であると解される。つまり、憲法31条は一般的に告知・聴聞を受ける権利を保障する。

この権利は、刑事的制裁はもちろん、行政的制裁に対しても妥当するが、最高裁は前掲成田新法事件判決の園部裁判官の意見において、不利益的な行政処分を課す場合は原則として告知・聴聞の機会が保障されるべきと説くのみで、重大な害悪を避けるための緊急の場合は告知・聴聞の保障がなくてもやむをえないとしている。なお、行政手続法は不利益処分を課す際に、事前の告知・弁明・防御の機会を与えるよう定めるが、数多くの領域を適用除外としているため、そこに憲法31条が適用される余地を残している（逃亡犯罪人引渡法の引渡命令発令手続も行政手続法の適用除外であるが、そこにおいて逃亡犯罪人に弁明の機会が与えられていなくても、憲法31条の法意に反しないとする最高裁決定がある〔最決平成26・8・19判時2237号28頁〕）。

(3)　違法収集証拠の排除

違法に収集された証拠には一般的に証拠能力が認められるべきではないといわれることがある（違法収集証拠排除法則）。憲法38条2項の自白法則をそのような趣旨と解する説（違法排除説）があることは既に述べた（→本節7(3)）。最高裁も、憲法35条の侵入・捜索・押収に対する手続保障について、「令状主義の精神を没却するような重大な違法があり、これを証拠として許容することが、将来における違法な捜査の抑制の見地からして相当でないと認められる場合」があれば、違法収集証拠として排除される可能性があるという（最判昭和53・9・7刑集32巻6号1672頁）。最高裁の判示の趣旨は明確ではないが、そこで述べられたことを憲法35条に限定する理由はなく、憲法31条にもあてはまると解すべきだろう。

(4)　会話・通信の傍受

人と人の会話・通信を承諾なく密かに聴取・録音する行為（いわゆる盗聴）が捜査手法として許されるか否かの問題は、従来、憲法35条の問題として扱われることが多かった。住居内の私的な会話を住居に設置した電子装置を用いて密かに傍受するのは、住居に侵入して捜索することとあまり変わらないとしても、携帯電話の盗聴のような通信傍受となると、もはや住居への侵入・捜索とはいえない。会話・通信の傍受は何らかの有体物を捜索・押収するわけではないから、捜索・押収されるべき物をあらかじめ令状に特定しておくことができないし、ことの性質上、傍受される側に令状を提示して事前に告知し、自己防御の機会を与えることもできない。つまり、会話・通信の傍受は憲法35条の想定からかけ離れている。このような捜査手法の許容性は、プライバシー（通信傍受の場合、憲法21条２項の通信の秘密）の保護の要請とあわせ、憲法31条に照らして判断されるべきである。

最高裁は、検証許可状による電話傍受の適否が問題となった事例において、「一定の要件の下では、捜査の手段として憲法上全く許されないものではない」としつつ、被疑事件の重大性、高度の嫌疑性、関連通話の蓋然性、代替手段の不存在、被侵害利益の内容と程度などを総合較量し、法律の定める手続に従って電話傍受を行うことも憲法上許されるとした（最決平成11・12・16刑集53巻９号1327頁）。

この決定は、特別の法律手続がなくても、検証許可状に依拠していれば電話傍受も許されるとしたのであるが、最高裁自身が問題視するように、「通話当事者に対する事後通知の措置や通話当事者からの不服申立て」の定めもない既存の検証手続では、適正手続の要請に応えたとは言い難い。1991年に通信傍受法が制定されて、電話傍受のための特別の手続が設けられ、傍受令状という特別の令状が必要になったことから、検証許可状による電話傍受は法律上許されなくなった。ただし、現行の通信傍受法の下でも、事後救済の問題がすべて解決されたわけではない。

(5)　取調べの可視化

身柄が拘束されているか否かはともかく、捜査目的で被疑者が取り調べられることは珍しくない（刑訴法198条１項）。取調べの場で違法な取扱い（特に拷問）をすることは禁じられているが、それが密室で行われた場合、実際に違法な取調べがあったのかを立証することは大変難しい。そこで取調過程を可視化することによって、取調状況を事後検証可能にし、取調手続の適正化を図ろうとする動きが進んでいる。具体的には取調べの場における弁護人の立会いと取調過程の録音・録画である。しかし、とりわけ取調過程の全面録画の要求に対しては、現在の刑事実務に根本的な変革を迫ることもあり、検察・警察関係者の多くがこれに応じることに消極的である。取調手続の適正化を図る手段としては全面録画方式しかないとまでは言い切れないが、取調べの可視化自体は、憲法31条の要請と考えるべきである。実際、一部の刑事事件を対象とするにすぎないものの、検察・警察に対し、全取調過程を録音・録画して可視化を図るよう義務づける規定も設けられている（刑訴法301条の２）。

(6)　外国人等に対する翻訳・通訳の配慮

「裁判所では、日本語を用いる」（裁判所法74条）とされていることもあって、日本語を解さない外国人の被疑者・被告人に対しては、事実上、告知・聴聞の機会が与えられないに等しくなる場合がある。それゆえ、捜査・起訴・公判・判決の各過程において、文書の翻訳あるいは通訳人による通訳が必要になる（刑訴法175条以下参照）。こうした配慮をすることも憲法31条の要請である。同様の配慮は聾唖者に対しても妥当する。

第３節　人身の自由

実体的権利としての人身の自由（身体の自由と同義であるが、生命を奪われない権利も含めて考える）は、憲法13条・18条・22条において保障されている。

1　憲法13条

「生命、自由及び幸福追求に対する国民の権利」の中には、人身の自由が含まれている。ただし、別のところで説明されるように（→第５章第３節１）、この権利は補充的権利であるから、他の個別的規定によってカバーされない限りにおいて、憲法13条の適用対象になる。

2　憲法18条

(1)　奴隷的拘束からの自由

「奴隷的拘束」とは、身柄の拘束一般を指すのではなく、それを超えて、個人の尊厳を侵すような身体の拘束を意味し、文字どおりの奴隷化はもちろん、「監獄部屋」（たこ部屋）への収容なども、それに当たる。非人道的な拘束状態があれば、「奴隷的拘束」があるといえる。必ずしも「苦役」が課せられている必要はない。また、本人が「奴隷的拘束」を受けることに同意していても正当化できない。ことは個人の尊厳に関わるからであり、その侵害は本人の同意によって治癒されるものではない（→第5章第2節）。

(2)　意に反する苦役からの自由

当人の意思に抗して相当の苦痛を伴う労働を強制することはできない。憲法18条は「犯罪に因る処罰の場合」を除くとしているが、これは犯罪処罰の場合がまさに「意に反する苦役」であると認めると同時に、その場合だけを例外扱いにするという意味である。「犯罪に因る処罰の場合」の中には、罰金完納不能の場合の労役場留置（刑法18条1項）も含まれる（最判昭和33・5・6刑集12巻7号1351頁）。また、「意に反する苦役」が強制労働を前提としていることは間違いないが、当該役務に強制の要素があるだけでは、なお「苦役」とはいえず、異論はあるものの、「苦役」というためには相当の苦痛の要素も必要である。

㈠　出頭・証言・申告・届出義務等

議院証言法や民刑事の訴訟法が定める証言義務をはじめとして、法律には各種の出頭・証言・申告・届出義務が規定されることが多いが、これらはしばしば制裁規定を伴っており、そこに強制の要素があることは否定できないとしても、相当の苦痛の要素があるとまではいえないから、本条違反ではない。最高裁も、所得税の源泉徴収義務に伴う労務負担を「苦役」とみなさなかった（最大判昭和37・2・28刑集16巻2号212頁）。

㈡　徴兵制・国民徴用制

徴兵制（兵役義務）を定めることや、かつての国家総動員法の国民徴用制を定めることは本条に違反するか。いずれも強制の要素と相当の苦痛の要素を含んでおり、本条違反と解されよう。これらが合憲とされるためには、それを許容する憲法の明文規定が必要となるところ、実際には、徴兵制・国民徴用制とは方向性を異にする規定（9条）が憲法にある。憲法の全体構想との整合性も問題視されるだろう。

㈦　非常災害等の緊急時の労役負担

非常災害時等の緊急時に国民に対して救援活動等の労役提供義務を課すことはできるか。実際にその種の義務を課す法律は複数存在する（災害対策基本法65条、災害救助法8条、水防法24条、消防法29条5項、道路法68条2項、河川法22条2項等）。これらの義務をあえて法的義務と解さないことによって、合憲とみなす見解も有力である。しかし素直に法的義務と解しつつ、他方で、これらが制裁を伴わず、緊急時の一時的・応急的なもので、通常人にとって苦痛と感じられるほどの労務負担でないことを理由に、そもそも「苦役」に当たらないと解する方が妥当であろう。

㈣　裁判員制度

緊急時の労役負担と比較すると、裁判員としての職務負担は長時間に及び、人によっては相当の苦痛を感じる事案もあり、しかも義務違反に対しては一定の制裁が用意されている（裁判員法108条・112条等）。これは「意に反する苦役」といわざるをえないという見解もあろう。これに対して最高裁は、「裁判員の職務等は、司法権の行使に対する国民の参加という点で参政権と同様の権限を国民に付与するものであり、これを『苦役』ということは必ずしも適切ではない」とした上で、辞退事由の柔軟な規定があることや経済的措置が講じられていることを理由に、「苦役」の構成要件に該当しないことは明らかであるとした（最大判平成23・11・16刑集65巻8号1285頁）。

3　憲法22条

憲法22条は、1項において、居住・移転の自由と職業選択の自由を規定し、2項において、外国移住の自由と国籍離脱の自由を規定する。これら四つの自由を一つの条文にまとめて規定する例はほかにみられないが、これらはいずれも前近代的な身分制的拘束（特に土地と職業への束縛）からの自由を保障しようとしたものであって、歴史的には起源を同じくする。しかし、現在では職業選択の自由が経済的自由の典型とみなされる一方で、ほかの三つは必ずしも経済的自由に還元されないという解釈が一般化している。

(1)　居住・移転の自由

「居住」とは生活の本拠を定めることで、「移転」とは生活の本拠を移すことであるといわれる。生活の本拠を自己決定できるところに、居住・移転の自由の人格関連性が見出される。だからこそ、この自由は人格の発展に不可欠の権利とみなされ、強い保障が与えられる。単に個人が居所（居場所）を見つけ、場所から場所へと移動する自由としての保障だと解すると、保障の範囲は広くなるだろうが、保障の程度は小さくならざるをえない。居住・移転の自由を生活の本拠を決定する自由と解するか（狭義説）、居所を変えて移動する自由と解するか（広義説）、いずれと解するかで保障の範囲と程度が異なってくる。旅行の自由は、広義説に立てば本条の問題だが、狭義説に立てば憲法13条の守備範囲となろう。ただし、広義説に立ちながら、この自由の核心を生活の本拠の決定にみて、そこに特別の保護を与えるという解釈論を展開することもできる。次に述べる外国移住の自由の解釈論と平仄が合うのなら、むしろその方が妥当であろう。

居住・移転の自由は、居住制限が課せられる場合はもちろん、身柄の拘束を受ける場合も、大きく制約される。正式の手続を踏み、被疑者・被告人が抑留・拘禁される場合（34条）や受刑者・死刑確定者が刑事施設に収容される場合は、ことの性質上、この自由が制約されるのは当然である。強制収容（出入国管理法39条以下）や入院措置（麻薬及び向精神薬取締法58条の８、精神保健福祉法29条以下、感染症法19条以下）または、親権者による子の居所指定（民法821条）、勾留執行停止の際の被告人の住居制限（刑訴法95条）、破産者の居住制限（破産法37条）などは、それぞれの正当な目的に照らし合理的な制約であると解されているが、必要以上の制約を課せば、もちろん違憲となる。既に廃止されたが、らい予防法の隔離規定は、目的・手段ともに合理性を欠いた居住・移転の自由の制約であった。なお、最高裁は前掲成田新法事件判決において、工作物使用禁止命令による暴力主義的破壊活動者の居住制限を「公共の福祉による必要かつ合理的なものである」と判示している。また、市営住宅の入居者が暴力団員だと判明すれば、当該住宅の明渡しが請求できると規定した条例について、ここで課された入居制限は「社会福祉的観点から供給される市営住宅に暴力団員が入居し又は入居し続ける利益」を制限したにすぎないとして、合憲と判示された（最判平成27・3・27民集69巻2号419頁）。

(2)　外国移住の自由

外国移住とは外国に生活の本拠を移すことなので、単に外国に移動し、そこで一時的に生活すること以上の現地での定着が想定されている。しかし最高裁は、帆足計事件判決（最大判昭和33・9・10民集12巻13号1969頁）において、外国移住の自由には「外国へ一時旅行する自由をも含むものと解すべきである」と判示し、上記の広義説を採用した。永続的な移住が保障されるなら、一時的な旅行も当然に保障されるという勿論解釈である。ここでも居住・移転の自由の場合と同様に、生活の本拠の決定の自由が権利の核心であるが、その周辺にある旅行の自由も包含されるという解釈論が展開されるべきである。

(3)　国籍離脱の自由

国籍離脱の自由とは、個人の意思で日本国籍を離脱する自由をいう。この自由は「個人の精神の独立に究極の価値をおいて国家を捉える立場の帰着点」（佐藤幸治）と評されている。日本国籍を離脱した後、無国籍になることは認められないと解されるので、結局のところ、日本国籍から外国籍に変更する自由を意味することになる（国籍法13条1項参照）。世界人権宣言15条は、国籍をもつ権利、国籍を恣意的に剥奪されない権利、国籍を変更する権利の三つを認めているが、最後の国籍を変更する権利がこれに該当する。

国籍離脱の自由は、国籍を離脱しない自由、すなわち、現在有している日本国籍を喪失させられることのない自由も含むと解される。それゆえ、国籍を恣意的に剥奪されない自由もここで保障される。しかし、複数国籍防止のために設けられた、外国籍の取得・選択に伴う日本国籍の喪失（国籍法11条）の可否については争いがある。伝統的には複数国籍は防止されるべきものと考えられていることから、自己の志望による外国籍取得に伴う日本国籍の喪失は、国籍剥奪とはみなされてこなかったが、国際化の進展とともに、その正当性には疑問が投げかけられている。仮に複数国籍防止の正当性が失われたら、外国籍の取得・選択に伴う日本国籍の喪失も、国籍を離脱しない自由の侵害を意味することになろう。

＊「日本国民は、自己の志望によって外国の国籍を取得したときは、日本の国籍を失う」と規定する国籍法11条１項の合憲性が争われた事案で、東京地裁は「国籍の取得及び保持に関する権利が保障されるか否かについて」、憲法22条２項が「何らの定めも置いていない」ことから、「日本国籍を積極的に取得又は保持することができる権利が保障されているということはできない」と判示している（東京地判令和３・１・21訟月68巻２号77頁、東京地判令和３・２・18裁判所ウェブサイト）。しかし、国籍を離脱しない自由の保障をそもそも否定し、外国籍の取得・選択に伴う日本国籍の喪失が国籍離脱の自由を何ら制限するものではないとみなすことには疑問がある。

〈参考文献〉

安念潤司「憲法問題としての『手続上の権利』」ジュリスト884号（1987年）246頁
市川正人「刑事手続と憲法31条」樋口陽一編『講座憲法学４』（日本評論社、1994年）197頁
井上正仁『捜査手段としての通信・会話の傍受』（有斐閣、1997年）
宇賀克也『行政手続法の理論』（東京大学出版会、1995年）
大石眞「憲法的刑事手続」大石眞＝石川健治編『憲法の争点』（有斐閣、2008年）158頁
駒村圭吾「刑事手続上の人権、その立憲主義的課題」『法曹実務にとっての近代立憲主義』判例時報2344号臨時増刊（2017年）137頁
杉原泰雄『基本的人権と刑事手続』（学陽書房、1980年）
松井茂記『裁判を受ける権利』（日本評論社、1993年）
松田岳士『刑事手続の基本問題』（成文堂、2010年）
棟居快行「適正手続と憲法」樋口陽一編『講座憲法学４』（日本評論社、1994年）229頁
「特集／条文から見る刑事訴訟法と憲法の関係」法学教室496号（2022年）８頁以下

第13章　職業の自由

第1節　総　説

1　保障の趣旨

(1)　歴史的経緯

江戸時代の士農工商の例からもわかるように、封建制においては身分と職業が堅く結びつけられ、人は自由に職業を選ぶことができなかった。近代市民革命は、身分制を廃止するとともに、職業選択の自由を確立させたが、明治憲法を含め、この自由を憲法上の権利として明文で保障する近代憲法は、それほど多くはなかった。

職業選択の自由や財産権の確立は、社会生活への国家の干渉はできるだけ小さい方が望ましいとする消極国家観と、一体をなすものであった。ところがその後、これらの経済的自由を強者が無制限に行使することによって、弱者の自由や生存が脅かされる事態が生じた。そこで、弱者保護や経済の安定的発展のために国家が社会に介入する、積極国家が求められるようになり（→第１章第１節**5**）、それに応じて職業選択の自由も一定の制限を受けることが認められるようになった。

日本国憲法22条１項が、「公共の福祉に反しない限り」での「職業選択の自由」の保障を謳っているのは、こうした歴史の展開を踏まえたものであると解されている。

(2)　憲法22条１項の趣旨

職業選択の自由は、個人の生活にとっての経済的基礎を支える、「経済的」な「権利」にとどまるものではない。薬事法事件判決（最大判昭和50・４・30民集29巻４号572頁）によれば、「職業は、人が自己の生計を維持するためにする継続的活動であるとともに、分業社会においては、これを通じて社会の存続と発展に寄与する社会的機能分担の活動たる性質を有し、各人が自己のもつ個性を全うすべき場として、個人の人格的価値とも不可分の関連を有する」。

すなわち、個人に職業選択の自由を保障することは社会秩序の形成・維持にとっても有用であり、小売市場事件判決（最大判昭和47・11・22刑集26巻9号586頁）はこの点を指して、「憲法が、個人の自由な経済活動を基調とする経済体制を一応予定している」と述べている。その意味で、職業選択の自由の保障には「客観的」な秩序としての側面がある。他方で、職業選択の自由は、個人の自己実現を達成するための不可欠の権利であるという点で、精神的自由とともに、「人格的」な権利としての意義も有するのである。

2　「営業の自由」の位置づけ

小売市場事件判決によれば、「職業選択の自由を保障するというなかには、広く一般に、いわゆる営業の自由を保障する趣旨を包含しているものと解すべきであ〔る〕」。しかし、「営業の自由」が、職業選択の自由および財産権とどのような関係に立つかについては、さまざまな議論がある。

まず、「営業の自由」という概念それ自体は、さほど明確ではない。それが「職業を営む自由」だとすれば、職業遂行の自由の中に吸収される。これに対して、とりわけ職業と人格の関連性を強調して職業選択の自由を理解するならば、「営利を目的とする自主的・継続的活動の自由」としての営業の自由は、むしろ憲法29条によって保障される（あるいは、22条と29条のかけあわせによって保障される）、と説明することもできる。たしかに、法人の「人権」の論点にも関連して、企業の「営業の自由」については別個の考慮が必要であるが、特に個人の自営業は人格的側面と営利活動としての側面が密接に結びついている場合も多い。そこで、個人の営利事業は「職業」の自由に含まれているとした上で、「営業の自由」は企業の営利事業の自由として観念し、それが憲法22条（または22条・29条）によって保障されている、と解すべきであろう。

＊「営業の自由」は人権の一つではなく、「公序」（public policy）として理解すべきであるという経済史学からの指摘がある。この指摘によると、イギリスの市民革命において、営業の自由は、初期独占の解体を求める公序として主張されたものである、という。そして、現代において、独占禁止等の公正な競争秩序のための規制は、自由の制限ではなく、自由を回復する措置と捉えるべきだ、と説く（岡田与好）。この問題提起は、「営業の自由」論争へと展開し、自由と秩序の関係や、自由の前提を創出するという近代国家の役割を、憲法学に再認識させることになった。しかし、人権解釈論の問題として議論する限り、職業選択の自由が実現された後に生じた寡占ないし不公正な競争の規制は、職業選択の自由の制限と位置づけた上で、その合憲性を検討すべきであろう。

第２節　保護領域

1　職業選択の自由

(1)「職業選択」の自由

憲法22条１項が自由な選択を保障する「職業」は、人が社会において、通常は生計を得ることを目的に、一定の継続性をもって行う活動である。もっとも、殺人請負業、麻薬・覚醒剤の密売業等のように、公共の福祉に明らかに反する「職業」は憲法の保障の対象ではなく、したがってこれらの反社会的職業の禁止は、あえて職業選択の自由の制限と捉える必要はない。

職業を「選択」する自由とは、「職業の開始、継続、廃止」（前掲薬事法事件判決）が国家権力によって侵害されないことを意味する。職業選択の自由の保障は、国会に不作為義務を課すにとどまり、個人に望む職業を国家が提供する義務を国家に負わせるものではない。

(2)　公務就任権の問題

憲法22条にいう職業には、自ら事業を営む場合だけでなく、私人に雇用される場合を含むと解される。公務員として雇用される場合については、かつては、公務就任権は参政権の一部またはそれに準ずるものとして理解されていた。しかし、公務員にも、国会や地方議会の議員、国務大臣や地方公共団体の長、裁判官のような直接公権力を行使する者から、機械的な労務に従事する者までさまざまな職種があり、それらに就任する権利を一律に参政権またはそれに準じたものと捉えて、多くの規制を認めるべきではない。今日では、一般職の公務員への就職も私企業に対するのと同様に職業選択の自由に含まれる一方、それ以外の公務員は憲法22条の保護領域に含まれない、と解される。

なお、東京都管理職選考事件判決（最大判平成17・1・26民集59巻1号128頁）は、既に地方公務員として雇用されていた定住外国人が、管理職への昇進について差別されたことが平等違反ではないかを論じたものであって、外国人に公務就任権が保障されるか、また公務就任権がどの憲法条文によって保障されるかという論点に対して、明確な回答を与えていない（→第2章第1節3(2)）。

2　職業遂行の自由

薬事法事件判決によれば、「選択した職業の遂行自体、すなわちその職業活動の内容、態様においても、原則として自由であることが要請され」、憲法22条1項は「狭義における職業選択の自由のみならず、職業活動の自由の保障をも包含しているものと解すべきである」。

公務は法令の規制の下で公共の福祉の実現のためになされるものであるから、公務員の公務遂行は職業遂行の自由によって保護されるものではない。

職業遂行の一環としての広告活動について、あんま師等法事件判決（最大判昭和36・2・15刑集15巻2号347頁）は、憲法21条と22条のいずれの保護領域に含まれるかを明らかにしていない（京都風俗案内所条例事件決定：最判平成28・12・15判時2328号24頁も参照）。現在の学説は、営利広告は、営利的表現の自由として、憲法21条の保護領域に含まれる、と解している（→第10章第2節1(6)）。

3　企業の営業の自由

企業の営業の自由とは、営利事業を開始・継続・廃止する自由およびその営業活動を遂行する自由であり、その中には、勤労者を雇用する自由も含まれる。また、勤労者の活動は企業の営業の自由（ないし個人事業主の職業遂行の自由）によって国家権力から保護されるものであり、勤労者個人の職業遂行の自由の問題ではない。企業と勤労者の法関係の調整は、企業の営業の自由と勤労者の職業の自由の関係ではなく、企業の営業の自由と勤労者の労働基本権（28条）の関係として考えることになる（→第17章第2節）。

＊　近時は、デジタルプラットフォームなどを通じて、単発で仕事を請け負う「ギグワーカー」が増えているが、個人事業者としてみる場合には、その活動は職業選択の自由として保障されることになろう（→第17章第1節1(3)）。

第3節　制　限

職業の自由の規制には、多様なものが含まれる。以下では、規制の実態に応じて、職業選択と営業選択、職業遂行と営業遂行を各々一体のものとして扱う。

1　職業選択の自由の制限

(1)　総　説

職業選択の自由の規制には、①登録制・届出制、②許可制、③資格制、④特許制、⑤国家独占がある。仮に反社会的職業もひとまず職業選択の自由の保護を受けると解するならば、当該職業の禁止もここに数え入れることができる（売春防止法等）。

これらの職業選択の自由の規制は、職業活動に先立ちそれを制限するものであるから、当然に事前制約に当たり、また多かれ少なかれ競争を制限するものであって直接的制約に該当する。

①は、職業・営業の開始等に際して、公簿への登録ないし行政への届出を義務づけるものである（理容業等）。自由の制限としては最も弱い程度の規制である。

②は、職業・営業の開始等を一般的に禁止した上で、行政機関による個

別の許可を得た場合に禁止が解除されるという規制である。「自然的自由」に対する警察許可を典型とするもので、職業の規制としては一般的な規制ということができる（風俗営業・飲食業等）。

③は、専門職能（profession）として一定の像が観念されてきた職業について、国家試験等の合格者にのみ職業を許すものである（医師・弁護士等）。

④は、行政による事業免許の交付を受けた者のみに営業を許す規制である（放送事業等）。一般に②よりも強度の制限であり、免許交付の審査にあたって、技術的・政策的観点からの行政裁量がより広汎に認められる場合が多い。

⑤は、国営企業以外の者に当該営業を許さないという規制であり、強度の職業の自由の規制である。経営の非効率性等を理由に、市場原理を導入する「民営化」によって、この種の規制は消滅する傾向にある。わが国でも、電信電話事業、たばこ専売事業に加えて、郵便事業が民営化された。もっともこれらの事業は現在もなお、電気・ガス・水道等の公益事業と同様、強い政府監督の下に置かれている。

(2)　客観的制限と主観的制限

ここでいう客観的制限とは、当該職業を希望する者が、自らの意思と能力によって左右することのできない基準を、職業の開始等の条件とするものである。各種の開設距離制限や需給条項（酒税法10条11号等）等が、これに該当する。国家独占は、私人による職業の選択をおよそ許さないという点で、最も強力な客観的制限ということができる。

これに対して主観的制限とは、職業を行う条件として、一定の個人的な資質や能力を要求するものであり、資格制は概ねこれに該当する。

2　職業遂行の自由の制限

職業遂行の自由の規制には、特定の職業遂行の内容・場所・方法等の規制が含まれる。

実際に裁判で争われた事例では、歯科技工士が総義歯の入換えに伴い、歯科医業に属する「印象採得、咬合採得、試適、嵌入」を行うことを禁止する歯科医師法等の規定（最大判昭和34・7・8刑集13巻7号1132頁）、司法書士以外の者が、他人の嘱託を受けて、登記に関する手続について代理する業務等を行うことを禁止する司法書士法の規定（最判平成12・2・8刑集54巻2号1頁）等は、職業遂行の自由の制限に当たるとみることができる。

＊　世田谷区清掃・リサイクル条例事件決定（最決平成20・7・17判時2050号156頁）は、自治体の定めるゴミステーションから家庭系一般廃棄物を収集等する行為の規制が、職業選択の自由の侵害に当たるとの古紙回収業者の主張を、「所論のいう各権利とは直接関連を有するものではな〔い〕」との理由で一蹴している。

3　職業の自由の間接的・付随的制約

職業の自由の行使それ自体の制限以外の規制目的を追求する結果、職業の自由が結果的に制限されるという事例を観念することもできる。例えば、詐欺を処罰する刑法の規定は、一般には職業の自由を規制することを目的とする規制ではないが、詐欺的行為を職業とする者にとっては――それが職業の自由の保護領域に入ると観念した場合であるが――、職業の自由にとって不利益をもたらす。このほか課税も、職業の自由の間接的・付随的制約に当たりうる。

第4節　正当化

1　形式的正当化

職業の自由の制限には、法律の根拠が必要である（→第3章第3節1(1)）。

インターネット医薬品販売事件判決（最判平成25・1・11民集67巻1号1頁）は、第1類医薬品・第2類医薬品の郵便等販売を一律に禁止する旨の省令改正を、薬事法（現在は、薬機法）の趣旨に適合せず委任の範囲を逸脱したものと判断した。同判決は、薬事法の規制の具体化には厚生労働大臣の医学的・薬学的知見に相当程度依拠する必要があることを認めつつ、インターネットを通じた郵便等販売の需要が現実に存在しており、その制限に対する反論が政府内外でも強かったこと、さらに憲法上の職業活動の自由の保障からすれば、省令が法律の趣旨に適合し、委任の範囲を逸脱していないといえるためには、立法過程における議論をも斟酌した上で、法律の規定から郵便等販売を規制する内容の省令の制定を委任する授権の趣旨が規制の範囲や程度等に応じて明確に読み取れることを要する、と述べている。

2　実質的正当化——公共の福祉

職業の自由は、憲法22条1項が明文で「公共の福祉」による制限を想定していることからもわかるとおり、精神的自由と比べて、より広範な制限を許容するものと解されてきた。戦後直後の職業安定法事件判決（最大判昭和25・6・21刑集4巻6号1049頁）は、有料職業紹介を禁止する職業安定法の規定を、まさに「公の福祉」のためという理由で、簡単に合憲と判断している。規制の目的が公共の福祉を実現するものであるとしても、有料職業紹介の禁止が過剰な規制ではないかという問題点は、全く顧慮されていなかった。

＊　公共の福祉に関する学説のうち、支配的な見解となった一元的内在制約説は、人権相互の衝突の局面として、次の二つを区別した。第1の「自由国家的公共の福祉」は、自由権を万人に公平に保障するためのもので、人権に対する必要最小限度の規制を認める。これに対して第2の「社会国家的公共の福祉」は、弱者の社会権を実質的に保障するために、強者の人権を必要な限度で規制することを認めるものである。そして職業の自由・財産権については、生存権の実現と衝突することが多いことから、自由国家的公共の福祉による制約だけでなく、社会国家的公共の福祉による制約も妥当し、そのことは憲法22条1項および29条2項が「公共の福祉」に言及したことに現れている、と説いた。また、現在でも、職業の自由には「内在的制約」とは別に「政策的制約」が許される、と説く見解も有力である。

これらの見解は、職業の自由の制限事由や制限の程度について、大局的には妥当な方向性を与えているが、他の人権制限の場面と同様、職業の自由の制限の合憲性を具体的に判断するための枠組みを提供するものではない。職業の自由もまた憲法上の権利として明文で保障された権利であり、しかも第1節で述べたとおり個人の人格とも関連する権利である以上、その制限は、明確な判断枠組みに基づき正当化される必要がある。

3　比較衡量と立法裁量

現在の判例は、職業の自由の制限の正当化に際して、このような抽象的な公共の福祉論ではなく、立法裁量の統制という枠組みを採用している。

例えば薬事法事件判決は、①職業が「本質的に社会的な、しかも主として経済的な活動であって、その性質上、社会的相互関連性が大きい」ことを理由に、「職業の自由は、それ以外の憲法の保障する自由、殊にいわゆる精神的自由に比較して、公権力による規制の要請がつよ〔い〕」とする。そして②職業、その規制理由および規制態様も多種多様であることから、制限の合憲性は、「具体的な規制措置について、規制の目的、必要性、内容、これによって制限される職業の自由の性質、内容及び制限の程度を検討し、これらを比較考量したうえで慎重に決定されなければならない」と述べる。さらに③こうした検討と考量は「第一次的には立法府の権限と責務」であり、裁判所は「立法府の判断がその合理的裁量の範囲にとどまるかぎり」その判断を尊重すべきこと、しかしその「右の合理的裁量の範囲については、事の性質上おのずから広狭がありうるのであって、裁判所は、具体的な規制の目的、対象、方法等の性質と内容に照らして、これを決すべき」である、としている。

このように、職業の自由の制限の正当化は、比較衡量論を前提に立法裁量を承認した上で、裁量統制の手法によって判断されるべきことになる。

＊　①の説示は、現在の通説である二重の基準論に理解を示したものと捉えられている。

もっとも、二重の基準論は、民主的政治過程論と裁判所の審査能力の限界から、職業の自由を含む経済的自由の制限の合憲性が、一般に、精神的自由の制限よりは緩やかな審査基準で判断すべきだという結論を導いている。しかし、基本的人権を個人の尊厳から基礎づけ、多数者の侵害からも保護された個人の権利として捉えるならば、第1の民主的政治過程論は、「裁判所が特に精神的自由の制限については、積極的に審査すべきだ」とはいえても、「裁判所が経済的自由の規制は常に緩やかに審査すべきだ」ということにはならないであろう。また、第2の裁判所の審査能力の限界論についても、複雑な社会的・一般的事実の検証・予測や多次元的な利益衡量が必要となる場合があることは精神的自由の制限の場合でも同様にありうるから、経済的自由の制限に関する審査基準を常に緩和すべきとまでは言い難いように思われる。

4　規制目的二分論

(1)　消極・積極目的と審査基準

そこで次の問題は、職業の自由の制限に関して、いかなる裁量統制の手法を取るべきか、ということになる。

この点、以下にみるように、小売市場事件判決では小売市場の開設距離制限が、薬事法事件判決では薬局の開設距離制限の合憲性が問題になった点で共通するにもかかわらず、最高裁は、前者では立法裁量を尊重して合憲判決を下し、後者では立ち入った目的・手段審査によって違憲の結論を導いた。

学説は、この二つの判決の関係を整合的に説明できる理論として、職業の自由の制限のうち消極目的規制は積極目的規制よりも厳格な審査基準でその合憲性を判断すべきだという考え（規制目的二分論）があるものと想定した。この規制目的二分論によると、経済的自由を制限する目的は、「国民経済の円満な発展や社会公共の便宜の促進、経済的弱者の保護等の社会政策及び経済政策上の積極的なもの」と「社会生活における安全の保障や秩序の維持等の消極的なもの」（前掲薬事法事件判決）に分けられる。もっとも、このように広汎な積極目的を認めることは、職業の自由の制限を安易に認めることになりかねないとして、積極目的概念を限定すべきことを説く見解もある。

従来の学説は、消極目的規制については「厳格な合理性の基準」が、積極目的規制については「明白の原則」を採用するのが判例法理である、と受けとめ、それを支持した。さらには職業の自由だけでなく財産権についても同様に考えるべきだと主張するようになったのである。

(2)　小売市場事件判決と「明白の原則」

前掲小売市場事件判決は、まず「積極的に、国民経済の健全な発達と国民生活の安定を期し、もって社会経済全体の均衡のとれた調和的発展を図るため」、「必要かつ合理的な範囲にとどまる限り」経済的自由の規制が許される、として、目的の正当性、手段の必要性・合理性という実体的な基準を示す。しかし、こうした規制措置の適切妥当性には、立法事実の「正確な基礎資料」が必要であり、また「広く社会経済政策全体との調和を考慮する等、相互に関連する諸条件についての適正な評価と判断」が必要であり、これは国会の使命である、とされる。そこから最高裁は、裁判所は「立法府の政策的技術的な裁量」を尊重し、「立法府がその裁量権を逸脱し、当該法的規制措置が著しく不合理であることの明白である場合に限って、これを違憲として、その効力を否定することができる」とした。

(3)　薬事法事件判決と「厳格な合理性の基準」

これに対して、前掲薬事法事件判決で注目されたのは、規制が「社会政策ないしは経済政策上の積極的な目的のための措置ではなく、自由な職業活動が社会公共に対してもたらす弊害を防止するための消極的、警察的措置である場合には、許可制に比べて職業の自由に対するよりゆるやかな制限である職業活動の内容及び態様に対する規制によっては右の目的を十分に達成することができないと認められることを要する」とする一節である。この説示は、消極・警察目的による職業の自由の規制の合憲性は、「明白の原則」で判断されるべきではなく、より制限的でない他に選びうる手段（LRA）の有無を審査する「厳格な合理性の基準」によって判断されるべきだ、との意味で理解された。

(4)　規制目的二分論の問題点

しかしその後、最高裁は消極目的・積極目的の言葉を用いることが少なくなり、さらに専ら規制目的二分論によるだけでは、判例の全体像を整合的に説明できないことも、次第に明らかになってきた。

第1に、具体的な事例では、消極目的と積極目的を区別することが困難な事例がある。例えば、公衆浴場の開設の距離制限については、公衆衛生の保障という消極目的で理解するのか（最大判昭和30・1・26刑集9巻1号89頁）、それとも零細事業者の保護という積極目的とみるのか（最判平成元・1・20判時1302号159頁）、それとも両者の複合的なものとして捉えるのか（最判平成元・3・7判時1308号111頁）、判例の立場も分かれている。また、環境の保護を目的とする規制を消極目的か積極目的かのいずれかに区別することも、実際には困難であろう。

第2に、消極・積極目的のほかにも、職業の自由を規制する正当な目的が考えられるのではないかという疑問がある。例えば、酒税法事件判決（最判平成4・12・15民集46巻9号2829頁）では、経営の基礎が薄弱であることを理由に、酒類販売業の免許を拒否できるとの規定（酒税法10条10号）の合憲性が争われた。最高裁は、租税にはさまざまな機能があり、「財政・経済・社会政策等の国政全般からの総合的な政策判断」や「課税要件等を定めるについて、極めて専門技術的な判断」が必要であるため、租税法の定立について立法府の裁量的判断を尊重すべきである、とした。その上で、「租税の適正かつ確実な賦課徴収を図るという国家の財政目的のための職業の許可制による規制については、その必要性と合理性についての立法府の判断が、右の政策的、技術的な裁量の範囲を逸脱するもので、著しく不合理なものでない限り、これを憲法22条1項の規定に違反するものということはできない」との考えを示した。消極・積極目的のほかに財政目的による規制を認める点、また最終的な基準が「明白の原則」とも「厳格な合理性の基準」とも異なっている点で、規制目的二分論では説明が難しいものである。

＊　なおこの判決には、酒類販売業の許可制を、財政目的から逸脱して、既存の酒類販売業者の権益の保護に用いることは許されないとする、園部逸夫裁判官の補足意見が付されている。酒税法10条11号の需給均衡を理由とする免許拒否は、こうした観点からは疑問の余地が大きいが、最高裁はこれも前掲酒税法事件判決と同じ理由で合憲の結論を導いている（最判平成10・7・16判時1652号52頁）。

規制目的二分論は、学説としてみても、今日ではさまざまな批判がある。そもそも、立法者が積極目的を規制理由として掲げれば、なぜ審査基準が緩やかになるのかについて、十分な説明が難しい。規制される経済的自由の側からみれば、規制目的が消極的か積極的かの違いによって、同じ規制が緩やかに審査されたり厳しく審査されたりする理由は、乏しい。また、積極目的規制の際に用いられる明白の原則は、裁判所が合憲性の審査を実質的には放棄することを意味するから、既得権保護のための経済的自由の規制を実際には野放しにすることにならないか、という指摘がある。

＊　規制目的二分論の背後に、次のような説明を想定する見解も有力である。すなわち、国会が正面から特定の業界の保護を謳って参入を規制する場合は、国会が本来果たすべき交渉と妥協による利害調整の結果であって裁判所の審査は緩やかでよい。これに対して、あたかも国民一般の福祉に貢献する消極目的規制であるかのように仮装して特定の業界を保護する立法が制定された場合には、裁判所の立ち入った審査が必要だ、というものである（長谷部恭男）。もっとも、この議論は、論者自身の解釈論というよりも、多元的立法過程論から判例を「読み替え」た場合の、ありうる整合的な説明として位置づけられている点に、注意が必要である。

5　判例法理の再構成と検討

(1)　目的・手段審査と審査密度

前掲薬事法事件判決は、4 (3)で紹介した裁量統制の枠組みを提示した上で、次のように述べていた。「一般に許可制は、単なる職業活動の内容及び態様に対する規制を超えて、狭義における職業の選択の自由そのものに制約を課するもので、職業の自由に対する強力な制限であるから、その合憲性を肯定しうるためには、原則として、重要な公共の利益のために必要かつ合理的な措置であることを要〔する〕」。最高裁は、このように制限態様に着目した後に、4 (3)でみたとおり規制目的に言及して、いわゆる「厳格な合理性の基準」を導いていたのである。つまり薬事法事件判決は、制限の態様が事前制約――職業選択の自由の規制――であることを、規制目的に勝るとも劣らず重視していたものと理解すべきであろう。

このように考えるならば、職業の自由の制限態様、制限の重大性、制限目的の具体的検討を通じて、立法裁量の範囲と目的・手段審査の審査密度を決定しているのが、判例法理の真の姿だと捉えられる。以下では、こうした観点から、目的・手段審査における具体的な問題点について触れておくことにする。

(2)　職業選択の自由の制限における目的・手段審査

前掲薬事法事件判決では、①目的審査において「重要な公共の利益」であること、②手段審査において「必要かつ合理的な措置」であり、しかも消極目的であることから、「許可制に比べて職業の自由に対するよりゆるやかな制限である職業活動の内容及び態様に対する規制によっては右の目的を十分に達成することができないと認められること」が要求された。そして具体的な判断では、①について「一部地域における薬局等の乱設による過当競争のために一部業者に経営の不安定を生じ、その結果として施設の欠陥等による不良医薬品の供給の危険が生じるのを防止すること」を主たる目的として認定し、その正当性を認めた。

しかし②については、医薬品の乱売がスーパーマーケットにおける低価格販売や過剰生産に原因がありうることなどからすると、「競争の激化―経営の不安定―法規違反という因果関係に立つ不良医薬品の供給の危険が、薬局等の段階において、相当程度の規模で発生する可能性があるとすることは、単なる観念上の想定にすぎず、確実な根拠に基づく合理的な判断とは認めがたい」として、目的と手段の合理的関連性を否定した。

「厳格な合理性の基準」という定式からは、あたかも目的達成手段が必要最小限度にとどまらないことを、違憲判断の決め手にしたように想像されるが、本判決の論理はそうではない。もちろん本判決は、立入検査体制の強化等の方策にも言及しているが、それは最終的には「供給業務に対する規制や監督の励行等によって防止しきれないような、専ら薬局等の経営不安定に由来する不良医薬品の供給の危険が相当程度において存すると断じるのは、合理性を欠く」という形で、法が防止しようとする公益が害される危険の程度に関連づけて、手段の必要性を議論していることに注意すべきである。

＊　危険の程度の判断は、目的達成手段の合理性・必要性の判断において、重要な要素となる。白タク営業事件判決（最大判昭和38・12・４刑集17巻12号2434頁）は、自動車運送事業の免許制を前提に、「自家用自動車の有償運送行為は無免許営業に発展する危険性の多いものであるから、これを放任するときは無免許営業に対する取締の実効を期し難く、免許制度は崩れ去るおそれがある」ことを理由に、自家用自動車による有償運送行為を禁止する道路運送法の規定を合憲とした。ここでは、規制対象となる行為が本当にかかる危険をもたらすかどうかについて、薬事法事件判決のように、立法事実に基づく厳格な判断がなされていない。

また最高裁は、「予防的措置として職業の自由に対する大きな制約である薬局の開設等の地域的制限が憲法上是認されるためには、……このような制限を施さなければ右措置による職業の自由の制約と均衡を失しない程度において国民の保健に対する危険を生じさせるおそれのあることが、合理的に認められることを必要とする」として、狭義の比例性にも言及している。

本判決がこのように比例原則を厳格に適用した理由は、職業選択の自由の規制であり、しかも客観的制限であること（既存薬局の存在は、新規参入者の努力ではどうにもならない事由である）が考慮されていると考えられる。ドイツでは、職業遂行の自由の制限、職業選択の自由の主観的制限、職業選択の自由の客観的制限の順に、正当化に要求される審査密度が高まるとの考え（Drei-Stufen-Theorie）があり、本判決もそれに近い発想をとっていたとみることもできる。

＊　下級審ではあるが、狭義の職業選択の自由の制限に比例原則を厳格に適用した薬事法事件判決の趣旨を踏まえて、許可制ないし資格制の対象を制限的に解釈した二つの判決が注目される。まず、風適法ダンス営業規制事件の控訴審判決（大阪高判平成27・1・21 LEX/DB25505605）は、営業の中に限られるとはいえダンス表現の自由が制約されること、ダンスの多様化等により客にダンスと飲食をさせる営業であっても男女間の享楽的雰囲気を過度に醸成するおそれのない営業があるという立法事実の変化を理由として、風適法２条１項３号による規制の対象範囲を憲法適合的に解釈した。またタトゥー事件の控訴審判決（大阪高判平成30・11・14判時2399号88頁）は、タトゥー施術業には医師法17条の医行為のうち医療関連性の要件を欠くとしつつ、仮に医行為について保健衛生上の危険性要件のみで足りるという解釈をとれば、タトゥー施術業を営む者の職業選択の自由を侵害するおそれがあり、憲法上の疑義が生じるといわざるをえないと付言している。

他方、許可制の事案であっても、たばこ事業法事件判決（最判平成５・６・25判時1475号59頁）では、製造たばこの小売販売業について許可制および適正配置規制をとることを、小売市場事件判決を引用しながら、「著しく不合理であることが明白であるとは認め難い」と判断した。このような緩やかな審査密度が採用された理由は、たばこの小売販売業者に零細経営者が多いこと、身体障害者等について特別の配慮が加えられてきたことなどの事情によるものと考えられる。

さらに、あん摩マッサージ指圧師養成施設不認定事件判決（最判令和

4・2・7民集76巻2号101頁）は、あん摩マッサージ指圧師に係る養成施設で視覚障害者以外の者を養成するものについて、視覚障害者であるあん摩マッサージ指圧師の生計の維持が著しく困難とならないようにするため必要があるときは認定をしないことができる旨の法の規定を合憲としたが、そこでは「重要な公共の利益のために必要かつ合理的な措置であることについての立法府の判断が、その政策的、技術的な裁量の範囲を逸脱し、著しく不合理であることが明白な場合」かどうかという審査基準が用いられている。このように許可制であるにもかかわらず比例原則を厳格に適用しない理由として、同判決は、経済的弱者の立場にある視覚障害者を保護するための規制措置の必要性等については、将来予測を含む専門的・技術的評価と、社会福祉・社会経済・国政全般からの総合的な政策判断が必要であることを理由としている。

(3)　職業遂行の自由の制限における目的・手段審査

職業遂行の自由の制限が問題になった事例では、最高裁は概ね緩やかな目的・手段審査により、制限の合憲性を承認している。

①西陣ネクタイ事件判決（最判平成2・2・6訟月36巻12号2242頁）は、織物業者が、生糸の一元輸入措置や生糸価格安定制度の導入によって損害を被ったとして、旧繭糸価格安定法の規定の合憲性を争った事例である。最高裁は、本件規定が営業の自由に対する制限に当たることを認めつつも、小売市場事件判決を引用した上で、国会の立法行為が国賠法上違法との評価を受ける場合に当たらないとした。

②司法書士以外の者が、他人の嘱託を受けて、登記に関する手続について代理する業務等を行うことを禁止する司法書士法の規定について、最高裁は、薬事法事件判決を引用しながら、簡単に「公共の福祉に合致した合理的なもので憲法22条1項に違反するものでない」としている（前掲最判平成12・2・8）。司法書士についての資格制を前提に、緩やかに正当化判断をしたものと考えられる。

③農業災害補償法事件判決（最判平成17・4・26判時1898号54頁）は、米の生産者について農業共済組合への当然加入を義務づける法の規定の合憲性が争われた事例である。最高裁は、規制は「公共の福祉に合致する目的

のために必要かつ合理的な範囲にとどまる措置ということができ、立法府の政策的、技術的な裁量の範囲を逸脱するもので著しく不合理であることが明白であるとは認め難い」として、小売市場事件判決を援用して規制を合憲と判断としている。

④保険医療機関指定拒否処分事件判決（最判平成17・9・8判時1920号29頁）は、病院の開設の中止勧告（平成9年法律125号改正前の医療法30条の7）を受けたにもかかわらずこれに従わず開設された病院について、良質かつ適切な医療の効率的提供および医療保険の運営の効率化の観点から保険医療機関の指定を拒否することは、「公共の福祉に適合する目的のために行われる必要かつ合理的な措置」であるとして、やはり小売市場事件判決を援用しながら、健康保険法43条の3第2項（平成10年法律109号改正前のもの）の規定を適用上合憲と判断した。この判決も、おそらくは積極目的規制であることも加味しながら緩やかに正当化を認めたものと解されるが、保険医療機関の指定の拒否が、実質的な病院開設の拒否すなわち職業選択の自由の制限（それも客観的制約）に当たりうることからすると、より立ち入った手段審査が必要であったように思われる。

⑤要指導医薬品対面販売事件判決（最判令和3・3・18民集75巻3号552頁）では、インターネット医薬品販売事件判決（→1）を受けて定められた、要指導医薬品について薬剤師の対面による販売を義務づける薬機法の規定の合憲性が争われた。最高裁は、要指導医薬品の市場規模や規制の期間に照らすと、当該規定は職業選択の自由そのものに制限を加えるものではなく、職業活動の内容および態様に対する規制にとどまり、また制限の程度も大きくないことを理由に、本件規制が立法裁量を超えるものではないと判断した。

＊　新型コロナウイルス感染症がまん延し、政府が東京都に緊急事態宣言を出していた2021年3月、都知事は、営業時間短縮の要請に応じなかった飲食店の経営者に対して、新型インフルエンザ等対策特措法に基づく営業使用停止命令を発出した。これに対して経営者が、飲食店に対する緊急事態措置に反対意見を表明していたことに対する狙い撃ちである等として同命令の適法性を争った事件で、第1審判決（東京地判令和4・5・16判時2530号

5頁）は、営業の自由を侵害し憲法違反であるとの主張は退けた一方で、不利益処分を課してもやむをえないといえる程度の個別の事情が認められず、本件命令の発出は「特に必要があると認めるとき」という法の定める要件に該当しないものであったと判断した（結論としては請求棄却、確定）。

〈参考文献〉

芦部信喜「職業の自由の規制」『人権と憲法訴訟』（有斐閣、1994年）347頁以下
石川健治「営業の自由とその規制」大石眞＝石川健治編『憲法の争点』（有斐閣、2008年）148頁以下
井上達夫「司法的人権保障の現代的課題」『法という企て』（東京大学出版会、2003年）169頁以下
岡田与好『経済的自由主義』（東京大学出版会、1987年）
小山剛「経済的自由の限界」小山剛＝駒村圭吾編『論点探究 憲法（第2版）』（弘文堂、2013年）214頁以下
高橋和之『人権研究2　経済活動の自由および社会権』（有斐閣、2022年）
長谷部恭男「それでも基準は二重である！」『比較不能な価値の迷路』（東京大学出版会、2000年）99頁以下
松本哲治「経済的自由権に関する判例と立法の展開」近畿大学法科大学院論集4号（2008年）51頁以下
棟居快行「営業の自由の規制二分論批判」『人権論の新構成』（信山社、1992年）215頁以下
棟居快行＝小山剛「経済的自由権と規制二分論」井上典之ほか編『憲法学説に聞く』（日本評論社、2004年）113頁以下

第14章　財産権

第1節　総　説

1　沿　革

財産的権利の保障は、最も伝統的な法秩序の役割の一つである。とはいえ、その保障のあり方は、時代とともにさまざまな形をとる。例えば、ヨーロッパ中世における「財産権」とは、慣習法（「旧き良き法」）によって保護される、公法・私法が分化する以前の身分的な特権（既得権）であった。その典型は、封建諸侯が、さまざまな機会を通じて国王に承認させてきた、自らの所領を支配する権利である（石川健治）。

これに対して、近代市民革命の目標の一つは、世襲の封建的・身分的特権ではなく、取得の可能性が抽象的な「個人」すべてに開かれているような、抽象的な「財産権」の確立であった。例えばロック（J. Locke）は、次のように所有権（property）を説明する。人は誰もが自分の身体に所有権をもっており、人類の共有のものに対して自分の身体の労働を加えることで、その労働の成果である物に対する所有権を獲得する、というのである（『市民政府論』）。そしてフランス人権宣言17条（1789年）は、「所有は、神聖かつ不可侵の権利であり、何人も、適法に確認された公の必要が明白にそれを要求する場合で、かつ、正当かつ事前の補償の下でなければ、それを奪われない」として、国家の公用収用権の留保を除くほかは、所有権の絶対的保障を謳ったのであった。「日本臣民ハ其ノ所有権ヲ侵サル、コトナシ」と規定した明治憲法27条1項（1889年）も、こうした近代立憲主義の財産権保障の流れに棹さすものであった。

もっとも、このような所有権の絶対的保障と、その裏側としての、経済活動に対する国家の不干渉の下で、実際に利益を享受したのは、いわゆるブルジョワジーであった。19世紀後半になると、資本主義の高度化によって貧富の差が顕著となり、労働者等の弱者にとっては、所有権保障が絵に描いた餅でしかなく、人権とは「橋の下に寝る自由」「のたれ死にする自由」程度のものでしかない、とさえ批判されるようになった。そこで、国家権力が社会経済秩序に一定程度介入すべきである、という社会国家思想が強まるとともに、財産権は神聖不可侵ではなく、社会的な制約を内在する権利であると考えられるようになっていった。ワイマール憲法153条（1919年）は、「所有権は義務を伴う。その行使は、同時に公共の福祉に役立つべきである」と規定して、法律による財産権の規制を広く認めようとした。そして20世紀後半になると、社会主義国家だけでなく自由主義国家の憲法典でも、天然資源・生産手段等の社会化や国有化の可能性が明文で留保されるに至っている（例えばドイツ基本法〔1949年〕15条参照）。日本国憲法29条もまた、こうした社会国家思想を色濃く反映した規定となっている（→第１章第１節**5**）。

＊　もっとも憲法制定過程では、GHQ 側が、アメリカにおけるニューディール政策の影響を受けて、社会化の権能を明文化しようとしたのに対して、日本側の反対によって削除された、という経緯もある。

2　憲法29条の構造

１項・２項・３項の関係が複雑である憲法29条の構造を理解し、解釈論を展開するためには、以上のような歴史的沿革を理解しておくことが、必要不可欠である。

まず、仮に２項が規定されていない、と考えてみよう。その場合、憲法29条は近代立憲主義段階における財産権保障に忠実な規定であると読み解くことができる。つまり、財産権の絶対的な保障（１項）とともに、例外的な公用収用（３項）について定めた規定だ、ということになる。このように考えると、２項が社会国家思想を背景とした、現代立憲主義における財産権の規律のあり方を反映する規定であることが、よく理解できるだろう。

しかし２項の存在は、憲法29条の解釈に、極めて困難な問題をもたらすことになる。「財産権は、これを侵してはならない」と定める１項と、「財産権の内容は……法律でこれを定める」とする２項を整合的に理解するためには、〈憲法が保障する財産権とは、法律によって形成されたとおりの内容のものである〉と解するのが、素直であるように映る。しかしこうした解釈によれば、国有化・社会化を含む財産権に関するいかなる法律上の規律も、財産権の内容形成であってその「制限」ではないから、違憲の問題は生じないことになる。その結果、憲法の財産権保障は行政権（と条例制定権者）を拘束するにすぎない、ということになろう。しかし、法律の定める権利を行政権が侵害してはならないのは法治主義の当然の帰結であって、何も憲法上の権利に限ったことではない。つまり、こうした解釈によれば、憲法29条の１項・２項の規範的意味は空転してしまうのである。

そこで学説・判例は、１項と２項の関係について、立法者の内容形成権能について、憲法が一定の限界を設定している、と解してきた。第１の限界は、１項が私有財産制という制度を保障する「制度的保障」の規定であるから、例えば生産手段の国有化は憲法上許されない、というものである。さらに、１項が「現存保障」の規定でもあると解釈することから、第２の限界が生じる。個人が現に有する財産的権利――その内容はもともと法律によって定められたものであるのだが――を、法律によって不利益に変更することは財産権の「制限」であり、この「制限」の限界が２項にいう「公共の福祉」である、と解される。

森林法事件判決（最大判昭和62・４・22民集41巻３号408頁）は、「憲法29条は、１項において『財産権は、これを侵してはならない。』と規定し、２項において『財産権の内容は、公共の福祉に適合するやうに、法律でこれを定める。』と規定し、私有財産制度を保障しているのみでなく、社会的経済的活動の基礎をなす国民の個々の財産権につきこれを基本的人権として保障するとともに、社会全体の利益を考慮して財産権に対し制約を加える必要性が増大するに至ったため、立法府は公共の福祉に適合する限り財産権について規制を加えることができる、としているのである」と述べている。この説示は、概ねこうした立場を定式化したものと理解できる。

そして学説は、この財産権の「制限」が2項にいう「公共の福祉」に適合するかどうかにつき、経済的自由の制限と同様の違憲審査基準論で判断すべきことを、主張してきた。

2項の存在は、他方で3項の解釈にも大きな影響を与える。1項と3項をつなげて読めば、3項は、公用収用にもかかわらず、私人に財産権を確保するための規定だということになる。しかし、立法者は、わざわざ3項の収用によって補償をせずとも、2項によって認められる立法権の行使を通じて、私人から財産権を剥奪することも可能になってしまうだろう。そこで学説は次第に、財産権の「制限」として公共の福祉に適合する場合であっても、その制限の内容・程度によっては、3項によって補償を必要とする場合もある、というように、3項の適用範囲を広げて解釈するようになってきているのである。

3　財産権保障の体系

(1)　財産権保障の趣旨

以上の簡単な素描からも、憲法29条の解釈には、他の憲法上の権利規定、とりわけ自由権規定とは異なる困難があることがわかるだろう。改めてここで、憲法が財産権を保障するとはどういうことかを、考えてみよう。

個人主義（13条）に立脚する日本国憲法が、憲法上の権利条項の中に経済的自由権を保障する22条とともに29条を掲げたのは、個人の自律的な生と財産権の関連を重視したためであろう。この観点からは、個人が自分の責任の下で、自由に生活を形成するための前提条件として財産を使用する権利を保障することが、憲法29条の第1の趣旨であると考えられる。

＊　例えば、個人が自ら責任を負って自由な生活を形成する可能性を著しく侵害する立法は、違憲であろう。もっとも、立法が憲法29条の本質的内容を侵害したといえるのは、生活必需財の使用を国家の許可制の下に置く等の極端な事例に限られよう。

次に、個人の自律的な生の次元をひとまず超えた社会全体の利益にも、憲法29条の存在理由を求めることができる。私人が自らのイニシアティヴによって自由に経済活動を行うことは——その行きすぎは別として——社会全体が豊かになるために、また個人が自律的に生きるために必要な財・サービスを獲得するためにも、必要である。こうした自由な経済活動の基礎となるのは、いかなる財産的利益が、誰に、どのような条件で帰属するのかを、国家が明確に定めることである。憲法29条の第2の趣旨は、社会公共の利益に基づき、私法上の法制度として、財産を取得・収益・処分する権利を保障することにある。

(2)　立法による内容形成とその限界

財産権という権利は、自由権とは異なり、どの範囲の財産が誰にどのような条件で帰属するのかを定める「構成的ルール」を必要とする。そして経済が複雑になればなるほど、ルールは複雑多様になり、しかも状況の変化に応じて適切に設定・変更されなければならない。憲法29条2項は、こうしたルールの設定・変更が法律の役割であることを、明確にしたものということができる。現代社会においては、財産権という権利は、法律によって定められた財産を取得し維持する権利なのである。このことはもちろん、立法者が恣意的に財産権の内容を形成してよいということではない。(1)で述べた財産権保障の趣旨いずれからも、立法者の内容形成には、憲法上の限界が存在しなければならない。この問題は、従来は「公共の福祉」の名の下で議論されてきた論点であるが、第2節で検討することにする。

(3)　立法により形成された法律に基づき、私人が取得した既得の権利の保障

次に、法律に基づき、私人が既に取得した財産的権利（既得権）を、国家が剥奪したり、その内容を不利益に変更したりすることにも、憲法上の限界があると考えるべきである。既得権の侵害・不利益変更は、当該私人の予測可能性を害し、責任ある生活形成の観点からも、また経済活動の維持からも、望ましくない。このことは、行政権による制限のみならず、立法による財産権の内容形成が特定の私人の既得権にとっての制限である場合にも妥当する。こうした「現存保障」に関わる憲法上の限界について

は、第3節で扱う。

＊　財産権の内容を変更する法律が何人の既得権も侵害しない場合は、(2)で述べた内容形成の限界を超えているかどうかが問題になる。この場合、「将来、○○の場合には、△△のような財産的利益を取得できるだろう」という裸の期待は、未だ既得権とはいえない。これに対して、後掲国有農地売払特措法事件のように、財産権の内容を変更する法律が特定の者の既得権を制限する場合には、内容形成の限界を超えているかどうかとともに、既得権の制限が正当化されるかどうかを検討する必要がある。

(4)　財産価値の保障

これに対して憲法29条3項は、既得権の全体ではなく、その財産価値の部分だけを保障する規定であると考えることができる。3項が適用される場合には、財産それ自体を剥奪する公用収用だけではなく、その財産価値を下げるだけであっても、金銭による財産価値の補填が必要になり、このことは(3)で述べた憲法上の限界とは別の問題である。こうした財産価値の保障に関するさまざまな論点については、第4節で検討する。

第2節　財産権の内容形成とその統制

1　立法による財産権の内容形成

(1)　財産権の制限＝立法による内容形成（29条2項）

既に述べたとおり、多様かつ複雑な現代社会で行われるさまざまな経済活動に対して、個人が自分の責任の下で、自由に生活を形成できるようにするために、また社会公共の利益の維持・増進のために、立法者はさまざまな規制を行うことができる。森林法事件判決は、こうした規制が、財産権規制の目的という観点から、①「社会公共の便宜の促進、経済的弱者の保護等の社会政策及び経済政策上の積極的なもの」から、②「社会生活における安全の保障や秩序の維持等の消極的なもの」まで多岐にわたる、としている。②の「自由国家」的規制（いわゆる「内在的制約」）の例としては、伝染病の予防のための規制（感染症予防法29条・32条）や火災の予防・消火のための規制（消防法5条・29条）、①の「社会国家」的規制（いわゆる「政策的制約」）には、耕作者の地位の安定・農業生産力の増進のための規制（農地法３条以下）や史跡名勝天然記念物の保護等（文化財保護法125条）を挙げることができる。

(2)　土地所有権の特殊性

土地所有権については、民法上の相隣関係（209条以下）のように財産権と他の財産権の内容を調整する規制、および消極・警察目的の規制が「内在的制約」として容認されると解されてきた。奈良県ため池条例事件判決（最大判昭和38・６・26刑集17巻５号521頁）が、ため池の破損・決かいの原因となるため池の堤とうの使用行為を「災害を未然に防止するという社会生活上の已むを得ない必要」から禁止する条例を合憲としたのは、その例である。

これに対して、最近ではより広く、土地本来の効用を発揮させることも土地所有権の「内在的制約」に含まれる、と考えられるようになってきている。ある裁判例は、こうした観点から、「自然公園におけるすぐれた風致及び景観〔の〕保護」のため、自然公園内の砂利採取の禁止に対する補償を不要と判断した（東京地判昭和61・３・17行集37巻３号294頁）。

また土地基本法（1989年制定、2020年改正）は、「土地は、現在及び将来における国民のための限られた貴重な資源であること、国民の諸活動にとって不可欠の基盤であること、その利用及び管理が他の土地の利用及び管理と密接な関係を有するものであること、その価値が主として人口及び産業の動向、土地利用及び管理の動向、社会資本の整備状況その他の社会的経済的条件により変動するものであること等公共の利害に関係する特性を有していることに鑑み、土地については、公共の福祉を優先させるものとする」と定めている（２条）。このような土地所有権に対する法意識の変化を踏まえれば、土地所有権については財産権一般よりも広汎な規制が容認され、また通常の土地規制については補償を要しない、と考えられる。

＊　空き家の増加に対応するために2014年に成立した空家等対策推進特措法は、倒壊のおそれがある等の特定空家に対して、市町村長が建物の除却の行政代執行を行いうることを定めている。さらに2018年に成立した所有者不明土地利用特措法は、所有者不明土地を円滑に利用するための土地収用

法の特例を定める等した。さらに、2020年の土地基本法改正は、それまでの土地の適正な利用に加えて適正な管理の確保の視点を追加し、法の定める土地についての基本理念に則り土地の利用および管理ならびに取引を行う土地所有者等の責務を明確化した。

2　内容形成の限界(1)――「公共の福祉」

(1)　規制目的二分論

憲法29条２項は、財産権の内容形成に「公共の福祉に適合するやうに」との限界を定めている。したがって、財産権規制立法の合憲性は、「公共の福祉」に反するかどうかという観点から、検討されることになる。

判例は当初、他の憲法上の権利における「公共の福祉」論と同様に、規制が公共の福祉に違反しないことを簡単に述べるにとどまっていた（例えば、農地法20条に関する最大判昭和35・２・10民集14巻２号137頁等）。

これに対して学説では、小売市場事件・薬事法事件の両最高裁判決によって、職業選択の自由について消極目的・積極目的二分論が採用されたものと捉えた上で（→第13章第４節**4**）、財産権についてもこの規制目的二分論を採用すべきだと主張されるようになった。すなわち、消極目的の規制については厳格な合理性の基準を、積極目的の規制については明白の原則を用いるべきだというのである。

(2)　森林法事件判決

これに対して森林法事件判決は、先にみたように、規制目的に「消極的」「積極的」なものがあると述べ、目的二分論を想起させる説示をした後に、次のような一般論を示した。

①規制立法が公共の福祉に適合するかどうかは、「規制の目的、必要性、内容、その規制によって制限される財産権の種類、性質及び制限の程度等を比較考量して決すべきものである」。

②「裁判所としては、立法府がした右比較考量に基づく判断を尊重すべきものである」。

③裁判所が規制立法を違憲と判断できるのは、(a)「立法の規制目的が前示のような社会的理由ないし目的に出たとはいえないものとして公共の福

祉に合致しないことが明らかである」、または、(b)「規制手段が右目的を達成するための手段として必要性若しくは合理性に欠けていることが明らか」である場合に限られる。

つまり、まず大枠としては利益衡量論を採用した上で（①）、広汎な立法裁量を認め（②）、目的・手段審査の枠組みを採用し、しかも目的が正当ではないか、手段の必要性・合理性が欠けることが「明らか」かどうか（③）に限って目的・手段審査を行うという、少なくとも字面上は裁判所の審査密度がかなり低いもの（ただし、違憲となるのが「著しく不合理であることの明白である場合」に限るわけではないから、明白の原則よりは審査密度は高い）であることを、示したのである。

＊　もっとも後述するとおり、同判決は実際には一般論として示したよりも高い審査密度を採用して、規制を違憲と判断した。このため学説では、目的二分論を前提に本件の規制を消極目的規制と捉えて厳格な合理性の基準を採用したものとして、同判決を理解する傾向があった。しかし現在の学説では、判旨の一般論からも具体的な事案からも、この判決が目的二分論に立っていると理解することは困難とされている。

(3)　証券取引法事件判決以降の判例

これに対して最高裁は、証券取引法事件判決（最大判平成14・2・13民集56巻2号331頁）以降、この森林法事件判決の枠組みからも離れるようになっている。最高裁は森林法事件判決を先例として引用せず、消極目的・積極目的という言葉を明示的には挙げなかった。さらに立法裁量論（②）と明白性で限定された目的・手段審査（③）にも言及しなかった。最高裁は、一般論としてはただ比較衡量（①）のみを論じた上で、最後に「その規制目的は正当であり、規制手段が必要性又は合理性に欠けることが明らかであるとはいえない」から合憲であるという形で、結論の部分だけ森林法事件判決と合わせたのである。

＊　証券取引法事件判決は、主要株主等が、その地位により取得した秘密を不当に利用にした取引のみならず、外形的にみてそのおそれのある取引すべてについて、会社の株式の短期売買差益を会社が請求できる、とする証券取引法164条（当時。現在は金商法）の合憲性を認めたものである。最高裁

は、規制の立法目的を、証券取引市場の公平性・公正性の確保等の経済政策の達成にあると捉えた上で、手段審査において、①秘密の不当利用等を請求権の要件とすることは、不当利用の立証が困難であるため請求権の行使を妨げること、②類型的に秘密の不当利用に当たらない場合は本条は適用されないと解すべきこと、③株主等に売買取引を禁止するのではなく、差益の提供以上の財産上の不利益を課すものではない、と判断した。比例原則の適用としてみれば、①は目的達成手段の合理的関連性、②は必要性、③は狭義の比例性について判断したものと捉えることができる。特に問題のある②の点については、最高裁が合憲限定解釈を行ったことも、注目に値する。

その後の最高裁判決は、森林法事件判決ではなく、証券取引法事件判決を先例として引用し、しかも必要性・合理性に欠くことが「明らか」かどうかに言及しないようになっている。例えば、農地の農地以外の転用や設権を都道府県知事の許可制の下に置く農地法の規定の合憲性が争われた事件では、最高裁は明確な一般論を示すことなく、目的の正当性と手段の合理性を認めて、簡単に合憲の結論を導いている（最判平成14・４・５刑集56巻４号95頁）。また消費者契約について損害賠償の予定等を定める条項の効力を制限する消費者契約法９条１号（令和４年法律59号による改正後は９条１項１号）の合憲性が争われた事件では、最高裁は利益衡量論の大枠を示した上で、消費者契約の特性と消費者保護の必要から、目的の正当性と手段の必要性・合理性を認めている（最判平成18・11・27判時1958号61頁）。さらに最高裁は、証券取引法事件判決を引用するが特段の理由を示さないまま、旧会社更生法78条１項１号に該当する行為（会社が更生債権者等を害することを知ってした行為。本件では根抵当権設定契約）についてした否認の効果を、当該目的物が複数で可分であったとしても目的物すべてに及ぶものと解しても憲法29条に反しないとしている（最判平成17・11・８民集59巻９号2333頁）。

以上概観してきたところからすれば、財産権規制立法の合憲性審査に関する現在の判例法理は、消極目的・積極目的二分論に立つものではなく、また立法裁量論を採用しないまま、立法目的の正当性と目的達成手段の合理性、場合によっては必要性の有無を、森林法事件判決の言い回しよりは高い密度で審査する、というものであると考えられる。

(4)　制度準拠審査への回帰傾向

もっとも、比例原則を比較的厳格に適用したようにみえる証券取引法事件判決を除けば、現在の判例法理の下での審査の実質は、財産権の規制について当該財産権の性質や制度の仕組みにある。

実は、従来「公共の福祉」論にすぎないといわれてきた判例の中には、制度の仕組みについて詳しく論じた上で財産権の規制を合憲と判断したものが多い。例えば、土地所有者は、借地権消滅時に「正当の事由」がない限り借地権者からの契約更新を拒みえないとする借地法４条１項（当時）の合憲性が争われた事件で、最高裁は、土地所有権の公共性や制度の仕組みについて詳述した上で、宅地不足の現状から規制が公共の福祉に適合するものであり、また所有者にとって過剰な制限に当たらないことから、合憲の結論を導いていた（最大判昭和37・６・６民集16巻７号1265頁）。また船主責任制限法の合憲性が争われた事件で、最高裁は制度の伝統や国際性、さらに制度の仕組みを挙げて、公共の福祉に適合するとの判断を導いている（最大決昭和55・11・５民集34巻６号765頁）。

このように、制度の合理性を財産権規制の合憲性判断の決め手とする、制度準拠審査の傾向は、(3)で挙げた農地法事件平成14年判決や消費者契約法事件判決にも、うかがい知ることができる。そして建物区分所有法70条の合憲性が争われた事件でも、最高裁は目的・手段審査をとらないまま、利益衡量の枠組みだけで憲法29条に違反しないという結論を導いている（最判平成21・４・23判時2045号116頁）。

＊　建物区分所有法70条は、団地内の全建物について、区分所有者の特別多数決によって一括建替え決議を認めるとともに、建替えに参加しない区分所有者が、時価による売渡請求権の行使によって区分所有権等を喪失する旨を定めている。最高裁は、区分所有権の行使が他の区分所有権の行使との調整が不可欠であること、区分所有者の集会の決議等による区分所有権の行使の制限が権利に内在するものである、という「区分所有権の性質」を強調している。

これらの事例では、憲法による財産権保障といっても、実際には既得権の制限ではなく立法による財産権の内容形成の憲法上の限界が問題になっていた。そのことからすれば、当該財産権の性質や制度の仕組みに着目した審査は、要するに立法による財産権の内容形成が不合理なものでないかをチェックするものであり、審査手法として十分理由のあるものであるともいえよう。

3　内容形成の限界(2)――法制度としての財産権保障

(1)　伝統的な制度的保障論

立法による内容形成の第２の限界として考えられるのは、憲法29条１項による制度的保障である。森林法事件判決も、憲法29条は「私有財産制度を保障している」と説く。その意味は、国家が財産権を個別に制限できることとは別に、私有財産制を根本的に否定する場合には憲法改正を要する、ということにある。

なお、最高裁は、「わが国現行の法律秩序は私有財産制度を基幹として成り立って〔いる〕」と述べたことがあるが（山田鉱業事件判決：最大判昭和25・11・15刑集４巻11号2257頁）、この説示は争議権の限界に関する文脈でなされたものであり、憲法29条１項の保障内容とは直接関連しない。

また、私有財産制とは何か、立法によっても侵しえない制度の核心とは何かについて、明確な理解の一致がある、とはいえない。近時は、私有財産制の保障とはいわゆる財産権を制度として保障することであり、財産権の不可侵性が否定された現代では、それは財産を取得し保持する権利一般を法制度として保障することを意味する、と説かれる（芦部信喜）。そうだとすると、個人が財産を取得・保持する可能性を否定する法秩序を採用することが、制度の核心に反して許されない、ということになろう。

＊　この論点は、かつては、日本国憲法の下で生産手段の社会化・国有化が許されるか、という問題と結びつけて論じられてきた。伝統的な多数説は、私有財産制の核心は生産手段の私有制であるとして、憲法を改正しない限り社会主義へ移行することはできない、と説いてきた。これに対して、私有財産制の核心は、人たるに値する生活に必要な物的手段（生存財産）を保障することであり、社会化は憲法改正を要せず可能である、と説く見解が主張されるようになった（今村成和）。

(2)　私法上の法制度保障論

これに対して最近では、制度的保障論を再検討し、憲法29条で問題になるのは、社会化の可否といった体制選択の問題ではなく、「法制度（Rechtsinstitut）としての所有権（Eigentum）」の保障である、とする見解が有力に唱えられている。この見解によれば――民法典が採用した（民法206条参照）――ローマ法的な所有権観念を憲法29条も前提にしており、立法者は、憲法改正によらずに一物一権主義を変更してはならない、ということが、憲法の「法制度保障」の内容であることになる（石川健治）。

この見解を前提にすれば、他の私法上の法制度も、憲法によって保障され、立法者による変更が禁止ないし制限される、といった解釈も可能であろう。そのような憲法レベルで保障される法制度として、単独所有のほかには、契約自由の原則、権利能力平等の原則などがこれに該当しうると思われる（→第１章第２節**4**、第５章第３節**7**）。なお、NHK受信料制度判決（最大判平成29・12・６民集71巻10号1817頁）は、NHKの番組を受信できる設備を設置した者に放送受信契約の締結を強制する放送法の規定が契約自由の原則に反する旨の主張について、受信料制度は憲法13条・29条に反しないとしている（→第10章第５節**2**(4)）。

(3)　森林法事件判決における「法制度保障」

財産権に関する唯一の違憲判決である前掲森林法事件判決は、こうした私法上の法制度保障に相当する思考を背景にしたもの、と理解することができる。

＊　森林法186条（本判決を受けた削除以前のもの）は、共有物の分割請求権を規定する民法256条１項にもかかわらず、共有森林について持分価額２分の１以下の共有者の分割請求権を否定していた。この事案では、父から山林の２分の１の持分権を生前贈与された兄弟であるＸとＹの間に争いが生じ、ＸがＹに対して、山林の現物分割を求めた。

もともと、森林について共有分割請求権が行使できないと定めたことは、立法者による財産権の内容形成そのものである。ところが最高裁は、共有では、単独所有と比べて、物の利用・改善等が配慮されないことがあり、共有者間に管理・変更等をめぐって、意見の対立、紛争が生じやすく、その結果として共有物の経済的価値が実現されなくなるために、民法256条が共有物分割請求権を保障した、と説いた上で、次のようにいう。

「共有物分割請求権は、各共有者に近代市民社会における原則的所有形態である単独所有への移行を可能ならしめ、右のような公益的目的をも果たすものとして発展した権利であり、共有の本質的属性として、持分権の処分の自由とともに、民法において認められるに至ったものである。

したがって、当該共有物がその性質上分割することのできないものでない限り、分割請求権を共有者に否定することは、憲法上、財産権の制限に該当し、かかる制限を設ける立法は、憲法29条２項にいう公共の福祉に適合することを要するものと解すべきところ、共有森林はその性質上分割することのできないものに該当しないから、共有森林につき持分価額２分の１以下の共有者に分割請求権を否定している森林法186条は、公共の福祉に適合するものといえないときは、違憲の規定として、その効力を有しないものというべきである」。

そして最高裁は、森林法186条の立法目的を、「森林の細分化を防止することによって森林経営の安定を図り、ひいては森林の保続培養と森林の生産力の増進を図り、もって国民経済の発展に資することにある」と捉えた上で、それが「公共の福祉に合致しないことが明らかであるとはいえない」とした。しかし、続けて最高裁は、共有森林につき持分価額２分の１以下の共有者に分割請求権を否定することは、その目的を達成する手段としての合理的関連性と必要性のいずれも認めることができないことを、詳細に論じた。

＊　具体的には、①森林が共有であることと森林の共同経営とは直接関連しないから、共有者間の権利義務についての規制は立法目的と合理的関連性がなく、また共有物分割請求権の排除は、管理・変更行為ができず森林の荒廃という事態の永続化を招き、やはり森林の経営の安定化という目的と合理的関連性がない、②他の方法による森林の分割が許容されているにもかかわらず、森林法186条が共有森林につき持分価額２分の１以下の共有者からの分割請求に限って、森林の範囲・期間を限定せずに禁止していることは、必要な限度を超えており、③共有森林を細分化させないような分割方法も存在するから、分割請求権の一律否定は、立法目的の達成について

必要な限度を超えた不必要な規制である、とした。

森林法事件判決が、財産権の内容形成の限界が問題になった他の事例と比べて、このように高い審査密度を採用した理由は、森林法186条が「憲法上、財産権の制限」に当たると把握したことにあるように思われる。しかしこの事件では、Xに現実の財産上の不利益は発生しておらず、第3節で問題にする「財産権の制限」がある、とはいえない（安念潤司）。最高裁は、一物一権主義という「法制度としての所有権」が、森林法186条によって「制限」されているからこそ、高い審査密度を採用した、と解することができる（石川健治）。

＊　もっとも、本来の法制度保障論からすれば、立法による法制度の侵害は直ちに違憲となるはずである。これに対して森林法事件判決では、法制度の侵害の可能性があるという「事の性質（Natur der Sache）」が審査密度を高める要因として機能させられたにとどまる点には、注意が必要である。

また、消極目的・積極目的二分論を支持する立場からも、この法制度保障論からの判例解釈と同様の判例理解が示されている。この立場からは、最高裁が、もともと立法裁量の範囲に属する森林法186条の合憲性を審査するに際して、民法典の政治的中立性を信頼したからこそ、民法256条の規定を「ベースライン」として、そこからの乖離が正当化できるかどうかを、目的･手段にわたって審査したもの、と説明されている（長谷部恭男）。

第3節　既得の財産的権利の保障

1　保護領域

(1)　客観法に基づき取得された財産上の権利

法律に基づき、私人が既に取得した財産的権利を、国家が剥奪したり、その内容を不利益に変更したりすることは、憲法上、財産権の制限に当たる。それは、国家権力による既得権の制限・不利益変更は、市民の予測可能性を侵害するからである。こうした考え方は、建築基準法上の既存不適格（同法３条２項）など、さまざまな財産権規制立法においてみられるものでもあり、ここでは、自由権と同様の防御権構成を採用し、三段階審査によって規制の合憲性を判断することができる。

この「現存保障」の対象には、今日では、一切の財産的価値を有する権利が含まれる、と解される。所有権その他の物権、債権のほか、著作権・特許権などの知的財産権、鉱業権・漁業権などの特別法上の権利をも含む。また、公法上の権利である、水利権・河川利用権なども含まれる。なお、判例は、録音物著作権が憲法上の財産権に当たることを前提としている（最大判昭和38・12・25民集17巻12号1789頁）。

このように公法上の権利も「現存保障」の対象と解する以上、各種の社会保障受給権も、給付決定等によって権利として確定した場合には、憲法25条と並んで29条１項の保護領域に含まれる、と解すべきである。また、拠出型年金の給付については、自らの貢献がある部分は憲法上の財産権として保護され、例えば年金額が拠出額を下回るような場合については、財産権侵害として合憲性を審査する余地がありうる（→第15章第２節**5 (2)**）。

(2)　正当化の程度

もっとも、既得の財産上の権利の事後的な剥奪・内容変更が一切許されないわけではなく、またおよそ既得の財産上の権利の侵害は常に同程度に厳格な正当化を要すると考えるべきでもない。財産権保障の趣旨からすれば、正当化の厳格度は、個人の自己責任に基づく生活形成と権利内容の関連によって定まると考えることができる。

＊　例えば、営利企業の財産的権利は、個人の自己責任に基づく生活形成に直接奉仕するものではない。もちろん、この種の権利の事後的な内容変更も、予測可能性を害し経済秩序の安定を損なうことは確かであるから、憲法上慎重でなければならない。しかし、それを上回る公益的理由が認められる場合には、事後的な変更も許されると解すべきであろう。

2　制　限

(1)　法律による制限

既得の財産上の権利も、公共の福祉による制限を受けることがある。憲法29条２項は、本来は財産権の内容形成に関する規定であるが、財産権の絶対不可侵性を否定するという意味で、既得の財産上の権利が法律によって制限される可能性を認めるものでもある。

財産権の制限についても、使用・収益・処分を直接的に制限する直接的制約と、それを事実上困難にする等の、間接的・付随的制約を区別して観念することができる。法律による既得の財産上の権利の制限と損失補償の関係については、本章第４節１参照。

(2)　条例による制限

法律ではなく、条例によって、既得の財産上の権利を制限することは、認められるか。

奈良県ため池条例事件判決（前掲最大判昭和38・６・26）は、ため池の堤とうに工作物を設置する行為を禁止・処罰する条例の規定の合憲性が問題になったものである。最高裁は、「ため池の破損、決かいの原因となるため池の堤とうの使用行為は、憲法でも、民法でも適法な財産権の行使として保障されていないものであって、憲法、民法の保障する財産権の行使の埒外にあるものというべく、従って、これらの行為を条例をもって禁止、処罰しても憲法および法律に牴触またはこれを逸脱するものとはいえない」として、条例が憲法29条に違反しないと判断した。この判決は、条例による財産権の制限を認めたもののように解されることが多い。しかし判旨を仔細にみると、条例が法律に準ずる法形式であるから、財産権を制限してもよいと述べられているのではなく、本件で問題になったため池の堤とうの使用行為は憲法29条の保護領域の外にあるから、条例によって規制することもできる、と述べられているにすぎない。

＊　同判決の入江俊郎裁判官の補足意見は、「財産権の一般的内容の制約」と「財産権の行使の自由の制限」を区別し、前者は形式的意味での法律によることを要するが、後者は条例でもなしうるとする学説（高辻正巳）に依拠している。第１節で述べたとおり、立法による財産権の内容形成の憲法上の限界と既得の財産上の権利の保障を区別する立場からは、むしろこの補足意見が傾聴に値するように思われる。

3　正当化

(1)　国有農地売払特措法事件判決

憲法上保護される既得の財産上の権利に対する制限が憲法上許容されるには、それが「公共の福祉」に適合するものとして正当化されることを要する。それは、基本的には、立法目的の正当性および比例原則によって判断されるべきである。

この点で興味深いのが、国有農地売払特措法事件判決（最大判昭和53・7・12民集32巻５号946頁）である。

＊　農地法80条は、農林大臣は、管理する買収農地が、政令で定めるところにより、自作農の創設等の目的に供しないことを相当と認めたときは、買収対価の相当額で旧所有者に売り払わねばならない、と定めていた。農地法施行令16条４号はこの売払いができる場合を限定していたが、最高裁は同規定が同法80条の委任の範囲を超えて違法であると判断した（最大判昭和46・１・20民集25巻１号１頁）。これに対して国は国有農地売払特措法等を制定し、売払いの対価を時価の７割と定め、しかもこの対価額が同法施行日以降に売払いを受けた土地に適用されることとした。Ｘは、1968（昭和43）年に国に買受けの申込みをし、農地法施行令16条４号を理由に売払いを拒否された者であるが、昭和46年判決を受けて、買収対価相当額での売払いを求めている。これに対して、国は売払いが特措法の下で行われる以上、売払対価は時価の７割であると主張した。

最高裁は次のように述べて、Ｘの請求を棄却した。

①(i)「法律でいったん定められた財産権の内容を事後の法律で変更しても、それが公共の福祉に適合するようにされたものである限り、これをもって違憲の立法ということができないことは明らかである。そして、右の変更が公共の福祉に適合するようにされたものであるかどうかは、いったん定められた法律に基づく財産権の性質、その内容を変更する程度、及びこれを変更することによって保護される公益の性質などを総合的に勘案し、その変更が当該財産権に対する合理的な制約として容認されるべきものであるかどうかによって、判断すべきである」。

(ii)農地法施行後における都市とその周辺における地価の騰貴からすれば、買収の対価相当額で売払いを求める旧所有者の権利をそのまま認めることは不合理であり適正を欠き、また騰貴による利益を旧所有者に収得させることは一般国民の納得を得難い不合理なものであるが、旧所有者の権利に配慮しないことも妥当ではない。国有農地売払特措法等が、売払いの対価を時価の７割に変更したことは、公益上の要請と旧所有者の権利の調和を図ったものであり、旧所有者の権利に対する合理的な制約として認められる。

②特措法施行前に既に国に対し売払いの申込みをしていた旧所有者は、特措法施行の結果、時価の７割相当額の対価でなければ売払いを受けることができなくなり、「その限度で買収の対価相当額で売払いを受けうる権利が害されることになる」。しかし、この権利は「その契約が成立するためには更に国の売払いの意思表示又はこれに代わる裁判を必要とするような権利」であり、その権利侵害の態様も「売払いを求める権利自体が剥奪されるようなものではなく、権利の内容である売払いの対価が旧所有者の不利益に変更されるにとどまる」から、①(ii)で述べたとおり、この程度の権利侵害は憲法上許される。

①は、立法による財産権の内容形成に関して、事後的な内容変更とその限界について論じた箇所であり、それ自体としては適切な判旨と評価できる。問題は、既得の財産上の権利の制限に関わる②の判旨である。最高裁は、昭和46年判決で、旧所有者が国に売払いを求め、しかも当該土地を客観的に自作農の創設に供しない場合には、農林大臣による認定等を要さず、直接に売払いを求める私法上の権利が生じるとの立場を示していた。そうだとすれば、Ｘと国の間には既に売払いを求める権利が成立しており、それは既得の財産上の権利として完全な憲法上の保護を受けるべきではなかろうか。仮にそう考えるならば、農地改革時の買収相当額から、約20年後の騰貴した地価の７割にまで売払対価を引き上げることは、既得権それ自体の剥奪に等しく、その正当化は困難ではなかろうか。

＊　同判決の高辻裁判官意見は、この点を強調し、そもそも昭和46年判決の解釈が誤っていたと主張する。農地法80条を、自作農の創設に役立たないという農林大臣の認定が、土地の売払いを求める（公法上の）権利の発生要件であると解すれば、本件ではＸの売払いの申込みがあっただけであり、

そもそも憲法上保護されるべき既得の財産上の権利が発生していないことになる。この点については、高辻意見に反論する、最判昭和54・２・22民集33巻１号97頁の中村裁判官補足意見も参照。

このように考えると、本判決は、たしかに既得の財産上の権利の制限ではあるが、その権利の特殊性に鑑みて、緩やかな審査――専ら狭義の均衡性の審査――によって、合憲判決を下したものと理解すべきであろう。

＊　損失保証契約による利益提供の請求を禁止した証券取引法42条の２第１項３号（当時。現在は金商法39条１項３号）の合憲性を認めた判決に対しても、類似の指摘が可能であろう（最判平成15・４・18民集57巻４号366頁）。この事件では、証取法改正によって同規定が挿入される以前に締結された損失保証契約による履行請求を禁止することの合憲性が争われており、その意味で既得の財産上の権利に対する制限が問題になった事件といえる。最高裁は、インサイダー取引の規制に関する前掲証券取引法事件判決における総合比較衡量を、正当化の判断枠組みとして採用したが、審査の実質において、改正前に締結された契約に基づく利益提供行為を認めることは「投資家の証券市場に対する信頼の喪失を防ぐという上記目的〔同法の立法目的〕を損なう結果となりかねないこと」、そして損失保証が「反社会性の強い行為」であることを挙げて、目的達成手段の必要性・合理性を認めた。

なお、損益通算に関する租税特別措置法の規定を課税年度内に遡及適用する規定の合憲性が争われた事件で、最高裁が国有農地売払特措法事件判決を先例として引用したことが注目される（最判平成23・９・22民集65巻６号2756頁→憲法Ⅱ第13章第３節**2**(1)）。

(2)　既得の財産上の権利の制限に対する手続保障

既得の財産上の権利の制限は、それが実体的に比例原則によって正当化されることに加えて、原則として告知・聴聞の機会を与えることが、憲法29条１項および31条によって、要求される。第三者所有物没収事件判決（最大判昭和37・11・28刑集16巻11号1593頁）は、「第三者の所有物を没収する場合において、その没収に関して当該所有者に対し、何ら告知、弁解、防禦の機会を与えることなく、その所有権を奪うことは、著しく不合理であって、憲法の容認しないところである」としている（→第12章第２節**9**(2)）。

第4節　損失補償

1　制度趣旨

(1)　公平負担の理念

憲法29条3項は、「私有財産は、正当な補償の下に、これを公共のために用ひることができる」と定める。フランス人権宣言17条が、「所有は、神聖かつ不可侵の権利であり、何人も、適法に確認された公の必要が明白にそれを要求する場合で、かつ、正当かつ事前の補償の下でなければ、それを奪われない」と規定していたとおり、法制度としての収用は、財産権の絶対的保障と結びついたものであった。ここでは、財産権の制限と収用は観念的に区別されていた。

ところが、憲法が社会国家の理念を採用し、立法権による財産権の制限を認めることに相応して、憲法上の収用条項は、既得の財産的権利の制限を受けた者が、それを甘受する代わりに金銭的補償を要求するための根拠として用いられるようになった。このように、「法律による収用」という考え方を認めることで、古典的収用概念は崩壊することになる。

憲法29条3項もまた、こうした収用条項の意味変化を被った規定として理解することができる。すなわち、同条1項は財産を自由に使用・収益・処分する権限を保障するのに対して、同条3項は財産価値を保障する規定であり、その趣旨は本来は社会全体で負担すべき損失を被った者に対して、その「特別の犠牲」を公平に負担することにあると解されている。

なお、土地・建物等の収用がなされた場合に、生活を立て直すための「生活権補償」（都市計画法74条等参照）は、憲法29条3項ではなく、憲法25条の問題と考えるべきであろう。

(2)　財産権の一般的制限と補償

憲法29条3項は「特定の人に対し、特別に財産上の犠牲を強いた」場合の規定であって、「何人もこれを受忍すべき」「公共の福祉のためにする一般的な制限」の場合には補償は必要でない、とするのが伝統的立場であった（河川附近地制限令事件判決：最大判昭和43・11・27刑集22巻12号1402頁）。

それはとりわけ、財産権の内容を形成する権限を有する立法者に対抗しうる超法律的な財産権は観念しえない、という理由によるものであった。しかし既に述べたとおり、憲法29条1項は既得の財産的利益に対する権利を保障している以上、その権利に対する制限が正当化される場合であってもなおその財産価値を補償すべき場合がありうると考えられる。そこで現在では、憲法29条2項による財産権の制限と3項の補償とを無関係のものと考えるべきでなく、「各人に保障された権利の剥奪又は権利の実質を失わしめることとなるような、強度の財産権の規制である場合」には、財産権の一般的制限であっても補償を要すると考える立場が有力となっている（今村成和）。結局のところ、この問題は、補償の要否の判断に吸収されることになる（→**2**）。

(3)　収用・制限の公共性

「公共のために用ひる」とは、典型的には、病院、学校、鉄道、道路、港湾、空港、公園、ダム等の建設のような公共事業のための収用（公用収用）を指す。公共のための財産権の制限（公用制限）、例えば駐留米軍の用に供するための土地の強制的な使用または収用も、「公共のために用ひる」に該当する（最判平成15・11・27民集57巻10号1665頁）。

それでは、特定個人が受益者となる場合には、当該収用・制限は、「公共のために用ひる」に当たらないのであろうか。例えば戦後行われた農地改革では、政府が地主から強制的に買収した土地を小作人に譲渡した。最高裁は、このような買収も、自作農の創設を通じて農業生産力の発展と農村の民主的傾向の促進を図る（旧自作農創設特別措置法1条参照）という公共の福祉に基づくものであるから、買収の公共性は認められると判断した（最判昭和29・1・22民集8巻1号225頁）。判例の立場を前提にすれば、結果的に社会公共の利益に資する限り収用・制限の公共性が認められることになるから、「公共のために用ひる」という要件も、補償の要否の判断に吸収されることになる（→**2**）。

2　補償の要否

(1)　学　説

補償が憲法上必要とされるのは「特別の犠牲」に該当する場合であるが、その「特別の犠牲」の有無はどのように判断すべきか。伝統的な通説は、これを、①侵害行為の対象が一般人か、特定の範疇に属する人・集団か（形式的要件）、②侵害行為が財産権に内在する制限として受忍すべき限度内にあるか、財産権の本質的内容を侵すほどに強度なものか（実質的要件）、を総合的に考慮して判断すべきだと説いた（田中二郎）。

これに対して、財産権の一般的制限であっても補償を要することがありうることを前提にして、実質的要件を中心に補償の要否を判断すべきだ、と説く見解が主張された。それによると、(a)財産の剥奪ないし当該財産権の本来の効用の発揮を妨げることとなるような侵害については、当然補償を要する。(b)これに対して、(a)の程度に至らない規制については、(i)財産権の規制が社会的共同生活との調和を保っていくために必要とされるものである場合には、財産権の社会的拘束の現れとして補償は不要であるが、(ii)他の特定の公益目的のため当該財産権の本来の社会的効用とは無関係に偶然に課される規制については補償を要する、と解される（今村成和）。

現在の学説は、二つの見解が指摘した、規制の特殊性、規制の程度、規制の目的に加え、規制が長期間にわたるか等の点をも総合考慮して補償の要否を判断すべきだ、と説いている。

(2)　補償の要否に関する論点

(ア)　消極目的・積極目的二分論

一般に、適法な警察・消極目的による規制は、有力説の(b)(i)のいう「財産権の社会的拘束の現れ」に該当する場合に当たると解される。最高裁も、奈良県ため池条例事件判決で、「災害を防止し公共の福祉を保持する上に社会生活上已むを得ないものであり、そのような制約は、ため池の堤とうを使用し得る財産権を有する者が当然受忍しなければならない責務というべきものであ〔る〕」として、ため池の堤とう上の土地利用制限に対する損失補償は不要であるとした（前掲最大判昭和38・6・26）。

＊　同様の考え方は、危険物保有者が警察法規違反の状態を回避するために工作物を移転せねばならないことによって生じた損失について、それは「警察規制に基づく損失がたまたま現実化するに至ったものにすぎ〔ない〕」として、道路法上の補償の対象とならない、とした判例にもみられる（最判昭和58・２・18民集37巻１号59頁）。

もっとも河川附近地制限令事件判決は、相当の資本を投入して砂利採取事業を営んできた者が、当該地域が河川附近地と指定されたことで被った損失については「特別の犠牲」に当たる余地がある、としている（前掲最大判昭和43・11・27）。

＊　新型コロナウイルス感染症が拡大した時期には、さまざまな施設に対して、緊急事態宣言下での休業要請や、まん延防止等重点措置の下での営業時間短縮、さらには自粛要請が行われ、協力金等が政策的に支給された。飲食店のようにそれまで正当とされてきた業に対する社会的評価が急激に変化した場合には、消極目的による営業制限だからといって直ちに「特別の犠牲」に該当しないと断定すべきではなく、むしろリスクの公平な負担という観点から補償が憲法上必要ではないかを検討すべきであろう。

⑷　土地の公共性と補償の要否

次に、土地の公共性の観点からは、土地利用規制もまた補償が不要と解される場合が多い。例えば、自然公園法による岩石採取の制限（前掲東京地判昭和61・３・17）や文化財保護法による現状変更の制限（大阪高判昭和49・９・11高民集27巻４号339頁）について、財産権に内在する社会的制約の現れとして、補償を不要とした裁判例がある。

＊　これらの事例は、一定の土地利用行為を一般的に禁止し、当該行為の実施に行政庁の許可を要するという規制を前提に、不許可の場合には補償を求めることができるという仕組み（不許可補償）の中で争われたものである。

また最高裁は、都市計画法に基づく建築制限による損失は、「一般的に当然に受忍すべきものとされる制限の範囲を超えて特別の犠牲を課せられたものということがいまだ困難である」として、補償不要と判断している（最判平成17・11・１判時1928号25頁）。

＊　この事案は、都市計画後、60年以上の長期にわたり、容易に撤去できるもの以外の建築が制限されたという事案であった。藤田宙靖裁判官の補足意見は、無補償の制限が認められるための受忍限度を考える際には、「制限の内容と同時に、制限の及ぶ期間が問題とされなければならないと考えられる」と指摘している。

㈦　戦争被害と補償の要否

最高裁は、日本政府が平和条約の締結に際して、カナダ政府による在外資産の没収に対する国民の請求権を放棄したことについて、「戦争中から戦後占領時代にかけての国の存亡にかかわる非常事態にあっては、国民のすべてが、多かれ少なかれ、その生命・身体・財産の犠牲を堪え忍ぶべく余儀なくされていたのであって、これらの犠牲は、いずれも、戦争犠牲または戦争損害として、国民のひとしく受忍しなければならなかったところであり、右の在外資産の賠償への充当による損害のごときも、一種の戦争損害として、これに対する補償は、憲法の全く予想しないところというべきである」として補償を不要と判断した（最大判昭和43・11・27民集22巻12号2808頁）。その後、シベリア抑留者の被った損害に対する請求権放棄（最判平成9・3・13民集51巻3号1233頁）、元日本軍軍属である韓国人に対する未払給与債権の放棄（最判平成13・11・22判時1771号83頁）についても、同様の理由により、補償は不要とされている。なお最高裁は、元従軍慰安婦の被った損失については「憲法の施行前の行為によって生じたものであるから、憲法29条3項が適用されない」としている（最判平成16・11・29判時1879号58頁）。

㈧　公物使用権と補償の要否

行政財産の使用許可が取消し（撤回）された場合の補償（権利対価補償）の要否について、現在の判例・学説は、公物使用権は公益上の必要が生じた場合には撤回されるという内在的制約を負ったものであるとして、原則として補償を否定してきた（最判昭和49・2・5民集28巻1号1頁）。近時、最高裁は、市営と畜場を利用してきた業者と市の間には継続的契約関係がなく、業者の享受してきた利益は反射的利益にとどまるとして、と畜場廃止に伴い利用業者に支援金を支出したことは、憲法29条3項に基づく損失補償金の支出としては違法であると判断している（最判平成22・2・23判時2076号40頁）。

3 「正当な補償」

(1) 学　説

憲法29条3項にいう「正当な補償」の意義については、権利対価補償を念頭に、①完全補償説と②相当補償説が対立してきた。①は補償対象となる財産の客観的な市場価格を全額補償すべきであるという立場であり、②は当該財産について合理的に算定される相当額であれば、市場価格を下回ることがあっても是認されるとする説である。

(2) 判　例

①②の対立が生じるきっかけとなったのは、第2次世界大戦後に実施された農地改革である。その際、自作農創設特別措置法が、田の最高買収価格を賃貸価格の40倍と定めたことは、敗戦によるインフレ等の当時の経済事情からみて著しく低廉であり、「正当な補償」とはいえないのではないかが争われた。最高裁は、「正当な補償」とは「その当時の経済状態において成立することを考えられる価格に基き、合理的に算出された相当な額をいうのであって、必しも常にかかる価格と完全に一致することを要するものでない」と述べた（最大判昭和28・12・23民集7巻13号1523頁）。この説示は②説の立場をとったものと理解されてきた。

その後、最高裁は、「収用する土地に対しては、近傍類地の取引価格等を考慮して、相当な価格をもって補償しなければならない」とする土地収用法72条（当時）の趣旨について、「完全な補償、すなわち、収用の前後を通じて被収用者の財産価値を等しくならしめるような補償をなすべきであり、金銭をもって補償する場合には、被収用者が近傍において被収用地と同等の代替地等を取得することをうるに足りる金額の補償を要するもの」と述べた（最判昭和48・10・18民集27巻9号1210頁）。この説示は①説を前提にしたものと理解されたため、先の昭和28年判決との関係をどのように整理するかが問題になった。

そこで①②説の対立を止揚して、「正当な補償」とは完全な補償が原則であるが、農地改革のように、既存の財産法秩序を構成するある種の財産権に対する社会的評価の変化によって、その財産権が公共のために用いられるという例外的な場合には、相当補償で足りるとする見解が有力となった（今村成和）。しかし最高裁が近時、近傍類地の取引価格等を考慮して算定された事業認定の告示の時の相当な価格に、裁決時までの物価変動に応じた修正率を乗じて補償金額を定める土地収用法71条を合憲と判断した際に、昭和48年判決ではなく28年判決を先例として引用した（最大判平成14・6・11民集56巻5号958頁）。このため、「正当な補償」に関する最高裁の立場をどのように理解するかが、改めて問われることになった。

(3)　検　討

翻って考えると、昭和28年判決は、「正当な補償」が「その当時の経済状態において成立することを考えられる価格に基き、合理的に算出された相当な額」で足りる理由として、「財産権の価格についても特定の制限を受けることがあって、その自由な取引による価格の成立を認められないこともある」という事情を挙げていた。実際にも、農地改革の買収価格は、公定された米価を基礎に算定された自作収益価格に基づいて決定されており、したがって「自由な取引」による市場価格の形成がありえないことが、最高裁の合憲判断を支えていた。平成14年判決でも、事業認定の告示による地価の上昇分は、起業利益として起業者に帰属すべきであるという点が、合憲論の柱となっている。つまり平成14年判決は、自由な取引価格を想定できない点で、昭和28年判決と共通している。他方、平成14年判決は、被収用者は補償金の支払請求制度を利用して近傍類地を取得することができるとも指摘しており、これはむしろ昭和48年判決と親和的な説示といえよう。要するに、「正当な補償」とは「完全な」補償を要求するという意味では①説が妥当ではあるが、それは常に現在の市場価格と一致するものではなく、財産権規制によって自由な取引が観念できない場合には、合理的に算出された金額をもって「正当な補償」と解すべきであろう。

なお、「正当な補償」であるためには、補償が適時になされることも必要である。もっとも最高裁は、補償金額の概算見積もりによって明渡裁決等を認める緊急裁決制度の合憲性に関連して、憲法29条3項は補償の時期について規定しておらず、補償が「私人の財産の供与に先立ち又はこれと同時に履行されるべきことを保障するものではない」としている（最判平成15・12・４判時1848号66頁。最判昭和24・７・13刑集３巻８号1286頁も参照）。

４　直接憲法に基づく補償の請求

(1)　法令が正当な補償を定めていない場合の収用・制限の効力

補償の請求は、収用ないし既得の財産的権利の制限の根拠法令等が定める具体的規定に基づいて行われる。それでは、収用ないし制限が、憲法29条３項により補償が要求されるにもかかわらず、正当な補償が法令により定められていない場合には、当該収用ないし制限の効力はどうなるのか。

最高裁は、河川附近地制限令事件判決において、問題の法令があらゆる場合に損失補償を否定する趣旨ではないことを前提に、「本件被告人も、その損失を具体的に主張立証して、別途、直接憲法29条３項を根拠にして、補償請求をする余地が全くないわけではない」から、補償を要する財産権の制限の根拠規定を「直ちに違憲無効の規定と解すべきではない」と判断した（前掲最大判昭和43・11・27）。この判決の立場によると、補償を要すべき収用・制限は、補償規定を欠く場合であっても有効であり、その代わりに収用・制限を受けた者は直接憲法29条３項を根拠に、補償請求をなしうることになる（直接請求権発生説）。この立場が、学説上も多数となっている。

＊　もっとも、立法者が補償不要という前提で既得の財産的権利を制限した場合にも、裁判所が補償を認めることは、立法者の考える財産権と公共の利益の衡量を覆すことになるおそれもある。さらに憲法29条３項から直接、損失補償請求権が発生するのだとすれば、立法者は補償の要否について十分検討しなくてもよいことにもなろう。それゆえ、裁判所は当該制限規定を違憲無効とした上で、補償規定を整備して財産権を制限するか、制限を断念するかの選択を立法者に委ねるべきであるという見解も、なお有力である（違憲無効説）。

(2)　国家補償の谷間

公権力の行使により国民に損害が生じた場合の救済方法として、①損失補償のほかに、②国賠請求がある。①は適法な侵害による「特別の犠牲」を填補するものであるのに対して、②は違法で過失のある公務員の行為による損害を公権力が賠償する責任を負うものである（→第19章第3節参照）。それゆえに、違法・無過失である公務員の行為による損害や、適法行為によるが「特別の犠牲」とは言い難い損失については、①②いずれによっても救済がなされないことになる。これが「国家補償の谷間」と呼ばれる問題であるが（→第19章第4節**3**）、特に予防接種による死亡事故や後遺症等の健康被害が生じた事件（予防接種禍訴訟）で問題となった。この種の訴訟では、公務員の行為の違法性や過失の認定が難しいために②による救済が困難である一方、①による救済については、被侵害法益が既得の財産上の権利ではなく生命・身体である点が問題となった。

東京地裁は、直接請求権発生説を前提に、「生命、身体に対して特別の犠牲が課せられた場合においても、右憲法29条3項を類推適用し、かかる犠牲を強いられた者は、直接憲法29条3項に基づき、被告国に対し正当な補償を請求することができる」と述べて、憲法29条3項の類推解釈による救済を図った（東京地判昭和59・5・18判時1118号28頁）。しかしこの立場には、補償さえあれば生命・身体を収用できるということにもなりかねないという批判が強くなされた。他方、財産上の権利に補償が行われる以上、本来は許されないものではあるが生命・身体への侵害があった場合には、補償が当然であるという憲法29条3項の勿論解釈も主張された。

その後の裁判例は、組織的過失としての厚生大臣（当時）の過失を認めるなど、違法性・過失を緩やかに判断する立場を採用して、国賠請求による救済を図っている（東京高判平成4・12・18判時1445号3頁）。

〈参考文献〉

安念潤司「憲法が財産権を保護することの意味」長谷部恭男編『リーディングス現代の憲法』（日本評論社、1995年）137頁以下
石川健治「財産権①②」小山剛＝駒村圭吾編『論点探究 憲法（第2版）』（弘文堂、2013年）224頁以下
今村成和『損失補償制度の研究』（有斐閣、1968年）
宇賀克也『国家補償法』（有斐閣、1997年）
大石和彦「財産権制約をめぐる近時の最高裁判例における違憲審査基準について」慶應法学13号（2009年）127頁以下
小山剛『基本権の内容形成』（尚学社、2004年）
平良小百合『財産権の憲法的保障』（尚学社、2017年）
高辻正巳「財産権についての一考察」自治研究38巻4号（1962年）3頁以下
高橋和之『人権研究2　経済活動の自由および社会権』（有斐閣、2022年）
中島徹『財産権の領分』（日本評論社、2007年）
長谷部恭男「それでも基準は二重である！」『比較不能な価値の迷路』（東京大学出版会、2000年）99頁以下
松本哲治「財産権」ジュリスト1400号（2010年）103頁以下
棟居快行「日本国憲法と経済的自由」『憲法学の可能性』（信山社、2012年）345頁以下
山野目章夫『土地法制の改革』（有斐閣、2022年）

第15章　生存権

第1節　総　説

1　生存権規定の法的性格

(1)　憲法25条から28条で保障されている諸権利、すなわち、生存権（25条)、教育を受ける権利（26条)、勤労権（27条）および労働基本権（28条）を一括して「社会権」と呼ぶ。自由権と比較した社会権の特質については既に述べた（→第1章第1節5 (2)）。

(2)　25条は、社会権のいわば総則的な規定である。25条を解釈する前提として問題となるのは、そもそもこの規定が法的拘束力を有するかどうかである。憲法制定当初は、この規定の法的拘束力を否定するプログラム規定説が支配的であった。この学説は、25条を法規範ではなく、政治的綱領（プログラム）の宣言と解したのである。

＊　従来、学説は、プログラム規定説、抽象的権利説、具体的権利説の三つに分類されてきた。①プログラム規定説は、憲法25条は将来の政策的な指針を宣言した規定であると捉える。同条は、政治的・道義的な責任を国に課したにすぎず、法的拘束力を有しないので、国が生存権の保障を怠っても違憲の問題は生じないとする。この説も法律で生存権が保障される場合には具体的権利性を認めるが、それはあくまで法律上の権利であって憲法上の権利ではない。25条の法規範性そのものを否定するのであれば、請求権的側面だけでなく防御権的側面まで否定するのが論理的に一貫するが、それでは25条の存在意義が失われてしまう。そのため、今日では賛成者はいないと思われる。これに対して、他の二説は25条の法的拘束力を肯定する。②抽象的権利説は、25条は国家を法的に拘束するものであり、国民は必要な措置をとるよう国に要求する権利を有するが、その権利が裁判で実現可能な具体的請求権となるのは、同条が立法によって具体化されてから

であるとする。そのような立法が存在しない場合には、直接25条の規定に基づいて裁判所で救済を求めることはできない。したがって、生存権は、法的な権利ではあるが裁判で救済できない抽象的権利だとされる。この学説は、憲法上の抽象的な権利が法律によって具体化されれば具体的請求権が生じるとするが、それが法律上の権利なのか憲法上の権利なのか明らかではない。③具体的権利説は、25条の裁判規範性を認め、国会が25条の義務の履行を怠っている場合には、裁判所に対して不作為の違憲確認訴訟を提起することができるとする。裁判所は現状が違憲であるとの確認判決を下すことができるだけだから、訴えた個人が裁判で直接保護を受けられるわけではないが、これも広い意味では救済といえるので、生存権は具体的権利だとされるのである。これらの学説の内容は、論者によってかなりニュアンスに差があり、学説の対立も相対化している。

基本権を定める規範が、個人の基本権（主観的権利）を保障するだけでなく、同時に国家を拘束する客観的法規範であることは既にみた（→第1章第2節**1**・**3**）。現在では、25条が客観的法規範であり、裁判規範であることは、判例・通説の認めるところである。依然としてプログラム規定の言葉が使われていても、その意味は従来とは異なっている（後述する堀木訴訟判決の調査官解説〔園部逸夫〕は、25条がプログラム規定であることは通説・判例であるとしながら、25条の裁判規範性を認めている。プログラム規定とは憲法上直接には具体的権利が発生しないことを意味するにとどまるというのである）。これから問題にするのは、25条が法的拘束力を有する客観的法規範であることを前提として、そこから裁判で救済可能な個人の権利をどのように引き出すのか、という点である。

2　憲法25条1項と2項の関係

憲法25条は、1項で「健康で文化的な最低限度の生活を営む権利」をすべての国民に保障し、2項では、この権利を実現する国家の義務を定め、「国は、すべての生活部面について、社会福祉、社会保障及び公衆衛生の向上及び増進に努めなければならない」とする。

1項と2項の関係について理解の対立がある。従来の通説は、1項の国民の権利と2項の国家の義務は対になって同一の事柄を規定していると捉えた（一体論）。ところが、堀木訴訟控訴審判決（大阪高判昭和50・11・10

判時795号３頁）は、１項と２項を峻別し、２項は国の事前の積極的防貧施策をなすべき努力義務のあることを、１項は、２項の防貧施策の実施にもかかわらず、なお落ちこぼれた者に対し、事後的・補足的かつ個別的な救貧施策をなすべき義務のあることをそれぞれ宣言したものである、と述べた（峻別論）。この峻別論は、２項の防貧施策には広い立法裁量が認められ、その合憲性は緩やかに審査されるが、１項の救貧施策には厳格な審査基準が適用されるとする。これに対し最高裁は、同訴訟の上告審判決（最大判昭和57・７・７民集36巻７号1235頁）で、25条１項と２項はともに福祉国家の理念に基づく国の責務を規定したもので、両者相俟って生存権が設定充実されていくものであると述べて、控訴審判決の峻別論をとらなかった。

堀木訴訟控訴審判決が、厳格に審査される救貧施策の内容を生活保護法による公的扶助に限定したため、学説は一般に同判決の峻別論に批判的であるが、１項と２項が異なる規範内容をもつとする点は、支持する学説が増えている。なぜなら、１項が健康で文化的な生活の「最低限度」を保障するにとどまるのに対して、２項の国家の義務は極めて広範であり、現在の生活と比較して、より健康で、より文化的な生活を実現する努力義務が課されているからである。それゆえ、１項の権利が本来の（狭義の）生存権であるのに対して、２項の権利は広義の生存権（生活権）と呼ぶことができよう。

＊　従来の一体論は、１項が基本権を、２項が客観的法規範をそれぞれ定めたものと理解していたといえよう。それに対して、現在の学説は、１項・２項とも、基本権であると同時に客観的法規範であるとの二面性を有すると捉えるのである。

3　社会福祉・社会保障・公衆衛生

２項では、生存権を実現するために国が立法すべき主要な分野として、社会福祉、社会保障、公衆衛生が挙げられている。いずれも多義的な概念であるが、①社会福祉とは、社会保障の一分野であり、高齢者、児童、障害者など、社会保険ではカバーできない特別の援助を必要とする者に対して、日常生活の援護、更正指導その他の援護育成を行うことをいう。②社会保障とは、死亡、病気、けが、出産・育児など、一個人・一家族では負担しきれない危険から国民生活を守るために、社会保険や公的扶助の制度を設けることをいう。③公衆衛生とは、感染症などの疾病予防、食品の衛生管理などのほか、国民の健康的な生活を保持し増進する活動を広く意味する。水や空気の安全を維持し、良好な環境を保全し、回復することも含む（→本章第3節）。これら三つの分野は多義的であるとともに相互に関連するものであって、厳格に区別する必要はない。国が向上・増進に努力すべき分野はこの三つに限られるものでもないからである。

＊　立法でみると、①について、生活保護法、老人福祉法、児童福祉法、身体障害者福祉法、母子及び父子並びに寡婦福祉法などがあり、②について、国民健康保険法、国民年金法、厚生年金保険法、介護保険法など、③について、感染症の予防及び感染症の患者に対する医療に関する法律（感染症法）、検疫法、予防接種法、食品衛生法、環境基本法、大気汚染防止法などが制定されている。

＊＊　憲法25条2項の「公衆衛生」には感染症対策が含まれる。国には感染症から国民の生命と健康を守るために立法その他の措置を講じる義務がある（国の感染症対策が不十分な場合は、不作為による違憲状態である）。他方で、感染症対策は、不可避的に個人の自由を制限する側面を有する。

例えば、感染症法は、感染力や罹患した場合の重篤性等を総合的に勘案して、感染症を1類感染症（エボラ出血熱、ペスト等）から5類感染症（インフルエンザ〔鳥インフルエンザ・新型インフルエンザ等感染症を除く〕等）、新型インフルエンザ等感染症（新型コロナ感染症を含む）、指定感染症および新感染症に分類し（同法6条）、それぞれ可能な措置として、感染症の発生を予防するための基本指針や予防計画の作成（同法9条以下）、感染症が発生した場合速やかな情報収集のための医師等の届出義務（同法12条以下）を規定するほか、感染者や感染が疑われる者等に対して検体を採取し（同法16条の3）、健康診断を行い（同法17条）、感染のまん延を防止し速やかに撲滅するため、患者等の就業制限（同法18条）や入院勧告・強制入院（同法19条）について定める。また、感染症が海外から侵入することを防ぐために、検疫法が、船舶または航空機の入港等の禁止（同法4条）、感染症に汚染した、または汚染したおそれのある船舶等について、感染者の隔離（同法15条）、停留等（同法16条）の措置について定めている。

これらの立法措置は25条2項による国の義務を具体化するものであるが、他方で、隔離や入院等を強制される側からは基本権の制限である。ここに憲法上の価値の衝突が生じる。25条2項は基本権制限を正当化するが、基本権の制限は必要最小限度にとどまるべきことも憲法上の要請である。問題は、新しい感染症の危険性は専門家の知見によってもその危険性の程度を事前に予見できないため、立法者の規制もある程度予測に基づくものとならざるをえず、裁判所もそれを無効と判断するのは難しいことである。

＊＊＊　新型コロナウイルス感染症：　感染症の場合、感染者や感染のおそれがある者の自由を制限するだけでなく、感染が拡大しないよう、感染していない一般国民に対してもさまざまな自由の制限が必要とされる。

2020年、新型コロナウイルス感染症（COVID-19）の世界的な大流行が始まった。日本国政府（政府対策本部長）は、感染の拡大を防止するため、新型インフルエンザ等対策特別措置法32条に基づき、同年4月以降数回にわたって「新型インフルエンザ等緊急事態宣言」を発した。同法によれば、宣言の対象とされた都道府県知事は、住民に対し、生活の維持に必要な場合を除きみだりに外出しないことなど、感染防止に必要な協力を要請し（同法45条1項）、学校・社会福祉施設・興行場など多数人が利用する施設の使用の制限・停止等を要請することができる（同条2項）。施設管理者が要請に応じない場合は、要請された措置を講じるよう命令し（同条3項）、その旨を公表する（同条5項）。

これらの措置は、あくまで協力要請であって強制ではないとされたが、心理的な強制であり、事実上の自由の制限であった。外出自粛要請は、移動の自由（居住・移転の自由）、海外旅行の自由（在外国民の入国の自由）を制限するものである（→第12章第3節**3**）。多数の者が利用する施設の利用停止は、集会の自由の制限であり（→第11章第2節）、学校の臨時休業は子どもの教育を受ける権利の制限である（→第16章第2節）。これらの自由の制限が正当化されるかは、感染のリスクの程度と自由の制限の程度の釣り合いがとれているかどうかの問題である。

そのほかにも、飲食店に対する休業要請や営業時間短縮要請については営業の自由の制限（→第13章第4節**5**(3)＊）や損失補償の要否（→第14章第4節**2**(2)(ア)）が問題となる。予防接種の副反応による健康被害について→第14章第4節**4**(2)。マスク着用の要請は、特に私人間において（航空機、飲食店、デパートなど）マスクを着用しない者を拒否する理由とされた。

また、新型コロナ感染症を契機に国家緊急権条項を導入するための憲法改正が議論されたが、法律上の緊急事態制度で十分対応可能であるとされた（国家緊急権について→憲法Ⅱ第6章第3節**3**）。

なお、新型コロナ感染症は、感染法上の2類感染症（結核等）に相当する感染対策がとられてきたが、ワクチン接種等により重症度が低下したことを理由として、2023年5月8日から5類に移行することが予定されている。

第2節　生存権の権利内容

1　生存権の主体

(1)　生存権の権利主体は「国民」である。社会権は各人の所属する国家によって保護されるべき権利であるから、憲法25条の保障も外国人には及ばない（通説。→第2章第1節3(2)(イ)）。ただし、法律でその保障を外国人に及ぼすことは憲法上許容されている。最高裁も、塩見訴訟判決（最判平成元・3・2判時1363号68頁）において、「社会保障上の施策において在留外国人をどのように処遇するかについては、国は、特別の条約の存しない限り、当該外国人の属する国との外交関係、変動する国際情勢、国内の政治・経済・社会的諸事情等に照らしながら、その政治的判断によりこれを決定することができるのであり、その限られた財源の下で福祉的給付を行うに当たり、自国民を在留外国人より優先的に扱うことも、許されるべき」であるとした。外国人には権利の享有自体が憲法上保障されていないのであれば、保障の有無や程度が立法裁量に委ねられるのは当然である。

＊　実定法上は、健康保険法、厚生年金保険法などの被用者保険にはもともと国籍要件はなく、国民年金法、国民健康保険法などは、1981年の難民条約への加入に伴って国籍要件が撤廃された。このように、保険制度によるものは外国人にも適用されるが、しかし、生活保護法は保護の対象を日本国民に限っている（同法1条）。1954（昭和29）年5月8日の厚生省（現在の厚生労働省）社会局長通知「生活に困窮する外国人に対する生活保護の措置について」により、外国人も国民に準じた取扱いがされているが、この通知は、外国人には生活保護法が適用されず、同法の保護対象ではないことを前提に、それとは別に事実上の保護を行うことを定めたにすぎないから、外国人は生活保護法に基づく保護の対象となるものではなく、同法に基づく受給権を有しない（最判平成26・7・18判例自治386号78頁）とされている。また、この通知は、保護の対象を永住者・定住者等に限定しており、短期滞在者や不法残留者は含まれない。最高裁は、不法残留者を保護の対象に含めるかどうかは立法府の裁量の範囲に属し、不法残留者が緊急治療を必要とする場合であっても医療扶助の対象としないことは憲法25条（および14条1項）に違反しないとした（最判平成13・9・25判時1768号47頁）。

(2)　他方、在外日本国民に25条の保障が及ぶかという問題もある。日本国民であっても国外に滞在する者はその滞在期間中生活保護法の保護対象としないという取扱いが許されるか問題となった事件で、最高裁は、国外に現在している被保護者であっても、国内に「居住地」(生活保護法19条)を有していれば保護の対象になるとした(最判平成20・2・28判時2044号50頁)。言い換えれば、日本国内に居住地がなければ日本国民であっても25条の保障は及ばず、生活保護を受ける権利を有しないのである。

2　生存権の内容

生存権は国家との関係で二つの側面を有する。

生存権は、第1に、国家に対する給付請求権であり、健康で文化的な最低限度の生活を自力では営むことのできない国民が、このような生活を実現するため、立法その他国政の上で必要な措置を講じるよう国に要求する権利である。国はこの権利を実現する義務を負う。この権利の侵害は国の(立法)不作為によって生じる。

生存権は、第2に、国家に対する防御権としての側面も有する。これは、健康で文化的な最低限度の生活を既に維持している国民が、国家の介入によってその生活を破壊されない権利である。この侵害は、国の積極的な作為によって生じる。学説はこれを「自由権的側面(または効果)」と呼び、生存権の主観的権利内容と捉えるが、客観的法規範の機能から説明することもできる(→本節5)。

3　給付請求権としての生存権

(1)　法的拘束力

憲法25条1項は、「健康で文化的な最低限度の生活を営む権利」を保障する。この規定は、国家に対して政治的・道義的義務を課すだけのプログラムではなく、法的拘束力を有する。国家は国民にこのような生活水準を保障する法的義務を負う。不作為によってそれを達成しないときは、客観法的な義務違反であるにとどまらず、主観的権利の侵害として違憲である。この生活水準を達成できなかったことが憲法上正当化できるか否かは問題にならない。国民がこの水準以下の生活に陥っているというそのことだけで違憲である。裁判所の審査は、この水準が充足されているか否かに限られる（下限統制）。

(2)　立法権に対する拘束力

生存権は、立法（法律および行政立法）によって実現されなければならない。立法者は、「健康で文化的な最低限度の生活」を国民に保障するため必要な立法措置を講じる義務を負う。憲法25条１項が「権利」を保障している以上、同条を具体化する法律は、国家の義務を定めるだけでは不十分で、国民の具体的権利を定めることが憲法上の要請である。朝日訴訟最高裁判決（最大判昭和42・５・24民集21巻５号1043頁）も、生活保護法に基づいて生活保護を受けるのは、「単なる国の恩恵ないし社会政策の実施に伴う反射的利益ではなく、法的権利であって、保護受給権とも称すべきもの」であるとした。

法律上の具体的権利は、「健康で文化的な最低限度の生活」を可能にするものでなければならない。人間がぎりぎり生存可能な「最低限度の生活」は、時代や場所を超越して客観的に確定できるだろうが、「健康で文化的な」最低限度の生活は、時代が異なり場所が異なれば、それに応じて異なる内容をもつ相対的な概念である。その基準を憲法から直接引き出すことはできない。したがって、現在の日本で「健康で文化的な最低限度の生活」がいかなるものかの判断権は、第一次的には立法府にある。立法府の判断した内容が、具体的な生活実態からみて明らかに最低水準を下回っていると判断されるときに限って、裁判所はそれを違憲と判断することができるのである。

(3)　実体的審査の限界

朝日訴訟において、第１審判決が「健康で文化的な生活水準」は「それが人間としての生活の最低限度という一線を有する以上理論的には特定の国における特定の時点においては一応客観的に決定すべきものであり、またしうるものである」（朝日訴訟第１審判決：東京地判昭和35・10・19判時241号２頁）としたのに対して、最高裁はこう述べた。

「健康で文化的な最低限度の生活なるものは、抽象的な相対的概念であり、その具体的内容は、文化の発達、国民経済の進展に伴って向上するのはもとより、多数の不確定要素を綜合考慮してはじめて決定できるものである。したがって、何が健康で文化的な最低限度の生活であるかの認定判断は、いちおう、厚生大臣の合目的的な裁量に委されており、その判断は、当不当の問題として政府の政治責任が問われることはあっても、直ちに違法の問題を生ずることはない。ただ、現実の生活条件を無視して著しく低い基準を設定する等憲法および生活保護法の趣旨・目的に反し、法律によって与えられた裁量権の限界をこえた場合または裁量権を濫用した場合には、違法な行為として司法審査の対象となることをまぬかれない」（朝日訴訟最高裁判決）。

さらに、堀木訴訟最高裁判決は、児童扶養手当法の併給禁止規定の合憲性を審査するにあたって、広い立法裁量論を採用してこう述べた（①～④は引用者）。

「①憲法25条の規定は、国権の作用に対し、一定の目的を設定しその実現のための積極的な発動を期待するという性質のものである。しかも、②右規定にいう『健康で文化的な最低限度の生活』なるものは、きわめて抽象的・相対的な概念であって、その具体的内容は、その時々における文化の発達の程度、経済的・社会的条件、一般的な国民生活の状況等との相関関係において判断決定されるべきものであるとともに、③右規定を現実の立法として具体化するに当たっては、国の財政事情を無視することができず、また、④多方面にわたる複雑多様な、しかも高度の専門技術的な考察とそれに基づいた政策的判断を必要とするものである。したがって、憲法25条の規定の趣旨にこたえて具体的にどのような立法措置を講ずるかの選択決定は、立法府の広い裁量にゆだねられており、それが著しく合理性を欠き明らかに裁量の逸脱・濫用とみざるをえないような場合を除き、裁判所が審査判断するのに適しない事柄であるといわなければならない」。

＊　二つの判決の言い回しは似ているが違いもある。朝日訴訟では行政裁量、堀木訴訟では立法裁量が問題となった。両者は裁量の余地（幅）が異なる。堀木訴訟判決は「立法府の広い裁量」を強調するが、朝日訴訟判決は「合目的的な裁量」というにとどまる。堀木訴訟後も、立法裁量（法律）が問題

となった学生無年金訴訟判決（最判平成19・９・28民集61巻６号2345頁）が「立法府の広い裁量」に言及するのに対して、行政裁量（行政立法）が問題となった老齢加算廃止訴訟判決（最判平成24・２・28民集66巻３号1240頁）には「広い」という文言はない（柴田憲司）。

＊＊　これらの最高裁判決に対して、学説は、朝日訴訟第１審判決と同じく、「健康で文化的な最低限度の生活」の内容は相対的に確定可能であるとした上で、生存権は生きる権利そのものであり、自由とともに現代国家における人権の不可欠の構成要素であるとして、より厳格な司法審査がされるべきであるとしている。しかし、「健康で文化的な最低限度の生活」がある程度客観的に確定できると考えた場合でも、立法府の優先的な判断権を肯定する以上、立法府の判断内容が具体的な生活実態からみて明らかに最低水準を下回っていると判断されるときに限って、裁判所がそれを違憲と判断することができるにとどまるだろう。「健康で文化的な最低限度の生活」を手がかりに実体的な審査をすることには、やはり限界があるといわざるをえない。

(4)　手続的審査の可能性

実体的な審査に限界があるとすれば、手続的な審査が重要になる。堀木訴訟最高裁判決のいうように、憲法25条を具体化する手段は憲法上特定されていない。公的扶助によるか社会保険によるか、どのように組み合わせるか、法律に任されている。生活保護法を廃止して、ベーシック・インカム（すべての国民に対して、健康で文化的な最低限度の生活を営むために必要な金額を無条件で定期的に支給する制度。所得調査もなく、労働能力の有無も問題とせずに、すべての国民に一律に給付を行う）を採用することも許される。また、最低限度の生活に必要な金額等を算定するための方式も、立法府が決定することができる。現に、生活保護基準を設定するための方式は、当初のマーケット・バスケット方式から、エンゲル方式、格差縮小方式を経て、現在の水準均衡方式へと変わってきた。これらの方式が「健康で文化的な最低限度の生活」に必要な金額を算定するという目的に適合的なものである限り、その選択は立法者に委ねられているのである。

＊　マーケット・バスケット方式（1948～1960年）は、最低限度の生活に必要不可欠な品目と数量の価格を積み上げて基準額を算定する方式であり、エンゲル方式（1961～1964年）は、消費における飲食物費を積み上げ、その他の生活費は、これと同等の飲食物費を支出する一般所得階層のエンゲル係

数を用いて消費支出総額を求め、これをもとに計算する方式である。これに対して、格差縮小方式（1965〜1983年）は、一般国民の生活水準の伸びを基礎とし、これに一般国民と被保護世帯との消費支出水準の是正分を見込んで算定する方式であり、水準均衡方式（1984年以降）は、現行生活扶助の水準を妥当と評価した上で、一般国民の生活水準の伸びと均衡させる形で算定する方式である。このような算定方式の変遷は、「絶対的貧困」から「相対的貧困」へと貧困の観念が変化したことに由来するとされている。

けれども、この方式に従って算定すると決定した以上、その算定は、厳格に、かつ透明性をもって行われなければならない。算定が恣意的であったり、ブラック・ボックスの中で行われ外からわからないことがあってはならない。つまり、算定方式の選択は立法者の裁量に委ねられるが、その選択決定に立法者自身が拘束されるため、具体的な算定手続の立法は最初の決定から首尾一貫したものでなければならないのである（首尾一貫性について→第４章第２節**4**）。ただし、最高裁は、生存権の領域で立法者に首尾一貫性を要求したことはない。たしかに、過去に自ら制定した法律に現在の立法者が拘束される憲法理論上の根拠は十分明らかとはいえない。それに加えて、この領域では複雑多様な利害の調整と妥協が必要になることも多く、そこで立法者の決定に首尾一貫性を要求することは立法者に対する過度の拘束であり、しかも裁判所が首尾一貫性を欠くという理由で法律を違憲無効と宣言するならば、裁判所が立法者に優位してしまい、憲法上の権限バランスを崩すとみているのであろう。

＊　朝日訴訟は、生活保護基準の設定がマーケット・バスケット方式によっていた時代に起きた事件である。第１審判決は、月額600円の根拠となった保護基準の費目、数量および単価について個別具体的に検討し、「入院入所中の要保護患者にとって日用品として不可欠なものを２、３欠き、同じく基準消費数量は一部に不足するものがあり、しかも基準単価についても一部に安きにすぎるものがある」としたのに対し、最高裁は、「本件生活扶助基準という患者の日用品に対する一般抽象的な需要測定の尺度が具体的に妥当なものであるかどうかを検討するにあたっては、……単に本件基準の各費目、数量、単価を個別的に考察するだけではなく、その全体を統一的に把握すべきである」とした。最高裁は、健康で文化的な最低限度の生活がいかなるものか、客観的に確定できないことから、現実の保護基準につ

いても全体として「著しく低い」か否かの審査にとどまっている。けれども、費目、数量、単価がいかなる根拠で算定されたのか、その算定過程を審査することは可能であったし、すべきだったように思われる。

(5)　行政権に対する拘束力

憲法25条１項は、立法だけでなく、法の執行も拘束する。憲法25条を具体化する法律が既に制定されている場合、行政権は当該法律にも拘束される。行政裁量の余地は立法裁量よりも狭い。

＊　例えば、生活保護法の保護を受けるときは、利用できる「資産」等を活用することが条件であり（同法４条）、保護の程度は本人の「金銭又は物品」を補足するにとどまる（同法８条）。最高裁は、「生活保護法の趣旨目的にかなった目的と態様で保護金品等を原資としてされた貯蓄等は、収入認定の対象とすべき資産には当たらない」と述べて、生活保護費等を原資として積み立てた学資保険の満期保険金を収入認定して生活保護費支給額を減額した保護変更決定を違法と判断している（福岡市学資保険訴訟判決：最判平成16・３・16民集58巻３号647頁）。何が「資産」に含まれるかについて生活保護法に詳しい規定が存在しないにもかかわらず、判決は、保護実施機関に、「資産」に該当するか、収入認定するか否かについて行政裁量の余地を一切認めなかったのである。

　また、児童扶養手当法施行令が、母が婚姻によらずに懐胎した児童でも父から認知された場合には手当の支給対象から除外したことについて、児童扶養手当法の委任の趣旨に反するものとし、それに基づく処分も違法とした（児童扶養手当事件判決：最判平成14・１・31民集56巻１号246頁。→第３章第３節１(2)）。ここでも行政立法制定者に裁量の余地は認められていない。

4　防御権としての生存権

国民が既に「健康で文化的な最低限度」を超えた生活水準を達成しているのに、国家の積極的行為によってそれ以下の生活水準に陥った場合、生存権の防御権としての側面が問題となるが、この場合の審査も給付請求権の場合と同様である。当該国家行為によって国民の生活が「健康で文化的な最低限度の生活」を下回ったかどうかが合憲・違憲の分かれ目である。消極的不作為によるものか、積極的行為によるものか、違いはない。水準以下の生活の憲法上の正当化を問題にすべきではないから、防御権だからといって三段階審査が適用されるわけではない。

ただし、「健康で文化的な最低限度の生活」の侵害を超えて、（健康とも文化的ともいえない）最低限度の生活が損なわれる場合には、憲法13条の「生命権」（＝生命の権利→第５章第３節**1**）の侵害と捉えるのが妥当であろう。この生存の自由という意味での生命権は、国籍の如何にかかわらず、すべての人に保障される。その制限を憲法上正当化する余地はない。

5　制度後退禁止原則と審査方法

(1)　二つの学説

「健康で文化的な最低限度の生活」は相対的であり、裁判でその侵害を立証することは難しい。また、この領域では首尾一貫性の審査も行われていない。そこで、既存の制度内容を法律で後退させ、あるいは生活保護の給付水準を厚生労働大臣の保護基準で引き下げることも、生存権の制限であり、憲法上の正当化が必要になると解すべきであるとの見解が説かれている（→第４章第２節**6**）。その根拠は、生存権の主観的権利内容としての自由権的効果か、客観的法規範としての制度後退禁止原則なのか、学説は分かれるが、生存権（25条）が基本権と客観的法規範の二面性を有する以上、二つは両立可能である。ここで制度後退禁止原則の語を用いるのは、この用語がこの場面に特有の概念だからである。この原則に対して学説は二つに分かれる。

まず、制度後退禁止原則肯定説は次のように説く。憲法25条の生存権は抽象的な権利であるが、法律や保護基準によって具体化されれば――憲法と法律・保護基準を一体として捉えることにより――憲法上の具体的権利となるから、その不利益変更（給付水準の引下げ）は生存権の自由権的側面の「制限」（保護領域への介入）であって、自由権の場合と同様に比例原則によって正当性が審査されなければならない。しかも、生存権がまさに生きる権利であることを重視すれば、厳格な審査が必要とされることになろう。

これに対して、制度後退禁止原則否定説はこう批判する。この原則を肯定するには、生存権を具体化する立法や保護基準は憲法と同一の形式的効力に引き上げられ、一度決定された給付水準が憲法上の権利内容をなすといえることが前提となる。けれども、法律は法律によって変更されるのが原則である（新法は旧法を廃す）。最初に制定された法律が憲法上の効力をもち、後の立法でこれを変更できないとすることは、この原則に反する。したがって、制度後退の場合も、給付請求権の問題と同じく、憲法の保障する給付水準が満たされているか否かの審査にとどまるべきものである。すなわち、既存の給付水準が「健康で文化的な生活」の最低水準を満たしていたにすぎないのであれば、その引下げは違憲であるが、立法政策によって上積みされていた部分（＋αの部分）であれば、それを再び減じても立法政策（立法裁量）の範囲内であり、違憲とはいえない。

(2)　受給制限規定

年金や手当の受給制限（併給禁止）の規定の問題についても、二つの学説は対立する。この問題も、それが本来受給できるものを国の作為によって妨害されたと考えれば自由権的側面の制限（とその正当化）の問題とすべきようにみえるし（制度後退禁止原則肯定説）、給付規定と制限規定は一体となって給付内容を具体化したものだと考えれば給付水準を満たしているかどうかの問題とすべきようにみえる（同原則否定説）。堀木訴訟で原告は前者の主張をしたが、最高裁はこの点に触れることなく合憲判断を下した。おそらく後者の立場をとったと思われる。立法者は複数の手段・方法の組み合わせによって生存権を実現すればよいのだから、手段・方法の選択は裁判所の審査権の範囲外である。そう考えて、最高裁は、給付水準が憲法の要求する最低限度を下回るか否かの審査にとどめたのだと思われる（受給制限規定の合憲性は、憲法14条１項との関係でも問題となる。→第６章第４節）。

(3)　老齢加算廃止訴訟

制度後退の憲法適合性が争われたのが、老齢加算廃止訴訟である。2004年３月まで、厚生労働大臣の定める生活保護基準は、70歳以上の者に対して、基準生活費に加えて、老齢加算に基づく給付を行うものとしていたが、同年４月以降、保護基準の改定により加算額は段階的に減額され、2006年４月以降は老齢加算自体が廃止された。そこで、老齢加算の減額・

廃止に伴う保護変更決定を争う訴訟が全国で多数提起された。

最高裁（前掲最判平成24・2・28）は、保護基準自体が減額改定されたために保護内容も減額決定された場合には、生活保護法56条（正当な理由がなければ保護内容を不利益に変更されないと定める）は適用されないとした上で、「健康で文化的な最低限度の生活」を保護基準で具体化するにあたっては、厚生労働大臣に専門技術的かつ政策的な裁量権が認められるとした。そして、老齢加算を段階的に廃止した保護基準の改定は、専門委員会が「生活保護の在り方についての中間取りまとめ」で示した意見を踏まえ、激変緩和措置も配慮して行われたもので、判断過程や手続に過誤・欠落はなく、裁量権の範囲の逸脱・濫用は認められないとした。この最高裁判決でも、制度後退禁止原則は採用されていない。老齢加算の廃止が生存権の制限であるとは捉えられておらず、憲法上の正当化も問題にされていない。したがって、憲法論としては、老齢加算の廃止が給付の最低水準を満たしているかだけが審査されたのである（判断過程審査について→第4章第2節**7**、第3節**3**）。

＊　生活扶助基準は、基準生活費と加算に大別されるが、老齢加算廃止訴訟では加算の廃止の是非が問題となった。基準生活費が減額される場合は受給者にとってより深刻だともいえる。基準生活費減額の違憲・違法が争われた事件で、上記判決の判断枠組みを用い、「改定後の生活扶助基準の内容が被保護者の健康で文化的な生活水準を維持するものであるとした厚生労働大臣の判断には……統計等の客観的な数値等との合理的関連性や専門的知見との整合性を欠いており、したがって、最低限度の生活の具体化に係る判断の過程及び手続に過誤、欠落があり、裁量権の範囲の逸脱又はその濫用がある」として生活保護法3条・8条2項違反を認定した裁判例がある（大阪地判令和3・2・22判タ1490号121頁）。

6　生存権訴訟の類型

(1)　行政処分

憲法25条を具体化する法律の存在を前提に、行政処分がその法律に違反していないかどうかを争う場合がある。朝日訴訟や福岡市学資保険訴訟がその例である。どちらの訴訟も、生活保護費の減額や保護の廃止という不利益変更処分を争った。直接は行政処分が法律に違反していないかどうかの問題であるが、その際、憲法25条が法律の解釈原理になる点が重要である。憲法25条は立法・行政・司法を法的に拘束するのであるから、憲法に適合するように法律を解釈・適用しなければならない。

(2)　立　法

法律それ自体が憲法25条に違反しないかどうかを争う場合がある。そこでは25条が裁判の基準となる。

まず、生存権の自由権的効果が問題となる場合がある。食糧管理法違反事件判決（最大判昭和23・９・29刑集２巻10号1235頁）の判旨は曖昧であるが、生存を維持するための国民の行為が刑罰をもって禁止されるのは違憲であるとの主張に対して、当該法律は「健康で文化的な最低限度の生活」を侵害するものではないとした。また、総評サラリーマン税金訴訟判決（最判平成元・２・７判時1312号69頁）は、所得税の課税が「健康で文化的な最低限度の生活」を侵害しているという証明がないとして違憲主張を退けた。

堀木訴訟では併給禁止規定の合憲性が問題となった。障害福祉年金と児童扶養手当の併給が禁止されたことによって原告の生活が「健康で文化的な最低限度の生活」を下回るのであれば、問題となる併給禁止規定を違憲無効と判断することによって権利救済が果たされる。ここでも25条の裁判規範性は明らかである。

(3)　立法不作為

問題は、憲法25条を具体化する法律が存在しないか、存在していても極めて不十分な場合である。

第１に、このような場合には立法不作為の違憲確認訴訟を提起することができるとする学説（具体的権利説と呼ばれる）が、少数説ながら有力に主張されている。現行訴訟法の下でも無名抗告訴訟として可能であるとする学説と、新たな手続法の制定が必要であるとする学説がある。しかし、通説はこのような訴訟の可能性を認めていない。なぜなら、この訴訟は国会の権限を不当に狭め、権力分立や民主主義と矛盾するだけでなく、違憲状態であることを確認するだけでは実効性のある救済にはならないから、付随的違憲審査制ともなじまないと考えるからである。けれども、生存権を具体化する立法が相当整備された現段階では、不十分な立法に基づく行政処分をきっかけとしてその立法の不十分さを争うことになろう。そのような訴訟では、立法不作為の違憲確認判決の手法は一律に否定されるべきではあるまい。また、違憲確認訴訟を立法化することは、憲法上禁止されていないと思われる。

第2に、立法不作為を国賠訴訟で争うことは、判例もこれを認めている（選挙権について、在外日本人選挙権判決〔最大判平成17・9・14民集59巻7号2087頁〕参照→第19章第3節**6**、憲法Ⅱ第12章第3節**3**）。学生無年金訴訟では、第1審（東京地判平成16・3・24判時1852号3頁）は、学生無年金障害者を何の救済措置も講じることなく放置した立法不作為が憲法14条違反であるとして国家賠償を認めたが、最高裁は、国民年金法の規定は憲法25条にも14条1項にも違反するものではないとした。

第3に、給付の直接請求訴訟を肯定する学説が注目される。従来の具体的権利説が、その名称にもかかわらず、立法不作為の違憲確認判決を求めるにとどまったのに対して、「ことばどおり」の具体的権利説である（棟居快行)。「健康で文化的な最低限度の生活」の内容は一定程度確定可能であると考えれば、現実に立法が極端に不十分である場合には、このような訴訟を肯定する余地があろう。

第3節　環境権

環境権は、人間が良好な自然環境を享受するために、環境を保全し回復する権利である。環境の保全は、現在および将来の国民の健康で文化的な生活に欠くことのできないものであるから（環境基本法1条・3条参照)、環境権は憲法25条にその根拠を有すると考えることができる。学説は一般に、環境権には、国の積極的措置を求める請求権としての側面と、環境侵害を排除する防御権としての側面の二側面があり、請求権としては25条に、防御権としては13条にその根拠を有すると考えてきた。けれども、既にみたように（→第5章第3節**5**）環境権は、その権利内容も権利主体も不明確で、13条の自由権（防御権）として構成することは難しい。ここで問題とされるのは、請求権としての環境権である。この意味の環境権は、環境を保全・回復するための立法を国に対して要求する権利であるが、そこで要求される具体的な内容は、公害を防止するため私人による環境破壊行為を禁止する立法から、地球環境を保全するための立法にまで及ぶ。判例は未だ基本権としての環境権を認めていないが、その理由は、裁判で救済可能な個人の権利として構成するにはあまりにも内容が広汎だからであろう。

そうであるとすれば、環境権の根拠条文は、25条1項よりも2項がふさわしい。2項は、国が生存権を実現するために立法すべき項目として「公衆衛生」を挙げるが、そこに、良好な環境を保全し、回復することも含むとすることは広く認められている。したがって、環境権は、1項の狭義の生存権ではなく、2項の広義の生存権（生活権）に含まれるのであり、実際には、個人の基本権というよりも、国家の活動に対する客観法的な義務づけと捉えるべきであろう。

＊　ドイツ基本法20a条は、「国は、来るべき世代に対する責任を果たすためにも、……自然的生存〔生命〕基盤及び動物を保護する」と規定する。これは国家を客観的に拘束する規範であるが、国家の環境保護義務から直接国民の基本権を導出することは難しいように思われる。

〈参考文献〉

赤坂正浩「環境問題と憲法」同『世紀転換期の憲法論』（信山社、2015年）127～141頁
大林啓吾編『感染症と憲法』（青林書院、2021年）
尾形健『福祉国家と憲法構造』（有斐閣、2011年）
尾形健「生存権保障の現況」論究ジュリスト13号（2015年）86～92頁
葛西まゆこ『生存権の規範的意義』（成文堂、2011年）
桑原勇進『環境法の基礎理論』（有斐閣、2013年）
玉蟲由樹「人間の尊厳と最低限度の生活の保障」同『人間の尊厳保障の法理』（尚学社、2013年）191～231頁
長尾一紘「社会権の法的構造」法学新報106巻11＝12号（2000年）1～44頁
中村睦男「生存権」芦部信喜編『憲法Ⅲ　人権(2)』（有斐閣、1981年）318～360頁
棟居快行「生存権の具体的権利性」同『憲法学再論』（信山社、2001年）348～362頁
棟居快行「生存権と『制度後退禁止原則』をめぐって」同『憲法学の可能性』（信山社、2012年）389～408頁

第16章　教育を受ける権利

第1節　総　説

人間が自己の人格を形成し、その能力を開花させ、共同社会の一員として生活する能力を身につけるためには、教育を欠くことはできない。国民が知識と教養を備えることは、社会の文化的・経済的発展にとっても、国家の民主的運営にとっても、不可欠の前提である。そこで、憲法26条は、1項で国民の「教育を受ける権利」を保障するとともに、2項において、親が子どもに「普通教育を受けさせる義務」（→第1章第2節5(3)(イ)）と、「義務教育の無償」を定めた。教育を受ける権利を実現し保護するため、国は、教育制度や施設を整備し、国民に適切な教育を受ける場と機会を保障する義務を負う。

第2節　教育を受ける権利

1　教育を受ける権利の主体

教育を受ける権利の主体は「国民」である。子ども（児童・生徒・学生）に限らず、成人もこの権利の主体である。国民は、その生涯にわたって、あらゆる機会に、あらゆる場所において学習できなければならない（教育基本法〔以下「教基法」という〕3条）。国は、社会教育を奨励し、図書館等の社会教育施設を設置するなど、適当な方法で社会教育の振興に努める義務を負う（教基法12条）。

けれども、成人の場合には、受けるべき教育の内容を自ら選択・決定することができるが、子どもの場合にはそれができない。そこで、教育を受ける権利の問題は、子どもの学校教育を受ける権利を中心として議論されることになる。子どもの教育を受ける権利は、今日、「学習権」の観念で把握されている。最高裁も、憲法26条の「背後には、国民各自が、一個の人間として、また、一市民として、成長、発達し、自己の人格を完成、実現するために必要な学習をする固有の権利を有すること、特に、みずから学習することのできない子どもは、その学習要求を充足するための教育を自己に施すことを大人一般に対して要求する権利を有するとの観念が存在している」と述べている（旭川学テ事件判決：最大判昭和51・5・21刑集30巻5号615頁）。

＊　憲法26条の効力は、外国人には及ばない。ただし、日本国内に住む外国人の子どもが日本の小・中学校への入学を希望した場合、日本人と同じ条件で受け入れている。また、外国人が、母国の言語と文化を学ぶために外国人学校を設置することも自由である。逆に、外国に滞在する日本人にも本条の効力は及ばない。海外には日本の義務教育を行う小・中学校は存在せず、現地の学校に子どもを通わせるか、私立の日本人学校を設立・運営し、そこで学ばせることになる。

2　教育を受ける権利の内容

教育を受ける権利には三つの側面がある。

この権利は、まず第1に、社会権（国家に対する給付請求権）として、教育制度・教育施設その他の教育条件の整備を国に対して求める権利である。国は、この権利を実現するために教育条件を整備する客観法的義務を負う。けれども、教育条件の整備・具体化にあたって、どのような教育制度を設計し、どこに、いかなる教育施設を設置するかなど、立法には広い裁量の余地が認められる。そのため、教育を受ける権利も、憲法規定から直接具体的請求権を引き出すことはできない抽象的権利にとどまり、その具体的内容は法律で定められなければならない。国の法律があまりにも不十分な場合には義務違反となるが、それが認定されるのも、例外的な場合に限られるだろう。

＊　堀木訴訟判決（最大判昭和57・7・7民集36巻7号1235頁）では、憲法25条

違反となるのは「著しく合理性を欠き明らかに裁量の逸脱・濫用とみざるをえないような場合」だけであり、14条との関係でも、「なんら合理的理由のない不当な差別的取扱」でない限り違憲とはならないとされた（→第15章第2節**3**(3)、第6章第4節**2**(2)）。憲法26条においても同様に考えられるが、一旦定めた教育条件を後退させる場合は、制度後退禁止原則（→第15章第2節**5**）が問題となりうる。

第2に、自由権（防御権）としての側面がある。まず、国民は、既存の教育制度・教育施設等を利用して教育を受けることを不当に妨げられない権利を有する。そしてまた、子どもが自由で独立の人格として成長することを妨げるような内容の教育、例えば、誤った知識や一方的な観念を子どもに植えつける教育を行うことは許されない（前掲旭川学テ事件判決）。つまり、偏向教育は禁止され、内容的に適正な教育を受ける権利が保障されていることを意味する。しかし、教育内容が偏向していないかどうかを誰が判断するのか。そこで、子どもの教育内容決定権の所在が問題となるのである。

そして第3に、平等権として、「その能力に応じて、ひとしく教育を受ける権利」、すなわち、教育の機会均等が保障されている。「人種、信条、性別、社会的身分、経済的地位又は門地によって、教育上差別されない」（教基法4条1項）。「障害」を理由とする差別も禁じられる。国は「教育上必要な支援」を行う義務がある（同条2項）。学校教育法は「特別支援教育」について定めている（同法72条以下）。経済的理由で修学が困難な者には、奨学の措置が講じられなければならない（教基法4条3項）。

＊　障害のある者に対する「教育上必要な支援」は特別支援教育に限られない。本人が普通学校での就学を希望している場合、国や地方公共団体には合理的な範囲で施設・設備を整備する義務が生じる。障害を理由とした入学不許可処分を違法とした裁判例として、市立尼崎高校事件判決（神戸地判平成4・3・13判時1414号26頁）、奈良肢体不自由児中学入学事件決定（奈良地決平成21・6・26判例自治328号21頁）などがある。

＊＊　新型コロナの感染対策としてオンライン授業が導入され、学校に行かなくても学校の授業が受けられる体制が徐々に整えられた。入院している生徒や不登校の生徒にとって、それまでは学校に行かなければ受けられなかった授業が病院や自宅で受けられるメリットは大きいが、他方では、学

校が単に知識の習得にとどまらない、生徒の人間的な発達の場としても重要な意義を有することがオンライン授業で再確認されるようになった。オンライン授業があれば学校（対面授業）が不要になるわけではない。

3　教育内容決定権の所在

(1)　「国家の教育権」説と「国民の教育権」説

教育を受ける権利をめぐって争われてきた中心的な問題は、子どもの教育内容を誰が決定するのか、である。従来、子どもの教育内容は国の政治的意思決定手続によって決定されるべきであるとする「国家の教育権」説と、国民の信託を受けた教員集団が政治的な介入から自由に決定できるとする「国民の教育権」説が対立していたが、最高裁は、前掲旭川学テ事件判決において、「いずれも極端かつ一方的であり、そのいずれをも全面的に採用することはできない」とした。

＊「国家の教育権」説は次のように主張した。子どもの教育には国民全体が共通に関心をもっており、公教育制度においては国民全体の教育意思が支配・実現しなければならない。この教育意思は議会制民主主義の下では国会の立法を通じて具体化されるのであるから、法律は当然に公教育の内容と方法について包括的に定めることができ、教育行政機関も法律の授権に基づきこれらの事項を決定する権限を有する。

これに対して、「国民の教育権」説によれば、子どもの教育は、子どもの教育を受ける権利に対する責務であり、この責務を担うのは親を中心とする国民全体である。国の任務は教育の条件整備にあり、教育の内容・方法に介入する権限を有しない。教育の内容・方法は、教師が国民全体に責任を負って決定・遂行すべきであり、このことは憲法23条が教授の自由を含み、この自由の保障は普通教育の教師にも及ぶことからも裏づけられる。

「国家の教育権」説を採用した裁判例として、高津判決（第１次教科書訴訟第１審判決：東京地判昭和49・７・16判時751号47頁）が、「国民の教育権」説を採用した裁判例として、杉本判決（第２次教科書訴訟第１審判決：東京地判昭和45・７・17行集21巻７号別冊１頁）が挙げられる。

旭川学テ事件判決によれば、「子どもの教育は、教育を施す者の支配的権能ではなく、何よりもまず、子どもの学習をする権利に対応し、その充足をはかりうる立場にある者の責務に属する」が、ここから教育内容決定権の所在を一義的に導き出すことはできない。そこで判決は、子どもの教育に関心をもつ関係者の権限の範囲を憲法上の根拠に照らして画定すべきであるとした（権限分配アプローチ）。権限主体として挙げられたのが、親、私立学校、教師および国である。

(2) 親の教育の自由

親は、子どもとの自然的関係によって、子どもの将来に対して最も深い関心をもち、配慮すべき立場にあるから、子どもを育成し教育する権利を有する。この親の権利は、学説上「自然権」であるとされることが多いが、その意味は、親と子の自然的関係に基づくがゆえに国家に先行する権利であって、国家の介入に対する防御権たる性質を有することにあると解される。ドイツ基本法６条２項は、「子どもの育成及び教育は、親の自然的権利であり、かつ、何よりもまず親に課せられた義務である」と定める。日本国憲法上には明文規定がないが、親の教育の自由は13条に含まれると解すべきであろう。民法820条が、「親権を行う者は、子の利益のために子の監護及び教育をする権利を有し、義務を負う」と定めるのは、その確認規定である。

＊　親が自己の宗教上の信仰に基づいた教育を子どもに施す権利は、憲法20条の信仰の自由に含まれるとする学説が有力である（芦部信喜）。それによれば、知育は23条、思想教育は19条と、教育内容に応じて根拠規定を変更することになろう。ここで13条を根拠としたのは、個々の自由に解消されない親の教育の自由の独自性を確認するためであって、教育内容に応じて他の規定をあわせ参照することは妨げられない。

「親の教育の自由は、主として家庭教育等学校外における教育や学校選択の自由にあらわれる」（旭川学テ事件判決）。親は、その家庭において、子どものしつけや知識の習得だけでなく、思想や信仰に関する教育も行うことができる。また、学校選択の自由とは、親が子の教育のために私立学校を選択する自由である。複数の公立学校の間での選択を保障するものではない（したがって、小・中学校の指定学校制は違憲とはいえない）。

＊　学校教育は、日本国憲法の基本的な価値決定に基づく内容のものでなけ

ればならず、自由と民主主義、平和の価値を否定することは許されない。これに対して、親の家庭教育の自由は憲法に拘束されない。親は、家庭において、例えば、聖書に書いてあることはすべて正しく、世界は神が創造したとか、進化論は誤りだと教えることもできる。また、親は、自己の政治的信念に基づく教育を子どもに施すこともできるから、極左的または極右的教育も、日本国憲法を否定する教育も自由である。けれども、子どもの自立的成長を促すのではなく、単に子どもを自己の道具として利用するための教育は、教育の自由の範囲を逸脱しており、国家の介入が正当化されるだろう（なお、教基法10条参照）。

親の教育の自由は、子どもに普通教育を受けさせる義務（26条２項。→第１章第２節**５**(3)(ｲ)）によって制限されている。制限の代償として、親は子どもの受ける学校教育の内容について（教師または国と）共同決定する権利が生じるかどうかが問題となりうる。親の教育の自由を家庭教育と学校選択に限定する最高裁の立場では、学校内の教育に親が参加する権利は認められないであろう。けれども、教育課程の編成や学校行事などについて、親が学校や教育委員会などの説明を求め、意見を述べる権利は抽象的にはありうるところで、そのような機会が立法や規則において制度的に保障されることが望ましい。また、一般的な共同決定権が認められない場合でも、親が、自己の信仰や信条に反する内容の授業を子どもに受けさせたくないと考えた場合、そのような授業を拒否することは認められる余地があろう。

＊　この拒否権は、親の教育の自由に関わるだけでなく、信仰または信条を理由とする一般的な法義務の拒否という問題の一場面である（→第８章第３節）。日曜日授業参観事件（東京地判昭和61・３・20判時1185号67頁）やエホバの証人剣道受講拒否事件（最判平成８・３・８民集50巻３号469頁）も、この文脈で捉えることができる。

＊＊　親の拒否が個々の行事や教科を超えて、学校教育全般に及ぶこともありうる。その場合には、親の権利（教育の自由）と義務（教育を受けさせる義務）が真っ向から対立することになる。親が、個人教授や家庭教師、あるいは私塾などによって、子どもに対して義務教育の内容として十分な教育を与えることができるのであれば、国が実施状況を定期的に監督することを条件に、就学義務を免除することも許されよう。

(3)　私学教育の自由

私立学校は、公立学校と異なり、建学の精神と独自の校風に基づく教育を行う。私学教育は、教育の画一的規格化を防ぎ、自由で多元的な教育を提供することができるのである。私立学校の存在は、親の学校選択の自由の前提である。国は、私学の自主性を尊重しつつ、助成その他の方法で私学教育の振興に努めなければならない（教基法８条。私学助成の合憲性は→憲法Ⅱ第13章第５節）。私立学校を設立し、私学教育を行う自由の憲法上の根拠は、憲法21条の結社の自由に求められるべきであろう。教育内容について、公立学校は、政治的にも宗教的にも中立でなければならないが（教基法14条２項・15条２項）、私立学校が宗教教育を行うことは禁じられていない。むしろ、私立学校には、信教の自由（20条）として宗教教育の自由が保障されていると解される。

(4)　教師の教授の自由

憲法23条の教授の自由が、小・中・高校の普通教育の教師について保障されるか、長い間争われてきた（→第９章第２節１(2)(ウ)）。教授の自由は、学問研究において自ら真理と確信したことを国家の拘束を受けずに教壇から説く自由であるから、それをそのまま普通教育の教師に認めることはできない。最高裁は、旭川学テ事件判決で、「教師が公権力によって特定の意見のみを教授することを強制されないという意味において、また、……教授の具体的内容及び方法につきある程度自由な裁量が認められなければならないという意味においては」、普通教育における教師にも「一定の範囲における教授の自由が保障されるべきことを肯定できないではない」と述べて、教授の自由の保障が一定の範囲内で普通教育の教師にも及ぶことを（極めて消極的な表現で）認めた。しかし、「完全な教授の自由を認めることは、とうてい許されない」。なぜなら、①大学と異なり、普通教育の児童生徒には批判能力が乏しく、教師が児童生徒に対して強い影響力、支配力を有し、②教育の機会均等を図るために全国的に一定の教育水準を確保する必要があるからである。教師の教育内容決定権は、このような限られた範囲のものであるから、教育課程や教科の内容について、国の規制がなされても、直ちに違憲であるわけではない。伝習館高校事件判決は、学習指導要領が法規としての性質を有することを認めた（教師個人の思想・良心の自由が問題となった事件としては、「君が代」ピアノ伴奏事件、「君が代」起立斉唱懲戒処分事件が重要である。→第7章）。

＊　同じく教師の教授の自由といっても、大学とそれ以前の普通教育とでは、保障される範囲・程度が全く違う。そこで、教授の自由（23条）と教育の自由（26条）を峻別し、前者の保障は大学教師に限られ、普通教育の教師に認められるのは憲法26条の教育の自由であるとの学説も有力である。けれども、26条で直接保障されているのは子どもの学習権であって、教師の教育の自由は子どもの権利を実質的に担保するために、子どもの権利の反射として認められるにすぎない。その点では、直接教師を権利主体とする23条説にも十分な根拠がある。

＊＊　最高裁は、伝習館高校の二つの判決（最判平成2・1・18民集44巻1号1頁、判時1337号3頁）において、教師の教授の自由の限界を明らかにした。この事件では、日常の授業において教科書を使用せず、学習指導要領を逸脱した指導を行った教師に対する懲戒処分が争われたが、判決は、高等学校の学習指導要領が法規としての性質を有するとした原審の判断を是認し、「国が、教育の一定水準を維持しつつ、高等学校教育の目的達成に資するために、高等学校教育の内容及び方法について遵守すべき基準を定立する必要があり、特に法規によってそのような基準が定立されている事柄については、教育の具体的内容及び方法につき高等学校の教師に認められるべき裁量にもおのずから制約が存する」と述べた。本件は同時に、教師の教育権限が裁量の限界を超えて子どもの学習権を侵害した事例と捉えることができる。教育内容が誤った知識や一方的な観念を押しつけるものである場合、このような偏向教育は、子どもの教育を受ける権利の侵害になるからである。

教師が教授の自由を主張できるのは、国家との関係においてである。教師の教育を受ける子ども（児童・生徒）との関係では、教師は公権力の主体である。その教育は職務権限の行使であり、その権限の範囲を逸脱した教育は、子どもの学習権の侵害であって許されない。

＊　麹町中学内申書事件（→第7章第3節**2**(2)）では、教師の教育評価権の限界が問題となった。同中学校を卒業した生徒が進学を希望して受験したすべての高校で不合格とされたのは、同中学校長が各高校に提出した調査書（内申書）に、麹町中全共闘を名乗り、機関誌「砦」を発行した、本校文化祭に他校の生徒十数名と共謀して裏門を乗り越え、ヘルメット、覆面を着

用し、竹竿を持って乱入し、ビラまきを行い、麹町署員に逮捕（補導）された、などの記載があったからであり、このような記載は、その生徒の思想・信条の自由を侵害し、教育評価権を濫用するものではないかが争われた。第１審判決（東京地判昭和54・３・28判時921号18頁）は、教師の教育評価権は、生徒の学習権を不当に侵害しないように、客観的に公正かつ平等にされるべきであり、「評定が具体的な事実に基づかないか、評定に影響を及ぼすべき前提事実の認定に誤りがあった場合、又は非合理的もしくは違法な理由もしくは基準に基づいて分類された場合等には、当該評定は、不公正、又は不平等な評定というべきであり、教師の教育評価権の裁量の範囲を逸脱したものとして違法というべきである」と述べて、内申書の記載に違法性を認めたが、最高裁は、それらの記載は生徒の思想・信条そのものを記載したものでなく、そこに記載された外部的行為からその生徒の思想・信条を了知しえないとして、生徒側の主張を退けた（最判昭和63・７・15判時1287号65頁）。

＊＊　教師には、教科書の使用義務がある。教科書検定制度（学校教育法34条等参照）の合憲性を争ったのが教科書訴訟（家永訴訟）である。この訴訟は、家永三郎の執筆した高校用日本史の教科書が検定不合格処分を受けたことに対して、国賠や不合格処分の取消しを求めて提起した訴訟であり、第１次訴訟から第３次訴訟まで約30年間に及んだ。第１次訴訟最高裁判決（最判平成５・３・16民集47巻５号3483頁）は、教科書検定が、検閲禁止（21条２項前段）にも事前抑制禁止（21条１項）にも違反するものではないとした（→第10章第２節**2**(1)(ウ)(c)）。第２次訴訟最高裁判決（最判昭和57・４・８民集36巻４号594頁）は、処分当時の学習指導要領が改訂されたため、原告に訴えの利益があるか否かを具体的に検討する必要があるとして事件を原審に差し戻したところ、差戻審（東京高判平成元・６・27判時1317号36頁）は訴えの利益は失われたとした。そして、第３次訴訟最高裁判決（最判平成９・８・29民集51巻７号2921頁）も、検定制度自体は検閲に該当せず、執筆者の表現の自由や学問の自由を不当に侵害するものではないとしたが、若干の検定意見（「七三一部隊」の記述全部の削除など）には「看過し難い過誤があり、裁量権の範囲を逸脱した違法がある」とした。

(5)　国

国は、国民の教育を受ける権利を充足するために、学校制度を構築し、具体的な就学条件を定め、個々の学校を設置し、学校の施設・設備の充実に努めるなど、学校制度全般を形成し維持・運営する義務が課せられている。国の権限は、これら教育の「外的事項」、すなわち、条件整備に限られるのか、「内的事項」、すなわち、教育の内容や方法にまで及ぶのか、議論されてきた。旭川学テ事件判決は、(2)～(4)以外の領域では、国は、「必要かつ相当と認められる範囲において」教育内容を決定する権限を有する、とした。

＊「国は、国政の一部として広く適切な教育政策を樹立、実施すべく、また、しうる者として、憲法上は、あるいは子ども自身の利益の擁護のため、あるいは子どもの成長に対する社会公共の利益と関心にこたえるため、必要かつ相当と認められる範囲において、教育内容についてもこれを決定する権能を有する」。ただし、教育内容への国家介入はできるだけ抑制的でなければならない。「子どもが自由かつ独立の人格として成長することを妨げるような国家的介入、例えば、誤った知識や一方的な観念を子どもに植えつけるような内容の教育を施すことを強制するようなことは、憲法26条、13条の規定上からも許されない」（旭川学テ事件判決）。

第３節　義務教育の無償

憲法26条２項後段は「義務教育は、これを無償とする」と定める。この規定は、法的拘束力を有する客観的法規範であり、直接裁判規範となる。義務教育の無償は、公共の福祉による例外を認めない絶対的保障である。したがって、制限の正当化も問題にならない。

無償の範囲をめぐって、授業料に限られるのか（授業料無償説）、それ以外にも教科書・教材・学用品費など、修学に必要な一切の費用が含まれるのか（修学費用無償説）、学説では争いがある。判例・通説は授業料無償説である。親の教育の自由と義務（教育の私事性）を基本に考えれば、授業料無償説が妥当であろう（教基法５条４項参照）。ただし、1963年から、「義務教育諸学校の教科用図書の無償措置に関する法律」により、教科書は無償で配布されている。

＊　まだ教科書が有償で配布されていた時期の事件で、最高裁（教科書代金負担請求事件判決：最大判昭和39・２・26民集18巻２号343頁）はこう述べた。「憲法26条２項後段の……意義は、国が義務教育を提供するにつき有償としないこと、換言すれば、子女の保護者に対しその子女に普通教育を受けさせ

るにつき、その対価を徴収しないことを定めたものであり、教育提供に対する対価とは授業料を意味するものと認められるから、同条項の無償とは授業料不徴収の意味と解するのが相当である」。なぜなら、義務教育は単なる国家的要請なのではなく、子どもを教育する親の責務を全うさせようとする趣旨であるから、義務教育に要する一切の費用を当然に国が負担しなければならないわけではないからである。

〈参考文献〉

芦部信喜編『教科書裁判と憲法学』（学陽書房、1990年）
内野正幸『教育の権利と自由』（有斐閣、1994年）
岡田俊幸「コロナ・パンデミックにおける学校教育を受ける権利」日本法学88巻２号（2022年）１～40頁
奥平康弘「教育を受ける権利」芦部信喜編『憲法Ⅲ 人権(2)』（有斐閣、1981年）361～425頁
日本教育法学会編『コンメンタール教育基本法』（学陽書房、2021年）
横田光平『子ども法の基本構造』（信山社、2010年）
米沢広一『憲法と教育15講（第４版）』（北樹出版、2016年）

第17章　労働権・労働基本権

第1節　勤労の権利

1　労働権

(1)　総説――労働者の労働手段からの分離

自分の生活は自分の責任で維持するのが近代社会の原則である。人は生活に必要な資産を自らの労働によって獲得しなければならない。とはいえ、労働者は自分では労働手段をもたないから、外に働く場所を見つけなければ、労働することも、生活することもできない。しかし、現在の経済体制の下では、働く場所が存在するかどうか、経済自体の都合で決まるから、働く場所を見つけられなかったといって、それを挙げて個人の責任に帰すことはできない。そこで、労働によって生活するすべての国民が経済社会の中に適切な労働場所を得ることを目指して、憲法27条1項は、「勤労の権利」（労働権）を保障した。

(2)　労働権の内容と法的性格

第1に、労働権は、国家に対する給付請求権であり、労働（勤労）の意思と能力があるにもかかわらず失業している者が、①国に対して労働の機会の提供を要求し、②それが不可能な場合には、相当の生活費を要求する権利である。

まず、①の権利を、要求すれば必ず実現される具体的権利と解することはできない。そう解するためには、国家が生産手段を国有化し全経済過程を独占的に支配していることが必要である。ところが、日本国憲法は「個人の自由な経済活動を基調とする経済体制」（小売市場事件判決：最大判昭和47・11・22刑集26巻9号586頁。→第13章第4節4(2)）、すなわち、私企業によって構成された市場経済を前提とする。それゆえ、労働場所は原則として私企業に求めるほかないが、国は私企業に失業者を雇い入れて賃金を支払うよう命ずることはできない。なぜなら、「企業者は……自己の営業のために労働者を雇用するにあたり、いかなる者を雇い入れるか、いかなる条件でこれを雇うかについて、法律その他による特別の制限がない限り、原則として自由にこれを決定することができる」(三菱樹脂事件判決：最大判昭和48・12・12民集27巻11号1536頁。→第2章第2節**3 (2)**) からである。企業に雇入れの自由(採用の自由)が認められ、国が特定の失業者の雇用を私企業に強制することはできない以上、①は具体的請求権たりえないのである。

他方で、憲法27条1項は国家を拘束する客観的法規範である。国は、①の内容を実現するため、立法その他国政の上で労働者の就業機会を確保するよう配慮する義務を負う。政府は、労働者の就業機会を確保するための政策を講じなければならない。

＊　国は労働権を実現するために、完全雇用を達成するための立法を整備しなければならない。そのような立法として、職業安定法、労働施策総合推進法、職業能力開発促進法、障害者の雇用の促進等に関する法律、高年齢者等の雇用の安定等に関する法律などがある。雇用を積極的に促進するために、事業者に対する助成・援助も行われている(雇用調整助成金)。

しかし、国の雇用政策が必ず成功するとは限らず、たとえ失敗したからといって法的に責任を追及することはできない(郵便貯金目減り訴訟判決：最判昭和57・7・15判時1053号93頁)。そもそも雇用政策は経済政策の一部にすぎず、インフレの抑制や社会保障の充実など他の経済政策との総合的な実現が必要なので、国の広い政策的判断に委ねられるのである。また、たとえその雇用政策が成功しても、失業者が1人でも存在する限り、その失業者にとっては勤労権が保障されているわけではないから、問題が解決するわけではない。

②の権利は——完全雇用の実現は不可能であることを前提として——失業者が国に対して相当の生活費を要求する権利である。②は単なるプログラムではなく、立法権・行政権を法的に拘束するが、どの程度の生活費が

「相当」であるか、国会の広い立法裁量に委ねられる。しかし、国会が何の立法措置も講じなかったり、立法内容が極端に不十分な場合には、裁判所もこれを違憲と判断することができる（25条参照）。

＊　②に対応する立法としては、雇用保険法がある。同法は各種の給付を定める（同法10条１項）が、労働者が失業した際に基本となるのが「基本手当」である（同条２項１号）。その受給資格として、一定期間保険料を納付していたことが必要である（同法13条・14条）。また、受給資格者は、公共職業安定所で求職の申込みをし、失業の認定を受けなければならない（同法15条）。基本手当の額は、賃金日額（同法17条）に一定の率（50〜80％が原則）を乗じた額である（同法16条）。つまり、雇用保険は、生活保護とは異なり、従前の賃金（報酬、所得）を基準とした額が給付されるのである（同法６条は一定の適用除外を定める）。

第２に、自由権としての労働権（労働の自由）も観念することができる。これは、個人が雇用されて働くことを公権力によって妨害されない権利であるが、この権利は、憲法27条１項においてではなく、22条１項で保障される。22条の「職業」は、自己が主体的に営む職業だけでなく、自己が雇われて働く職業も含むから、労働の自由は職業選択の自由の一部として論じればよく、27条１項の保護領域には含まれない。

第３に、労働権の私人間効力が問題となる。私企業の労働者の活動が国家との関係で問題になることは通常ありえない。むしろ使用者との関係が重要である。けれども、失業者が私企業に自己の雇入れを求めることができないことは既にみた。問題になるのは、既に雇用関係にある場合、憲法27条によって使用者の解雇の自由が制限されるか、である。民法では、労働者と使用者は「いつでも解約の申入れをすることができる」（民法627条１項）のが原則である。労働契約も契約である以上、契約自由の原則が妥当し、退職も解雇も自由でなければならない。しかし、使用者に無制限の解雇の自由を認めることは労働者の生活を危うくする。そこで判例は権利濫用法理によって使用者の解雇の自由を制限し、労働契約法16条は、「解雇は、客観的に合理的な理由を欠き、社会通念上相当であると認められない場合は、その権利を濫用したものとして、無効とする」と定め、判例法理を明文化した。労働権の私人間効力を確認したものと解することもできよう。

＊　この解雇権濫用法理が、非正規労働者に対しても及ぶか問題となる。パートタイム、アルバイト、派遣労働などの雇用形態で働く労働者は、2011年に35％を超え、その数は2019年をピークとして（2165万人、全体の38.2％）、2020年・2021年とやや減少した（2021年は、全体5629万、正規3565万、非正規2064万〔全体の36.7％〕）。これらの労働者は、各企業が経済の急激な悪化に対処するために雇用調整を行う場合、その影響を真っ先に受けてきた。2009年には（前年の世界金融危機〔リーマン・ショック〕の影響による）「派遣切り」「雇止め」が社会問題となった。このような「期間の定めのある労働契約」について、労働契約法はこれまで、使用者は「やむを得ない事由がある場合でなければ、その契約期間が満了するまでの間において、労働者を解雇することができない」（同法17条1項）と定めるだけだったため、期間満了前に使用者が契約を更新しない旨通知すれば、期間満了とともに労働契約は終了することになるが、最高裁は以前から、労働者の期待に合理性がある場合など、事情によっては解雇権濫用法理の適用があることを認めていた（最判昭和49・7・22民集28巻5号927頁）。2012年の労働契約法改正では、この雇止め法理が成文化された（同法19条）。非正規労働者の保護を目的とする法律として、ほかに短時間（パート）労働者法があったが、同法は2018年に改正され、短時間・有期雇用労働者法となった。同法1条は、短時間・有期雇用労働者の適正な労働条件を確保し、雇用管理の改善等の措置により通常の労働者との均衡のとれた待遇を確保することを通じて短時間・有期雇用労働者がその能力を有効に発揮できるようにし、もって福祉の増進を図り、あわせて経済と社会の発展に寄与することを目的とすると述べている。

(3)　労働者と自営業者（個人事業主・フリーランス）

他人に対して役務を提供する者は、労働者と自営業者に大別される。労働者には憲法27条・28条が、自営業者には憲法22条（＋29条）が適用される。しかし、新しい働き方の増大とともに、このような二分法は揺らいでいる。

「労働者」の定義は法律により異なるが、個別的労働関係（個々の労働者と使用者の関係）を規律する法律のうち、労働基準法9条は、「職業の種類を問わず、事業又は事務所……に使用される者で、賃金を支払われる者」、労働契約法2条1項は、「使用者に使用されて労働し、賃金を支払われる者」を「労働者」と定義している。これら二つの定義は、①「使用」されて、②「賃金」を支払われる者が労働者であるという点で共通している。労働者は、仕事の依頼に対して諾否の自由はなく、他人の指揮監督の下で業務を遂行し、そのような労働の対価として報酬を得るのである（これを「使用従属性」という）。労働基準法や労働契約法は、このような「労働者」に対して適用される。労働基準法が適用されれば、賃金（同法24条以下）や労働時間等（同法32条以下）についての保護が与えられ、労働契約法が適用されれば、解雇権濫用法理（同法16条）や雇止め法理（同法19条）などの保護が及ぶ。これに対して、労働者ではない者（自営業者）に対してこれらの保護は及ばないのである。

＊　労働基準法の労働者概念は、労働安全衛生法（同法２条２号）や最低賃金法（同法２条１号）にも明文で取り入れられているほか、労働者災害補償保険法上の労働者とも同一だと解されている（最判平成８・11・28判時1589号136頁）。労働組合法上の労働者概念について→本章第２節**２**。

「自営業者」とは、自ら独立して事業を営む者を指す。１人で事業を営む自営業者が「個人事業主」である。個人事業主が、実店舗をもたず、１人（雇人なし）で、単発の仕事を引き受ける働き方をすることを「フリーランス」という。民法上、他人に労務を提供する契約には、雇用（民法623条以下）、請負（民法632条以下）、委任（民法643条以下）があるが、労働者が使用者と雇用契約ないし労働契約を締結するのに対して、フリーランスは依頼者ないし発注者と請負契約や準委任契約（民法656条）などの形式で仕事をするのである。フリーランスは、本業・副業を合わせると300万人を超えるとされている。

フリーランスは、使用者の指揮監督の下で働く労働者とは異なり、働く場所や時間を自由に決定することができる。働き方に一定の自律性と裁量が認められる以上、労働者の定義には該当せず、自営業者として、自己の計算と責任で危険を引き受けなければならないとされてきた。労働法上の保護が及ばないのは当然だとされたのである。しかしながら、働き方の実態をみると、発注者ないし依頼者に従属している場合も多いため、契約の形式によらず、その実態から保護の必要性を判断する必要があるとされている。

＊　2020年の新型コロナ感染症対策において、フリーランスなどの個人事業主が保護の対象から漏れていることが明らかとなった。これらの人は、新型コロナによって仕事や売上げが減少しても雇用保険の対象となるわけではない（そもそも保険料を納入していない）。そこで持続化給付金の支給等によって事業の継続を支援することとしたが、保険料を納入している中小企業の労働者よりも高額な給付金の支払は制度として不整合であるとの指摘もあった。

＊＊　2021（令和３）年３月に、内閣官房・公正取引委員会・中小企業庁・厚生労働省の連名で「フリーランスとして安心して働ける環境を整備するためのガイドライン」が出された。そこでは、「『フリーランス』とは、実店舗がなく、雇人もいない自営業主や一人社長であって、自身の経験や知識、スキルを活用して収入を得る者を指す」と定義されている。その上で、同ガイドラインは、フリーランスにも、独占禁止法や下請法が適用されるだけでなく、その実態から労働者と判断される場合には、労働関係法令が適用されることを明らかにしている。

＊＊＊　最近は、インターネット上のプラットフォームを介して単発・短期の仕事を請け負う「ギグワーカー」と呼ばれる人たちが増えてきている。フリーランスが一般に専門的スキルを必要とする仕事であるのに対して、ギグワーカーは必ずしも専門的スキルを必要としない。依頼者への従属という実態があるにもかかわらず、仕事に自由と裁量が認められるという理由で一律に労働者ではないとするのは問題であろう。必要な保護をどのようにして与えるか、議論されている。

2　労働条件の法定

契約自由の原則からすれば、労働条件は使用者と個々の労働者が契約によって決定すべき事柄である。しかしそれでは、社会的・経済的に弱い立場にある労働者にとって不利である。特に多数の労働者を雇用する大規模な企業では、個々の労働者ごとに労働条件を個別に設定していては手間がかかりすぎるという（使用者側の）理由で、就業規則によって一律の労働条件を決定する方法がとられてきた。この就業規則を使用者が一方的に作成するならば重大な問題が生じる。そこで憲法27条２項は、「賃金、就業時間、休息その他の勤労条件に関する基準は、法律でこれを定める」と規定し、国が労働者保護のための立法を行うよう命じている。

＊　労働基準法は、「労働条件は、労働者が人たるに値する生活を営むための必要を充たすべきものでなければならない」（同法1条1項）として、賃金（第3章）、労働時間・休憩・休日および年次有給休暇（第4章）その他の労働条件について、その最低基準（同法1条2項）を定めている。この最低基準に達しない労働条件を定める労働契約は無効である（同法13条）。憲法27条2項を具体化する法律には、ほかにも、最低賃金法、労働安全衛生法などがある。なお、最高裁は、建設作業従事者（大工の一人親方）について、労働安全衛生法2条2号の労働者には該当しないが、人体に対する危険がある場所で作業する者であれば労働者に該当しない者も保護するのが同法の趣旨であるとした（最判令和3・5・17民集75巻5号1359頁）。

しかし、法律で定められていればどのような労働条件でもよいというわけにはいかない。憲法27条2項は「健康で文化的な最低限度の」（25条1項）労働条件を保障しており、それを下回った場合は違憲と考えるべきであろう。また、ここで定められるべき労働条件は、セクシャル・ハラスメントなど、労働者の人格権への侵害を許すものであってはならない。事業主は、労働者が職場における性的言動により不利益を受け、または就業環境が害されることのないよう、雇用管理上必要な措置を講じる義務を負う（雇用機会均等法11条）。セクハラ以外にも、いじめや嫌がらせなど労働者の人格権侵害がなされないよう、使用者は良好な職場環境を実現・維持する義務（安全配慮義務）を負うと解すべきであろう（差別禁止については、労基法3条・4条参照）。法律で定めた労働条件を緩和する場合は、制度後退禁止原則（→第15章第2節**5**）が問題となりうる。

3　児童酷使の禁止

憲法27条3項は「児童は、これを酷使してはならない」と定める。これは、第1に、児童を保護する立法その他の措置を講じるよう国に対して命じるものである。その意味では、本項の内容は、労働条件の法定によって労働者を保護するという2項の趣旨に既に含まれている（労基法第6章は、「年少者」の保護について定める）。第2に、本項の命令は、使用者に対しても向けられていると解すべきである。すなわち、本項は私人間においても直接的効力を有する。なお、本項は、労働者としての児童を保護する規定であって、児童福祉一般については、児童福祉法が制定されている。

第2節　労働基本権

1　労働基本権の意義

憲法28条は、「勤労者の団結する権利及び団体交渉その他の団体行動をする権利」を保障する。これらの権利を労働基本権と呼ぶ。労働基本権は、団結権、団体交渉権および団体行動権（争議権）の三つから構成されるので、労働三権ともいわれる。労働者と使用者は、形式的には平等で、それぞれの自由意思に基づいて労働契約を結ぶとされるが、労働者は事実上、自分と家族の生活を維持するために労働契約を結ばない自由をもたないから、使用者に対して弱い立場にある。労働基本権は、経済的に弱い立場にある労働者に対して、「実質的な自由と平等とを確保するための手段」（後掲全逓東京中郵事件判決）として保障されたものである。

＊　労働基本権の限界は、制限と正当化の段階に進む以前に、保護領域の段階で処理されることが多い。というのは、判例のように、労働基本権が「国民生活全体の利益の保障という見地からの制約を当然の内在的制約として内包している」（全逓東京中郵事件判決）と内在的制約説の立場をとるなら、公共の福祉による「制限」は認めにくいからである。以下**4**～**6**の説明もこれに従っている。

2　労働基本権の主体

労働基本権の権利主体は「勤労者」である。ここに勤労者とは、労働組合法上の「労働者」、すなわち「職業の種類を問わず、賃金、給料その他これに準ずる収入によって生活する者」を指す（労組法3条参照）。したがって、肉体労働者であれ事務労働者であれ、私企業（民間企業）の労働者であれ国家・地方公務員であれ、自己の労働力を提供してその対価を生活の資としている者は、すべて本条の「勤労者」である。現に職をもたない失業者も「勤労者」に含まれるが、自営の農民・漁民、中小の企業者など、自己の計算で業を営む者は「勤労者」ではない。

＊　労組法における「労働者」の定義は、労働基準法や労働契約法とは異なり、「使用」されることが要件とされていない。その点で、労基法等よりも広い概念である。そのため、現在は賃金その他の収入を得ていない「失業者」も含まれる。形式的には自営業者であっても、その働き方の実態から労働者と判断されるべき場合のあること（その場合は団体交渉に応じることが義務づけられる）は、労基法等と同様である（→本章第1節1(3)）。

3　労働基本権の法的性格

労働基本権は多面的な側面を有する。

第1に、労働基本権は、社会権（国家に対する給付請求権）として、国に対して労働者の労働基本権を保障する立法その他の措置を要求する権利である。国はそのような措置を講じる義務を負う。

第2に、労働基本権は、自由権（国家に対する防御権）として、団結や争議行為を制限する立法その他の措置を国に対して禁止するという意味をもつ。労組法1条2項の刑事免責は、正当な争議行為が刑罰によって脅かされないことを確認した規定である。

第3に、労働基本権は、国に対してばかりでなく、使用者に対しても主張することのできる権利である。労働基本権は、労働者を使用者から保護する権利である以上、使用者は労働基本権の行使を尊重する義務を負う。つまり、労働基本権は私人間の関係にも直接適用されるのである。労組法8条の民事免責は、この点を明らかにしたものである。

4　団結権

(1)　意　義

①　団結権とは、労働者が労働条件の維持改善を目的とした団体を結成する権利である。この団体が労働組合である。したがって、団結権とは労働者が労働組合を結成（またはそれに加入）する権利である。

②　労働組合とは、(a)労働者が主体となって、(b)自主的に、(c)労働条件の維持改善その他経済的地位の向上を図ることを主たる目的として組織する団体またはその連合体をいう（労組法2条本文参照）。それゆえ、(a)労働者が主体とならない団体は労働組合ではなく、28条の権利の享有主体たり

えない（生活擁護同盟事件判決：最大判昭和24・5・18刑集3巻6号772頁参照）。次に、(b)労働組合は使用者から独立していなければならない。労組法は、使用者の利益代表を参加させ、または使用者の経理上の援助を受けたものは、労組法上の労働組合ではない（同法の保護を与えない）とする。そして、たとえ(a)・(b)の要件を満たしても(c)の要件を満たしていなければ、それは労働組合ではない。例えば、政治活動を目的とする団体なら政治結社として憲法21条の保障対象となるが、28条の保護領域には含まれない。

③　諸外国の労働組合が、職業別または産業別に企業を横断する形で組織されているのに対して、日本の労働組合は、企業別組合である点に特徴がある。これまでの日本では、労働者は一つの企業に長期間雇用され（終身雇用）、勤続年数に応じた経験や実績にふさわしい待遇を受ける（年功序列）ものと考えられた。日本の労働組合は、このような雇用形態を前提とした企業別組合として組織されてきたのである。

(2)　保護領域

団結権は二つの側面をもつ。

第1に、労働者個人の団結権が保障される。これは、個々の労働者が団体（労働組合）を結成し、またはこれに加入する自由であり、国家や使用者がこれに不当な介入・干渉を行うことは許されない（労組法7条1号本文）。団結権は、国家に対する防御権であると同時に、私人間において直接的効力を有する。黄犬契約（労働組合への不参加または脱退を条件とする契約）は違憲無効である。また、労働組合の結成またはそれへの加入を理由とする解雇その他の差別的取扱いは禁止される。

憲法28条が「団結する自由（積極的団結権）」を保障していることは明らかだが、「団結しない自由（消極的団結権）」の保障を含むか。日本では、労使間でユニオン・ショップ協定（使用者に雇用された労働者は一定期間内に労働組合に加入しなければならず、加入しない場合、または組合から脱退し除名されて組合員でなくなった場合には、使用者は労働者を解雇しなければならないという内容の協定）を締結している例が多い（労組法7条1号ただし書もそのような協定を認めている。公務員については後述）。憲法28条が「団結しない自由」をも保障しているとすれば、ユニオン・ショップ協定は違憲無効ではないか。違憲説も有力であるが、通説は合憲とする。通説によれば、憲法28条は――21条の結社の自由が消極的結社の自由を含む（→第11章第４節１(2)）のとは異なり――消極的団結権の保障を含まない。なぜなら、労働組合は使用者に対抗し対立する団体であるから、強固な団結と統一を必要とし、組織強制も容認されるべきだからである。21条のほかに28条が規定されているのもそのためだとされる。日本の労働組合が企業別組合であることを前提とすると、通説は肯定されよう。

＊　けれども、一企業一組合の場合にはユニオン・ショップ協定を有効と解しても、一企業に複数の組合が存在する場合、別の考慮が必要となる。ある労働者がユニオン・ショップ協定を締結している組合を脱退して他の組合に加入することは、積極的団結権の行使だからである。したがって、ユニオン・ショップ協定は、労働者の組合選択の自由や他の労働組合の団結権を侵害することは許されず、労働組合から脱退しまたは除名されて他の労働組合に加入した者には及ばない（三井倉庫港運事件判決：最判平成元・12・14民集43巻12号2051頁）。

また、ユニオン・ショップ協定が締結されている場合でも、労働組合への加入とそこからの脱退は労働者の自由意思に委ねられる。労働者の加入の意思なしに当然に組合員になるわけではない。また、組合員は脱退の自由を有するので、労働組合から脱退しないことを義務づける使用者と労働者の合意は、公序良俗に反し無効である（東芝労組小向支部・東芝事件判決：最判平成19・２・２民集61巻１号86頁）。

第２に、団体自体（労働組合）の団結権も保障される。

労働組合は存立と活動の自由を有する。労働組合は、その組織の存立と拡大のため、構成員に対して必要な統制を加えることができる。例えば、構成員の脱退に一定の制限を加え、また構成員に一定の義務を課し、さらに統制違反者に対して権利停止・除名等の制裁を課すことができる。これを「統制権」という。

㋐　統制権の根拠

いかなる団体も、その組織を維持していくために、その構成員に対し、一定の行動を命令または禁止し、違反者に対して制裁を加えることができる。その根拠は、憲法21条の結社の自由である。それに対して、労働組合の統制権の根拠は、28条の団結権である。

＊　最高裁も、「憲法28条による労働者の団結権保障の効果として、労働組合は、その目的を達成するために必要であり、かつ、合理的な範囲内において、その組合員に対する統制権を有するものと解すべきである」（三井美唄労組事件判決：最大判昭和43・12・4刑集22巻13号1425頁）と述べている。

㈡　統制権の範囲

統制権が及ぶのは、労働組合の目的達成に必要かつ合理的な範囲内に限られる。したがって、労働組合の目的に含まれないものに対して統制権は及ばない。

労働組合の主目的は、労働条件の維持改善など労働者の経済的地位の向上を図ることである。けれども、主目的を達成するために直接または間接に必要な、それ以外の目的を副次的に有することは否定されていない。労組法も、組合員の福利厚生や政治運動・社会運動を行うことを予定している（労組法2条3号・4号参照)。

＊　最高裁も、労働組合が目的達成に必要な政治活動や社会活動を行うことは妨げられない（前掲三井美唄労組事件判決)、労働組合の活動範囲が経済的活動の領域を超えて政治的・社会的・文化的活動など広く組合員の生活利益の擁護と向上に直接間接に関係する事項に及ぶことはそれだけの社会的必然性があり、それらの活動を労働組合の目的の範囲外であり、本来行うことのできない行為だとすることはできない（国労広島地本事件判決：最判昭和50・11・28民集29巻10号1698頁)、と述べている。

㈢　統制権の限界

他方で、労働組合は、政党とは異なり、構成員が政治的思想・信条で一致した組織ではない。特定の思想・信条や政党支持を加入資格とする団体は、労働組合ではなく、憲法28条の適用を受けない。それゆえ、労働組合は、多様な政治的思想・信条、支持政党をもつ者の集合体であるから、労働組合が行いうる政治活動や、それに対する組合員の協力義務にも限界がなければならない。労働組合の目的の範囲内に属する行為でも、組合員の権利を侵害するものは許されない（団体と構成員の関係について詳しくは→第2章第2節**3** **(2)**㈢)。

＊　特定政党または特定候補者の支持決議について、最高裁は、労働組合が地方議会選挙において統一候補を決定し、組合としてその選挙運動を行うことは許されるとした上で、立候補の自由は15条1項の保障する重要な基本的人権の一つであるから、統一候補以外の組合員で立候補しようとする者に対し、立候補を思いとどまるよう勧告または説得することは組合としてなしうるが、「当該組合員に対し、勧告または、説得の域を超え、立候補を取りやめることを要求し、これに従わないことを理由に当該組合員を統制違反者として処分するがごときは、組合の統制権の限界を超えるものとして、違法といわなければならない」（前掲三井美唄労組事件判決）とした。また、組合の推薦する候補者以外の立候補者を支持する組合員の政治活動（選挙運動）を禁止し、これに違反した組合員を統制違反として処分することも、統制権の限界を超えるもので無効である（中里鉱業所事件判決：最判昭和44・5・2集民95号257頁）。

組合が臨時組合費の徴収を決定した場合、組合員は納入義務を負うか。前掲国労広島地本事件ではこれが問題となった。最高裁は、法令違反の争議行為の闘争資金について、闘争の一部が違法であっても闘争全体が違法性のないものであれば組合員は納付義務を負う、違法争議や政治活動に参加して不利益処分を受けた組合員の救援費用（犠牲者救援資金）は、組合の共済活動で、違法行為や政治活動に積極的に協力するものではないから、納付義務がある、他組合の闘争支援資金の徴収も組合の目的の範囲内である、としたのに対して、政治活動（安保反対闘争）のための資金、特定候補者・特定政党の選挙運動支援基金は、組合員個人の政治的思想・信条と関わるもので、労働組合が多数決で組合員を拘束することは許されないとした。組合の政治活動を「純粋の政治活動」と「経済的な政治活動」に区別し、前者には統制権が及ばないが、後者には及ぶとしたのである。

5　団体交渉権

(1)　意　義

団体交渉権とは、労働者が（個々にではなく）その団体を通して使用者と労働条件その他について交渉し、労働協約を締結する権利である。正当な団体交渉は国家の刑罰権から自由である（労組法1条2項）だけでなく、使用者が正当な理由なく団体交渉を拒むことは、不当労働行為となる（労組法7条2号）。団体交渉権は、使用者を交渉のテーブルにつかせる作為請求権としての側面をもつ。また、単なる交渉の権利ではなく、労働組合と使用者との間で労働協約を締結する権利を含む。労働協約に定めた基準は規範的効力を有する（労組法16条）。

(2)　保護領域

憲法上保護されるのは「正当な」団体交渉だけである。交渉の対象は、労働条件の維持・改善など労働者の経済的地位の向上と関連する事項で、使用者（交渉の相手方）の処分権限に属するものでなければならない。また、「暴力の行使」は正当な団体交渉ではない（労組法１条２項）から、不当な威力を用いた大衆団交やつるし上げ団交、使用者の身体を不当に長時間拘束する団交も、28条の保護領域に含まれない。

6　団体行動権

(1)　意　義

憲法28条は「団体交渉その他の団体行動をする権利」を保障するが、団体交渉以外の団体行動で最も重要なものがストライキ（同盟罷業）その他の争議行為であるから、団体行動権とは「争議権」を意味するということができる。正当な争議行為は、国家との関係では刑罰から自由であり（労組法１条２項の刑事免責）、使用者との関係では契約上の債務不履行責任や不法行為責任を免れる（労組法８条の民事免責）。

(2)　保護領域

憲法28条が保護する争議権の行使といえるのは、「正当な」争議行為だけである。争議行為が正当か否かは、目的と手段を基準に判断される。労働条件の維持・改善など労働者の経済的地位の向上を目的とせず、または「暴力の行使」など不当な手段を伴う争議行為は、「正当な」争議行為ではなく、したがって憲法28条の保障の範囲には含まれない。

＊　後掲全逓東京中郵事件判決は、「もし争議行為が①労組法１条１項の目的のためでなくして政治的目的のために行なわれたような場合であるとか、②暴力を伴う場合であるとか、③社会の通念に照らして不当に長期に及ぶときのように国民生活に重大な障害をもたらす場合には、憲法28条に保障された争議行為としての正当性の限界をこえるもので、刑事制裁を免れない」（①〜③は引用者）と述べている。

第１に、目的との関係で問題になるのは、「政治スト」である。政治ストとは、平和や民主主義など、労働者の経済的地位の向上とは直接関わらない政治的スローガンを掲げ、特定政府の退陣や法律の制定改廃などを要求して行うストライキをいう。最高裁は、全逓東京中郵事件判決後も、政治ストを一貫して28条の保護領域の範囲外のものとしている。安保条約反対のための裁判所職員のストライキについて、「使用者たる国に対する経済的地位の維持・改善に直接関係があるとはいえない、このような政治的目的のために争議を行なうがごときは、争議行為の正当な範囲を逸脱するものとして許されるべきではな」い（後掲全司法仙台事件判決）とし、また、警察官職務執行法改正反対のためのストライキについて、「私企業の労働者たると、公務員を含むその他の勤労者たるとを問わず、使用者に対する経済的地位の向上の要請とは直接関係があるとはいえない警職法の改正に対する反対のような政治的目的のために争議行為を行なうがごときは、もともと憲法28条の保障とは無関係なものというべきである」（後掲全農林警職法事件判決）とした。

＊　これに対して多数説は、判例で問題とされた「純粋政治スト」と、労働条件の維持改善と密接に関わる「経済的政治スト」とを区別し、後者には憲法28条の保障が及ぶとする。なぜなら、労働者の利益を擁護し、その経済的地位を向上させるためには、それに関わる法律の制定改廃が必要になる場合があるからである。また、前者の純粋政治ストであっても、使用者が自己の権限に属さない事項についてストライキを甘受すべき理由はないから、債務不履行や不法行為として民事責任を追及することは肯定されるが、純粋政治ストに対しても憲法21条の保障が及ぶから、刑罰を科すことができるのは、暴力行使などの違法な手段を用いた場合に限られるというべきであろう。

第２に、目的が正当な争議行為であっても、手段・態様が違法となる場合もある。同盟罷業（ストライキ）・怠業（サボタージュ）は正当な争議手段であるが、問題となるのは、「生産管理」である。生産管理とは、労働者が工場施設等を占拠し、使用者の指揮命令を排除して、自ら生産活動などの業務を遂行するものである。最高裁は、山田鉱業事件判決（最大判昭和25・11・15刑集４巻11号2257頁）において、生産管理を全面的に違法であるとした。①労働者の争議権は使用者の財産権を否定するものではなく、それと調和的に実現されるべきであるから、「使用者側の自由意思を抑圧し、財産に対する支配を阻止すること」は許されない。②ストライキは「労働力の給付が債務不履行になるに過ぎない」のに対して、生産管理は「企業経営の権能を権利者の意思を排除して非権利者が行うのである」から、両者を同一視することはできない、というのである。

また、「ピケッティング」も問題となる。企業横断的な組合の場合には、労働者が職場を放棄することでストライキの実効性は確保されるが、日本の企業別組合の場合には、組合員が職場を放棄すると、空になった職場に他の労働者（非組合員や新規採用者）がやってきて事業を再開する可能性があり、そうなるとストライキの実効性は失われてしまう。ピケッティングとは、このような「スト破り」を防止しストライキの実効性を確保するため、事業所等の入り口を見張り、ストライキの存在を知らせることで、他の労働者に就労を思いとどまらせ、一般市民の世論を喚起しようとするものである。最高裁は、使用者がストライキに対抗して業務を遂行する権利を有することから、ピケッティングが「平和的説得」にとどまる限りでその正当性を肯定するが、最近はその許容性について厳格に判断する傾向があるとされる。

第3に、争議行為は、その規模により大きな政治的・社会的影響を有する場合があるため、法律によって一定の制限が定められている（本来これは保護領域よりも制限の問題として扱うのが妥当であろう）。

＊　労働関係調整法は、①工場事業所の安全保持施設を停廃・阻害する争議行為は禁止し（同法36条）、②公益事業のストライキに事前通告を必要とする（同法37条）ほか、③国民経済や国民生活を危険にさらす争議行為に対する制限を規定している（同法35条の2・38条）。また、電気事業及び石炭鉱業における争議行為の方法の規制に関する法律（スト規制法）による制限がある。ただし、今日では規制の合憲性を支える立法事実が変化したのではないか、という疑問がある。

7　公務員の労働基本権

(1)　公務員の労働基本権とその制限

公務員も憲法28条にいう「勤労者」である（判例・通説）。しかし、国家公務員法・地方公務員法は労働組合法の適用を排除し（国公法附則6条、地公法58条1項）、行政執行法人の労働関係に関する法律や地方公営企業等の労働関係に関する法律は、それぞれの法律を優先的に適用し、当該法律に定めがない場合に限って労組法等を適用するとしている（行政執行法人労働関係法3条、地方公営企業労働関係法4条）。

①　警察職員、海上保安庁職員、刑事施設職員、消防職員および自衛隊員は、団結権をはじめ労働三権を全面的に否定されている（国公法108条の2第5項、地公法52条5項、自衛隊法64条1項）。ILOの勧告を受けて消防職員への団結権付与が検討されたことがあるが実現していない。

②　非現業の国家公務員・地方公務員は、団結権は認められるが（職員団体の結成。国公法108条の2第1項・3項、地公法52条1項・3項。消極的団結権が明文で規定されているため、ユニオン・ショップ協定は禁止される）、団体交渉権は制限され（協約締結権を含まない。国公法108条の5第1項・2項、地公法55条1項・2項）、争議行為は刑罰をもって禁止されている（国公法98条2項・110条1項16号〔未施行〕、地公法37条1項・61条4号〔未施行〕）。

③　現業公務員は、団結権（行政執行法人労働関係法4条1項、地方公営企業労働関係法5条1項）、団体交渉権（行政執行法人労働関係法8条、地方公営企業労働関係法7条）は民間の労働者と同じく保障されるが、争議権が認められていないのは②と同じである（行政執行法人労働関係法17条1項、地方公営企業労働関係法11条1項）。

＊　歴史的には、「三公社五現業」と総称される事業があった。日本国有鉄道、日本電信電話公社、日本専売公社を三公社、郵便事業、国有林野事業、日本銀行券・紙幣等の印刷事業、造幣事業、アルコール専売事業を五現業と呼んだ。三公社は「公共企業体」、五現業とあわせて「公共企業体等」と呼ばれた。これらの職員には、旧公共企業体等労働関係法が適用され（同法2条）、労働組合法の適用は排除された（同法3条）。公共企業体等の職員は、団体協約締結権は認められていたものの、争議権は否定されていた。

三公社は1985年から1987年にかけて民営化され、それまでの労働基本権の制限はなくなった。五現業も特定独立行政法人化されるなどし、最後まで残っていた国有林野事業も、2013年に一般会計化されたことに伴い、国営企業ではなくなった。公企法は、その規律対象の変化に対応するため名称変更が繰り返され、2015年4月1日から、行政執行法人の労働関係に関する法律（行政執行法人労働関係法）となっている。

(2)　判例の変遷

最高裁判例の流れは、三つの時期に分けることができる。

第1期の最高裁は、「公共の福祉」と「全体の奉仕者」の文言を根拠として挙げるだけで簡単に制限を肯定していた（政令201号事件判決：最大判昭和28・4・8刑集7巻4号775頁）。

第2期になると、最高裁は、労働基本権の制限を必要最小限度にとどめようとして、規制法律の大胆な合憲限定解釈（憲法適合的解釈）を行った。その画期となったのが、全逓東京中郵事件判決（最大判昭和41・10・26刑集20巻8号901頁）である。

＊　本判決は次のように述べた。①労働基本権も「国民生活全体の利益の保障という見地からの制約を当然の内在的制約として内包している」。具体的には、(a)労働基本権の制限は、労働基本権を尊重確保する必要と国民全体の共同利益を維持増進する必要とを比較衡量して、両者が適正な均衡を保つことを目途として決定すべきであり、合理性の認められる必要最小限度のものにとどめなければならない。(b)労働基本権の制限は、職務または業務の性質が強い公共性をもち、その停廃が国民生活全体の利益を害し、国民生活に重大な障害をもたらすおそれのあるものについて、これを避けるために必要やむをえない場合に考慮されるべきである。(c)労働基本権の制限違反に対して課される不利益は、必要な限度を超えないように、十分な配慮がなされなければならない。特に、勤労者の争議行為等に対して刑事制裁を科すことは、必要やむをえない場合に限られるべきである。(d)労働基本権を制限することがやむをえない場合には、これに見合う代償措置が講ぜられなければならない。争議行為の禁止を定める公労法（現在は行政執行法人労働関係法）17条1項は憲法に違反するものではない。

②公労法に違反する争議行為であっても、労組法1条1項の正当な目的のためのものであるときは、労組法1条2項の適用があり、刑事制裁の対象にならない（郵便法の罰則は適用されない）。

この判決は、国家・地方公務員法の争議行為禁止規定とあおり行為等処罰規定の解釈にも影響を与えた。最高裁は、「法律の規定は、可能なかぎり、憲法の精神にそくし、これと調和しうるよう、合理的に解釈されるべきもので」あるから、法律で処罰されるのは、争議行為自体もあおり行為もどちらも違法性の強いものに限られ（二重のしぼり）、争議行為に通常随伴する行為は処罰の対象とならないとした（東京都教組事件判決：最大判昭和44・４・２刑集23巻５号305頁、全司法仙台事件判決：最大判昭和44・４・２刑集23巻５号685頁→憲法Ⅱ第12章第６節**３**・**４**）。

第３期は現在に至る時期である。全農林警職法事件判決（最大判昭和48・４・25刑集27巻４号547頁）は、現行法上の労働基本権の制限を、限定解釈を施さなくとも全面的に合憲とし、第２期の諸判例を変更した。

＊　本判決はこう述べている。①「労働基本権は……勤労者の経済的地位の向上のための手段として認められたものであって、それ自体が目的とされる絶対的なものではないから、おのずから勤労者を含めた国民全体の共同利益の見地からする制約を免れない」。

②国家公務員法98条５項（現２項）が公務員の争議行為等を禁止することは憲法28条に違反するものではない。なぜなら、(a)公務員の争議行為は、その地位の特殊性および職務の公共性と相容れないばかりでなく、多かれ少なかれ公務の停滞をもたらし、勤労者を含めた国民全体の共同利益に重大な影響を及ぼすか、そのおそれがある。(b)公務員の勤労条件は予算と法律で決定されるものであるから、争議行為は民主的な決定過程を歪曲し、議会制民主主義に背馳する。(c)使用者には作業所閉鎖の対抗手段が認められず、公務員の争議行為には市場の抑制力が働かない。(d)人事院勧告等の適切な代償措置が講じられている、からである。また、違法な争議行為をあおる等の行為をする者に対して罰則を設けることには十分な理由があり、国家公務員法110条１項17号（現111条の２第１項）は憲法28条に違反するものではない。

③「不明確な限定解釈は、かえって犯罪構成要件の保障的機能を失わせることとなり、その明確性を要請する憲法31条に違反する疑いすら存する」。全司法仙台事件の判決は変更を免れない。

この判決後、岩手県教組学テ事件判決（最大判昭和51・５・21刑集30巻５号1178頁）が東京都教組事件判決を、全逓名古屋中郵事件判決（最大判昭和52・５・４刑集31巻３号182頁）が全逓東京中郵事件判決を変更し、再度の判例変更は完成した。公務員は、「私企業の労働者の場合のような労使による勤務条件の共同決定を内容とする団体交渉権の保障はなく、右の共同決定のための団体交渉過程の一環として予定されている争議権もまた、憲法上、当然に保障されているものとはいえない」（全逓名古屋中郵事件判決）とされた。

(3)　判例理論の問題点と現状

最高裁判例は既に確立し、今日変更される可能性はほとんどないようにみえる。しかし、学説からは判例理論の問題点が指摘されている。

まず、最高裁は、公務員の労働基本権の保障と財政民主主義の要請という二つの憲法上の価値の衝突について、後者を全面的に優先させる現行法制を立法裁量の範囲内で合憲とする（そのため、全逓名古屋中郵事件判決は、全農林警職法事件判決をさらに進め、公務員には団体交渉権も憲法上当然に保障されているわけではないとした）。しかし、財政民主主義の要請が一方的に労働基本権よりも優越的価値を有する根拠は、憲法上存在しない。二つの価値を調和するよう解釈すべきだろう。そうすれば、財政民主主義の要請も労働基本権に譲歩する余地が生まれる。前者を全面的に優先する現行法制にも憲法上の疑義が生じることになろう。

次に、最高裁は、争議行為禁止の代償措置として、人事院勧告の存在を重視している。しかし、人事院勧告が凍結された際、勧告の完全実施を求めて行われた争議行為に対する懲戒処分について、代償措置がその本来の機能を果たしていなかったということはできないとし、処分に裁量権の濫用はないとした（最判平成12・3・17判時1710号168頁）。代償措置の実効性がどこまで失われたら労働基本権が復活するのか明らかにされない限り、労働基本権の制限を正当化できないのではないかという疑問もある。

＊　最高裁の合憲判決を支える重要な根拠になっているのが人事院勧告の存在である。最高裁も、公務員にも労働基本権が保障される以上、それが制限されるにあたっては、何らかの代償措置が講じられなければならないとする。人事院は、内閣の所轄の下に設置されるが、内閣から独立して活動する中央人事行政機関であり（独立行政委員会→憲法Ⅱ第10章第５節**2**）、給与その他の改善および人事行政の改善に関する勧告など、職員に関する人事行政の公正の確保および職員の利益の保護等の事務を司る（国公法３条）。公務員の給与等についても社会一般の状勢に適応するように人事院の勧告がなされる（同法28条）。最高裁は、労働基本権が制限されても、それに代

わる制度的な保障（人事院勧告）がなされているので、代償措置として十分だとするのである。

＊＊　2011年、国家公務員法の改正案が国会に提出された。一般職の公務員の結成する労働組合に、労働協約締結権を含む団体交渉権を付与するものである。団体交渉権と引き換えに、人事院制度は廃止される。ただし、争議権禁止については現行法を維持する、という内容のものである。けれども、政権交代があってその後進展していない。なお、判例では、このような改正も立法裁量の範囲内だということになるので（全逓名古屋中郵事件判決参照）、直ちに憲法問題が生じるわけではない。

〈参考文献〉

倉田原志「憲法と労働法」日本労働法学会編『労働法の基礎理論（講座労働法の再生１）』（日本評論社、2017年）27～46頁
塩野宏『行政法Ⅲ（第５版）』（有斐閣、2021年）282～378頁
角田邦重『労働者人格権の法理』（中央大学出版部、2014年）
中村睦男「労働権」「労働基本権」芦部信喜編『憲法Ⅲ 人権(2)』（有斐閣、1981年）427～531頁
西谷敏『労働法における個人と集団』（有斐閣、1992年）
渡辺賢『公務員労働基本権の再構築』（北海道大学出版会、2006年）

第18章　参政権

第1節　総　説

本章は、参政権、あるいは参政権的機能を営む憲法上の権利について扱う。参政権とは、国民が、主権者として、直接または代表者を通じて、国・地方公共団体の政治に参加する権利である。憲法15条1項は、公務員の選定・罷免権を「国民固有の権利」としている。この趣旨は、公務員の地位の「正統性根拠が国民のみにあること、その意味で、その最終的な任免権が国民に由来することをのべ」ていると解されており（樋口陽一）、すべての公務員が国民によって直接選出され、また罷免されうることを定めるものではない（最大判昭和24・4・20民集3巻5号135頁参照）。憲法が公務員の選定権を明示的に規定している例としては、両議院の議員の選挙（43条・44条）、地方公共団体の長および議員の選挙（93条2項）がある。このような仕組みを通じて、国民は間接的に政治に参加することができる。罷免権を規定したものとして、最高裁判所裁判官の国民審査（79条2～4項）がある。憲法が明文で規定している国民が直接政治に参加する制度としては、憲法改正に関する国民投票（96条1項）、特別法の住民投票（95条）がある。

本章では、これらのうちから、特に重要な選挙権およびその裏面である被選挙権を取り上げる。またそれに関連して、選挙の基本原則とされるものの中から選挙運動の自由を扱う。さらに参政権的な機能を営むという観点から、請願権も本章で取り上げる。これらの権利は、その具体的な内容や行使方法が立法者による制度構築に依存する権利である。そのことを認めた上で、権利の実現に関する立法者による制度構築を裁判所はいかに審査できるかに、本章の叙述の重点を置く（→第４章第２節）。日本国憲法の下で採用されてきた選挙制度に関する解説は、憲法Ⅱ第７章で行う。

第２節　選挙権

1　選挙権の法的性格

(1)「基本的権利」としての選挙権

参政権の中で最も重要なものは選挙権である。判例は、「選挙権は、国民の国政への参加の機会を保障する基本的権利」（衆議院議員定数不均衡違憲判決：最大判昭和51・４・14民集30巻３号223頁）、「国民の代表者である議員を選挙によって選定する国民の権利は、国民の国政への参加の機会を保障する基本的権利として、議会制民主主義の根幹を成す」（後掲在外日本人選挙権判決）、と述べている。

＊　選挙権の法的性格について、学説では、選挙人（有権者団の一員→憲法Ⅱ第７章第２節１）としての地位に基づいて公務員の選挙に関与する「公務」としての性格と、国政への参加を国民に保障する「権利」としての性格を併せもつという二元説が通説である。これに対して、1980年代前後から、後者の側面のみを認める権利一元説が提唱されてきた。しかし、二元説においても権利としての側面が強調されるようになった結果、両説の具体的な解釈論上の違いはほとんどない。「棄権の自由」を無条件に認めるか（権利一元説）、「強制投票制」を理論上は容認するか（二元説）、という程度である。先に引用した判例では専ら選挙権の権利としての側面が述べられているが、学説でいう権利一元説は特有の主権原理論を基礎にもつ見解（杉原泰雄、辻村みよ子）であり、それとは異なる。

＊＊　公選法252条が定める選挙権・被選挙権の資格停止の合憲性に関する判決は、「公職の選挙権が国民の最も重要な基本的権利の一である」ことを認めつつ、選挙犯罪の処刑者について、「しばらく、被選挙権、選挙権の行使から遠ざけて選挙の公正を確保すると共に、本人の反省を促すことは相当である」（選挙権・被選挙権停止判決：最大判昭和30・２・９刑集９巻２号217頁）、と述べていた。この判決は、「基本的権利」を語ると同時に、「選挙の公正の確保」という公務的制約の見地から制限を正当化しているため、最高裁は二元説をとったとする理解（高見勝利、渋谷秀樹）と、それは「明らかではない」という理解がある（芦部信喜）。

(2)　選挙権と選挙制度

選挙権は、憲法上保障されただけでは行使できず、その実現が立法者による選挙制度の構築に依存する権利である。しかし、このことを認めたとしても、あらゆる制度構築が許容されるわけではない。裁判所は、立法者による選挙制度構築に関する裁量を前面に出して審査する場合と、それを表に出さずに権利制限の正当化審査という枠組みにより判断する場合がともにある。以下ではこうした判例状況を、典型的な事例を素材として概観する。

＊　憲法15条３項は、「成年者による普通選挙」を保障しているが、成年が何歳かは法律の定めに委ねられている。日本国憲法の改正手続に関する法律（平成19年法律51号）３条は、18歳以上の者に投票権を与えていたところ、2015年６月の公選法等の一部改正（平成27年法律43号）により両議院の議員の選挙権、地方公共団体の長および議員の選挙権、最高裁判所裁判官の国民審査権などの年齢も18歳に引き下げられた。

2　選挙権への制限という構成

(1)　基本権への制限の簡単な正当化

上述したように選挙権は極めて重要な権利であるため、それに対する制約の正当化は慎重に審査しなければならないとするのが基本である。公選法252条は、選挙犯罪による処刑者について、選挙権・被選挙権を裁判が確定してから５年間停止する、と規定する。この規定の合憲性について、最高裁は、立法者の制度構築に関する裁量の尊重という判断枠組みではなく、立法者による権利制限の枠組みを用いた上で簡単に制約を正当化した（→本節１(1)）。通説的見解も、この判決の結論は承認している（芦部信喜、高見勝利）。

＊　これに対して、この問題に関する立法者による権利制限を裁判上統制しようとする学説は、選挙権の重要性を根拠として正当化審査を厳格化する。罰金刑や執行猶予中の者、さらには戸別訪問や文書違反等の形式犯についても最長５年間（累犯は10年間）選挙権・被選挙権を停止しうる規定は、目的は正当だとしても手段として必要最小限ではない、という見解である（杉原泰雄、辻村みよ子）。さらに、この制度は、原因たる犯罪行為とそれゆえ

に科されるペナルティとの間の権衡が著しく欠けているという点で、憲法36条（残虐な刑罰禁止）か、憲法31条（法の適正な手続要件）に違反しているとして、選挙権以外の憲法上の要請を援用することによって立法者による権利制限を統制しようとする見解もある（奥平康弘）。

(2)　在外日本人選挙権判決の画期性

立法者による制度構築（の不作為）を憲法上の権利によって統制した画期的判断が、在外日本人選挙権判決である。

かつて在外日本人は、日本国内で行われる議員の選挙に際し投票することができなかったが、1998年の公選法一部改正により在外選挙制度が導入された（公選法第４章の２）。しかしこの制度の対象は、当分の間、両院の比例代表選出議員の選挙に限られるとされ、両院の選挙区選出議員の選挙はその対象外だった。そこで、在外日本人が、改正前の公選法の違憲性と、改正後も一部選挙につき選挙権の行使の機会を保障しないことは憲法に反するとして、投票をすることができる地位の確認および国家賠償などを求めた。この訴えに応じて、在外日本人選挙権判決（最大判平成17・９・14民集59巻７号2087頁）は、次のように立法の内容（立法の不作為）を違憲とした。

①「やむを得ない事由」の基準：「国民の選挙権又はその行使を制限することは原則として許されず、国民の選挙権又はその行使を制限するためには、そのような制限をすることがやむを得ないと認められる事由がなければならない」。「そのような制限をすることなしには選挙の公正を確保しつつ選挙権の行使を認めることが事実上不能ないし著しく困難であると認められる場合でない限り、上記のやむを得ない事由があるとはいえ」ない。「このことは、国が国民の選挙権の行使を可能にするための所要の措置を執らないという不作為によって国民が選挙権を行使することができない場合についても、同様である」。

②　本件改正前の公選法の憲法適合性：「在外国民に選挙権の行使を認めるに当たり、公正な選挙の実施や候補者に関する情報の適正な伝達等に関して解決されるべき問題があったとしても、既に昭和59年の時点で、選挙の執行について責任を負う内閣がその解決が可能であることを前提に

上記の法律案を国会に提出していることを考慮すると、同法律案が廃案となった後、国会が、10年以上の長きにわたって在外選挙制度を何ら創設しないまま放置し、本件選挙において在外国民が投票をすることを認めなかったことについては、やむを得ない事由があったとは到底いうことができない」。

③　本件改正後の公選法の憲法適合性：「初めて在外選挙制度を設けるに当たり、まず問題の比較的少ない比例代表選出議員の選挙についてだけ在外国民の投票を認めることとしたこと」には理由があるが、「本件改正後に在外選挙が繰り返し実施されてきていること、通信手段が地球規模で目覚ましい発達を遂げていることなどによれば、在外国民に候補者個人に関する情報を適正に伝達することが著しく困難であるとはいえ」ず、遅くとも次回の選挙の時点ではそうした限定に「やむを得ない事由」があるとはいえない。一部違憲という判決方法については、憲法Ⅱ第12章第7節1(2)を参照。

この判決が立法の内容（立法の不作為）を、選挙権の保障（15条1項および3項）と平等（44条ただし書）の観点から違憲だと判断したことは、この事案において選挙権という重要な権利について、行使それ自体が制限されていることが重視されて、裁判所による審査の密度が高いものとされた結果である。同判決後は、この審査手法の射程距離が争われている。

＊　しかしそれと同時に、判決は、「自ら選挙の公正を害する行為をした者等の選挙権について一定の制限をすることは別として」と、先述した選挙犯罪者の選挙権停止の合憲性を、傍論ではあるが再確認していた。

＊＊　この判決は、上のような立法不作為または立法内容に関する憲法適合性判断を先行させた後で、次回総選挙において投票をすることができる地位にあることの確認の訴えを認め、さらに国賠法1条1項の要件該当性に関する判断を行った。後者については、在宅投票制度廃止事件判決（最判昭和60・11・21民集39巻7号1512頁）に従って、国賠法上の違法性と、立法内容または立法不作為の違憲性とを区別する。そして①「立法の内容又は立法不作為が国民に憲法上保障されている権利を違法に侵害するものであることが明白な場合」や、②「国民に憲法上保障されている権利行使の機会を確保するために所要の立法措置を執ることが必要不可欠であり、それが明白であるにもかかわらず、国会が正当な理由なく長期にわたってこれを怠

る場合」などには、「例外的に、国会議員の立法行為又は立法不作為は」、国賠法上違法となる、と述べた。これは在宅投票制度廃止事件判決が設定した要件を事実上、幾分緩めたものであり、当該事件はその例外的な場合に当たるとして国賠請求も認容した。これらの点でも、在外日本人選挙権判決は画期的なものだった（→第19章第３節**6**）。

3　在外日本人選挙権判決の射程

(1)　成年被後見人の選挙権

成年被後見人を選挙権の欠格者としていた公選法11条１項１号は、憲法15条１項および３項などに違反しないか。次回の総選挙で投票する地位の確認訴訟において、東京地裁は、在外日本人選挙権判決に依拠しながら、上記の権利制限に「やむを得ない」事由があるかにつき目的・手段審査を行っている。①選挙権が「公務としての性格を併せ持つ」ことからすれば、「事理を弁識する能力を欠く者に選挙権を付与しない」ことには、「立法目的として合理性」がある。②しかし、「成年後見制度と選挙制度はその趣旨目的が全く異なるものであり、後見開始の審判がされたからといって、選挙権を行使するに足る能力が欠けると判断されたことにならない」ことなどから、公選法11条１項１号に「やむを得ない」事由はない（東京地判平成25・３・14判時2178号３頁）。この違憲判決を受けて、立法府は同年５月に当該規定を削除する法改正を行った。

(2)　受刑者の選挙権

公選法11条１項２号は、「拘禁刑以上の刑に処せられその執行を終わるまでの者」を選挙権の欠格事由としている。懲役刑に処せられ、既に刑の執行を終えた者が、受刑中に選挙権を違法に否定されたことを理由として国賠訴訟などを起こした。大阪地判平成25・２・６判時2234号35頁は、選挙権に関する二元説をとり（→本節**1**(1)）、在外日本人選挙権判決と本件は事案を異にするとして当該判決による「やむを得ない事由」の基準の手法に従わずに、選挙権の欠格条項の定め方に関する国会の裁量を前提として、当該制限は憲法上許容される、と判断した。

これに対して大阪高判平成25・９・27判時2234号29頁は、在外日本人選挙権判決の枠組みに依拠して判断する。その上で、①刑の根拠は「選挙権の行使とは無関係な犯罪が大多数である」ため、受刑者一般に「公正な選挙権の行使を期待できない」わけではないこと、②「刑事施設収容中であることに伴う事務的支障」もないことなどから、受刑者の選挙権を制限するについて「やむを得ない事由」は存在しないとして、違憲判断を行った。しかし、在外日本人選挙権判決が示した国賠法上の違法性が認められる要件（→本節 **2 (2)**）を満たさない、とした。国賠法上の違法性という本案では国側が勝訴したため、上告できず、傍論での違憲判断が確定した（→第19章第３節 **6**）。その後の裁判例としては、広島地判平成28・７・20判時2329号68頁、広島高判平成29・12・20裁判所ウェブサイトがある。これらは、おおよそ大阪地判と同趣旨だった。

＊　選挙権に関する二元説と一元説を論ずる際に、前者では受刑者を選挙権の欠格事由とすることも許されるという違いがある、とされることがある。たしかに、二元説を明示的に採用した大阪地裁判決は欠格事由を合憲としたのに対し、違憲判断をした大阪高裁は選挙権の公務性には言及していない。しかしそれぞれの判決において、その違いが結論の差異と直結しているわけではない。なお成年被後見人に関する東京地裁は、二元説に立った上で選挙権の制限を違憲と判断している。いずれの見解に立っても在外日本人選挙権判決の射程を延ばし、選挙犯罪ではなく一般の犯罪による受刑者にまで選挙権・被選挙権を停止する「やむを得ない事由」は認められないとすることは十分可能である。後述する在外日本人の国民審査権違憲判決後、東京地裁に新たな訴訟が提起された。国民審査権の事案とは制度運用上の技術的問題で行使が制限されたか否かという違いはあるにしても、早晩、上記した大阪高判のような違憲判決がありうる事例である。

(3)　３カ月記録要件

公選法21条１項は選挙人名簿の登録のために、引き続き３カ月以上登録市町村等の住民基本台帳に登録されていることを要件としている。このことが選挙権を不当に制限するものだという国賠訴訟に対して、東京地判平成24・１・20判時2192号38頁は、在外日本人選挙権判決に依拠して、「制限をすることがやむを得ないと認められる事由」があるかどうか、という審査を行った上で、当該規定にはそうした事由があるため合憲だと判断した。これに対して東京高判平成25・２・19判時2192号30頁は、この事案は在外日本人選挙権判決の事案とは「選挙権の行使に対する制限の程度は明らかに異なる」ため、その判断枠組みを用いない。その代わりに制度設計に関する国会の立法裁量を認めることにより審査密度を低くし、立法目的の正当性と手段の合理性を審査することによって、当該規定を同じく合憲と判断した。

(4)　在外日本人の国民審査権

在外日本人は、選挙人名簿に登録されないため、最高裁判所裁判官の国民審査の投票を行うことができない。この立法不作為の違憲性が争われた訴訟において、在外日本人国民審査権判決（最大判令和４・５・25民集76巻４号711頁）は、国民審査権が「主権者の権能の一内容である点において選挙権と同様の性質を有することに加え、憲法が衆議院議員総選挙の際に国民審査を行うこととしていることにも」照らして、在外日本人選挙権判決で採用された「やむを得ない事由」の基準に依拠することにより、違憲の判決を行った。国民審査法は、衆議院議員総選挙の期日の公示日に国民審査に付される裁判官が決まり、その氏名を印刷するとともに、それぞれの裁判官に対する×の記号を記載する欄を設けた投票用紙を調製することとしているため、在外審査制度を創設することについては、在外国民による国民審査のための期間を十分に確保し難いといった運用上の技術的な困難がある。しかし、「在外審査制度において、上記のような技術的な困難を回避するために、現在の取扱いとは異なる投票用紙の調製や投票の方式等を採用する余地」はあり、「国民審査の公正を確保しつつ、在外国民の審査権の行使を可能にするための立法措置をとることが、事実上不可能ないし著しく困難であるとは解されない」として、憲法15条１項・79条２項・３項に違反すると判断したのである。

＊　この判決は、次回の国民審査に先立ち、審査権を行使することができる地位確認の訴えを認めた（第１審・控訴審はこれを認めていなかった→憲法Ⅱ第12章第３節**３**）。判決はまた次回の国民審査において審査権の行使をさせないことの違法確認の訴えを、最高裁として初めて認めた（控訴審もこれを認めていた→憲法Ⅱ第12章第３節**３**）。さらに国家賠償請求についても、在外日本人選挙権判決が示した判断基準に従った上で、在外審査制度創設にか

かる法律案が国会に提出されたといった事情はないものの、「遅くとも平成29年国民審査の当時において」国賠法上違法となっていたことを認めた（控訴審は認めていなかった）。第１審原告側を完全に勝訴させたこの判決は、憲法訴訟の観点からも極めて注目されるものとなった。なお違憲判決を受けて、同年11月には国民審査法の一部改正が行われた。

4　選挙権を行使する機会の保障

先に述べたように、選挙権は、憲法上保障されただけでは行使できず、その実現が立法者による選挙制度の構築に依存する権利である（→本節1(2)）。そこから派生するのが、選挙権の保障は選挙権を行使する機会の保障まで及ぶのか、という問題である。このことが問われたのが、在宅投票制度廃止事件であった。1950年に制定された公選法の下では在宅投票制度が定められていたが、制度が悪用されたことから、国会は1952年に在宅投票制度を廃止し、その後在宅投票制度を設ける立法を行わなかった。そこで、歩行が困難のため投票できなかった選挙人が国賠訴訟を起こしたところ、第１審・控訴審は、それぞれの構成により違憲判断をした。

＊　札幌地小樽支判昭和49・12・９判時762号８頁は、在宅投票制度の廃止行為を憲法判断の対象とする。①本件のような「選挙権そのものの実質的侵害が問題」となる場合、改正措置に「やむを得ないとする合理的理由があったか」を検討すべきである。②「弊害の是正という立法目的を達成するために在宅投票制度全体を廃するのではなく、より制限的でない他の手段が利用できなかったとの事情について、被告の主張・立証はない」ため、廃止行為は違憲であり、国賠法上も違法である。この判決は、在外日本人選挙権判決で採用された「やむを得ない事由」の基準の先駆でもあった。

これに対して札幌高判昭和53・５・24高民集31巻２号231頁は、判断の対象を、立法部が在宅投票制度を廃止した後に在宅投票制度を設ける新たな立法をしなかったという不作為に設定した上で、次のように、投票権の保護領域の中に「投票の機会の保障」も含まれると解し、立法者による制度構築（の不作為）を、選挙権と平等原則の双方から枠づけた。①「投票は、選挙権の行使にほかならないから、選挙権の保障の中には、当然に投票の機会の保障を含む」。「選挙権の平等は、……選挙権行使の機会の平等な確保の要求に至」る。②「国会の制定する投票の方法についての法律は、合理的と認められる已むを得ない事由のない限りは、すべての選挙人に対して投票の機会を確保するようなものでなければならない」ない。③1969年以降の立法不作為は違憲であるが、国会議員に故意・過失はないため、国賠法上は違法ではない。

こうした注目すべき下級審判決に対して、前掲在宅投票制度廃止事件判決は、立法不作為の憲法適合性については判断せず、国賠法上の違法性を否定した。しかし在外日本人選挙権判決（→本節**2 (2)**）により、憲法は「国民に対して投票をする機会を平等に保障している」ことが判示された後では、選挙人が事実上投票できない状態にあることの憲法適合性についても再考される可能性が生じた。

＊　在宅投票制度廃止事件における札幌地裁の違憲判決を受けて、1974年の公選法改正により郵便投票制度が設けられた（同法49条２項）。しかしこの制度の対象者は、公的な判定を受けた身体障害者や要介護者の一部に限定されている。そこで精神的原因による投票困難者が、その投票権行使の機会を確保するための立法措置がとられなかったことの違憲を理由として、国賠訴訟を起こした。最高裁は、一般論として、①「国には、国民が選挙権を行使することができない場合、そのような制限をすることなしには選挙の公正の確保に留意しつつ選挙権の行使を認めることが事実上不可能ないし著しく困難であると認められるときでない限り、国民の選挙権の行使を可能にするための所要の措置を執るべき責務がある」ことを、在外日本人選挙権判決に言及しながら、再確認している。しかし、②この事案については、精神的原因による投票困難者は「既存の公的な制度によって投票所に行くことの困難性に結び付くような判定を受けてい」ないことなどから、在外日本人選挙権判決が設定した要件（→本節**2 (2)**）を満たさないとして、立法不作為の国賠法上の違法性を否定した。これに対して立法不作為の内容上の違憲性については、判断を控えている（最判平成18・７・13判時1946号41頁）。

5　判例動向の基礎にある思考

選挙権を行使するために必要な制度の構築のためには、立法者に裁量の余地がある。しかし、そこには限界もある。裁判所は選挙権制限の重大性に応じて、制度構築の裁量の統制という枠組みではなく権利の制限の正当化審査という構成を採用した上で、密度の高い審査を行うこともあった。その代表例が在外日本人選挙権判決および在外日本人国民審査権判決である。他の領域に比べると裁判所が比較的積極的な姿勢を示している背景には、民主主義の基本である選挙権（および、それと同様の性質を有するとされた国民審査権）については、裁判所が擁護者としての役割を担っているという自覚があるのかもしれない。投票価値の平等に関する判例動向と比較しても（→第6章第5節**3**～**5**）、ここでの積極性が目立つのは、投票価値の平等は重さの違いという量的問題であるのに対して、選挙権および国民審査権の制限は行使すること自体ができないという質的問題だ、と理解されていることによると思われる。これからの問題は、こうした思考を投票権行使の機会が事実上妨げられているような事例にいかに及ぼすか、であろう。

＊　在外日本人選挙権判決が、国賠法上の違法性判断に先行して、立法内容（立法不作為）の違憲性について審査したことの影響を受けてか、同判決後、選挙権の領域では国賠法上の違法性判断だけで訴えを棄却せず、立法内容（立法不作為）の違憲性について先行して判断する事例が比較的多い。在外日本人国民審査権判決も同様である。これに対して他の領域では、立法行為・不作為の憲法適合性に関する判断をせず、国賠法上の違法性についてのみ審査することが多い。そのような中で、再婚禁止期間違憲判決（最大判平成27・12・16民集69巻8号2427頁）および夫婦同氏規定平成27年判決（最大判平成27・12・16民集69巻8号2586頁）は、下級審判決とは異なり、立法不作為の憲法適合性を先行して判断しているため、家族法と憲法にかかわる事案についても同様の傾向がみられるようになった（→第6章第2節**3**(3)、第5節**4**(3)、第19章第3節**6**）。

第3節　被選挙権（立候補の自由）

1　憲法上の根拠

被選挙権と立候補の自由は、概念上は必ずしも同一ではない。被選挙権とは、選挙を通じて公職者になる資格であり、当選すれば公職者となることのできる権利でもある。したがって、被選挙権は立候補制がとられていない場合にもある。しかし立候補制をとっている選挙制度の下では、立候補していない者が当選人となることはないため、両者は同じものとして扱いうる。

被選挙権には、憲法上明文の根拠規定がない。選挙犯罪における選挙権・被選挙権停止判決（→本章第２節１(1)・２(1)）は、被選挙権が憲法上の権利かについて、明確には判断していなかった。それどころか同判決における斎藤悠輔・入江俊郎裁判官の意見では、「被選挙権は、権利ではなく、権利能力であ」るとされていた。しかしその後、三井美唄労組事件判決（最大判昭和43・12・４刑集22巻13号1425頁）は、「立候補の自由は、選挙権の自由な行使と表裏の関係にあり、自由かつ公正な選挙を維持するうえで、きわめて重要」とし、憲法15条１項が被選挙権と立候補の自由を保障している、と判示した。同旨の判断は、その後も繰り返されており（例えば、最判平成８・７・18判時1580号92頁、最大判平成11・11・10民集53巻８号1577頁）、最高裁の確固とした見解となっている。学説上もこの立場が通説である。

＊　これに対して、首長の多選制限の是非が議論される場合のように、被選挙権が「既存の政治家の既得権擁護のために援用されることの方が多いことを考えると、憲法が規定していない権利をあえて憲法上の権利と構成する実益が少ない」、という見解も出されている。この見解では、「少数派の被選挙権が法律により不当に制限されることに対する憲法上の歯止め」は、「平等権」だとされる（高橋和之）。

＊＊　上記の三井美唄労組事件判決は、労働組合が議員の選挙にあたり推薦候補を立てている場合に、当該候補者以外に立候補しようとした組合員を統制違反者として処分したことについて、組合の統制権の限界を超え許されない、としたものである。ここでは、立候補の自由に対する私人による制限が問題となっていた（→第17章第２節４(2)）。

２　被選挙権の制限と正当化

(1)　被選挙権が制限されている諸事例

被選挙権や立候補の自由を憲法上の権利として認めるとしても、それに対する制限が設けられることがある。例えば公選法10条は、国会議員、地方公共団体の議会の議員および長の被選挙権について積極要件を定めている。また同法11条・11条の２は、それらの消極要件を規定している。公選法10条により、被選挙権の年齢要件が選挙権の年齢より高く定められていることについては、議員としての職務の遂行には選挙人のそれよりも一般的に高い年齢が必要であるとして、学説上もその合理性を認める見解が多い。公選法252条が規定する選挙犯罪者の被選挙権停止の合憲性について、前掲選挙権・被選挙権停止判決は、被選挙権の権利性につき明確に判断しない時代のものではあるが、制限を簡単に正当化していた（→本章第2節**1**(1)・**2**(1)）。

(2)　新連座制

被選挙権の制限に関して、新連座制の合憲性も争われた。連座制は年々強化されており、1994年に導入された公選法251条の3第1項は、同項所定の組織的選挙運動管理者等が、買収等の所定の選挙犯罪を犯し拘禁刑以上の刑に処せられた場合に、当該公職の候補者等であった者の当選を無効とし、かつ、5年間当該選挙区で当該公職の選挙に立候補することを禁止する旨定めている。この規定の憲法15条1項適合性につき、最高裁は次のように述べた。①「公職選挙の公明、適正を厳粛に保持するという極めて重要な法益を実現するため」という、この規定の「立法目的は合理的である」。また、②この規制は、全体としてみれば「前記立法目的を達成するための手段として必要かつ合理的なもの」である（最判平成9・3・13民集51巻3号1453頁）。この判決は比較的近年の判決であるため、選挙権・被選挙権停止判決とは異なり、正当化審査に際して目的・手段審査を行っている。立候補の禁止に関していえば、手段審査の審査密度がそれほど高くないのは、主に当該選挙区において行われる当該公職に禁止が限定されているため立候補の自由に対する制限の度合いが少ない、と考えられたからであろう。

(3)　判例の傾向

以上のように、被選挙権の制限に関して例示した二つの判決は、明示的には立法者による制度構築の裁量を前提とする論理構成を用いず、権利制限の正当化審査を行っているものの、その密度は低いものだった。

＊　選挙供託金制度：　公選法92条は公職の候補者の届出をする際の供託金を定め、同法93条・94条は法定得票数に達しない場合の没収を規定してい

る。この規定の趣旨は、売名などの不当な目的での立候補を抑制するため、選挙には多額の公費が使われているので当選可能性のほとんどない立候補を抑制する必要があるため、などと説明されている。この規定の合憲性について、神戸地判平成８・８・７訟月44巻６号934頁、およびそれを下敷きとした大阪高判平成９・３・18訟月44巻６号910頁は、一方でこの規定が立候補の自由に対する制限であることを認めつつ、他方では憲法47条が「選挙制度の具体的な決定を原則として国会の裁量的権限に任せる趣旨」であることも指摘する。その上で、中心的に争われた供託金の金額の高さについても、国会の裁量の範囲内だと判断した。これに対しては、資金を欠く者に対し一定数有権者の署名による代替を認めるなどの措置がなければ、違憲の疑いが強い（高橋和之）、という批判がある。原告がそうした学説を援用して再び提起した訴訟に対して、東京地判令和元・５・24判タ1473号194頁、およびこれを下敷きとする東京高判令和元・12・11 LEX/DB 25564528は、先行する裁判例と基本的に同趣旨の判断を行っている。

第４節　選挙運動の自由

1　選挙の基本原則

選挙の基本原則としては、①普通選挙（15条３項）、②平等選挙（15条・44条）、③自由選挙、④直接選挙、⑤秘密選挙（15条４項）、が挙げられる。このうち投票価値の平等の問題については、第６章第５節**3**～**5**で扱った。本節では、それと並んで重要な自由選挙について概説する。選挙に関する一般的な解説は、憲法Ⅱ第７章に譲る。

2　憲法上の基礎と権利の性質

(1)　判例の立場

上に述べたように、選挙の基本原則の一つに「自由選挙」がある。「自由選挙」は、任意投票と選挙運動の自由の保障を含むが、ここでは後者について扱う。最高裁によれば、「選挙運動」とは、特定の選挙の施行が予測される場合に、特定の人を当選させるために行う諸行為とされる（最決昭和38・10・22刑集17巻９号1755頁参照）。この理解では、「政治活動」と「選挙運動」とが区別され、前者は基本的に自由であるが後者は制約が認められることが含意されている。最高裁は、選挙運動の自由の法的基礎につき、明示的には論じていない。しかしすぐ後に触れるように、戸別訪問、文書活動制限、事前運動の禁止などに関わる最高裁判決が憲法21条との適合性について判断していることからすると、選挙運動の自由の保障根拠は21条にあるとみているようである。

＊　これに対して、衆議院で採用されている小選挙区比例代表並立制下における政党所属候補者の選挙運動の優遇が問題となった、後掲最大判平成11・11・10（→本節3(3)）における5名の裁判官の反対意見は、選挙権の保障は、それと表裏の関係にある被選挙権を含むとしつつ、さらに、「被選挙権の内容には、当選を目的として選挙運動を行う権利が含まれている」として、選挙運動の自由の根拠を憲法15条に求めている。

(2)　学説上の見解

学説でも、選挙運動の自由は表現活動の一形態として憲法21条により保障されていると解するのが通説である。その上で、権利の性質について見解が分かれる。一方では、選挙権は「国家機関関係的な権利」であり、「選挙制度のうえに乗って行使される権利」であるが、選挙運動の自由は「国家とはなんのかかわりももたない私人がおこなう政治活動の自由」だとして、両者を峻別する見解（奥平康弘〔強調は原文〕）がある。この理解では、「選挙運動」は「政治活動」の特殊形態として理解される。両者を区別する判例の見解は原理的に理解しにくく、実態にもそぐわないだろう（佐藤幸治）。これに対して学説でも、「法律によるルールの設定を不可避とする点において」、「選挙運動の自由は、そもそも国家から自由な表現の自由とはその性質を異にする」（高見勝利）、という見解もある。後者は、選挙運動の自由について立法者による制度構築に依存する側面を重視する点で、後述する伊藤裁判官の補足意見（→本節3(2)）と親近性がある。

＊　選挙権に関する権利一元説は、選挙運動の自由を、「立候補者にとっては立候補権の一環として、主権者にとっては主権行使に不可欠な情報交換・収集権の一環として、……憲法15条によって保障されている」（辻村みよ子）とする。平成11年判決の反対意見（→本節2(1)）と選挙運動の自由の根拠を15条とする点では一致するが、基礎に特有の主権論がある点で異なる。なお、本書が「選挙運動の自由」を本章で扱っているのは、憲法15条根拠

説に肩入れする趣旨ではない。むしろ、選挙権・被選挙権と選挙運動の自由の違いはある、と考える（→本節**3 (5)**）。

3　選挙運動の自由に対する規制とその合憲性審査の手法

(1)　選挙期間中の文書活動の制限、事前運動の禁止 ——権利制限の簡単な正当化

公選法146条が選挙期間中の文書図画の頒布などを禁止していることは、憲法21条に反しないか。最大判昭和30・３・30刑集９巻３号635頁は、「公職の選挙につき文書図画の無制限の頒布、掲示を認めるときは、選挙運動に不当の競争を招き、これが為却って選挙の自由公正を害」するおそれがあるから、「かかる弊害を防止する為」、一定の規制をすることは、「公共の福祉のため、憲法上許された必要且つ合理的」なものだ、という。初期の最高裁判例であるため、権利制限の問題とみたものの、ごく簡単に合憲と判断している。しかし、この判例はその後も文書規制一般に関する指導的判例とされている（例えば、最判昭和57・３・23刑集36巻３号339頁。なお、この判決にも後述する伊藤裁判官による選挙のルール論からの補足意見が付されている）。

公選法129条が選挙運動の期間を限定していることは、憲法21条に反しないか。最大判昭和44・４・23刑集23巻４号235頁は、常時選挙運動を許容すると「不当、無用な競争を招き」、「選挙の公正」を害するだけではなく、「経済力の差による不公平が生ずる結果となり、ひいては選挙の腐敗をも招来するおそれ」もあるから、このような弊害を防止するために、事前運動を禁止することは、「必要かつ合理的な制限」だ、と簡単に答えた。この判決も、現在に至るまで指導的判例となっている（例えば、後述する平成14年の二つの最高裁判決もこの判決を引用する。→本節**3 (2)**）。

＊　2013年４月の公選法改正により、かねて議論されてきたウェブサイト、電子メール等を利用する方法による文書図画の頒布（142条の３～７を参照）が部分的に認められた。そこでは、政党等、候補者、候補者・政党以外のもの、それぞれについて可能な選挙運動・政治活動が細かに規定されている（→第４章第２節**4 (2)**）。

(2)　戸別訪問の禁止に関する２種類の正当化審査の手法

選挙運動の自由の制約に関して、これまで最も論じられてきたのは戸別訪問を禁止する公選法138条１項の合憲性である。選挙区内の各戸を訪問して投票を呼びかける行為は各国で主要な選挙運動の手段であり、戸別訪問の禁止は日本独特の規制である。そのためこの規定の合憲性は古くから争われてきた。初期の判例による合憲論は、買収等の不正行為の温床となりやすいといった戸別訪問の弊害を理由とするものであったが、その説得力が学説および下級審によって疑われるようになった1980年代以降の最高裁は、大別すると二通りの仕方で新たな合憲の理由づけを行ってきた。

第１は、問題を表現の自由の制限と捉えた上で、「合理的関連性の基準」（→第10章第２節**3 (2)**(エ)）に照らして審査し、合憲とするものである。最判昭和56・６・15刑集35巻４号205頁は、①戸別訪問禁止の「目的は正当であり」、②「弊害を総体としてみるときには、戸別訪問を一律に禁止することと禁止目的との間に合理的な関連性がある」という。また、③「戸別訪問の禁止によって失われる利益は、それにより戸別訪問という手段方法による意見表明の自由が制約されることではあるが、それは、……単に手段方法の禁止に伴う限度での間接的、付随的な制約にすぎない反面、禁止により得られる利益は、戸別訪問という手段方法のもたらす弊害を防止することによる選挙の自由と公正の確保であるから、得られる利益は失われる利益に比してはるかに大きい」、という。これに対して学説からは、「合理的関連性の基準」は表現の自由規制立法に対する正当化審査のためには緩やかすぎる、すべての訪問ではなく選挙運動のための戸別訪問だけを禁止するのは表現の自由に対する直接的制約に当たるため、より厳格に審査すべきだ、といった批判がなされてきた。

第２は、最判昭和56・７・21刑集35巻５号568頁に付された、「選挙のルール」論を唱える伊藤正己裁判官の補足意見である。この補足意見は、従来の判例における合憲の理由づけの説得力が不十分であることを認める。その上で、弊害をいうだけではなく、選挙運動は、「あらゆる言論が必要最少限度の制約のもとに自由に競いあう場ではなく、各候補者は選挙の公正を確保するために定められたルールに従って運動するものと考えるべきである」という見地から、「このルールの内容をどのようなものとするかについては立法政策に委ねられている範囲が広」い、と考える。それは憲法47条が、「選挙運動のルールについて国会の裁量の余地が広いという趣旨を含んでいる」ためである。

後者の論理は、表現の自由一般から選挙運動の自由を切り出した上で、後者を立法者による制度構築の裁量に委ねるものである。それによって表現の自由一般に「合理的関連性の基準」が用いられることを防ぎたいという意図は了解できるが、選挙運動の自由を制度構築に依存する権利とみるべきかは疑問である。またそれが立法者による制度構築に依存することを認めたとしても、制度構築を枠づけるものはあるはずである。ただし、近年の最高裁は、むしろ前者を「参照」してきた（最判平成14・9・9判時1799号174頁、最判平成14・9・10判時1799号174頁）。そのため、最判平成24・12・7刑集66巻12号1337頁（堀越事件判決）、1722頁（世田谷事件判決）が、「合理的関連性の基準」を使用せず、また構成要件を限定解釈して被告人を無罪としたことの影響は、戸別訪問禁止の事例にも及ぶかが注目される。

＊　公選法137条の2第1項は、20歳未満の者の「選挙運動」を禁止し、239条1項により1年以下の拘禁刑または30万円以下の罰金に処せられることになっている。この禁止目的が未成年者保護にあるならば、未成年者を「選挙運動」に使用した成年者を処罰すれば足りる、という批判がある（佐藤幸治）。大阪高判平成4・6・26判タ822号283頁は、この禁止規定の「合理性には疑問が残る」としつつも、どのような内容の選挙運動のルールを設けることが妥当かは、「立法府の裁量に属している」として、憲法21条には反しないと判断した。なお2015年に選挙権年齢が引き下げられたと同時に、選挙運動の禁止も18歳未満の者と改められた。候補者等が選挙運動に際して子どもを同行することが同条項に反するかは、グレーゾーンとなっている。

(3)　小選挙区比例代表並立制下における政党所属候補への優遇 ――制度構築の裁量に対する平等原則による枠づけの可能性

1994年の公選法改正によって導入された衆議院の小選挙区比例代表並立制における小選挙区選挙において、候補者のほかに候補者届出政党にも選挙運動を認めた結果、候補者届出政党に所属する候補者とそうでない候補者との間に、選挙運動上の差異が生じることとなった（公選法131条１項・141条２項など）。最大判平成11・11・10民集53巻８号1704頁は、「選挙制度の仕組みの具体的決定は、国会の広い裁量にゆだねられている」として、制度構築に関する立法者の裁量を認める。その上で、「選挙運動をいかなる者にいかなる態様で認めるかは、選挙制度の仕組みの一部を成す」として、平等原則による立法者の制度構築の枠づけを「合理的理由」が認められない場合に限定し、当該差異を合憲とした（→第４章第２節**2**）。

＊　公選法150条１項は、小選挙区選挙においては候補者届出政党にのみ政見放送を認めたため、届出政党に所属する候補者とそうでない候補者との間に質的ともいえる差異が生じた。しかし、この点についても上記の最高裁判決は、「政見放送が認められないことの一事をもって、選挙運動に関する規定における候補者間の差異が合理性を有するとは到底考えられない程度に達しているとまでは断定し難い」、として極めて緩い審査しか行わなかった。これに対して５名の裁判官による反対意見は、「選挙運動上の較差は、合理性を有するとは到底いえない程度に達している」として、平等原則によって立法者の制度構築を枠づける判断を示した。この判決における多数意見の立場は、最大判平成23・３・23民集65巻２号755頁でも基本的に維持され、反対意見は１名のみとなった。しかし、この判決が区割基準などを違憲状態だと判断する際に用いた「時の経過」の論理（→第６章第５節**4**(1)）を政見放送の別異取扱いにも用いた場合、テレビのチャンネル数が飛躍的に増大した現在において、多数の候補者に政見放送の機会を均等に提供することは困難だという従来の合憲論を再考する余地もある。ところがその後の最大判平成25・11・20民集67巻８号1503頁は、この論点につきもはや検討すらせずに合憲判断を維持している。

(4)　選挙における報道・評論の規制――権利制限の部分的統制

公選法148条３項１号イは、不定期に無償で頒布される新聞・雑誌による、選挙に関する報道・評論を規制している。この規定が憲法21条に反しないかに関して、「政経タイムス」事件判決（最判昭和54・12・20刑集33巻７号1074頁）は、まず罰則規定を（合憲）限定解釈した。①「選挙目当ての新聞紙・雑誌が選挙の公正を害し特定の候補者と結びつく弊害を除去するため」、という「立法の趣旨・目的からすると、同項に関する罰則規定である同法235条の２第２号のいう選挙に関する『報道又は評論』とは、当該選挙に関する一切の報道・評論を指すのではなく、特定の候補者の得票について有利又は不利に働くおそれがある報道・評論をいうものと解するのが相当である」。さらに、②「右規定の構成要件に形式的に該当する場合であっても、もしその新聞紙・雑誌が真に公正な報道・評論を掲載したものであれば、その行為の違法性が阻却されるものと解すべきである」として、個別的に違法性を阻却する可能性も認めた。こうした形で当該規定を権利制限と構成した上で、その正当化を部分的に否定した。

＊　学説では、「148条３項の立法目的は、たとえば事後処罰という『より制限的でない』規制手段でも達成されると考えられるので、現行の規制は、……合理的にして必要最小限度の範囲を超えている」（芦部信喜）、という違憲論が通説である。違憲論は、限定解釈するよりも規定自体を無効とした方が、小新聞や新興新聞の言論への「萎縮効果」を考慮して望ましい、と考える。これに対して、事後処罰では立証困難性により実効性がないため、LRA たりえない、という見解もある（曽我部真裕）。この事例についても、立法者による選挙制度構築に対する枠づけの可否という観点から論ずることもありうるが、判例・学説ともに、そうした形では論じていない。他方で、構成要件を限定解釈し、違法性阻却の可能性も認めた小法廷の判断を、過小に評価すべきではないだろう。もっとも当該事案では、構成要件該当性が認められている。

(5)　「選挙の公正」と「選挙運動の自由」

以上のように最高裁は、選挙運動の自由に対する規制について、権利制限と構成した上で、それをごく簡単に承認する場合と、「合理的関連性の基準」を用いて正当化審査を行う場合とがあり、さらに伊藤裁判官補足意見に端を発する選挙制度の構築に関する立法者の裁量を強調する判例も増加しつつある。いずれの構成をとるにせよ、最高裁は「選挙の公正」を重視することにより、規制立法に一貫して合憲判断を行ってきた。選挙権・被選挙権とは異なり、選挙運動の自由は制度構築に依存した権利と構成する必要は必ずしもない。また、議会制民主主義の下での選挙運動の自由の重要性、および立法部による選挙運動規制が既存政党・多数派政党に有利になる可能性を孕むことに鑑みると、権利制限の正当化審査はより慎重になされるべきであろう。

第5節　請願権

1　概　説

「請願」とは、一般に、国または地方公共団体の機関に対し、その職務に関する事項につき、希望を述べること、と理解されている。請願権が初めて成文化されたのは、1689年のイギリスの権利章典だといわれる。この時代には、請願権は国民が為政者に要望を伝え、あるいは救済を求めるためのほとんど唯一の手段として、重要な意味をもっていた。また議会制が成立した後も、選挙権が制限されていたため、請願権の役割は維持されていた。しかし、表現の自由が保障され、普通選挙が確立されたことによって、請願権の固有の意義は薄れてきた。

明治憲法は、臣民権利義務の章に、「日本臣民ハ相当ノ敬礼ヲ守リ別ニ定ムル所ノ規程ニ従ヒ請願ヲ為スコトヲ得」（30条）という一般的規定をもち、また帝国議会の章には、「両議院ハ臣民ヨリ呈出スル請願書ヲ受クルコトヲ得」（50条）、という規定もあった。ただし、「別ニ定ムル所ノ規程」である請願令が1917年に制定されるまでには、30年近くかかった。議会に対する請願は、「受クルコトヲ得」であり、受理が義務づけられていなかった。

日本国憲法16条は、「何人も」「平穏に請願する権利を有し」、請願をしたために「いかなる差別待遇も受けない」、と規定する。また憲法と同日に、請願権を具体化する一般法である請願法も施行された。しかしこの法律は簡単なものにとどまるため、各議院に対する請願については国会法79～82条が、地方議会に対する請願については地自法124条・125条が、別個の規定を置いている。

2　請願権の法的性格

請願権は「適法な請願の受理を要求しうることにとどまる」（佐藤功）ため、学説上それを国務請求権（受益権）に分類する見解も多い。しかし、そうした見解も含めて、請願権が、公権力による妨害などを受けないという防御権的側面をもち、また参政権的機能を果たすことは広く認められている。

国務請求権としての請願権は、それを具体化する法律を必要とする。そうした法律がない場合、あるいはその具体化法律の要件を満たさない場合は、陳情として扱われる。憲法上の権利の実現が立法者による制度構築に依存する他の権利と異なるのは、請願権に関しては制度の構築がなくとも、国民が事実上類似する行為を行えるということである。

3　現行法上の請願制度とその利用・運用状況

(1)　請願の主体・対象など

憲法16条は「何人も」と規定し、請願法や国会法も請願の主体を限定していない。そのため、外国人や未成年者も請願をすることができる。法人については学説上異論はあるが、請願法２条、衆議院規則171条、参議院規則162条・163条など、法人が請願をすることを当然の前提とする規定がある。憲法16条は、「損害の救済、公務員の罷免、法律、命令又は規則の制定、廃止又は改正その他の事項に関し」と定めており、請願の対象に限定はない。

＊　請願法３条１項後段は、天皇に対する請願について定めている。しかし、国政に関する権能を有さない天皇に対して請願をする余地はなく、不要な規定である。

(2)　請願制度の利用・運用状況

請願法５条は、請願を受けた官公署は「誠実に処理しなければならない」、と規定する。国会に対する請願の処理については、国会法80条が「請願は、各議院において委員会の審査を経た後これを議決する」、と定めている。各議院において、請願は会期末に一括処理されている現状に対して、請願審査をより充実させる方向での改革提案もなされている。

国民が官公署に対する苦情を述べるという局面では、請願はオンブズマン制度を利用するのと類似する機能を果たしうる。もっとも実際になされている請願の圧倒的多数は、個人的苦情処理ではなく、立法に関わる請願である。また請願のために署名を集めることが、市民運動の手段として用いられる、という傾向もある。

(3)　請願を萎縮させる官公署による行為

近年、請願を提出された官公署が、署名簿の代表者ではなく、個々の署名者に対して直接働きかけるなど、将来の請願行為に萎縮効果を与え、請願権の防御権的側面に対する事実上の制約となるのではないかが問題となる事例が出ている。例えば、請願内容への反論と署名活動を批判する文書を署名者全世帯に送った事例や、重複を控除した正確な署名者数、および市内居住の署名者の総世帯数を把握するため、署名簿の電算処理を行った事例などである。その中で岐阜県関ヶ原町における、町の職員が署名者を戸別訪問して質問したという事例は特に注目を集めた。

＊　関ヶ原町に対して国賠請求がなされた事件に関する名古屋高判平成24・4・27判時2178号23頁は、当該調査を違法と判断した。判決は、戸別訪問の目的は署名・署名活動の対象であった小学校統廃合に反対する住民は実際には多くないことを明らかにするという不当なものであり、また当該戸別訪問は市民の平穏な生活を害する態様で行われ、その後の署名活動を困難とするものだとして、表現の自由、請願権を侵害する、と述べている。

〈参考文献〉

1　選挙権、被選挙権、選挙運動の自由

井上典之「選挙運動規制の再検討」論究ジュリスト5号（2013年）86頁
奥平康弘「参政権論」ジュリスト増刊総合特集38『選挙』（有斐閣、1985年）6頁
奥平康弘『なぜ「表現の自由」か』（東京大学出版会、1988年）第4章
曽我部真裕「参政権(1)」宍戸常寿＝曽我部真裕編『判例プラクティス憲法（第3版）』（信山社、2022年）372頁
辻村みよ子『辻村みよ子著作集第3巻　国民主権と選挙権』（信山社、2021年）
野中俊彦『選挙法の研究』（信山社、2001年）
毛利透「選挙権制約の合憲性審査と立法行為の国家賠償法上の違法性判断」論究ジュリスト1号（2012年）81頁
毛利透「参政権」佐藤幸治＝土井真一編『判例講義 憲法Ⅱ』（悠々社、2010年）211頁
渡辺康行「立法者による制度形成とその限界」法政研究76巻3号（2009年）249頁
「特集／政治改革と選挙制度の課題」憲法研究5号（2019年）

2　請願権

市川正人『表現の自由の法理』（日本評論社、2003年）第4編
渡辺久丸『請願権』（新日本出版社、1995年）

第19章　国務請求権

第1節　総　説

本章で扱う、裁判を受ける権利、国家賠償請求権、刑事補償請求権は、国務請求権、受益権、あるいは基本権を確保するための基本権と称されることもある。防御権と国家による制度構築を前提とする権利を大別する本書の観点からは（→第1章第2節**2 (3)**）、ここで扱う諸権利も、その具体的内容や行使方法が立法者による制度構築に依存する権利であることに着目できる。以下では、立法者による制度構築を裁判所はいかに審査できるかという観点を中心に据えて、それぞれの権利について概観する。

第2節　裁判を受ける権利

1　概　説

明治憲法24条は、「日本臣民ハ法律ニ定メタル裁判官ノ裁判ヲ受クルノ権ヲ奪ハルヽコトナシ」と規定していた。これは大陸型の「法律上の裁判官」の保障の伝統を継受するものであり、臣民が自己の意思に反して他の例外的な機関の裁判を受けることのない保障と解されていた。またこの規定は、大陸型の司法観の伝統に従って民事・刑事の裁判を受ける権利の保障を意味する、と理解されていた。

これに対して日本国憲法32条は、アメリカ的な発想に基づく、裁判所へのアクセス権を保障する考え方の影響下にあるとされ、また、民事、行政、刑事、各事件について、裁判を受ける権利を保障した規定と解されている。ただしそれぞれの事件において、裁判を受ける権利の性格や内容は異なった現れ方をする。まず刑事事件において、32条は、31条・37条などと相俟って、裁判所の裁判によらなければ刑罰を科せられないという防御権的な権利の保障である。行政事件では、本条は、行政処分などの国家行為により権利侵害を受けた国民が裁判所に対して救済を求める権利である。それと同時にこの権利は、法律による行政の原理を担保する機能をも果たしている。さらに本条は、民事事件では、近代国家が私人間における自力救済を禁止したことと表裏一体として、裁判所に対して私人間における権利･利益の救済を求める権利を保障したものである（→憲法Ⅱ第11章第1節）。

ただし、防御権以外の局面では、32条が具体的な権利を保障しているわけではなく、それを実現するためには、立法者による裁判制度の構築が必要である。以下では、裁判を受ける権利の保障内容を出訴の権利など五つに類型化した上で（宍戸常寿）、それぞれについて立法者による制度構築や裁判所によるその運用を裁判所はいかに審査してきたか、について解説する。

2　出訴の権利

裁判を受ける権利の中核をなすのは、出訴の権利である。ただし、権利保護の利益を欠き、「法律上の争訟」性のない事項について本案の審理を否定しても、裁判の拒絶にはならない（芦部信喜）。判例も、出訴のためには法律上の利益が必要であるとし（最大判昭和35・12・7民集14巻13号2964頁など）、また旧行政事件特例法2条が訴願前置主義を定めていたことは憲法32条に反しない（最大判昭和26・8・1民集5巻9号489頁）、としている。出訴期間を遡及して短縮することも、「その期間が著しく不合理で実質上裁判の拒否と認められるような場合でない限り」本条に反しない、とした判決もある（最大判昭和24・5・18民集3巻6号199頁）。このように出訴の権利の実現は、立法者による制度構築に大幅に委ねられている。もっとも昭和24年判決は、農地改革に関する特殊な事案に関わるものであり、一般化はできない。

3　法律上正当な管轄権をもつ裁判所の裁判を受ける権利

憲法32条が規定する「裁判所」の意味については、見解が分かれている。最高裁は、本条は「裁判所以外の機関によって裁判をされることはないこと」の保障であり、「訴訟法で定める管轄権を有する具体的裁判所において裁判を受ける権利」の保障ではない、と解する。したがって当該事案で問題となった管轄違いの刑事裁判は、刑訴法には反しても、本条違反ではない（最大判昭和24・３・23刑集３巻３号352頁）。学説でも、かつてはこの「消極説」が支持されてきた（宮沢俊義など）。これに対して上記判決に付せられた長谷川太一郎裁判官などの反対意見は、「同条の裁判所は憲法又は法律の定めにより権限を有する裁判所のこと」だという。学説においても、裁判を受ける権利は、その場その場で恣意的に構成される裁判機関の裁判を排除し、あらかじめ法律によって設置され権限を定められた裁判所の裁判を求める権利として確立されてきたものだ、とする「積極説」が有力化している（佐藤功、浦部法穂、市川正人など）。さらに、積極説を妥当としつつも、先の事案のような管轄の間違いは恣意的な場合にのみ本条違反となり、手続の錯誤の場合は直ちには違憲とならない、とする中間的な見解も説かれている（芦部信喜）。

＊　1989年の最高裁判所規則の改正により、全国の４分の１以上の地・家裁支部の統廃合が行われた。この「制度後退」（→第４章第２節**6**）ともみられうる改正が裁判を受ける権利を侵害するという、廃止される支部の地域住民による取消訴訟について、最高裁は「法律上の争訟」には当たらない、として退けた。またそう解しても憲法32条には違反しない、と述べた（最判平成３・４・19民集45巻４号518頁）。

＊＊　32条が定める「裁判所」の裁判に関しては、2009年５月に開始した裁判員制度がこれに反しないかが問題となった。最大判平成23・11・16刑集65巻８号1285頁は、裁判員制度について、「公平な『裁判所』における法と証拠に基づく適正な裁判……は制度的に十分保障されている上、裁判官は刑事裁判の基本的な担い手とされている」ため、本条に反しない、と判断した（→憲法Ⅱ第11章第３節**5**）。

4　上訴の権利

出訴の権利に関する判例にもみられたように、審級制度は立法者による制度構築が最も広汎に認められてきた領域である。比較的近年の象徴的な判決として、1996年の民訴法改正により採用された上告理由の制限（312条1項・2項・318条）の合憲性を認めた、最判平成13・2・13判時1745号94頁がある。それによると、審級制度は「すべて立法の適宜に定めるところにゆだねている」と解するのが従来の判例の立場だ、とされる。しかしこの判例法理は、その後、制度の合理性を審査する方向へ微修正されている。2004年に導入された、即決裁判手続における控訴を制限する刑訴法403条の2の合憲性について、最判平成21・7・14刑集63巻6号623頁は、上訴制限も、「合理的な理由に基づくものであれば憲法32条に違反するものではない」、という。その上で、当該条項については、即決裁判手続の実効性を確保するために「相応の合理的な理由がある」、と判断した。

5　適正な手続の裁判を受ける権利

(1)　訴訟と非訟の区別

(ア)　裁判を受ける権利は、典型的には、憲法82条が規定する公開・対審・判決という原則が保障された訴訟事件の裁判を受ける権利である。ところで、借地・借家事件や家庭事件などにおいては、非訟事件手続法や家事事件手続法によって、公開・対審・判決という原則を排除した手続が採用されている。国家が後見的役割を果たすことが要請される分野において、こうした「訴訟の非訟化」現象が増加する中で、まず非訟事件手続は憲法32条・82条に反しないかが、重要な論点となった。

金銭債務臨時調停法7～10条が定めていた「調停に代わる裁判」は、非公開・非対審で行われ、確定すれば裁判上の和解と同一の効果をもつため、当該諸規定の合憲性が争われた。かつての最高裁決定は、これを合憲と判断していた（最大決昭和31・10・31民集10巻10号1355頁）。しかし最高裁は、1960（昭和35）年にこの決定を変更した。

＊　昭和35年決定では、賃貸人の賃借人に対する家屋明渡請求および賃借人の賃貸人に対する占有回収の訴えについて、東京地裁が金銭債務臨時調停法の諸規定に基づき、「調停に代わる裁判」を非公開・決定の形で行ったことの合憲性が争われた。最高裁は、①「若し性質上純然たる訴訟事件につ

き、当事者の意思いかんに拘わらず終局的に、事実を確定し当事者の主張する権利義務の存否を確定するような裁判が、……公開の法廷における対審及び判決によってなされない」ならば、82条・32条に反する、という。その上で、金銭債務臨時調停法７条を合憲限定解釈（憲法適合的解釈）する。つまり、②「同条の調停に代わる裁判は、単に既存の債務関係について、利息、期限等を形成的に変更することに関するもの、即ち性質上非訟事件に関するものに限られ、純然たる訴訟事件につき、事実を確定し当事者の主張する権利義務の存否を確定する裁判のごときは、これに包含されていない」。③こう解釈することにより同法７条自体は合憲とした上で、当該事案は「家屋明渡及び占有回収に関する純然たる訴訟事件」であるから、これを「調停に代わる裁判」によることとした裁判所の判断は憲法82条・32条に反する、と述べた（最大決昭和35・７・６民集14巻９号1657頁）。

昭和35年決定は、第１に、合憲限定解釈（憲法適合的解釈）をしつつ、下級裁判所の決定を処分違憲（適用違憲）と判断するという形で、裁判所が立法者による制度構築に、直接的にではないけれども枠をはめた。第２に、この決定は、憲法82条・32条の公開裁判の保障対象を「純然たる訴訟事件」かどうかという基準により峻別するという立場を示した。この立場を継承する代表的判例が、旧家事審判法に関する昭和40年決定である。

＊　旧家事審判法９条１項乙類は、夫婦の同居その他夫婦間の協力扶助に関する事件などを、審判手続により審判の形式で裁判すると規定していた。ある家裁の審判に対する特別抗告事件において、最大決昭和40・６・30民集19巻４号1089頁は、「法律上の実体的権利義務自体につき争があり、これを確定するには、公開の法廷における対審及び判決によるべき」だ、とする。しかし上記の審判は、「実体的権利義務の存することを前提として、例えば夫婦の同居についていえば、その同居の時期、場所、態様等について具体的内容を定める処分であり」、また「その前提たる同居義務等自体については公開の法廷における対審及び判決を求める」ことが別途できるから、上記規定は憲法82条・32条に抵触しない、と述べた。

昭和40年決定に対しては、同居義務自体に訴訟が提起されるならば、訴訟の蒸し返しになる、という批判が強かった。そこで、訴訟・非訟の峻別論を維持しながら、異なった理由づけを採用したのが、非訟事件手続法による過料の裁判に関する昭和41年決定である。

＊　昭和41年決定の事案は、当時の非訟事件手続法207条により過料に処せられた者が、同規定は憲法32条・82条などに反するとして抗告したものである。最高裁は、過料の裁判は「一種の行政処分としての性質を有するものであるから、必ずしも裁判所がこれを科することを憲法上の要件とするものではなく」、「法律上、裁判所がこれを科することにしている場合でも……公開の法廷における対審及び判決によって行なわれ」る必要はない、と判断した（最大決昭和41・12・27民集20巻10号2279頁）。

(イ)　その後の最高裁判例においては、昭和40年決定型と41年決定型の2通りの理由づけが並存している。積極的な政治運動をしたことにより裁判官を分限処分とした寺西判事補事件決定（最大決平成10・12・1民集52巻9号1761頁）でも（→憲法Ⅱ第11章第5節**3 (2)**）、分限裁判が公開・対審でなされないことの合憲性が争われ、41年決定型の理由づけにより合憲とされた。もっともこの事案では、公開の法廷で分限裁判の当否について争う方法がないため、そもそも40年決定型はとりえなかった。

いずれにせよ、以上のような判例法理の基本的立場は、「純然たる訴訟事件」については公開・対審・判決の保障があるが、非訟事件には保障は一切及ばない、というものであった。しかし、このような抽象的基準による峻別論は硬直的だという批判が、学説では強い。訴訟事件以外についても、事件の性質と内容に応じて適切な手続的保障を加味し、公開・対審の原則を導入してゆくことが有力に提唱されている（芦部信喜）。このような発想からすると、行政公務員に対する懲戒処分は公開の法廷で争えることを考慮して、上述した裁判官の分限裁判においては、裁判所は行政機関としての役割と司法機関としての役割を果たしているため、審理を最大限透明にすべきであり、非公開を定める裁判官の分限事件手続規則7条は憲法82条1項・32条に反するのではないか、という疑問がある。

(2)　審尋（審問）請求権

裁判の公開以外の憲法上の手続保障として、憲法学や民事訴訟法学では、裁判を受ける権利は「審尋（審問）請求権」、すなわち、裁判に際して問題となる事実および法的事項について、自己の見解を表明する機会の保障を求める権利、を含んでいるとする見解が有力である。この見解からも、非訟事件における手続保障を専ら立法政策とする最高裁の立場が疑問視されてきた。

＊　旧家事審判法９条１項乙類に関わる家事審判手続の抗告審が、抗告の相手方に対して抗告状および抗告理由書の副本または写しを送達しなかった。これにより適切な反論の機会を奪われたことは憲法31条・32条に反する、として特別抗告された事件がある。最決平成20・５・８判時2011号116頁は、先に扱った昭和40年決定などを援用しながら、「本質的に非訟事件である婚姻費用の分担に関する処分の審判に対する抗告審において手続にかかわる機会を失う不利益は、同条所定の『裁判を受ける権利』とは直接の関係がない」ため、原審の措置は「裁判を受ける権利」を侵害したものではない、と判断した。これは最高裁による訴訟・非訟峻別論の典型的な態度である。しかしこの決定も、「原審の手続には問題がある」と述べていた。

＊＊　これに対して、上記決定における那須弘平裁判官の反対意見は、「家事審判法９条の定める乙類審判事件の中にも強い争訟性を有する類型のものがあり、本件で問題となっている婚姻費用分担を定める審判もこれに属する」ことから、少なくとも、この類型の審判に関しては、「反論の機会を与えられるべき相当の理由がある」、と述べた。この意見は、峻別論を批判する学説の動向（→本節５(1)）を受容した上で、原審の措置を「法令違反」としたものだが、実質的には処分違憲の判断である。このような事件では、裁判を受ける権利が防御権的に作用する。そのため、裁判を受ける権利の実現が立法者による制度構築に依存するとしても、憲法上の権利の核心的内容は立法者による制度構築を枠づける、という思考をとり、立法者による制度構築や裁判所によるその運用を枠づけることは、容易に可能なはずである。

＊＊＊　非訟事件手続法および家事審判法は、2011（平成23）年５月に、非訟事件手続法（平成23年法律51号）、家事事件手続法（平成23年法律52号）に全面改正され、2013（平成25）年１月１日より施行された。本節で扱った事件はすべて旧法下のものである。現行法では、手続保障の強化が目指されている。

６　実効的権利救済を求める権利

裁判を受ける権利は実効的権利救済を求める権利を含む、と解されるようになってきた。この権利はとりわけ行政事件において論じられている。この権利の内容は、出訴保障の実効性と権利保護の実効性に大別される。

(1)　出訴保障の実効性

出訴保障の実効性に関して、訴訟費用の援助制度は、一定の範囲では裁判を受ける権利からの要請だ、とされる。刑事については、憲法37条3項後段で国選弁護人の制度が規定されている。さらに総合法律支援法に基づき、2006年10月より、民事法律扶助業務、国選弁護人関連業務などが、独立行政法人「日本司法支援センター（法テラス）」により担われている。また出訴のための要件の緩和も、裁判を受ける権利の実効性という観点から要請されている。

＊　土地区画事業の事業計画の決定については、処分性が否定されていた（最大判昭和41・2・23民集20巻2号271頁）。これを判例変更した、最大判平成20・9・10民集62巻8号2029頁は、「実効的な権利救済を図るためには、事業計画の決定がされた段階で」、取消訴訟の提起を認めることに合理性がある、と述べている。

＊＊　強制送還と裁判を受ける権利：　難民不認定処分に対する異議申立てを行った外国人に対して、法務大臣による申立棄却決定を強制送還の前日まで告知しなかった東京入管警備官の措置について、国賠訴訟が提起された。東京高判令和3・9・22判タ1502号55頁は、入管職員の行為は、「難民該当性に対する司法審査を受ける機会を実質的に奪った」として、憲法32条・31条に反すると判断し、国賠請求も認めている。

(2)　権利保護の実効性

(ア)　権利保護の実効性の要請は、裁判所による十分な審査が保障されるような裁判手続の形成を求める。この要請と、前述した裁判の公開原則および法的審尋請求権が緊張関係に立つのが、インカメラ審理、すなわち裁判官だけが裁判官室（camera）で文書の記載内容を確認して、秘密の程度等を判断する仕組みをめぐる問題である。

＊　情報公開法に基づく開示請求についての不開示決定取消訴訟において、控訴審は、原告による当該文書の検証への立会権の放棄を前提とした検証の申出を、一部認めた（福岡高決平成20・5・12判時2017号28頁）。これに対して最高裁は、事実上インカメラ審理を認めるようなこの措置は、「明文の規定がない限り、許されない」と判断した（最決平成21・1・15民集63巻1号46頁）。これは、公開原則や「訴訟で用いられる証拠は当事者の吟味、弾劾

の機会を経たものに限られる」という「民事訴訟の基本原則」、および情報公開法制定者の決定を尊重するものである。なお泉徳治裁判官の補足意見は、「新たな立法によって情報公開訴訟にインカメラ審理を導入することは……裁判の公開を保障する憲法82条に違反するものではなく、訴訟制度構築に係る立法裁量の範囲に属する」という。さらに、インカメラ審理は「国民の知る権利の具体化として認められた行政文書開示請求権の司法上の保護を強化し、裁判の信頼性を高め、憲法32条の裁判を受ける権利をより充実させるもの」と位置づける。この補足意見では、裁判を受ける権利の実効的保障論が、裁判制度の構築を導こうとする形で働いている。

(イ)　裁判所では日本語を用いることになっているため（裁判所法74条）、日本語がわからない外国人が裁判に関係する場合には通訳人が必要となる。とりわけ刑事事件では、法律上義務づけられている（刑訴法175条）。通訳人は、被告人の権利を保障し、適正な裁判を実現する上で重要な役割を果たしているのであるが、負担が過重であるのに比して報酬額が低いため人数が減少しており、権利保護の実効性という観点から解決すべき課題となっている（民訴費用法18条、刑訴法178条参照）。

＊　さらに知的障害者の裁判を受ける権利の実効的確保、という課題もある。知的障害者は、裁判の場で攻撃防御を行うためには、その言語上の困難から言語介助（通訳）を必要とする。しかし、そのための援助措置などは現在全く制度化されていない。このことを訴訟により争おうとする場合には、立法者による制度構築の不作為を違憲・違法と主張しなければならないため、難度が高い。これは、投票困難者の選挙権保障（→第18章第２節４）と同じ構図の問題である。

第３節　国家賠償請求権

１　概　説

明治憲法下では「国家無答責の原則」が妥当しており、国の権力的作用に対する国家賠償は否定されていた。ただし、国の私経済活動については、判例上、民事の不法行為法が適用されており、さらに公の営造物の設置および管理の瑕疵に基づく損害賠償も認められていた。これに対して憲法17条は、権力的な国家活動に基づく賠償責任を明文で認めた画期的な規定である。この規定は政府草案などにはなく、衆議院における修正により追加されたものである。

2　国家賠償請求権の法的性格

憲法17条は、何人も「法律の定めるところにより」国家賠償を求めることができる、と規定する。本条はプログラム規定と解されていたこともあったが、現在では抽象的権利とする見解が通説である（プログラム規定、抽象的権利、具体的権利の区別について→第15章第1節**1**）。日本国憲法施行（1947年5月3日）後、国賠法施行（同年10月27日）前の期間における、公権力の行使による損害の賠償責任に関しては、本条に基づいて国家賠償を直接請求できるかという議論に意味があった。しかし国賠法施行後は、これを論ずる実益はほとんどない。近年の判例は、そうした法的性格論には言及せず、本条の趣旨につき、「国又は公共団体が公務員の行為による不法行為責任を負うことを原則とした上、公務員のどのような行為によりいかなる要件で損害賠償責任を負うかを立法府の政策判断にゆだねたものであって、立法府に無制限の裁量権を付与するといった法律に対する白紙委任を認めているものではない」（郵便法違憲判決：最大判平成14・9・11民集56巻7号1439頁）、と判示している。

3　国家賠償法の構造と性格

本条を受けて、国賠法が制定されている。この法律では、1条が「公権力の行使」に基づく損害の賠償責任を、2条が「公の営造物」の設置管理の瑕疵に基づく損害の賠償責任を定めている。これら以外の原因によって生じた損害については、民法が適用される（国賠法4条）。したがって、国または公共団体が行う私的経済取引に際して生じた損害賠償責任については、明治憲法下と同じく、民法709条などが適用される（→本節**6＊＊**）。このほか、国賠法5条が「民法以外の他の法律に別段の定があるとき」はそれによると規定し（→本節**4**）、同法6条は外国人に関して相互保証主義を採用している（→本節**5**）。

＊　国賠法1条1項で定める国の責任の性格については、伝統的に、国の自

己責任か代位責任かという見解の対立があった。後者は、もともと公務員個人が負っている責任を被害者救済のため国が代位して負うという考え方であり、国賠法の立法者意思や条文の文言との適合性から、行政法学の通説である。もちろん、国賠法上の議論とは別に、憲法17条で定める賠償の性格を論ずることは可能である。実際にも憲法学では、17条の性格を公務員の過失の有無にかかわらず国自身の責任を命ずる規定だと解する見解も有力である。しかし、この見解も、公務員の故意・過失を要件とする国賠法１条１項を違憲とみるわけではない。憲法17条の性格を国賠法１条１項の解釈指針としたり（浦部法穂）、あるいは国賠法１条１項の要件が充足されない場合でも直接憲法17条を根拠にして損害の賠償を請求しうると説いたりする（初宿正典）。このように憲法17条で定める賠償の性格を論ずること自体は可能であるが、この条文が国の自己責任や無過失責任主義を要求するものではないという見解は、憲法学でも通説であろう（野中俊彦など）。

＊＊　国賠制度は、国家活動により生じた損害に対する救済のためのものではあるが、それとともに、法律による行政の原理の実現を担保する機能を果たすものでもある。この制度がこうした二つの機能を有することを確認することは、国賠法の運用に際しても意味をもつ（藤田宙靖、宇賀克也など）。

４　郵便法違憲判決

憲法17条により国家賠償制度の構築は基本的には立法者に委ねられているが、それを裁判所が審査できないわけではない。しかし従来の学説や判例は、そのための審査手法を開拓してこなかった。このような状況において、前掲郵便法違憲判決は、次のように、立法目的の正当性と手段の必要性・合理性につき、慎重に審査する手法を提示した。

国賠法５条がいう「他の法律に別段の定があるとき」の代表例として、郵便法（平成14年法律121号による改正前）68条１項は損害賠償する場合を、２項は賠償金額を、73条は損害賠償請求をできる者を、それぞれ限定していた。この免責・責任制限規定が憲法17条に適合するかが争われた事件において、最高裁は、17条が「法律に対する白紙委任」ではないことを確認した上で（→本節**２**）、こう述べた。①公務員の不法行為に対する免責・責任制限規定の17条適合性は、「当該行為の態様、これによって侵害される法的利益の種類及び侵害の程度、免責又は責任制限の範囲及び程度等に応じ、当該規定の目的の正当性並びにその目的達成の手段として免責又は責任制限を認めることの合理性及び必要性を総合的に考慮して判断すべきである」。本件では、②金銭負担が多額となり、その結果、料金値上げにつながることを避けるといった免責・責任制限規定の目的は、「正当」である。しかし、③書留郵便物について、「郵便業務従事者の故意又は重大な過失による不法行為についてまで免責又は責任制限を認める規定に合理性」はない。さらに、④この事案で問題となった特別送達（民訴法99条参照）については、「適正な手順に従い確実に受送達者に送達されることが特に強く要請される」ことなどに言及しつつ、「郵便業務従事者の軽過失による不法行為から生じた損害の賠償責任を肯定したからといって、直ちに、その目的の達成が害されるということはできず」、上記免責・責任制限に「合理性、必要性」はない。

＊　この判決は、書留郵便物については、運送事業等の遂行に関して事業者の損害賠償責任を軽減している他の法令においても、事業者側に故意または重大な過失がある場合には責任制限されていないこととの不均衡を指摘する。また、特別送達についても、裁判所書記官等が送達した際に、公務員の軽過失によって損害が生じた場合にも、被害者は国賠法１条１項に基づく損害賠償を請求できることを指摘する。こうして平等の観点を17条適合性判断の中に吸収しつつ、この判決は一般的な法制度を「ベースライン」（→第４章第２節**5**）とし、そこから乖離する法規定を、立法目的の正当性と手段の合理性・必要性について密度を高めた審査を行ったものと解しうる。一部違憲という判決手法については、憲法Ⅱ第12章第７節**1**(2)。本判決を受けて郵便法は改正されたが、現在では郵政民営化により賠償責任の主体は国ではなくなっている。

5　国家賠償法６条の合憲性

国賠法６条は、「外国人が被害者である場合」について、相互保証主義を採用している。この規定については、憲法17条が「何人も」賠償請求権を有するとする趣旨に「適合しないきらいがある」（宮沢俊義）、という指摘が古くからあった。しかし通説的な立場は、「何人も」という文言には格別の意味はないと考え、また「前国家的権利」ともいえないことから、同条は違憲ではないとしてきた。また仮に、賠償請求権が「前国家的権利」を補完するものとしてそれと一体的に解すべき性質のものだとしても、国家賠償制度の構築は立法者に委ねられているため、相互保証主義の採用はやむをえない合理的規制だとされてきた（佐藤幸治）。裁判所も、国賠法６条を「我が国の国民に対して国家賠償による救済を認めない国の国民に対し、我が国が積極的に救済を与える必要がないという、衡平の観念に基づくもの」と解し、「相互の保証を必要とすることにより、外国における我が国の国民の救済を拡充することにも資する」ものとして「一定の合理性」があり、憲法17条にも14条１項にも違反しない、と判断している（東京地判平成14・６・28判時1809号46頁）。

＊　しかし学説では、被害者の出身国の事情によりなぜ日本政府の免責が許されるのか、当該市民は、本国法の不備のゆえに、現実に日本政府から被った損害をなぜ自分の負担として甘受しなければならないのか、という疑問が出されている（奥平康弘）。また、前掲した平成14年東京地判の数カ月後に出た郵便法違憲判決の手法を用いて判断する場合に、この条文は国賠法１条１項の原則から乖離して、当該個人にはどうすることもできない事情によって、損害賠償請求が全くできないという不利益を負わせていることから、この条項の合憲性にはさらに一層疑問が生ずる。ただし、近年でもこれを合憲とした判決がある（ムスリム監視捜査事件第１審判決：東京地判平成26・１・15判時2215号30頁）。実務上は相互保証を広く認めているため、大きな不都合はないようである。

6　憲法訴訟としての国家賠償請求訴訟

取消訴訟などと比べて国賠訴訟は、原告適格論や訴訟対象論により却下されることが少ない。そこで、国賠訴訟によって憲法問題を争おうとする事例は多い。その代表例は立法不作為の違憲性を国賠請求によって争う訴訟であり、在外日本人選挙権判決（最大判平成17・９・14民集59巻７号2087頁）をはじめとする選挙権訴訟（→第18章第２節**3**～**5**）、女性の再婚禁止期間や夫婦同氏制などを改廃しないことに関する平等訴訟（→第６章第２節**3**(3)、第５節**4**(3)）、学生無年金障害者訴訟判決（最判平成19・９・28民集61巻６号2345頁）のような社会保障訴訟（→第15章第２節**6**(3)）などがある。また事実行為の違憲性に関する国賠訴訟もたびたび提起されてきた。

首相の靖国神社参拝訴訟は、その一例である（近年では、最判平成18・6・23判時1940号122頁）。

こうした国賠訴訟において、裁判所は、結論としては国賠法上の違法性要件の充足を否定するものの、傍論の中で内容上の違法性（違憲性）について判断することがある。再婚禁止期間違憲判決（最大判平成27・12・16民集69巻8号2427頁）、小泉首相の参拝に関する福岡地判平成16・4・7判時1859号76頁④事件や、大阪高判平成17・9・30訟月52巻9号2801頁⑥事件などが、その例である（→第8章第5節**4**）。これらに対しては「蛇足判決」と批判されることもある。しかし、国家賠償の法律による行政の原理担保機能を重視する観点からは（→本節**3**）、傍論における憲法判断が一定の場合には許容されることもあるといえよう（→憲法Ⅱ第12章第6節**1**）。

＊　再婚禁止期間違憲判決は、国会議員の立法行為・立法不作為が国賠法上違法となる場合について、「法律の規定が憲法上保障され又は保護されている権利利益を合理的な理由なく制約するものとして憲法の規定に違反するものであることが明白であるにもかかわらず、国会が正当な理由なく長期にわたってその改廃等の立法措置を怠る場合など」だと述べた上で、当該立法不作為はそれには当たらないと判断した。この定式化は、在外日本人選挙権判決のそれ（→第18章第2節**2**(2)）を、整理し直したものである。その後に出された、在外日本人国民審査権判決（→第18章第2節**2**(4)）は、一般論としては再婚禁止期間違憲判決の上記説示を引用しながら、あてはめに際しては、立法不作為に関する事例という点で近似する在外日本人選挙権判決の定式化（→第18章第2節**2**(2)紹介②の部分）に従っている。またこの判決は、「明白」性の要件の充足性についても先例より緩やかに判断し、結論として国家賠償を認めた。

＊＊　国家賠償請求権と除斥期間：　国賠法4条は、賠償責任について「民法の規定による」と定めているため、民法旧724条後段の除斥期間（平成29年改正前の判例による）が適用されると解されてきた。近年この適否が一つの焦点となったのが、旧優生保護法の下で優生手術を強いられた者が、国に損害賠償を求めた訴訟である。仙台地判令和元・5・28判時2413＝2414号3頁をはじめとする各地の地裁判決の多くは、強制優生手術が憲法13条・14条1項に違反することを認め、かつ国賠法上の違法性と過失も肯定するものの、20年の除斥期間の規定を適用して、国家賠償を認めなかった。これに対して、大阪高判令和4・2・22判時2528号5頁、東京高判令和4・3・11判時2554号12頁は、相次いで、旧優生保護法により国が差別・偏見

を正当化・固定化・助長してきたという「特段の事情」を指摘し、除斥期間をそのまま適用することは「著しく正義・公平の理念に反する」として、国家賠償を命ずる画期的な判断を行った。

第４節　刑事補償請求権

1　概　説

刑事補償とは、刑事司法権の行使によって抑留または拘禁された後に、裁判で無罪が確定した場合に、その無罪が確定した者に対して国が負う補償責任をいう。冤罪を救済するための規定である。明治憲法には類似の規定はなかったが、1931年に（旧）刑事補償法が制定された。しかしこの法律は、恩恵的な性格をもつにとどまる不十分なものであった。そのため日本国憲法の制定の過程で、衆議院における修正によって、国家賠償に関する17条とともに40条として刑事補償の規定が導入された。刑事補償請求権を国民の権利として認めた本条の趣旨を実現するために、新たな刑事補償法が構想された。しかし改正作業は、刑訴法の全面改正を待ったために遅れ、現行の刑事補償法は1950年１月から施行された。

2　刑事補償請求権の法的性格

憲法40条も、17条と同じく、何人も「法律の定めるところにより」刑事補償を求めることができる、と規定する。しかし、17条にあったような、プログラム規定か抽象的権利か具体的権利かという議論は（→本章第３節**2**）、学説でも判例でもほとんど行われなかった。いずれにせよ本条も、「抑留又は拘禁された後」、「無罪の裁判を受けたとき」という要件を付した上で、その実現を立法者による刑事補償制度の構築に委ねている。しかしそれは、いかなる刑事補償制度が構築されても許容される、という趣旨ではない。

なお本条の「抑留」「拘禁」という概念は、憲法34条・38条で用いられるのと同義である。つまり、「抑留」は「一時的な身体の拘束」、「拘禁」は「より継続的な身体の拘束」だと解されている（→第12章第２節**1**(1)）。

3　刑事補償法の構造と性格

本条を受けた刑事補償法１条は、補償の要件をより詳細に規定する。補償は、「未決の抑留又は拘禁」による補償（１項）と「刑の執行」または「拘置」による補償（２項）に分かれる。同法４条１項では、補償の内容について、拘束日数に応じて、一日あたり1,000円以上１万2,500円以下で算定される、と規定する。同法５条１項によると、この補償を受けるべき者が国家賠償を請求することもできる。

立法時の政府側の説明によると、刑事補償は無過失の損害賠償のため故意・過失のある場合より補償額が低くてよい、とされた。不足分は国家賠償を求めればよいという趣旨だが、裁判官や検察官の故意・過失を立証して国家賠償を得るのは極めて困難であるため、実際には刑事補償法の定める金額が上限として機能している。

＊　損失補償、国家賠償、刑事補償：　刑事補償法は「国家補償の谷間」（→第14章第４節**4**(2)）を立法により埋めた例、と解される。ただし、当該法律が憲法の明示的要請を具体化していると捉えられる点で、「谷間」を埋める他の立法例とは異なる。本章で扱っている国家賠償と刑事補償の関係の捉え方は、刑事補償の性格の理解の仕方、さらには国家補償の体系の理解の仕方に関わる。

現行法制定当初には、刑事補償を広義の損失補償の観念の中に含める損失補償説と無過失損害賠償とする見解とがあった。立法に際しての政府の説明は、先に触れたように、後者による。それによると、刑事補償は国家の違法行為による損害の填補という点で国家賠償と同じであり、国家賠償との違いは、国家機関の故意・過失を補償の要件としないこと、および補償の額が定型化されていることにある、とされた。これに対して第３説として出されたのが、次のような結果責任説である。誤判賠償は、違法行為に基づく無過失責任であるが、被疑者の勾留に対する賠償は、適法行為に基づく損失補償である。しかし後者の場合も、発生した結果は不法であり、そこに補償の必要がある。したがってそれは通常の損失補償とは性質を異にしており、違法無過失の誤判賠償とともに、結果責任としての共通性がある（今村成和、宇賀克也)。議論の細部は分かれるものの、結果責任説は現在有力な捉え方である。刑事補償を適法行為に基づく補償だと捉える場合、損失補償との違いは、前者は侵害が意図的ではなく、損害が財産上の特別損失に限定されないことにある。

なお判例は、「刑事事件において無罪の判決が確定したというだけで直ちに起訴前の逮捕・勾留、公訴の提起・追行、起訴後の勾留が違法となるということはない」、という（芦別国賠訴訟判決：最判昭和53・10・20民集32巻７号1367頁）。したがって政府の見解だった無過失損害賠償説は、そのままの形では、判例と適合しない。

4　「無罪の裁判を受けたとき」の意味

(1)　「無罪の裁判」

憲法40条（および刑事補償法１条１項）にいう「無罪の裁判」の意味として、第１に、「刑事訴訟法にいう無罪の確定裁判」と解する形式説（狭義説）がある（宮沢俊義）。第２に、「形式的な無罪の裁判の有無にかかわりなく、自由を拘束したことの根拠がないものであったことが明らかとなった場合」と解する実質説（広義説）がある（佐藤功、佐藤幸治）。判例は、形式説をとる（最決平成３・３・29刑集45巻３号158頁など）。刑事補償法25条は、「免訴又は公訴棄却の裁判を受けた者は、もし免訴又は公訴棄却の裁判をすべき事由がなかったならば無罪の裁判を受けるべきものと認められる充分な事由があるとき」にも補償を請求できる、と規定する。形式説からすれば、この規定は憲法40条の趣旨の拡張であり、実質説からすると同条の趣旨の具体化と解される。刑事補償法25条に関する訴訟を通じて、冤罪という実体判断を得る可能性もある。

＊　被疑者として抑留・拘禁されたが起訴されずに釈放された場合の補償について、刑事補償法に規定はない。法務省の訓令は、「その者が罪を犯さなかったと認めるに足りる十分な事由があるとき」に補償することを定めている（被疑者補償規程２条）。学説では、上記の場合においても憲法40条により補償を請求する権利がある、とする見解がある（奥平康弘）。これは同条を具体的権利と解するものであろうか。しかし、（立法政策として）この内容は訓令ではなく法律で定めるべきだと説くにとどめる見解が、一般的である。

＊＊　最高裁は、「たとえ不起訴となった事実に基く抑留または拘禁であっても、そのうちに実質上は、無罪となった事実についての抑留または拘禁であると認められるものがあるときは、その部分」も憲法40条にいう「抑留又は拘禁」に含まれる、と判示したことがある（最大決昭和31・12・24刑集10巻12号1692頁）。これは、形式説を前提とした上で、「抑留又は拘禁」の意

義の解釈により、刑事補償をすべき場合を若干拡大するものである。

(2)　少年審判手続と刑事補償

家庭裁判所における少年審判開始後、保護処分に付さない旨の決定（少年法23条２項）がなされたことは、「無罪の裁判」に該当するか。先にも触れた平成３年決定は、「不処分決定は、刑訴法上の手続とは性質を異にする少年審判の手続における決定である上、右決定を経た事件について、刑事訴追をし、又は家庭裁判所の審判に付することを妨げる効力を有しないから、非行事実が認められないことを理由とするものであっても」、「無罪の裁判」には当たらない、と判断した。請求人の主張は、憲法40条に関する実質説を前提として、刑事補償法１条１項の規定を当該事案に「合憲拡張解釈」することを求めたものだった。もしこの主張を認めた場合には、裁判所が立法者による制度構築を個別的に拡充する例となったはずであったが、最高裁はこれを受け入れなかった。

＊　これに対して、園部逸夫裁判官の意見は、憲法40条に関する実質説に立った上で、「本件のような非行事実が認められないことを理由とする少年法上の不処分決定について国による補償の制度を設けることはもとより可能であり、また望ましい」と述べた。また坂上壽夫裁判官の補足意見も、「立法論」としてこのような事案に補償を行う可能性を指摘していた。このような個別意見を受けて、1992年に「少年の保護事件に係る補償に関する法律」（少年補償法）が制定された。個別意見が立法者による制度構築を刺激する形で作用した例として、注目できる。

＊＊　この少年補償法５条１項によると、家庭裁判所が補償の要否と内容を決定することとなっており、その決定に不服のあるものは同条３項により変更の申出ができる。しかし、刑事補償法19条１項が規定する一般の裁判所に対する抗告はできない。これに対して同条の類推適用を求め、そう解さなければ憲法14条・32条に違反すると主張した特別抗告事件があった。最決平成13・12・７刑集55巻７号823頁は、先例を引くことにより簡単に合憲と判断した。32条との関係では、少年補償決定は非訟事件の裁判であるから、上訴が許されなくても32条には違反しない、との趣旨である（最大決昭和45・12・16民集24巻13号2099頁参照）。しかし、非訟事件には憲法上の手続保障が一切及ばないとする訴訟・非訟峻別論に批判が多いことは、前述したとおりである（→本章第２節**5**）。

5　刑事補償請求権の享有主体

刑事補償法は、国賠法とは異なり、外国人に対する相互保証主義を定めた規定をもっていない。刑法が「日本国内において罪を犯したすべての者」に適用されること（同法1条1項）からすると、憲法40条の文言どおり、刑事補償請求権は「何人も」享有すると解しうる（初宿正典）。

〈参考文献〉

1　裁判を受ける権利

芦部信喜「裁判を受ける権利」同編『憲法Ⅲ 人権(2)』（有斐閣、1981年）275頁

片山智彦『裁判を受ける権利と司法制度』（大阪大学出版会、2007年）

笹田栄司『司法の変容と憲法』（有斐閣、2008年）

宍戸常寿「裁判を受ける権利の現在と未来」憲法研究7号（2020年）73頁

松井茂記『裁判を受ける権利』（日本評論社、1993年）

2　国家賠償請求権

今村成和『国家補償法』（有斐閣、1965年）

宇賀克也『国家補償法』（有斐閣、1997年）

渡辺康行「第17条」芹沢斉ほか編『新基本法コンメンタール 憲法』（日本評論社、2011年）138頁

3　刑事補償請求権

高田卓爾『刑事補償法』（有斐閣、1963年）

4　国務請求権全般

宍戸常寿「国務請求権」宍戸常寿＝曽我部真裕編『判例プラクティス憲法（第3版）』（信山社、2022年）321頁

渡辺康行「立法者による制度形成とその限界」法政研究76巻3号（2009年）249頁

第20章　家　族

第1節　総　説

1　沿　革

各国の憲法には、家族に関する規定を含むものがしばしばみられる。例えばワイマール憲法（1919年）は、「婚姻は、家族生活及び民族の維持・増殖の基礎として、憲法の特別の保護を受ける。婚姻は、両性の同権を基礎とする」と規定し、さらに家族の清潔の保持等を公権力の任務として、国の保護と配慮を求める母性の権利について規定していた（同119条）。またドイツ基本法（1949年）も、「婚姻及び家族は、国家秩序の特別の保護を受ける」（同6条）等と規定している。これに対して日本国憲法24条は、GHQ内部の草案に含まれていた家族保護規定が削除されるという制定経緯を経たことにより、明治憲法下の「家」制度の否定を核心とする規定として理解されている。

＊「家」は戸主と家族とから構成され、日本の国籍を保有する者は必ず家に属し、戸主は家族の身分行為に対する同意権、その違反に対する離籍・復籍拒絶権、居所指定権等の戸主権により家族を統制するとされた。また、家の財産は長男子だけが相続する（家督相続）とされるとともに、妻の財産取引上の無能力を定める等、男女差別的な仕組みでもあった。1947年に制定された「日本国憲法の施行に伴う民法の応急的措置に関する法律」、さらに同年の民法の親族・相続編の改正により、「家」制度は廃された。尊属殺判決（最大判昭和48・4・4刑集27巻3号265頁）は、刑法旧200条が「配偶者の尊属に対する罪をも包含している点は、日本国憲法により廃止された『家』の制度と深い関連を有していたものと認められる」と指摘する。

憲法と家族生活の関わりを考える上で注意しなければならないのは、「夫婦共同生活の在り方を含む家族生活や親子関係に関する意識も一様ではなくなってきており、……家族生活や親子関係の実態も変化し多様化してきている」という事実である（国籍法違憲判決：最大判平成20・6・4民集62巻6号1367頁）。

2　憲法24条の構造

憲法24条は「婚姻は、両性の合意のみに基いて成立し、夫婦が同等の権利を有することを基本として、相互の協力により、維持されなければならない」（1項）、「配偶者の選択、財産権、相続、住居の選定、離婚並びに婚姻及び家族に関するその他の事項に関しては、法律は、個人の尊厳と両性の本質的平等に立脚して、制定されなければならない」（2項）と定める。

憲法24条1項の「婚姻をするについての自由」は、両性の自由かつ平等な意思決定により（第三者の同意等を要せず）「婚姻」が成立するという防御権的側面に加えて、「婚姻」という法制度を利用する権利という側面を含む（長谷部恭男）。この延長線上で、同条項は「婚姻」制度の廃止を国会に禁止する法制度保障の規定であるとも解しうる（工藤達朗）。また、憲法13条が家族の維持・形成に関わる自己決定権を保障すると解する支配的見解を前提とすれば、憲法24条は13条の特別法的規定と解される（→第5章第3節**6**）。

また憲法24条1項は、「夫婦が同等の権利を有すること」を求め、「婚姻」に関する性別による差別を禁止する。さらに同条2項は、「配偶者の選択、財産権、相続、住居の選定、離婚並びに婚姻及び家族に関するその他の事項」に関する法律の内容が「両性の本質的平等」に適合することを求め、広く家族生活における両性の平等を定めており、憲法14条1項の特別法的規定であるとともに（→第6章第2節**3**(3)参照）、婚姻および家族に関する立法裁量の限界を画するものである（後掲再婚禁止期間違憲判決、および後掲夫婦同氏規定平成27年判決）。

第２節　婚姻をするについての自由

１　「婚姻」

「両性」「夫婦」の語および同条制定時の「婚姻」制度を前提にすれば、憲法24条１項にいう「婚姻」が民法にいう「婚姻」、すなわち男女の１対１の結合（一夫一婦制）であって戸籍法上の届出を行ったもの（法律婚）を指していることは、ひとまず明らかである。問題は、それ以外の異性ないし同性間の結合が憲法上の「婚姻」に含まれるかどうかである。多数説は、憲法24条が「近代的家族観」――「前近代的」な「家」制度との対比で用いられる――を採用したとの理解を前提に、憲法上の「婚姻」を現行民法上の婚姻に限定する一方で、それ以外の結合は家族の形成・維持に関する自己決定権（13条）によって保障されうる、と解している。他方で憲法24条の規範内容は「近代的家族観」を超えるものであり、同性婚も憲法上認められるとの見解もある。欧米では、同性婚や、異性間ないし同性間の結合を認めるパートナーシップないしシビル・ユニオンを認める例が増えている（→第11章第４節１(1)参照）。

＊　性同一性障害者特例法は、性別の取扱いの変更の要件として「現に婚姻をしていないこと」を挙げているが（同法３条１項２号）、これは変更により同性婚となることを避ける趣旨である（最決令和２・３・11裁判所ウェブサイト参照）。

事実上の婚姻関係にあるが戸籍法上の届出を行っていない「事実婚」については、民法の解釈・運用において「内縁」として一定の保護が図られている。この点、日本人と内縁関係にある外国人に対する在留特別許可の義務づけに関する東京地判平成20・２・29判時2013号61頁は、「憲法上の保護が及ぶ『婚姻』の範囲は、婚姻の届出によって成立する法律上の婚姻にとどまらず、婚姻の届出はしていないが事実上これと同様の事情にある関係、すなわち、内縁関係をも含む」との注目すべき解釈を示している（なお控訴審である東京高判平成21・３・５裁判所ウェブサイトは、そもそも婚姻と同視できる関係がないとの事実認定に立っている)。

また、憲法24条１項が「婚姻」以外の結合を「婚姻」と同等に扱うことを許さないものと解すべきではなかろう。むしろ国会は「婚姻」を他の結合よりも優遇しうるにとどまり、しかもそのことから生じる不利益取扱いは、同条２項ないし憲法14条１項の観点から合理的な根拠に基づくものでなければならない。

＊　憲法24条１項の「両性」という規定を理由に、同性婚の制度化には憲法改正を要するとの主張もあるが、同条は同性婚を認めることを禁止していないと解される（札幌地判令和３・３・17判時2487号３頁参照)。

＊＊　現行民法上の婚姻を正統な「婚姻」と捉えることを批判し、当事者間の合意により多様な結合関係の構築を認めるべきだとする「契約的家族観」を説く見解もある（安念潤司)。

2　婚姻をするについての自由の内容形成と制限

婚姻をするについての自由は、婚姻しない自由、離婚の自由および再婚の自由を含むと解される。

再婚禁止期間違憲判決（最大判平成27・12・16民集69巻８号2427頁）は、憲法24条１項は「婚姻をするかどうか、いつ誰と婚姻をするかについては、当事者間の自由かつ平等な意思決定に委ねられるべきであるという趣旨を明らかにしたもの」であるとして、「婚姻をするについての自由は、憲法24条１項の規定の趣旨に照らし、十分尊重に値する」と判示した。他方、婚姻をするについての自由は制度を前提とする自由であり、内容形成に関する立法裁量が認められる。重婚禁止（民法732条)・近親者間の婚姻制限（734条以下）は、裁量の範囲内に含まれると考えられる。

女性に対してのみ６カ月の再婚禁止期間を定める民法旧733条は、嫡出推定の重複を避け父子関係の混乱を防止するための差別として正当化されてきた（最判平成７・12・５判時1563号81頁参照)。再婚禁止期間違憲判決はこの規定を憲法14条に違反すると判断したが、その際に同規定が「婚姻に対する直接的な制約を課すことが内容となっている」ことを理由に、「合理的な根拠の有無について……事柄の性質を十分考慮に入れた上で検討をすることが必要である」とした（→第6章5節4(3)）。

＊　同判決は、100日の再婚禁止期間を設ける部分は父性推定（民法772条）の重複を避けるという立法目的との関連で合理性があるが、それを超過する分は医療や科学技術が発達し、再婚をすることについての制約をできる限り少なくするという要請に照らして、現在では合理性を欠くと判断した。ここでは、平等原則に違反するかどうかという問題と、婚姻をするについての自由の制限が比例原則に違反するかどうかという問題が混在して処理されているように思われる。

国会は2016年に、再婚禁止期間違憲判決を受けて民法773条を改正したが、さらに2022年に、同条を削除した。

婚姻により各種の法的効果を認める以上、婚姻の成立に何らかの届出や公示を求めること自体は、立法裁量の範囲内に含まれうる。しかし、戸籍制度とその運用は「家」制度の残滓を引きずっており、個人の尊厳および法の下の平等を害しうると解するならば、戸籍法上の届出を要求する民法739条に憲法上の問題がないとはいえない（事実婚の場合、当事者の届出により、住民票の続柄欄に「夫（未届）」「妻（未届）」と表記される）。

夫婦同氏規定平成27年判決（最大判平成27・12・16民集69巻8号2586頁）は、民法750条は「婚姻の効力の一つとして夫婦が夫又は妻の氏を称することを定めたものであり、婚姻をすることについての直接の制約を定めたものではない」とする。そして夫婦同氏規定令和3年決定（最大決令和3・6・23判時2501号3頁）は、夫婦が称する氏を婚姻届の必要的記載事項と定める戸籍法74条1号も憲法に違反しないとする（最決令和4・3・22裁判所ウェブサイトも参照）。しかし、届出が適法に受理されない限り婚姻の効力は生じない以上、民法750条と戸籍法74条1号は一体として夫婦同氏を婚姻の要件と定めるものであり、夫婦同氏規定令和3年決定における宮崎裕子・宇賀克也裁判官の反対意見が説くとおり、夫婦同氏制が婚姻をするについての自由を直接的に制約するものと解すべきであろう。

このような点から、「法律が、婚姻の成立について、両当事者の合意以外に、不合理な要件を定めることは、違憲の問題を生じさせるというべきであり、その意味において、婚姻の自由は、同〔憲法24条1〕項により保障される」（夫婦同氏規定令和３年決定における三浦守裁判官意見）と解される。また、「憲法24条１項の婚姻は、民法によって定められた婚姻制度上の婚姻から、同項を含む憲法適合性を欠く制約を除外した内容でなければならない」（同決定における宮崎・宇賀裁判官反対意見）と解される。

＊　天皇および皇族男子の婚姻は皇室会議の議を経ることを要するとされている（皇室典範10条）。これは、憲法24条違反が問題になりうる場面というよりも、そもそも象徴天皇制との関連で皇室構成員には同条の保障が及ばないものと解すべきであろう（→憲法Ⅱ第３章第３節**6 (1)**）。

第３節　家族生活における個人の尊厳と両性の平等

１　家族生活における個人の尊厳

憲法24条２項は、13条の「個人の尊厳」を家族生活の分野で改めて強調している。「夫婦が同等の権利を有すること」「両性の本質的平等」の保障が夫婦関係に及ぶことから推して考えるならば、この「個人の尊厳」はとりわけ親子関係で意味をもつものと解される。本条項によれば、親子関係立法は、子どもの福祉と並んで、親が子どもの自律的能力を育成し、さらに成長段階に応じて子どもの自律性を尊重するような内容を含むべきである。

婚外子法定相続分平成７年決定（最大決平成７・７・５民集49巻７号1789頁）は、婚外子の法定相続分を婚内子の２分の１と定める民法旧900条４号ただし書を合憲としていたが、婚外子法定相続分平成25年決定（最大決平成25・９・４民集67巻６号1320頁）は、同条号の合理性は「個人の尊厳と法の下の平等を定める憲法に照らして不断に検討され、吟味されなければならない」という前提をとり、「家族という共同体の中における個人の尊重がより明確に認識されてきた」ことを理由に、違憲判断を下した（→第６章第５節**4 (2)**）。

＊　樋口陽一は、憲法24条が「近代的家族観」を「公序」として採用したと説く反面、この「個人の尊厳」の強調により「家族解体の論理」の可能性

が内包されていることを指摘する。

2　婚姻および家族生活における両性の平等

本条と法律の規定の適合性が議論される場合の多くは、「婚姻」に関する性別による差別の禁止（１項)、家族生活における両性の本質的平等（２項）に直接または間接的に反するか否かが問題とされたものである（→第６章第２節**3 (3)**等)。

民法旧731条は、男性の婚姻適齢を18歳としながら女性のそれを16歳としていたが、憲法24条２項に反するとの批判も有力であった。2022年より婚姻適齢年齢は男女とも18歳と定められた。

民法762条１項は、「夫婦の一方が……婚姻中自己の名で得た財産」をその特有財産とするが、これは、〈男性＝市場労働、女性＝家事労働〉という伝統的な分業の実態の下では、妻の家事労働が評価されない、という問題点があった。これに対して最大判昭和36・９・６民集15巻８号2047頁は、憲法24条について「継続的な夫婦関係を全体として観察した上で、婚姻関係における夫と妻とが実質上同等の権利を享有することを期待した趣旨の規定と解すべく、個々具体の法律関係において、常に必らず同一の権利を有すべきものであるというまでの要請を包含するものではない」と解した上で、夫と妻に同一の規定が適用されること、財産分与請求権等、夫婦間に実質的不平等が生じないよう配慮されていることを理由に、合憲とした。

民法750条は夫婦同氏の原則を定めるが、実態としては妻が夫の氏を名乗る例が圧倒的多数であり、憲法24条２項に反するのではないかが問題となっている。夫婦同氏規定平成27年判決は、「憲法24条２項は、具体的な制度の構築を第一次的には国会の合理的な立法裁量に委ねるとともに、その立法に当たっては、同条１項も前提としつつ、個人の尊厳と両性の本質的平等に立脚すべきであるとする要請、指針を示すことによって、その裁量の限界を画したもの」であるとした。そして、「婚姻及び家族に関する法制度を定めた法律の規定が憲法13条、14条１項に違反しない場合に、更に憲法24条にも適合するものとして是認されるか否かは、当該法制度の趣旨や同制度を採用することにより生ずる影響につき検討し、当該規定が個人の尊厳と両性の本質的平等の要請に照らして合理性を欠き、国会の立法裁量の範囲を超えるものとみざるを得ないような場合に当たるか否かという観点から判断すべき」との裁量統制の枠組みを示した。婚姻前に築いた個人の信用、評価、名誉感情等を婚姻後も維持する人格的利益を尊重すべきこと、両性の実質的な平等が保たれるように図ること、婚姻制度の内容により婚姻をすることが事実上不当に制約されることのないように図ること等の要請をも取り込んで、法制度の社会的影響をも考慮するという点に、この枠組みの特徴がある。しかし、同判決は結論として、婚姻前の氏の通称使用の広まりにより夫婦同氏制による不利益は一定程度緩和されているとして、民法750条が憲法24条に反しないとし、前掲夫婦同氏規定令和３年決定もその立場を維持している。なお、夫婦同氏規定判決・夫婦同氏規定決定はともに、選択的別氏制度の合理性は否定されず、国会での検討を求めることを付言している。

＊　これに対して同決定の三浦裁判官意見は、立法裁量論によらず総合的な衡量により判断し、夫婦別氏の選択肢を設けていないことが婚姻の自由を制約している状況は、個人の尊厳と両性の本質的平等の要請に照らし既に合理性を欠いているとした。また同決定の宮崎・宇賀裁判官反対意見は、仮に夫婦同氏規定平成27年判決の判断枠組みによったとしても、①夫婦同氏制は個人の尊厳と両性の本質的平等に適合しない状態を作出する制度であること、②同判決後の旧姓使用の拡大は夫婦同氏制の合理性の実態を失わせていること、③日本が女子差別撤廃条約に基づいて夫婦同氏制の法改正を要請する３度目の正式勧告を2016年に受けたという事実は夫婦同氏制が国会の立法裁量を超えるものであることを強く推認させることを理由として、民法750条等が憲法24条に違反するとしている（→第１章第１節**6**）。

なお、家庭内暴力（domestic violence）の多くが夫から妻に対するものであることを踏まえ、2001年に「配偶者からの暴力の防止及び被害者の保護等に関する法律」が定められたが、同法は男女中立的に「配偶者」「被害者」を定義しつつ、その前文で「配偶者からの暴力の被害者は、多くの場合女性であ〔る〕」ことに言及している。

〈参考文献〉

安念潤司「『人間の尊厳』と家族のあり方——『契約的家族観』再論」ジュリスト1222号（2002年）21頁以下
工藤達朗「憲法における婚姻と家族」赤坂正浩ほか『ファーストステップ憲法』（有斐閣、2005年）145頁以下
齊藤笑美子「家族と憲法」憲法問題21号（2010年）108頁以下
榊原富士子＝寺原真希子編著『夫婦同姓・別姓を選べる社会へ』（恒春閣、2022年）
曽我部真裕「憲法24条と婚姻の自由」法学教室487号（2021年）100頁以下
辻村みよ子『憲法と家族』（日本加除出版、2016年）
辻村みよ子『家族と憲法——国家・社会・個人と法』（信山社、2022年）
長谷部恭男「『国家による自由』」『憲法の理性』（東京大学出版会、2006年）128頁以下
羽渕雅裕『親密な人間関係と憲法』（帝塚山大学出版会、2012年）
米沢広一『子ども・家族・憲法』（有斐閣、1992年）
若尾典子「女性の人権と家族像——憲法24条の解釈をめぐって」名古屋大学法政論集213号（2006年）113頁以下
「特集／『個人の尊重』と家族」憲法研究４号（2019年）

事項索引

さ　行

た　行

な　行

は　行

ま 行

や　行

ら　行

わ　行

判例索引

昭和

平成

憲法《けんぽう》Ⅰ　基本権《きほんけん》　第《だい》2版《はん》

2016年 4 月 20 日　第1版第1刷発行
2023年 3 月 30 日　第2版第1刷発行
2024年 9 月 30 日　第2版第2刷発行

著　者——渡辺康行《わたなべやすゆき》・宍戸《ししど》 常《じょう》 寿《じ》・松本和彦《まつもとかずひこ》・工藤達朗《くどうたつろう》
発行所——株式会社　日本評論社
東京都豊島区南大塚 3-12-4
電話 03-3987-8621（販売），-8631（編集）
振替 00100-3-16
印刷所——精文堂印刷株式会社
製本所——牧製本印刷株式会社

装丁／有田睦美
ISBN 978-4-535-52711-9